U0615512

大宋之愁

——苏轼与辛弃疾的诗词人生

上海科学技术文献出版社

图书在版编目（CIP）数据

大宋之愁：苏轼与辛弃疾的诗词人生/王晨著．—上海：上
海科学技术文献出版社，2019（2024 .4重印）
ISBN 978-7-5439-8023-5

Ⅰ．①大… Ⅱ．①王… Ⅲ．①苏轼（1036-1101）—人物
研究②辛弃疾（1140-1207）—人物研究 Ⅳ．① K825.6

中国版本图书馆 CIP 数据核字 (2019) 第 239032 号

责任编辑：苏密娅

大宋之愁：苏轼与辛弃疾的诗词人生
DASONG ZHICHOU: SUSHI YU XINQIJI DE SHICI RENSHENG
王 晨 著
出版发行 上海科学技术文献出版社
地　　址 上海市长乐路 746 号
邮政编码 200040
经　　销 全国新华书店
印　　刷 河北环京美印刷有限公司
开　　本 650×900　1/16
印　　张 27
字　　数 348 000
版　　次 2020 年 1 月第 1 版　2024 年 4 月第 2 次印刷
书　　号 ISBN 978-7-5439-8023-5
定　　价 88.00 元
http://www.sstlp.com

目录

男儿到死心如铁——辛弃疾

序言

　　我算是个文史圈外的乡野人士吧，本身是从事美术工作的。作者是我子侄辈那代人，可算是个小友吧。他说要让我给他写个序，我拿着他的稿子看了标题，心想对苏东坡、辛弃疾，我是谈不上有什么研究的。不过巧的是，我出生于江西上饶，而辛弃疾又恰恰是我们上饶这里的历史名人。我想，这大概算是一种冥冥之中的缘分吧。

　　于是我每天晚上空闲下来便拿着稿子仔细读起故事来。在上海的家中，藏书是不算少的，但中年以后越来越忙，书往往成了希望子女去读的一样东西。这次为小友写序而去读一本文史方面的书，也是个很好的契机。我看得不算快，但收获不少。

　　苏轼呢是我们中国文化历史里的大名人，差不多和李白、杜甫齐名，可以说妇孺皆知了。但有关于他到底经历了哪些苦难不平，他在自己的人生里如何选择，以及因此带来的种种后果，这些往往是大家在"大江东去"和"明月几时有"之外有所不知的。市面上写苏轼的书很多，有的非常通俗，有的属于圈外人不太好读懂的学术专著。小友笔下的苏轼，说过什么、做了什么，甚至帝王宰相或同僚友人对他的好恶，其中的前因后果，他必列出处。所征引的材料是否可信，大致可信到什么程度，能还原多少的历史真相，他基本作了一番通俗的解释。

在讲述苏轼这个人物的时候，他没有过多的个人情感的偏好掺杂在里面。每个翻读书稿的夜晚，我眼前呈现出的是各式各样和苏轼息息相关，较为真实、丰满的人物。有仇视王安石的苏洵，有提拔保护他们的欧阳修、韩琦，有倔强的两个宰相司马光和王安石，有攻击苏轼的李定、贾易，有躲在幕后的刘挚，还有与苏轼个人恩怨很深的章惇……这些"配角"——粉墨登场，组成了对苏轼复杂坎坷人生最好的诠释。我读到的是一个颇有些自负，又不失可爱、正直的苏东坡，他的人格魅力不仅仅体现在人生的经历和选择里，更体现在他美妙的诗词里。他的诗词有表现他天才的，有见他怜爱百姓的，有见他嘴巴不饶人的，小友的书取舍得很不错。

读完苏轼我不禁要想，大宋面临的问题到底该如何应对，苏轼忽左忽右或永远坚持的原则在那个时代又具有怎样的意义和原因。这倒是让我产生了对王安石变法以来宋史的一些兴趣了，而苏东坡的那些诗词，我很遗憾自己读书时没有一位老师能够这样深入浅出地讲透，让人回味不已。

带着这种心情我又读完了后面的辛弃疾的部分。辛弃疾是江西上饶的历史名人，自幼生活在上饶的我，多少知道他的事迹和诗词。但是翻开小友笔下的辛弃疾，我仍然读得心潮澎湃，思绪起伏，甚至郁闷叹息起来。那是一段悲壮的历史，现代人难忘的江山浮沉。辛弃疾在词人之外有那些多面性：武艺高强的猛将，韬略满腹的谋臣，牧守有方的封疆……都在一首首诗词和徐徐道来的故事里展现出来。辛弃疾的悲欢喜乐也牵动到灯下的我。实际上，历史的悲剧性有时候在于一种已经无法改变的确定性，我已经知道辛弃疾的结局，只是尚不知道这一步步通往结局的过程。

看得出小友对辛弃疾这个人物有很深的感情在里面，但如同讲述苏轼一样，他还是保持了足够的客观来向读者呈现辛弃疾的一生。在我成长的经历里，以时势造英雄、人民是历史的创造者这样的观点去看，似乎不得不悲观地认为，就算辛弃疾大权在握也很难完成他梦想完成的大事业。不过我们总有一种英雄情结在心里，多少要幻想辛弃疾这样的英雄人物能力挽狂澜。越是渴望英雄，越是反映当时种种困难的客观存在，时代的悲剧让人读来唏嘘不已。我甚至情不自禁地遐想，辛弃疾归耕田园后，他杀敌的长剑矛戟尘封在何处？他驾驭过的千里骏马又老于哪里？山水之间，辛弃疾看到、感受到、想到的是什么？山水之外，他忍痛按捺、假装淡忘，为之逃入佛老之中的又是什么……

到我这个岁数，已经很少在艺术创作之外还有空闲和心思去想生活中的其他东西，人大约都要被生活捉弄一二，甚至是十之八九。小友曾推荐我读一位当代作家，叫王小波。我记得王小波有一句话：一个人只拥有此生此世是不够的，他还应该拥有诗意的世界。越琢磨，这句话就越在人生的沉淀里有味道。在这本书里，苏轼的诗词我特别喜欢"拣尽寒枝不肯栖，寂寞沙洲冷"这句；而辛弃疾的则是"男儿到死心如铁，看试手，补天裂"。人是要有一些坚持和傻劲的，人生往往会经历几个阶段，起初愤世嫉俗、热血鲁莽，然后变得玩世不恭、世故圆滑，不少人在这个阶段停下来了，但有的人仍然能从世故里走向那个坚持的自我。

小友的这本书，若从我的本行雕塑来说，可以打个比方，也算个期待。他没有把苏轼和辛弃疾写成外行人看得十分费力的贾科梅蒂和亨利·摩尔，也没有变成杰夫·昆斯，这是十分可贵和不易的。我看到了他的一种尝试和坚持，看到了一股傻劲。我希望他以后若还有作

品问世，便向着贝尼尼的方向努力吧。我们自己民族的文化，也需要有原则又善于讲故事的人将之传承下去。

杨剑平

2019.5

拙于站队的天才——苏轼

大宋难题和文坛新星

　　东坡居士苏轼生于北宋仁宗皇帝景祐年间。宋代结束了五代十国长达七十余年的大分裂和割据争战的局面。后周的殿前都点检（殿前禁军总司令）赵匡胤在陈桥兵变之后通过禅位的方式成为了皇帝，建立大宋，次第攻灭南北诸国，基本统一了中原。然而赵匡胤考虑到唐代安史之乱后直至五代十国节度使们拥兵自重、藩镇割据的严重问题，通过"杯酒释兵权"的形式，解除了手下主要将领们的军事指挥权，并且制定了"以文驭武"和"国朝不杀士大夫"等优待文官与读书人的祖宗家法。

　　但大宋的周边形势远不如汉唐。宋朝的北面，是当时军事实力东亚第一的契丹族建立的大辽帝国。过去汉唐面对的游牧民族政权大多是松散的、部落制的，而辽国却是一个帝国式的强大国家，拥有着数量庞大的精锐骑兵力量，得以侵略如火，来去如风。辽对宋的战略优势，其很重要的一个根源在于五代十国之时，"儿皇帝"石敬瑭将幽云十六州（即今北京、天津全境，以及河北北部、山西北部地区）割让给了契丹。这直接导致辽国的铁骑几乎可以肆意南下，一马平川，北宋首都汴（biàn）梁（今河南开封一带）可以依仗的战略纵深被压缩得十分有限。

"烛光斧影"的波谲云诡与"金匮之盟"兄终弟及的无耻闹剧之后，赵光义成了新的皇帝，也就是宋太宗。太平兴国四年（979），志大才疏的他挟攻灭北汉之威势率领宋军御驾亲征，企图收复幽云十六州，使金瓯（ōu）得全，立万世之功。结果在高梁河战役中一败涂地，自己大腿又中了一箭（也有说中了两箭的），仓皇乘驴车逃跑。几年之后的雍熙三年，大将曹彬、潘美、田重进等人在太宗皇帝命令下统率大军几路出击，前期取得了一连串的胜利，但最终被在英明强干的辽国摄政太后萧燕燕的统筹谋划之下的辽军击溃，雍熙北伐也宣告彻底失败。

这之后，北宋基本对辽国采取防守态势。真宗皇帝时，靠着宰相寇准连哄带骗，总算没听王钦若等人迁都之计，硬拽着皇帝"御驾亲征"打下的"澶（chán）渊之盟"，才换来了宋辽边境的相对和平。

然而，在仁宗皇帝宝元二年（1039），李元昊称帝改元的奏表到达汴京，标志着西北边疆的边患西夏国正式诞生，脱离了过去对宋称臣和受其羁縻（jī mí）的政治状态。宋朝自然不能承认这种结果，于是在接下来的三年中，宋军先后与西夏打了三场战役——三川口、好水川、定川寨，结果无一例外，都战败了。甚至在好水川战役中，夏竦（sǒng）、韩琦、范仲淹挂帅也无法改变对西北边陲这一蕞（zuì）尔小国的战役结果。

大宋的问题简单而言可以概括成三个方面：冗官、冗兵、冗费。

冗官问题出自祖宗家法，其中一条是分宰相之权，又使异论相搅。北宋为了限制宰相的权力，把宰相的职能和所司一分为三。军事上设立枢密院，称西府，由枢密使、知枢密院事等掌管调兵遣将的符印号令之权；政治上设立政事堂，也就是中书门下，俗称东府，由同平章事（宰相）、参知政事（副相）等执掌政令，管理庞大的国家机器；财务上设立三司（盐铁、度支、户部），俗称计省，由三司使（计相）掌财政统筹调拨等一应事务。这对于过去无所不统的宰相一职实在是削减甚多。而这种叠床架屋式的官制由中央到地方都是如此，从根本上决定了官员数量的基数之大。

冗官的第二个原因是所谓厚待士大夫。高级官员在重大节日或者致仕（退休）时，其子嗣辈往往可以得到加恩，赐予官衔。这种门荫、恩荫出身的官员数量随着时间的推移越来越多，加之宗室不断开枝散叶，也是造成官员数量庞大的又一个重要原因。

冗兵的问题也在于祖宗成法。北宋立国之初，太祖赵匡胤之禁军南征北战，所向披靡。此后，朝廷将天下军队大体分为拱卫京畿的精锐野战部队禁军和卫戍地方的治安部队厢军。而每逢灾荒凶年，朝廷则将流民、地痞、无赖等潜在不安定因素招募入厢军之中，养之为兵，以为如此可不使民揭竿起义，预防民变，又可以绥靖（suí jìng）地方，一举多得。于是到了苏轼出生的仁宗统治时期，厢军数量越来越多。仁宗皇帝景祐年间，厢军大约有四十三万八千人，庆历年间有四十三万三千人。而对比太祖赵匡胤之时，如他统治后期开宝年间，全国军队只有三十七万八千人，其中禁军十九万三千人。但这不足二十万的禁军战斗力却是后来的宋代军队所远远不如的。真宗时期，号称"养兵百万"，到天禧年间，全国军队约共有九十一万二千人。好大喜功的真宗留给仁宗的烂摊子实在是难以收拾。

冗费很大程度上是由以上两个问题而来的，庞大的官僚队伍和军队数量都需要巨额的财政支出来维持，因此这笔巨大的费用也就成了压在北宋政府肩上的一个难以解决又不得不正视的重担。

在这样一种外有群狼环伺、内有诸多困窘的国情下，苏轼诞生了。苏轼在四川眉州的山野间长大，他的秉性或许在很大程度上受到其母

程氏的影响。《宋史》中说：

　　生十年，父洵游学四方，母程氏亲授以书，闻古今成败，辄能语其要。程氏读东汉《范滂传》，慨然太息，轼请曰："轼若为滂，母许之否乎？"程氏曰："汝能为滂，吾顾不能为滂母邪？"

　　这是讲苏轼十岁之后，由于父亲苏洵喜好外出游学，母亲程氏便亲自负责起他的启蒙教育责任，为他挑选书籍，让他博通历史，知晓古今成败的教训，而苏轼也聪慧非常，都能一点即通，明会要旨。有一次母亲为苏轼读《汉书·范滂传》，不禁深情叹息起来。范滂是东汉时期的名士，在当时便享有很高的社会声望，是个道德楷模般的人物，后来因为卷入宦官专权的党锢之祸中，面临被抓捕牺牲的杀头之祸。范滂不愿独自逃跑，连累母亲和县令，而是对母亲表示自己去九泉之下追随父亲，弟弟在世足以尽孝，恳请母亲不要哀伤过度。范滂的母亲不愧女中豪杰，回答说："汝今得与李、杜齐名，死亦何恨！既有令名，复求寿考，可兼得乎？"意思是说，你现在能够与李膺、杜密这样的贤士名臣齐名，就算死又有什么遗憾可言！既想要名垂青史，又要苟且偷生求个长寿平安，难道能够都得到么？听着这个故事，苏轼就问："如果我是范滂，母亲能答应我舍生取义么？"程氏回答："你能够成为范滂，我反而不能成为范滂的母亲么？"

　　正是在这样一位知书达礼又浩然正气的母亲教育下，幼而聪慧的苏轼在经史子集的汪洋大海里惬意遨游，迅速从一个少年天才成长为博学书生。另一方面，四川乃天府之国，自战国李冰建都江堰之后，保持了长期的富足繁荣。唐安史之乱，玄宗西狩入蜀，公卿大夫亦有相随，更是将中原文化进一步带入蜀中。可贵的是，晚唐五代浮靡华艳的诗文风格在这里并没有如在中原和江南一般泛滥而难以收拾，大约因为得天独厚的地理位置，蜀中文人"通经学古，以西汉文词为宗师"（苏轼《眉州远景楼记》）。这就是说，西蜀的文风是宗法两汉的。南朝梁之刘勰（xié）在《文心雕龙》里认为，两汉之文风如贾谊、司马相如乃是任其俊逸之雄才；扬雄、班固等则是注重典籍经史之援引。这种传承在西蜀文人这里影响很大，这也是苏洵与二子苏轼、苏辙在诗文创作上能够不同于北宋当时许多文人士子的一大原因所在。而他们的这一风格，正符合时代文风的发展进步之方向。

故而，仁宗皇帝嘉祐元年（1056），苏轼和弟弟苏辙在开封府府试顺利中举，次年参加礼部试，这次考试一旦成功就将进士及第，意味着科举之路终于走到了胜利的彼岸。

此次主持礼部试的主考官正是有名的天下文宗，文坛盟主欧阳修。欧阳修当时担任翰林侍读学士，品阶也达到礼部侍郎的级别，已经完全是中央大员了。欧阳修平日最厌恶古怪险涩、对浮艳的西昆体矫枉过正的太学体文风，想要借这一次的朝廷抡（lún）才大典既杀一杀这股文坛歪风，同时也提拔真正写得一手好文章的士子，以为天下读书人定风气，立圭臬（niè）。

宋代科举，考卷在交由评审官员阅卷之前按例都由专人重新誊抄，并匿去姓名。当欧阳修阅卷时，一份写有"当尧之时，皋陶（gāo yáo）为士。将杀人，皋陶曰'杀之'三，尧曰'宥之'三。故天下畏皋陶执法之坚，而乐尧用刑之宽"的试卷深深吸引到他。读完这份辞简意远、古风傲然的策论，欧阳修不禁想点其为第一。但转念一想，这文章笔力如此老道精炼，莫非是自己的学生曾巩所为？为了避免揭榜时瓜田李下说不清楚，便将这篇《刑赏忠厚之至论》点为第二名。

而实际上，这篇文章的作者正是苏轼。于是礼部试第二名的苏轼顺利参加礼部复试，在"春秋对义"中又获第一。然而最终在仁宗皇帝主持的殿试上，却莫名掉到了乙科，虽然与最终的一甲状元榜眼探花无缘，但仍然与弟弟苏辙一同"进士及第"——正式成为了国家统治集团的一员。

欧阳修作为当时的天下文宗，对苏轼诗文更是赞不绝口。他曾感叹："更三十年，无人道着我也！"他又曾问苏轼，皋陶曰"杀之"

三，尧曰"宥之"三，这到底是典出何处？以自己的博学年长都不曾记得有哪本书中有如此典故。不曾想，苏轼率尔而对，说是"想当然耳"，是从《后汉书·孔融传》里推测而来，何必要有出处！

原来《后汉书·孔融传》里有这样一段记载：

初，曹操攻屠邺城，袁氏妇子多见侵略，而操子丕私纳袁熙妻甄氏。融乃与操书，称："武王伐纣，以妲己赐周公。"操不悟，后问出何经典。对曰："以今度之，想当然耳。"

欧阳修在那一刻一定是觉得自己英雄迟暮了，这真是后生可畏。他甚至曾在写给梅尧臣的书信中说，"吾当避此人出一头地"——这既是老文坛盟主谦虚的自叹弗如，也是他胸襟宽广，要提奖后辈，要让苏东坡有出头之地，有一个出头天啊！（也有另一种说法，认为问苏轼三杀三宥典出何处的是梅尧臣。如龚颐正《芥隐笔记》等）

在欧阳修不遗余力的宣传下，苏轼的文名很快就传遍了京师汴梁的各个角落，一时间上到公卿士大夫的宅邸，下到勾栏酒肆，都争相传阅苏轼的文笔，要一睹文曲星的风采。

然而就在金榜题名的人生大得意之时，苏洵和他的两个儿子苏轼、苏辙知晓了程氏夫人去世的噩耗。按照古代的礼法，父母故去，在职官员必须要回故乡，在家中守孝二十七个月，称之为丁忧。于是从这一年六月起，苏轼不得不放下进士及第的喜悦之情，满怀着深沉的悲怆回到眉州丁忧守制。

三年不到的时间转瞬过去，由于父亲苏洵几次接到朝廷命他赶赴京师的诏书，苏轼便也随着家人一起收拾行装，去往汴梁。离开故乡时，胸中有丘壑、腹中有诗书的苏轼再也按捺不住满腔豪情，在《涪州得山胡次子由韵》中写道："夜宿烟生浦，朝鸣日上峰。故巢何足恋，鹰隼岂能容。"这显然是表达自己想要一飞冲天、展布高才的人生愿望了。

仁宗皇帝嘉祐五年（1060）三月，抵达京师后苏轼被朝廷任命为河南府福昌县主簿（处理地方文书类工作的九品官）。苏轼很有个性地不去赴任，反而选择了辞官。这是因为第二年即将举行一次重大的考试——"制科"试。这是朝廷为了选拔极其出类拔萃的超凡人才特别开设的一种考试。制科难度极高，也不经常举行，北宋南宋加起来国祚三百年，不过开制科二十几次，而过关的人仅四十余人，不足半百之数。并且，制科考试也不是随便可以参加，按例需经大臣推荐，先在秘阁（国家收藏书画古籍的机构）进行"阁试"，过关后才可以参加制科考试。

值得一提的是，宋人俞文豹《吹剑四录》载：

东坡试《形势不如德论》，不知出处，《礼义信足以成德论》，知子由记不得，乃厉声索砚曰："小人哉！"子由始悟出"樊迟学稼"注。

这则材料若属实，那么苏轼在"阁试"时甚至帮助苏辙作弊，真可谓兄弟同心，其利断金，胆子大得飞上天，毫无王法啊。这段故事是说苏轼阁试的时候大约看到弟弟苏辙苦思冥想，知道他不清楚如何写《礼义信足以成德论》，便厉声索要砚台说："小人啊！"装作叫唤宫中小内侍的意思，实际是让苏辙醒悟，往《论语》"樊迟问稼"一章上思考。所谓"樊迟问稼"典出《论语·子路》：

樊迟请学稼。子曰："吾不如老农。"请学为圃。曰："吾不如老圃。"樊迟出。子曰："小人哉，樊须也！上好礼，则民莫敢不敬；上好义，则民莫敢不服；上好信，则民莫敢不用情。夫如是，则四方之民襁负其子而至矣，焉用稼？"

这主要反映了孔子正名的思想，认为君子小人都应该各善其事，因此他的学生樊迟问种田，孔子推说自己比不过老农夫；问种菜，又说自己比不过老菜农，乃至于又评价樊迟，说他思想上不似志在治国平天下的士大夫，倒像个乡野小人。孔子认为只要统治者讲究礼义信，那么老百姓自然会敬服真诚，甚至他邦之民也要背着孩子来投奔这种实施王道仁政的国家。再看苏轼、苏辙所作的《礼义信足以成德论》，确实是围绕樊迟问稼来谈的。如苏轼开篇即说："有大人之事，有小人之事。愈大则身愈逸而责愈重，愈小则身愈劳而责愈轻。綦（qí）大而至天子，綦小而至农夫，各有其分，不可乱也。"苏辙则写道："周衰……当时之君子思救其弊，而求之太迫，导之无术。故樊迟请学为稼，又欲为圃，而孔子从而讥之曰：'小人哉，樊须也！'"因此只能说，以苏辙的学问，应当不至于想不到这一点，但考场紧张也或有可能；而以苏轼对苏辙的兄弟情深和其胆量之大，若子由确实一时下笔无方，他加以提醒，从逻辑上也是可能的。

次年，苏轼在"贤良方正能直言极谏科"中顺利通过，并取得了第三等的最高成绩。这是比状元还不容易的事情。在宋代制科考试中，一等二等的成绩都是不授予的，实际最高的名次就是第三等。《宋史》中说："自宋初以来，制策入三等，惟吴育与轼而已。"而实际上，吴育所得到的等第是第三次等，也就是能够得到的第二好的成绩，仍然是次于苏轼的。因此苏轼在当时成了北宋立国以来制科考试第一人。

那么苏轼的制科试究竟如何惊为天人，方被定为最高名次呢？苏轼在秘阁阁试和制科策试前后作了许多文章，其中尤以二十五篇《进策》为要，可以作为理解苏轼政治思想的一个重要切入口。

二十五篇《进策》分为以下几个部分：五篇《策略》、十七篇《策别》、三篇《策断》。我们不妨择其精要略探苏轼早年即形成的治国思想。

五篇《策略》乃是总说，从总体高度论述现今大宋遇到的诸多问题。

《策略一》说：

天下之患，莫大于不知其然而然。不知其然而然者，是拱手而待乱也。国家无大兵革，几百年矣。天下有治平之名，而无治平之实，有可忧之势，而无可忧之形，此其有未测者也。方今天下，非有水旱盗贼人民流亡之祸，而咨嗟怨愤，常若不安其生；非有乱臣割据四分五裂之忧，而休养生息，常若不足于用；非有权臣专制擅作威福之弊，而上下不交，君臣不亲；非有四夷交侵边鄙不宁之灾，而中国皇皇，常有外忧。此臣所以大惑也。

苏轼说，天下可忧可虑之祸患，没有比不知道祸患的成因而苟且因循更大的了。不知祸患成因而得过且过，这就好比束手无措，等待着大乱之到来。国家没有大的战祸兵戈已经数百年了（这是文学语言的夸张，实际到仁宗朝不过百年），天下空有太平盛世之名，但是却没有太平盛世之实，有值得忧虑的内忧外患之形势，但却没有因此而足以应对这些忧愁的样子，这就恐怕难免会有些不测之祸了。现在天下间，并没有频发水旱之灾、盗贼肆虐猖獗而流民转徙沟壑的灾祸，但是老百姓亦然哀叹怨恨，常常好像过得民不聊生；也没有乱臣贼子割据一方导致国家四分五裂的忧患，但是休养生息的政策下，朝野仍然常常好像入不敷出；也并无权臣在朝廷里狐假虎威，夺人主之柄，但是朝廷对朝野间的实情往往消息壅蔽，上下之间缺乏信任沟通，君臣之间或有猜疑；甚至如今都没有四方夷狄屡屡侵犯边境而烽火不息的灾祸，但是堂堂中国，居然仍常忧惧夷狄。这些都是臣大惑不解的原因。

其病之所由起者深，则其所以治之者，固非鲁莽因循苟且之所能去也。而天下之士，方且掇拾三代之遗文，补葺汉、唐之故事，以为区区之论，可以济世，不已疏乎！

方今之势，苟不能涤荡振刷，而卓然有所立，未见其可也。臣尝观西汉之衰，其君皆非有暴鸷淫虐之行，特以怠惰弛废，溺于宴安，畏期月之劳，而忘千载之患，是以日趋于亡而不自知也。……苟人主不先自断于中，群臣虽有伊吕稷契，无如之何。

这两段苏轼说得非常露骨直接，同时也颇为切中问题的要害，可谓直言敢谏。他认为朝廷和国家的问题是由来已久的，是很深入到各个层面的，要想扭转这种颓势，对内治理好天下万民，对外惩膺四方的夷狄，就绝不是鲁莽仓猝的拍脑袋瞎折腾或是因循苟且做一天和尚撞一天钟地混日子可以解决的。然而天下迂腐之人，还在拾人牙慧，搜罗三代的遗文章句，修订补辑汉唐的典章制度，认为这些不与时俱进的区区论调，能够用来济世安邦，不也是差得十万八千里了嘛！

因此苏轼进一步指出，现在的态势，如果不能如黄河之灌百川，涤荡泥沙，振兴奋发，一刷颓唐，而卓然有所创立，恐怕是看不到值得肯定的地方的。他曾经考察西汉衰颓的原因，其帝王并非都是有着暴虐放逸的不当举措，只不过是因为怠慢懒惰，荒废政务而沉迷于宴乐安逸，畏惧一月、一年之辛劳，却忘记了子孙后代的千秋之患，因此使国家一天天地走向灭亡却不知晓。……如果君王不能先自己有所决断，群臣中即使有伊尹、吕尚、稷、契之贤，也没有什么办法的。

年轻的苏轼能够指出"天下有治平之名，而无治平之实，有可忧之势，而无可忧之形"，这即便是在以宽厚著称的仁宗朝，也是颇为尖锐的。并且，他能够看到朝廷面对的问题之严重，说出绝不可能靠小修小补和在儒家的童话语境里寻章摘句而能有所改善，这也是很有胆识和气魄的。

《策略二》里说：

盖自近岁，始柄用二三大臣，而天下皆洗心涤虑，以听朝廷之所为，然而数年之间，卒未有以大慰天下之望，此其故何也？二虏之大忧未去，而天下之治，终不可为也。

苏轼提到的二三大臣和天下翘首而盼之事，应是庆历新政，此见下章分说。不留情面地指出仁宗庆历年间欲有所大作为而终归于失败，这又是苏轼一生直言的一个缩影。苏轼认为国家不能大治的根源和辽、西夏窥视在外大有关系。

……

今者二虏不折一矢，不遗一镞，走一介之使，驰数乘之传，所过骚然，居人为之不宁。大抵皆有非常之辞，无厌之求，难塞之请，以观吾之所答。于是朝廷汹然，大臣会议，既而去未数月，边遽且复告至矣。由此观之，二虏之使未绝，则中国未知息肩之所，而况能有所立哉！臣故曰："二虏之大忧未去，则天下之治终不可为也。"

他因此批判了朝廷以钱财币帛与西北二虏媾和的举措。他说现在二虏不费一矢一镞，几乎是一箭不发，派个蛮夷使节，驰驿而来，所过之处引起各种骚动，士民为之不能安宁。这些虏人之使臣大多都是以不符合常理的言辞，提出贪得无厌的要求和难以推搪塞责的请求，从而来观察我方的应对答复。在这种情况下朝廷为之议论纷纷，喧嚣汹涌，大臣会议再三。（满足了他们的无耻要求后）二虏使臣离开之后，尚未数月，边疆之烽烟又传来了。从这一点看，二虏索要好处的使臣不绝，那么中国就没有卸下负担的时日和地方，还谈什么有所卓越的创立呢？所以他重申，二虏的大患不除，天下终归是难以大治的。

以上意见大体上也是切中时弊的，随后苏轼提出效仿古代"行人"之官，专设一官职处理二虏之事，这就有些相当于现在所谓的外务大臣了，应当说也具备一定的合理性。

《策略三》里又说：

……臣窃以为当今之患，虽法令有所未安，而天下之所以不大治者，失在于任人，而非法制之罪也。

……夫有人而不用，与用而不行其言，行其言而不尽其心，其失一也。古之兴王，二人而已。汤以伊尹，武王以太公，皆捐天下以与之，而后伊、吕得捐其一身以经营天下。君不疑其臣，功成而无后患，是以知无不言，言无不行。其所欲用，虽其亲爱，可也；其所欲诛，虽其仇隙，可也。使其心无所顾忌，故能尽其才而责其成功。及至后世之君，始用区区之小数以绳天下之豪俊，故虽有国士，而莫为之用。

这里就牵涉到一个法治和人治的问题。苏轼认为虽然现在国家法度未臻完善，但是天下不能大治的根本原因在于用人不当，而不是法令制度的问题。

他说，假如有贤人而不能用，又或者任用贤良却不采纳施行他的意见方针，乃至于施行其意见却不能尽心贯彻，这种错误都是大同小异的，均为造成问题的因素之一。苏轼举例说，三代时商汤和周武能够强大而称王于天下，两个君主加起来不过重用了两个大臣罢了。成汤依靠伊尹，武王依靠太公望，他们都把整个天下交付给后者来治理，这样之后伊尹、吕尚才能够奉献自己一身的才智来经营管理天下。君王不怀疑他的重臣，那么功业大成之后为人臣子的也没有兔死狗烹的后患需要担心，因此得到重用的贤良之臣就会知无不言，而好的建言建策又被一一实行。这些秉政用事的大臣想要任用提拔的，即使是他们亲近信爱的人，君王也认可之，不加迟疑；反之他们想要罢黜诛罚的，即使是和他们有私人仇怨的，君王也从来不疑。这样就使得用事大臣效忠国事的心可以无所顾忌，所以能完全发挥他们过人的才干而要求其有成功之日。等到后来之君王用人时，仅仅用区区小伎俩来妄图驾驭天下豪杰，所以即使有国士无双的人才，朝廷也没办法用得上。

这段意见粗看确实很有说服力，雄辩难驳，但实际上姑且不论把国家治理得好坏，寄托在用人的贤愚得当与否，而不是制度本身的保障上这种看法的对错，只说其中提到的用人不疑这一点，就不符合宋朝的实际情况。宋代有意要削弱相权，前文已述，观宋太宗时，此意图尤其明显。如太平兴国六年（981），置差遣院分中书人事任免之权；淳化二年（991），置审刑院分中书司法之权。有宋一代，祖宗家法中讲究一条"异论相搅"，作为真宗的儿子，仁宗岂能不知此帝王心术？而苏轼居然提议要如三代汤武之用伊、吕那般将军政大权都交付给所谓国士，垂拱而治，用人不疑，这是完全违背宋朝最高统治者意愿和当时实情的。这一条反映了苏轼在政治上或许仍然是比较天真的。

《策略四》里说：

　　……古之所谓中庸者，尽万物之理而不过，故亦曰皇极。夫极，尽也。后之所谓中庸者，循循焉为众人之所能为，斯以为中庸矣，此孔子、孟子之所谓乡原也。

苏轼又批判了如今官僚士大夫中多有所谓孔子厌恶的"乡原"。《论语·阳货》中孔子曾说："乡原，德之贼也。"所谓乡原，大约即是那些高谈阔论而寡廉鲜耻的伪君子，他们往往又能合于流俗，形成一股败坏风气的力量。苏轼说，古人所说的中庸，是体悟遵循了万物的规律而不过之，所以称之为大中至正之道。后来的中庸，不过是苟且地做大家都能做的那些庸俗之事，把同流合污自认为是中庸，这不过是孔孟批判的乡原罢了。对官僚阶级的道德水平，苏轼确乎是从年轻时就持谨慎保留的意见。

《策略五》则是从中央里的将相宰执、扈从侍读，地方上的太守刺史、小吏、百姓五个方面讲了要"深结天下之心"的问题。

我们再来参看其十七篇《策别》中的片段，来考察苏轼的性格。

《策别一》中说：

臣闻为治有先后，有本末，向之所论者，当今之所宜先，而为治之大凡也。若夫事之利害，计之得失，臣请得列而言之。盖其总四，其别十七。一曰课百官，二曰安万民，三曰厚货财，四曰训兵旅。课百官者，其别有六。一曰厉法禁。

苏轼提出了四个方面的治国意见，即：课百官、安万民、厚货财、训兵旅。而关于课百官，他又提出六个小的层面，第一点尤为反映他的吏治思想，曰厉法禁。

……

夫天下之所谓权豪贵显而难令者，此乃圣人之所借以徇天下也。舜诛四凶（一说为"于是舜归而言于帝，请流共工于幽陵，以变北狄；放驩兜于崇山，以变南蛮；迁三苗于三危，以变西戎；殛鲧于羽山，以变东夷：四罪而天下咸服"。一说为"昔帝鸿氏有不才子，掩义隐贼，好行凶慝，天下谓之浑沌。少暤氏有不才子，毁信恶忠，崇饰恶言，天下谓之穷奇。颛顼氏有不才子，不可教训，不知话言，天下谓之梼杌。此三族世忧之。至于尧，尧未能去。缙云氏有不才子，贪于饮食，冒于货贿，天下谓之饕餮。天下恶之，比之三凶。舜宾于四门，乃流四凶族，迁于四裔，以御螭魅"。皆出《史记·五帝本纪》）而天下服，何也？此四族者，天下之大族也。夫惟圣人为能击天下之大族，以服小民之心，故其刑罚至于措而不用。

苏轼说，天下所谓的权贵豪右而对朝廷政令阳奉阴违的这些人，正是古代圣人明君用来借以（严惩）而向天下示众的。舜放诛浑沌、穷奇、梼杌（táo wù）、饕餮（tāo tiè）而天下服膺，这是为什么呢？因为这四个人的家族，乃是天下的大族。只有圣人有这种能力和魄力去打击天下豪强大族来收服底层小民之心，所以能够国家大治（因为人人遵纪守法、安居乐业），最终刑罚都可以置而不用。

周之衰也，商鞅、韩非峻刑酷法，以督责天下。然其所以为得者，用法始于贵戚大臣，而后及于疏贱，故能以其国霸。由此观之，商鞅、韩非之刑法，非舜之刑，而所以用刑者，舜之术也。后之庸人，不深原其本末，而猥以舜之用刑之术，与商鞅、韩非同类而弃之。法禁之不行，奸宄（guǐ）之不止，由此其故也。

……

今夫大臣有不法，或者既已举之，而诏曰勿推，此何为者也？圣人为天下，岂容有此暧昧而不决？故曰：厉法禁自大臣始，则小臣不犯矣。

苏轼说，周王朝衰落，失去掌控诸侯和天下的力量之后，商鞅、韩非都主张严刑峻法，用以督察责罚天下之人。但是他们的理论之所以能实施成功的原因，在于其严刑峻法颁布之初，是从亲贵勋戚、元老重臣之类的人身上开始的，这样以后才能够把严厉的法令扩展到关系疏远、地位低下的那群人中，使得他们也谨遵律法，所以能够以其国家成就霸业（按，商鞅曾对秦孝公之兄长公子嬴虔施以割去鼻子的"劓刑"）。由此观之，商鞅、韩非的刑法，并不是舜的刑法，他们用来施展自己刑法的办法，是从舜的刑术中学到的皮毛。后来的庸人，不深刻地追根溯源，知晓其中的本末主次，却随便地把舜的用刑之术和商鞅、韩非的当成一类而弃用。国家律法命令不能推行到位，奸邪凶坏之人不能遏止，都是因为这个缘故。

……

现在有大臣干犯了律法，有的已经被弹劾举报了，但是陛下却诏令不要推究深察，这是为了什么呢？圣人治理天下，难道可以容许这样暧昧不明，不加以严肃的决断吗？所以说：要想让国家律法令行禁止就必须从督责大臣开始，这样小臣就不敢干犯了。

我们从中可以看到，苏轼大约受到其父苏洵"纵横家"气质的影响，并非是一个"纯儒"，并且十分鄙夷迂腐儒生认为礼乐文治与严明法律相冲突矛盾的看法。他在关于如何治国的问题上，尽管以为商鞅、韩非不足取，却从严刑峻法的手段上找到了更不容置疑的上古圣王典范舜作为理论依据，这是他思想中带有法家色彩的一面。更值得注意的是，他反对"刑不上大夫"的目的是要落实律法的权威性，他主张"厉法禁自大臣始"，无疑说明他在政治上实际也存在着一定的激进浪漫的理想。如果苏轼当国，且仍然以自己年轻时的这些想法作为施政纲领，那么恐怕反对喧嚣的声音会更加鼎沸朝野吧？然而能认识到既得利益团体对朝廷律法的破坏导致朝廷权威的日削月朘，上下皆欲不遵律法，并认为要对不法的贵戚大臣首先动手以警示天下，这仍然是颇有勇气的。

《策别二》中说：

其二曰抑侥幸。

……

国家自近岁以来，吏多而阙少，率一官而三人共之，居者一人，去者一人，而伺之者又一人，是一官而有二人者无事而食也。且其莅官之日浅，而闲居之日长，以其莅官之所得，而为闲居仰给之资，是以贪吏常多而不可禁，此用人之大弊也。

苏轼说，国家近年以来，官吏众多，而可补的差遣却很少，大致一个官职差遣有三人共之，实际居官办事的有一人，离职的有一人，而等候补缺的又一人，这就是一个职位上有一官和两个无事可做却拿着俸禄的人。况且，这些等着补缺的人即便以后做官，那么他们到官任职的时日尚短，而闲居等待的日子很长，以他们到官之后各种所得的钱财利益，来作为过去闲居所费的依靠之资，因此贪官污吏常常多不胜数，难以禁遏，这是用人的大弊啊！

此一策是说冗官。苏轼从来对官僚阶层的道德品质没有太多幻想，这是难能可贵的一点。他指出宋朝的制度导致拿俸禄的闲人极多，而漫长的等待补缺又令好不容易做到位子上的人拼命搜刮民脂民膏，这些现象在仁宗朝都已经较为泛滥。

《策别三》中说：

其三曰决壅蔽。

……

天下有不幸而诉其冤，如诉之于天；有不得已而谒其所欲，如谒之于鬼神。公卿大臣不能究其详悉，而付之于胥吏，故凡贿赂先至者，朝请而夕得；徒手而来者，终年而不获。至于故常之事，人之所当得而无疑者，莫不务为留滞，以待请属。举天下一毫之事，非金钱无以行之。

苏轼说，天下有遇到不幸之事而诉冤的人，其难度犹如对着没有回应的上天诉冤一样。有不得已的事情要到州府衙门来解决的，难度犹如拜谒鬼神。公卿大臣们不去细究整件事的细节，而全部交给底下的书办小吏。所以凡是贿赂先送到的人，那么早上递上状子，晚上就能得偿所愿；空手而来有冤屈的苦主，有一整年都得不到音讯回应的。至于本为惯例的寻常之事，百姓所应当得到及时处理的，也没有一件不想尽办法拖延敷衍的，以待百姓们无可奈何地带着钱财来请托走后门。全天下哪怕一丝一毫的小事，几乎都是没有金钱就寸步难行，办不了的。

从这一策中我们又可以知道仁宗朝末年，贪腐怠政之风已经愈熏愈烈，到了没有钱就啥事都行不通的地步。也可以看出，苏轼是十分关心与民生息息相关的事情的。

《策别四》中说：

其四曰专任使。

……

臣窃以为今省府（指三省六部与大州府）之重，其择人宜精，其任人宜久。凡今之弊，皆不精不久之故。……然则是为省府者，能与不能，皆不得久也。夫以省府之繁，终岁不得休息，朝廷既以汲汲而去之，而其人亦莫不汲汲而求去。夫吏胥者，皆老于其局，长子孙于其中。以汲汲求去之人，而御长子孙之吏，此其相视，如客主之势，宜其奸弊不可得而去也。

苏轼说，他认为现在朝廷三省六部和大州府十分重要，这些部门和地方选择长贰官员应该要注意精良贤明，任用时间适合长一些。现在的许多为政之弊端，都是因为官员择选不精、任职不久所造成的。……但是现在担任省府官职的官员，不管能力高低好坏，都不能久任。以三省六部和地方大州府政务的繁重，几乎整年不能好好休息，朝廷既然已经对于官员任免是急于调动的，那么这些官员也没有不是急着混完三年磨勘就升迁走的。而地方上的小吏，都是对于州郡事物十分圆滑老练的，因为他们几乎世代生活在那里。以急于混完磨勘走人的官员，去驾驭子孙世代居于州郡的小吏们，这样看来，就犹如主客的形势，其中奸弊之事难以革除也是很理所应当的啊。

苏轼能够指出自古以来官员难破胥吏相结，鱼肉人民的困境，是他对政治弊病有着深刻认识的一个方面。然而这一建议又是不符合宋朝情况的。有宋一代，为了防止重蹈晚唐五代藩镇之覆辙，尤其注意限制地方官的权力，不仅仅调任频繁，多有不满三年磨勘即调走的，同时在州郡长官之外，又设通判作为副职，起监视之作用，一应大事皆须长贰共同签署文件。因此苏轼想要让朝廷改变这一局面，令贤良官员得以久任其职，这是违背宋代帝王之心术的。

《策别五》曰"无责难"。

苏轼说朝廷往往"责人以其所不能，而其所能者，不深责也"。亦即是说，朝廷如今的法度和规矩常常拿难以做到的事情来要求官吏们，但是对于官吏们真正应该好好为百姓、君父做到而且能够责成做到的事情，又疏于考察问责。因此他反对当时举荐官员的连坐法，即假如你举荐之人他日不法，你要被终身问责。苏轼认为"且夫人之难知，自尧舜病之矣"。

《策别六》里说：

六曰无沮善。

……世之贤者，何常之有？或出于贾竖贱人，甚者至于盗贼，往往而是。而儒生贵族，世之所望为君子者，或至于放肆不轨，小民之不若。圣人知其然，是故不逆定（预料）于其始进之时，而徐观其所试之效，使天下无必得之由，亦无必不可得之道。

……今夫制策之及等，进士之高第，皆以一日之间，而决取终身之富贵。此虽一时之文辞，而未知其临事之否，则其用之不已太遽乎！

苏轼说，世间的贤人，他们的出身难道有一定的阶层吗？有的出身于商贾贱籍等，甚至曾为匪盗贼寇，往往有这样的情况。反倒是儒生贵族，这些世人所指望他们成为君子的人，有的放肆不法，恶贯满盈，连不识文字的小老百姓都不如。圣人明白这个道理，因此不在任用之初有先入为主的臆断揣测，而是慢慢地观察他们为政做事的结果，使天下没有轻易理所当然得到官职的理由，也没有一定不能为官的道理。

现在制策的等第高低，进士的登第与否，都几乎在一日之间，就决定了一个人终身的富贵。而他们考试时只是一时的文章言辞，还不能知道他们面对具体事务处理得当与否，如此就迅速任用，不也是太着急了嘛！

可见，苏轼反对以出身论英雄，而是颇有一种英雄不问出处的识人观。并且，能够指出如今不少贵戚士大夫和读书人虚伪无耻，这也是语出惊人的。他甚至对科举取士的抢才大典提出了自己的质疑。

《策别七》以下六策为安万民之策。其中"敦教化"一策议论尤其精辟深刻，在后来的朝代问题中也完全具有代表性。

其一曰敦教化。

……昔武王既克商，散财发粟，使天下知其不贪；礼下贤俊，使天下知其不骄；封先圣之后，使天下知其仁；诛飞廉、恶来，使天下知其义。如此，则其教化天下之实，固已立矣。天下耸然皆有忠信廉耻之心，然后文之以礼乐，教之以学校，观之以射飨，而谨之以冠婚丧祭，民是以目击而心谕，安行而知得也。及至秦、汉之世，专用法吏以督责其民，至于今千有余年，而民日以贪冒嗜利而无耻。儒者乃始以三代之礼所谓名者而绳之！彼见其登降揖让盘辟俯偻之容，则掩口而窃笑；闻钟鼓管磬希夷啴（chǎn）缓之音，则惊顾而不乐。如此，而欲望其迁善远罪，不已难乎？

苏轼仍然从三代之中寻找依据。他说过去周武王已经成功推翻了商朝，便大开府库粮仓，散发财货粮米，使得天下士民知道新的王朝无有贪利之心；对待贤良俊杰又能礼贤下士，使得天下知道武王为首的统治阶层无骄横之气；敕封商汤后裔，使得天下知晓他的仁德；诛杀纣王身边作恶的重臣飞廉、恶来，使得天下知晓他的正义。如此，那么新的朝代教化天下的基础和实质已经确立了。天下便敬畏而都有忠信廉耻之心了，这样以后再用礼乐文治来修缮，建设学校来教导士民，以射术飨宴的礼节来给民众观瞻，并谨严地定下冠礼、婚丧、祭祀的规矩，人民因此有所亲眼目睹便会心里明白，诚心归服，好好遵行而知晓道理了。等到后来秦汉之世，专门用提倡严刑峻法的官吏来督责他们的百姓，到现在已有一千多年了，但是老百姓们却一天天因为贪婪好利而变得越来越无耻。儒生们竟然只用三代的礼法，所谓的名教就想去规范引导和约束人民！老百姓们看到这些腐儒登阶下阶来回揖让的礼仪和盘旋进退低头屈背的样子，就忍不住要捂着嘴巴偷偷嘲笑；听到钟鼓管磬幽眇玄妙或柔和舒缓的音乐声，就因为不能欣赏而惊讶地左顾右盼，毫无喜乐于此的意思。像这样，却要期望老百姓们能向善远罪，不也太难了吗？

臣愚以为宜先其实而后其名，择其近于人情者而先之。今夫民不知信，则不可与久居于安。民不知义，则不可与同处于危。平居则欺其吏，而有急则叛其君。此教化之实不至。天下之所以无变者，幸也。欲民之知信，则莫若务实其言。欲民之知义，则莫若务去其贪。往者河西用兵，而家人子弟皆籍以为军。其始也，官告以权时之宜，非久役者，事已当复尔业。少焉皆刺其额，无一人得免。自宝元以来，诸道以兵兴为辞而增赋者，至今皆不为除去。夫如是，将何以禁小民之诈欺哉！

因此苏轼说，他认为应该先做好实质的工作，然后才追求形式上的礼法规矩，并注意要选择其中近于人情的先推广施行。现在老百姓们不知道忠信，就没法和他们长久地保持太平安稳的状态。另一方面，老百姓不知道仁义，就不能够指望和他们共同度过国家的难关。老百姓会平日无事时想方设法欺弄地方官吏，天下危难之时就想着背叛君父以偷生。这是因为教化的实质没有做到啊。现在天下所以能够没有大的骚乱变动，不过是侥天之幸啊！想要让老百姓知晓忠信，就必须朝廷自己致力于言而有信。想要人民知晓仁义，就必须朝廷自己努力去除贪念。过去河西用兵，当地百姓子弟都入军籍成为士兵参军。起初，朝廷明确宣布说不过是权宜之计，并不是长久服兵役，战事结束就将恢复被征入伍的百姓原本各自的平民身份，可以各归本业。不久却都在他们额头上刺字从军（作为长期服役的标志），没有一人能够幸免。自陛下宝元年间以来，诸路以军事紧急为言辞而诡称临时增加的税赋，到现在都没有取消。像这样，那么还能用什么来禁绝小老百姓的欺诈之心呢！

……古之设官者，求以裕民；今之设官者，求以胜民。……天地之间，苟可以取者，莫不有禁。求利太广，而用法太密，故民日趋于贪。臣愚以为难行之言，当有所必行。而可取之利，当有所不取。以教民信，而示之义。

苏轼进一步分析，古代设置百官的目的，是为了让人民丰裕，现在设置百官的目的，是要压制、管控住民众。……天地之间，只要有可以取而获利的资源，朝廷没有不是设立法律严禁私贩而采取国家权卖的专营手段的。朝廷追求利益的范围太大，而用法又太繁密，所以反而导致老百姓因为困窘不堪不得不一天天地越来越贪婪。他认为这些难以一一施行的逆耳忠言，实在是有必须次第施行的必要。而朝廷可以巧取豪夺的利益，也实在是有应当让利于民，不取而禁止的必要。用这些来教老百姓真正的忠信，并向老百姓们展现真正的仁义。

此策的论断真是鞭辟入里，发人之所不能发，言人之所不敢言。苏轼指出朝廷嘴上说一套、手上做一套的两面派行径根本别想让老百姓学好。百姓只会对朝廷见利忘义和背诺食言的丑态咬牙切齿。如果朝廷行事不注重实质，只在乎虚礼等形式，那么不仅仅这些繁琐的名教礼法和老百姓们生活往往脱节，并且处于饥饿困苦之中的人民根本不会有去恶向善的念头，反而会为了温饱无所不作。能严苛地、不留情面地指责朝廷过去的施政之失，甚至指名道姓批评河西用兵等事，这无疑像是打在仁宗皇帝脸上的耳光，但是苏轼仍然大胆甚至颇为放肆地写了，这就说明他是一个真正爱民忠君的君子，并且他深刻地揭露了上梁不正而下梁必歪的道理，把这个浅显又深刻的事实和看法不容置疑地摆在了皇帝的面前。壮哉！苏轼！

　　《策别八》则是议论百姓亲睦；《策别九》是为均户口，说的是建议迁徙士大夫之家族眷属于荆、襄、唐、邓、许、汝、陈、蔡之间，以均户口，此为因人之情；凶年招募乐于迁徙的饥民，此为因时之势。《策别十》是为较赋役，说的是建议根据田地买卖的合同契约来重新推定田赋，防止地方豪右兼并土地而又偷逃税赋。《策别十一》是为教战守，此谓辽、夏无厌，与宋必至于战。当于庙堂尊尚武勇，于乡里操练民兵。庶能御一旦之危，而挫禁军厢军骄慢之心。

　　《策别十二》又颇可注意和玩味，其中说：

　　其六曰去奸民。

　　……

　　宜明敕天下之吏，使以岁时纠察凶民，而徙其尤无良者，不必待其自入于刑，而间则命使出按郡县，有子不孝、有弟不悌、好讼而数犯法者，皆诛无赦。诛一乡之奸，则一乡之人悦。诛一国之之奸，则一国之人悦。要以诛寡而悦众，则虽尧舜亦如此而已矣。

　　这一段话看起来可能会让一些持民粹主义和"圣母心"的人对大诗人苏轼恨得情难自抑。

　　苏轼说应该明下诏令，敕责天下官吏，让他们每年都要纠劾审察凶悍不法的民众，将其中特别情节严重的恶徒迁徙走，甚至可以不必等待他们自己犯了法（就预先处置）；同时要不时派遣专员到地方上按察郡县，发现有子女不孝、为弟不悌、喜好诉讼又屡次犯法的，都诛罚不赦！诛罚了一乡之地的奸人，那么一乡的民众就会高兴。诛罚一国之地的奸人，那么一国百姓都会高兴。概括来说，关键就在于能够诛罚少部分人而令绝大多数人欢心，那么即便是尧舜治国，也不过是如此罢了。

　　此策去奸民之论，确实放在当代的环境下去苛责苏轼的话，似乎有些严刑峻法甚至封建专制、镇压人民的意味。然而理解历史并不是要站在后人的时代里对古人横加指责，仍然应该把古人放在当时的背景中去理解和思考。苏轼难能可贵的地方在于，他既不对官僚阶级的道德素养抱有过高的估计，甚至可以说不惮以一定的批判精神去揣测官吏们；对于底层的平民百姓，他也没有不切实际的幻想，始终从实际出发，这或许恰是一个政治人物应有的态度。

《策别十三》与《十四》均为论厚财货之方，这里就暂且不表，容待讲述熙宁变法时与之作一对照。

《策别十五》至《十七》论训兵旅之策。训兵旅者，其别有三：一曰蓄材用（谓当以正确适当之方法储蓄培养军事人才）；其二曰练军实（此谓当淘汰老弱兵卒，重定募兵之法，简选青壮之丁，准十年退役等）；其三曰倡勇敢（此曰当优待和提倡勇武贤能之人）。

这三策都针对当时宋代的募兵制弊病，有的放矢，指出方今天下，士卒壮老混杂，偷惰不堪一战；将帅苟且营私，无奋死向前之心；对于军事人才之培养亦缺乏正确方法。可惜的是，有宋一代就是要令将不知兵，兵不知将，这些意见虽切中时弊，但均难以一一实行。

三篇《策断》均是议论御戎之事，集中体现了苏轼对于大宋和西夏、辽国的军事、外交方面的认识。

《策断一》中苏轼提出朝廷应当掌握与夷狄和战的主动权，不可示敌以弱，唯图欢好于币帛樽俎之上。也就是说，苏轼认为一味的求和必然适得其反，因为夷狄都是贪得无厌，劫掠成性，又来去如风的，不可因一纸合约就丢掉了警惕性和制敌的主动权。

《策断二》中苏轼认为，御戎当先易后难，故因先夏而后辽。克夏之策，在于分兵频出，令党项疲于奔命。

《策断三》论契丹之形势。此论从春秋吴用楚巫臣习射御而终为越所亡及晋末匈奴刘渊、氐（dī）人苻坚、羯人石勒之败，论证契丹效法中国之制，乃邯郸学步，为自陷落网也。又论契丹境内中国士大夫与百姓处乎夷狄之间者，多有知义向正之心，而我可用以疏离其君臣，战则收其投效之利。

以上三策，反映苏轼在年方二十六岁之际，已经对大宋周边形势有了较为深刻的思考和心得，能够从敌我形势，彼此优劣等角度向仁宗皇帝提出具备一定系统性的观点。其中不乏符合当时问题之本质，甚至符合历史发展方向的预见，这也就难怪仁宗皇帝为之赞叹不已，而定为制科最高等第——第三等了。

崇政殿策试之后，苏轼被除授凤翔府签判，给予大理评事的京官品级，属正八品，签判的职务在工作方面主要是协助州郡长官处理政务及文书案牍。自此，苏轼正式开始了一个地方官员的生活。而对于他来说——虽则尚未意识到——身上已经打下了欧阳修、韩琦、文彦博、富弼这一系元老重臣的烙印，这将对他的一生产生难以抹去的影响。

大宋面临的难题，苏轼的座师欧阳修曾努力过，韩琦、富弼都曾意气风发。苏轼未曾有缘得见的范文正公——范仲淹，更是这一切的主导者。然而，大宋的难题在这些宰辅名臣的群策群力下并没有得到有效解决。

而苏轼的仕途和大宋兴衰的拐点刚刚拉开帷幕。

庆历与熙宁，变法的漩涡

在苏轼年不满十岁之时，仁宗庆历年间正在发生一系列关系到国家兴衰的重大事件。庆历三年（1043）八月，深负天下人望的范仲淹入中枢，拜为参知政事（副宰相），富弼除枢密副使。仁宗皇帝开天章阁向范仲淹询问治理大政的对策。范仲淹之后上《答手诏条陈十事》，明确提出了十个办法来进行改革，挽救陷入因循苟且、内外交困局面的大宋江山。这十个办法分别为：明黜陟（chù zhì）、抑侥幸、精贡举、择官长、均公田、厚农桑、修武备、减徭役、覃（tán）恩信、重命令。

仁宗皇帝深以为然，于是一场史称"庆历新政"的改革运动诞生了。范仲淹在当时的朝野间享有极高的声誉，被认为是道德文章方面的楷模和翘楚，在军事上也曾让西夏人不敢小觑（qù）。同僚中富弼、韩琦、欧阳修、滕宗谅等青史垂名的大人物都以他为意见领袖，自觉或不自觉地以他为核心。范仲淹曾在秘阁校理这种八品左右的职位上慨然向当时垂帘听政的章献太后上疏，声称不应当让仁宗皇帝在前朝为皇太后祝寿，而是应当在内廷进行这种"事亲"的仪式；甚至随后又上书要求章献太后还政给年轻的皇帝。

曾经位卑尚且未敢忘忧国，如今一朝入参大政，成了实际主导朝政的副宰相，范仲淹更要为了天下黎民和国家朝廷一展才能。然而从庆历三年八月算起，到庆历五年年初被罢免参知政事，"庆历新政"从开始到失败也不过一年半不到的时间。范仲淹的条陈十事作为新政的总纲领，我们可以从中看出庆历新政对于大宋的改革远不是一场深度而全面的外科手术，而只是主要停留在吏治层面的缝缝补补。如其中的"明黜陟""抑侥幸"都是针对冗官问题而来的解决办法。明黜陟是为了重定文官三年武官五年的磨勘（kān）制度，过去宋代官员就算尸位素餐，无所作为，文官任期满三年，武官满五年，就往往可以按程序升官，因此范仲淹认为要重视考察官员的任期成绩，越次提拔成绩卓越的，罢免懒政不作为的。"抑侥幸"则主要针对宋朝门荫的滥官现象，当时官员们在国家重大节日乃至退休和辞世时都可以荫及子孙，甚至连门客都能得到一官半职，范仲淹提出新的荫补制度，削减恩荫出身的官员数量。

已经吃在嘴巴里的蛋糕你要叫人吐出来，并且以后都不给你吃了，这就是要让人家和你拼命了。于是各种各样反对庆历新政的声音都冒出来了，各种各样卑鄙无耻的手段都使将出来了。从揭发《岳阳楼记》里提到的滕子京，也就是滕宗谅滥用公使钱（北宋朝廷拨发给高级官员的特殊公款，可以用来招待宴请和犒赏、修建乃至边境上投资生利以充实军用），到曾任陕西经略安抚使的夏竦阴谋诬蔑，可以说无所不用其极（当时夏竦本可担任枢密使，因为被台谏官员反对而怀恨在心，暗中令家中女奴模仿石介笔记，伪造石介为富弼起草废立皇帝的诏书）。

范仲淹可以在皇帝面前坦荡磊落地回答君子结党无害国家（《续资治通鉴长编》庆历四年四月："戊戌，上谓辅臣曰：'自昔小人多为朋党，亦有君子之党乎？'范仲淹对曰：'臣在边时，见好战者自为党，而怯战者亦自为党，其在朝廷，邪正之党亦然，唯圣心所察尔。苟朋而为善，于国家何害也？'"），欧阳修也可以在《朋党论》里高谈"用君子之真朋，则天下治矣"，但是他们没有办法在涉及皇权的问题上不忧惧请退。在沸反盈天的谣言中伤和无端诬陷之中，范仲淹等人只好自请出外，上书请求解除宰执的职务。

嘉祐六年（1061），苏轼任凤翔府签判，这离庆历新政宣告失败已经过去了十五年。北宋面临的问题并没有得到任何实质层面的解决，反而日趋窘迫。他在嘉祐七年到官后写了一封《凤翔到任谢执政启》给首相，就能看出一些地方上百姓面对的困窘。其中说：

右轼启。违去轩屏（*堂阶旁的墙壁。大约是指首相所在的都堂、政事堂之谓*），忽已改岁。向风瞻恋，何翅（*即何啻，不止也*）饥渴。前月十四日到任，翌日寻已交割讫。轼本凡材，缪承选取。忽从州县，便与宾佐。扪躬自省，岂不愧幸。伏自到任已来，日夜厉精。虽无过人，庶几寡过。伏惟昭文相公，素所奖庇，曲加搜扬（*访求举拔*）。既蒙最深之知，遂有自重之意。所任金署一局，兼掌五曹文书。内有衙司（*即牙司。掌州府衙前差遣等事务*），最为要事。编木筏竹，东下河渭；飞刍挽粟，西赴边陲。大河有每岁之防，务众有不蠲（juān）之课。破荡民业，忽如春冰。于今虽有优轻酬奖之名，其实不及所费百分之一。救之无术，坐以自惭。惟有署置之必均，姑使服劳而无怨。过此以往，未知所裁。

这封信是写给当朝宰相韩琦的。韩琦在嘉祐三年（1058）除同平章事，拜相，六年进昭文馆大学士，成为首相。而韩琦也是与欧阳修一样曾对苏轼多有褒奖帮助，因此苏轼在信中口吻也是较为谦卑。这一方面是当时向执政谢启的一种惯常文辞，另一方面也确乎是苏轼对韩琦有颇为感激之心，如去年制科试时弟弟苏辙偶然抱恙，本来无法

参加，韩琦因爱才居然特地为此向仁宗皇帝请示延期考试。故而我们不能将信中语言理解为苏轼向宰辅大臣阿谀奉承。

信中说，小苏我离开东京，与在政事堂里执掌国柄的您分别以来，转眼已经到了嘉祐七年了。我循着汴梁方向吹来的风思念您，其中深挚拳拳，何止是犹如饥渴之人求水之心？前月十四日到达凤翔府，次日不久已完成交割。小苏我本是平凡才具，（蒙君父与朝廷不弃）机缘之下错谬地通过了国家选取俊杰的抡才大典。忽然之间就得以赴职州县，成为辅佐长官的签判。摸着良心自我反省，难道不是很惭愧侥幸吗？到任以来，日夜勤勉振奋。虽然没有什么过人之功，希望也不会有太多过错。想到昭文相公您，一向对我奖掖庇护，周全地加以搜扬侧陋。小苏我已经蒙您至深之知，于是便也有了些自我重视（要为朝廷效犬马之劳）的意思。在凤翔我任职签书判官厅公事，执掌府衙五曹的文书工作。衙司所管辖的衙前役一事正在我职分之内，此事在地方上最为紧要。小苏我看到当地百姓为了应对衙前役，不得不辛苦砍伐终南山之树木，编成木筏，东下渭水而入黄河，运送至京师；又不得不尽其所能，尽快将粮草向西北运送，往至边境军屯之所。渭水、黄河每年都有河防的徭役要老百姓去承担；小商小贩们又有许多从不蠲免减除的赋税。这就导致老百姓们破家荡产，底层的困窘已经到了这种有如春冰易碎的境地！现在虽然有一些名义上轻松的徭役和酬奖，但实际上不及百姓其中所费所耗的百分之一。小苏我救民无术，只能坐着自觉惭愧。只有在处置衙前役的公务时尽力做到平均分配，姑且使得小民服徭役而无怨言。超过这一程度的，不才就不知道如何去做了。

从这封信中我们可以看到当苏轼第一次实际接触到基层事务之后，他立刻发现了民众苦于衙前役的惨状，并且不厌其烦地在给首相韩琦的信中详细分说。照理说，谢启不过是一种官场惯例书信，是下级对上级的一种敬重之礼，但苏轼却在其中指斥朝廷徭役之失，对百姓的真正关爱，不难见矣。

《宋史》其本传中说：

除大理评事、签书凤翔府判官。关中自元昊叛，民贫役重，岐下岁输南山木筏，自渭入河，经砥柱之险，衙吏踵破家。轼访其利害，为修衙规，使自择水工以时进止，自是害减半。

这就是说，原先朝廷不仅将繁重的运送终南山木的徭役作为衙前分配给凤翔府百姓，并且还规定了服衙前役的小民们自渭水而黄河的具体运送时间。古来渭水、黄河皆有汛期，在河水暴涨时运送显然极度危险，人货将很可能两失。苏轼为了救百姓，乃竟然修改衙前役的相关规定，允许小民们自己选择河运的时间，自此之后，凤翔府的衙前之害为之减半。苏轼真是一个爱民的士大夫。

另一方面，在苏轼的诗歌中我们也能看到民生多艰的种种表现。在凤翔的雪夜中，苏轼写道："谁怜屋破眠无处，坐觉村饥语不嚣。"他想到凤翔村民们的住处残破不堪，难避风雨，在寒冷的雪夜怎生入眠呢？可是天下虽大，有谁能怜悯到他们，能帮助到他们？也不禁觉察到村民们平日里低声细语的缘故，不过是因为他们饿着肚子没有一丝力气啊！念及此，苏轼继续挥笔："惟有暮鸦知客意，惊飞千片落寒条。"是的，自己是多么无力和渺小。天地虽阔，此刻却仿佛只有昏鸦知晓诗人的心意，飞起震落无数雪花，聊慰苏轼忧民之心。这种孤独和无助的感觉，在他的人生中只是一个开始。

此时期苏轼的弟弟苏辙正留在东京陪伴着老父苏洵，兄弟二人因此在这几年间时有诗书往来。在赴任途中，两人就曾追忆过去进京赶考，夜宿渑池僧舍，一同题诗于墙壁之上的往事。

苏轼在回信中写了一首非常著名的《和子由渑池怀旧》：

人生到处知何似，应似飞鸿踏雪泥。

泥上偶然留指爪，鸿飞那复计东西。

老僧已死成新塔，坏壁无由见旧题。

往日崎岖还记否？路长人困蹇（jiǎn）驴嘶。

兄弟二人赴京会试事在嘉祐元年，苏轼想到这已经是六年前的事了。因此他感慨人生几十年，光阴如白驹过隙，飘忽而短暂，人世间的痕迹就犹如飞鸿之踏雪泥，能偶然留下爪印，却终究要消失在流光中。过去接待他们的渑池僧寺的老和尚都已经圆寂而徒留下一座安放舍利的宝塔，坏旧的墙壁上也看不到兄弟俩题写的诗歌。往日人生之崎岖坎坷不知还记得否，此去凤翔路长人困，蹇驴嘶鸣，未知兄弟二人此后何如呢？

在凤翔任职三年的苏轼回到京师汴梁的时候，仁宗皇帝早已大行，没有儿子的他只好由养子赵曙入继大统，因而这一年已经是英宗治平二年（1065）。新皇帝非常欣赏苏轼的才名，甚至想直接授予他知制诰或修起居注的差遣（在宋代，官职主要分为职事官和寄禄官。前者表示你实际做的工作，称为差遣。后者只表示你的品级、俸禄、待遇等，与实际工作没有关系）。在当时，知制诰一般是由翰林学士来负责的，是为皇帝起草诏书的意思，属于可以参加国家大政的重要高级官职；修起居注则是为皇帝记录一言一行的清贵之职，由于亲近皇帝，往往是升迁的绝佳跳板。然而这样骤然身居高位，必然是要遭到朝野侧目的。所以宰相韩琦建议让苏轼参加了馆阁考试，授予了他直史馆的差遣。这一职务主要负责编修国史，正好可以让苏轼查阅各种珍藏的古籍、图画等等。

然而就在人生得意之时，苏轼的结发妻子王弗不满三十便英年早逝了。苏轼与聪慧过人的王弗感情非常好，多年以后他写下了著名的《江城子》悼念亡妻。

十年生死两茫茫，不思量，自难忘。千里孤坟，无处话凄凉。纵使相逢应不识，尘满面，鬓如霜。

夜来幽梦忽还乡，小轩窗，正梳妆。相顾无言，惟有泪千行。料得年年断肠处，明月夜，短松冈。

王弗初嫁之时，不过十六岁的花季，逝世时年仅二十七岁。苏轼与妻子度过了十年幸福的婚姻生活，妻子的死对苏轼而言无疑是一个巨大的打击。

然而没有想到的是，就在一年后，苏轼的父亲苏洵也辞别了两兄弟。治平三年，苏轼、苏辙将老父的遗体放在棺椁中一路回到蜀中，开始了为父丁忧。

另一方面，英宗皇帝在治平四年驾崩，满打满算仅做了五年皇帝，享年仅三十六岁。年方弱冠的太子赵顼继承大统，是为神宗。

轰轰烈烈的对苏轼一生产生无数重大纠葛的熙宁变法即将来到。

年轻的宋神宗赵顼早在登基之前就发现了帝国烈火烹油的表象之下潜藏着巨大的隐患，帝国仿佛就如一艘负重累累的艨艟巨舰，航行在满是暗礁的大海中，长夜可怖，尽是覆没的危险。他想到太宗皇帝受辱于高梁河，想到雍熙北伐功亏一篑，想到澶渊之盟时的狼狈，想到三川口、好水川、定川寨的一连串败绩……

改元熙宁之后，神宗皇帝曾派人从汝州召富弼至京师。当赵顼问富弼军国大事之时，富弼回答："陛下临御未久，当布德行惠，愿二十年口不言兵。"

这样类似的回答听多了令神宗皇帝内心很感到一些失望，他不能理解何以在庆历年间奋发拼搏的这些元老重臣到如今却只能劝自己修身养性，保守因循。他不禁想到了自己做太子时，身边的记室参军（掌管文书）韩维曾屡屡向他推许王安石的才干和品德，而自己也经常听闻王安石在士林间的崇高声望。

当时王安石身处江宁，赋闲在家，神宗皇帝便起用他知江宁府。不久又任命为翰林学士，成为两制高官。着急的神宗皇帝令王安石越次入对，谈了很久。回去之后王安石立刻写了著名的《本朝百年无事札子》，其中振聋发聩地指出：

拙于站队的天才——苏轼

赖非夷狄昌炽之时，又无尧汤水旱之变，故天下无事，过于百年。虽曰人事，亦天助也。伏惟陛下躬上圣之质，承无穷之绪，知天助之不可常恃，知人事之不可怠终。则大有为之时，正在今日！

言下之意是说，要不是运气好，老天眷顾，哪能有百年太平可以混下来！这样的话神宗皇帝是很少听到人说的，也很少有人具备这样的胆识在奏表中这样露骨地批评本朝。年轻气盛、极欲大有作为的神宗皇帝在随后与王安石的接触中越来越赏识他、佩服他。于是在熙宁二年（1069）二月，朝廷授予王安石从四品右谏议大夫官职，任命他为参知政事，也就是副宰相。

熙宁变法就在这样的情况下开始了。

王安石提出的改革办法有很多，经济方面如青苗法、均输法、市易法、免役法、方田均税法、农田水利法；军事方面如保甲法、将兵法等。

青苗法是为了解决农民在农作物青黄不接、经济困难时被迫向地方上的豪绅地主借高利贷的问题。以国家在诸路的常平仓、广惠仓中的钱粮作为本金，按规定借贷给自愿的农民，收取二分利息。这样既为国家增加了财政收入，又打击了豪绅地主通过高利贷剥削农户然后进一步土地兼并的能力。

免役法是针对当时人民繁重的差役而进行的一种改革。当时宋代的差役主要有以下几种：衙前（运送官方财物或看管府库粮仓或管理州郡长官厨房等）；里正、户长、乡书手（督催税赋）；承符、人力、手力、散从官（供州县衙门随时驱使）；耆长、弓手、壮丁（捉捕盗贼）。其中衙前役和里正最是劳民伤财，破家无数。如衙前，所看守府库或运送的官方财物有损耗，则必须赔偿；好不容易运送财物到了京师，碰到接收的小吏刁难往往导致有家不能回。又如里正，遇到村里乡里交不了税赋的或是逃跑了的，还必须垫付税钱，搞得倾家荡产都完不成任务。针对这种问题，王安石提出，废除官员士大夫、有功名的豪强地主免服差役的权利，改为根据具体情况缴纳"助役钱"，而原来必须服差役的上四等户则缴纳"免役钱"。收上来的钱则由朝廷统一雇佣人来服差役。

又如农田水利法，大规模在各地集中各方力量兴修水利工程，通过淤田、灌溉等努力把薄恶贫瘠的土地变成肥厚的良田，并且令豪绅地主也要按照户等出一定的钱力物力。

再如"市易法""均输法"都是为了遏制豪强商贾操纵物价，囤积居奇，把物价的控制权夺回政府手中。

可以说王安石在改革时有一个重要的总方针，即"因天下之力以生天下之财，取天下之财以供天下之费"。换而言之，就是要借用天下广大的潜力，去刺激经济，去创造财富，再将创造出的财富运用到国家大事上。

从改革的初衷和各项办法的目的来看，自然完全是为国为民的，然而熙宁变法在刚刚开始的时候就遭到了各种各样激烈反对的声音。

苏轼、苏辙两兄弟丁父忧期满，于熙宁二年二月回到京师之后，看到的正是处在剧烈动荡变化中的朝野局势。苏轼仍以原职殿中丞和直史馆差判官诰院，在负责颁发官吏官员身份证件的官署里工作。实际上，苏轼当然也看到了北宋这样那样的问题，他也渴望朝廷能除旧布新，积极进取，但是至于究竟如何革除弊陋、施政惠民，乃至于富国强兵等等，苏轼心中也是并没有一个足够具体的全国层面的答案的。

他首先关注到的必然是在庙堂之上，冠盖煊赫的重臣中谁赞成新法，谁反对新法。

说来似乎难以置信，反对新法的不是那些戏说里常见的白脸奸臣，而是曾经在庆历新政里奔走奋斗过的韩琦、富弼和欧阳修，令人敬仰的文彦博，几乎任何现代中国人都耳熟能详的"司马光"以及范仲淹的儿子范纯仁等。

苏轼因为礼部会试时主考官为欧阳修的关系，加上欧阳修对其称赞奖掖不遗余力，天然地与欧阳修越发亲近起来。欧阳修也把年轻的苏轼介绍给韩琦、富弼、文彦博这些已经位列宰相、执政的国家最高级官员。从进入仕途的最开始，苏轼就已经被打上了后来称为旧党的这一派人士的烙印。

熙宁变法的力度是庆历新政远不能及的，从改革的深度上来说也是宋代之前所未有。主持这场轰轰烈烈变法的人物是有名的唐宋八大家之一的介甫相公王安石，然而当年庆历新政的领军人物、如今的元老重臣们却对王安石和他的熙宁变法群起而攻之，这样的原因究竟何在呢？

苏轼在这个时候，他没有任何犹豫，经过他的一番思考，他认为自己完全洞悉了王安石顶层设计的各种问题，他选择了站在反对派也就是所谓旧党的这一边。

事实上，苏轼兄弟和王安石之间的恩怨自父亲苏洵那里便已经开始。宋人方勺所撰之《泊宅编》中上卷有云：

欧公在翰院时，尝饭客。客去，独老苏少留，谓公曰："适座有囚首丧面者何人？"公曰："王介甫也，文行之士。子不闻之乎？"洵曰："以某观之，此人异时必乱天下。使其得志立朝，虽聪明之主亦将为其诳惑。内翰何为与之游乎？"洵退，于是作《辨奸论》行于世。是时介甫方作馆职，而明允犹布衣也。

这是说，欧阳修在翰林院任职翰林学士时，曾有一次招待客人吃饭。客人们离开后，只有苏洵一个人稍微又逗留了会儿。他对欧阳修说："刚才座中有一个头发乱得像囚犯、脸好像没洗过像服丧的人，那是谁？"欧阳修答道："那是王介甫啊，文章道德兼备的贤士。你没听说过吗？"苏洵接着说："依我看来，这个人将来必定祸乱天下。假使让他在仕途上得志而秉国之政，那么即使是聪慧英明的人主也将被他所欺骗惑弄。内翰您为什么要和他交往呢？"苏洵告退后，不久便写了《辨奸论》问世。当时王安石正任馆职，而苏洵还仍然是个布衣百姓。

王安石于嘉祐六年（1061）为直集贤院，而苏洵于此年七月前仍为布衣，因此大约此事即发生在嘉祐六年。若此事属实，那么在此时苏洵对王安石的观感已经恶劣到了极点。

《辨奸论》是否为苏洵所作目前学界仍有争议，但不论怎样，其中抨击王安石为"王衍、卢杞"合二为一之大奸，是好比竖刁、易牙、开方这样的佞幸之观点，必然是当时反对变法、主张保守的大臣们所普遍持有的言论。王衍者，西晋末年之宰相，清谈误国，曾与八王之乱的"胜利者"东海王司马越一同出征。司马越病殁途中，王衍竟然要狐死首丘，让司马越归葬其封国东海，结果半道被石勒所截击，直接导致西晋灭亡。卢杞则是唐德宗时之奸相，相貌丑陋，品性忌恨，曾让平定安史之乱的郭子仪感叹："此人得志。吾子孙无遗类矣！"竖刁、易牙、开方则更为不堪，皆是齐桓公时之佞幸乱国之人。竖刁自宫以入侍桓公于左右；易牙因桓公一句未尝人肉的戏言烹子而献君；开方为卫懿公庶子入齐而父死不奔丧。管仲曾在去世前面对桓公问及谁可继任为宰相时告诫说，易牙"杀子以适君，非人情，不可"；开方"倍亲以适君，非人情，难近"；竖刁"自宫以适君，非人情，难亲"。结果桓公不能听，后假三人以重权，结果桓公病重时三人果然祸乱国政，导致桓公活活饿死，最后尸首陈于宫禁之中凡六十七天，连蛆虫都钻出无数。拿王衍、卢杞、竖刁、易牙、开方来比拟王安石，这确实是太过分也太偏激了，但此足见当时反对变法的人对王安石的恨意之深。

龚颐正的《芥隐笔记》里又记载了一个苏洵和王安石交恶的缘由之一：

荆公在欧公坐，分题送裴如晦知吴江。以"黯然销魂，惟别而已"分韵……时老苏得"而"字，押"谈诗究乎而"。而荆公乃又作"而"

字二诗，有云："采鲸抗波涛，风作鳞之而。"盖用《周礼·考工记》梓人（木工）"深其爪，出其目，作其鳞之而"［注：之而，颊颌（kū）也］。又云："春风垂虹亭，一杯湖上持。傲兀（傲岸）何宾客，两忘我与而。"最为工。君子不欲多上人，王、苏之憾，未必不稔（rěn）于此也。

这则材料是说，有一回王安石与欧阳修、苏洵等八人正在搞一个文学沙龙，旨在为裴如晦作送别诗。裴如晦何许人也？据明代曹一麟《嘉靖吴江县志》卷十七官政志（一）守令表知县条记载："仁宗朝，嘉祐六年，裴煜，字如晦。"则知此人当是嘉祐六年出为吴江知县，乃是欧阳修、王安石、苏洵等人共同交游之士大夫。在座的都是诗文好手，因此作诗是要讲点规矩的，于是以"黯然销魂，惟别而已"八个字分韵。当时苏洵分到了个"而"字，这就是说要用而字入诗，且须作为韵脚。而字基本上是虚词，要用这个来押韵作诗，委实太难了。苏洵想了想，在自己的诗歌中写了句"谈诗究乎而"。这意思大致是说翩翩君子，谈起诗歌文章来要好好深入讲究一番。这自然是符合要求了，但未免有点干巴巴。王安石当然分到的不是"而"字，但他一听，偏要在自己作诗之外另也作"而"字韵脚的诗歌，还一作就是两首。其中一首云"采鲸抗波涛，风作鳞之而"。大家一听都惊呆了，王介甫这真是太厉害了，能人之所不能啊！原来王安石在这句诗里用了《周礼·考工记》的典故，其中说到木工雕刻之事，"之而"有颊骨和胡须之义。于是这句的意思就是说五彩的大鲸迎着惊涛骇浪，海风把大鲸的鳞片吹成了须毛的样子（鲸鱼当然是没有鳞片的，不过大约王安石并没见过）。这等于说是想到了"之而"作为实词的一种罕见古奥的用法，和苏洵干巴巴的诗句一比，显然王安石这句高明多了。然而王安石还不肯罢休，又作一首诗，其中云："春风垂虹亭，一杯湖上持。傲兀何宾客，两忘我与而。"也就是说，以"而"作为"你"的意思，又是韵味、要求都达到的一首。这等两忘烟水里的逍遥意境让在座之人都赞叹不已，再没有人像先前那样说苏洵的诗句作得妙了。

龚颐正在记载完这个故事之后评论说，宽厚的君子便不会老想着压人一头，王安石、苏洵交恶的憾事，未必不是成因于这次诗会啊！

当然苏洵与王安石交恶，当不会仅仅因为一次诗会上的小风波。恐怕是因为更多的一些分歧和矛盾。曾枣庄先生就曾援引叶梦得《避暑录话》中的材料，指出两人积怨与矛盾更为可信可能的原因：

苏明允本好言兵，见元昊叛，西方用事久无功，天下事有当改作。因挟其所著书，嘉祐初来京师，一时推其文章。王荆公为知制诰，方谈经术，独不嘉之，屡诋于众。以故，明允恶荆公胜于仇雠（chóu）。

这是说，苏洵本喜好谈论兵事，听闻党项李元昊叛变称帝，而后朝廷在西北用兵，长久都劳师动众而失败无功，以为天下事应当有所改易变更。于是苏洵带着他所撰写的诗书文章，嘉祐初年来到东京，一时之间名动汴梁，公卿大夫们都推重他的文章。王安石当时为知制诰，正谈经学，是士大夫中少数不喜欢苏洵文章的，并屡次在众人面前诋毁抨击之。因此，苏洵厌恶王安石简直胜过憎恨仇人。

从这则材料可知，苏洵王安石关系交恶必然决非单方面的原因，一定是互相有龃龉，且其矛盾的根源一定不止是些许小事，而是牵涉到士大夫们最在意的"修身齐家治国平天下"中的"治国平天下"这一层"外王"的事功层面。

宋人邵博的《邵氏闻见后录》卷十四载：

东坡中制科，王荆公问吕申公："见苏轼制策否？"申公称之。荆公曰："全类战国文章，若安石为考官，必黜之。"故荆公后修《英宗实录》，谓苏明允有战国纵横之学云。

苏轼中制科，王安石便问吕公著："看过苏轼的制策文章了吗？"吕公著大为称许。王安石却说："全是类似战国（纵横家）的文章，假如安石担任考官，必定黜落！"后来王荆公修《英宗实录》，就称苏洵有战国纵横家之学（不是正经儒学之士）。

不仅是对于苏轼有此贬低，对同应制科的苏辙，王安石也颇有意见。当时苏辙在制科考试中写了些十分大胆辛辣的话批判当朝圣人仁宗皇帝。策题以皇帝口吻出写道："朕承祖宗之大统、先帝之休烈，深惟寡昧，未烛于理""志勤道远，治不加进，夙兴夜寐，于兹三纪"。前一句题目的意思是说，朕继承了列祖列宗的江山社稷，先帝皇考们盛美伟大的事业。朕虽然深加思虑，但是因为浅薄无知，不能洞察事理。后一句是说朕登大宝以来，立下大志而勤政不怠，天下大治的道路任重道远，到如今九州大地仍然没有治理得很好。朕每天早起晚睡，到现在已经三十六年有余了。

毫无疑问，这策题里皇帝的话完全是客套话、场面话，结果苏辙却在自己的制策里引用之，然后在后面猛烈批判，说"此陛下忧惧之言也。然臣以谓陛下未有忧惧之诚耳"。言下之意就是，陛下嘴巴上说说罢了，实际上毫无把朝野治理好的诚心。这胆也太肥了。之后苏辙在制策里谈到西夏叛乱独立，西北用兵一事，最后因为大宋屡战屡败，只得媾和，被迫承认党项独立建国。这之后仁宗干脆又鸵鸟心理，安于此局面了。于是苏辙批判皇帝说"自西方解兵，陛下弃置忧惧之心而不复思者，二十年矣。古之圣人，无事则深忧，有事则不惧。夫无事而深忧者，所以为有事之不惧也。今陛下无事则不忧，有事则大惧，臣以为陛下失所忧矣"。这些话就更加要命了。苏辙居然指责仁宗皇帝天下无事的时候安逸享乐，毫无远忧，遇到点事情么就毫无城府，怕得要死。甚至还指斥仁宗皇帝的私人问题，说"陛下无谓好色于内而不害外事也"。意思是陛下不要自以为在内庭里好色风流，就对外朝的大事没有负面作用。这都已经在干预皇帝私生活了。

《栾城集·栾城后集》卷十二《颍滨遗老传上》云：

策入，辙自谓必见黜。然考官司马君实第以三等，范景仁难之。蔡君谟曰："吾三司使也，司会之言，吾愧之而不敢怨。"惟胡武平以为不逊，力请黜之。上不许，曰："以直言召人，而以直弃之，天下谓我何？"宰相不得已，置之下第，除商州军事推官。知制诰王介甫意其右宰相，专攻人主，比之谷永，不肯撰词。

这是说，制策的卷子交上去之后，苏辙自己也觉得说话太直了，必定会被黜落。但是考官司马光准备给予第三等，翰林学士范镇就反驳司马光，持不同看法。蔡襄说："我是三司使，（苏辙）制策里谈到财政上的问题，我心中惭愧，不敢有怨言。"当时只有翰林学士胡宿认为苏辙的制策极为狂悖不逊，力请黜落。仁宗皇帝不许，说："朕用直言能谏的标准来招徕人才，但却因为其直言就弃之不用，天下人会怎么评价我呢？"宰相们不得已，定为第四等，除授商州军事推官。当时王安石任职知制诰，虽然已经不能实际改变苏辙通过制科的既成事实，但是他声称苏辙在制策文章里袒护宰相执政，专门偏激地批评今上来博取直名，认为苏辙这是如同西汉谷永依附秉政的大将军王凤一样，在向宰辅大臣们邀宠，因此不肯撰写苏辙的制词。

据同卷材料，倒是宰相韩琦看不下去了。

宰相韩魏公哂曰："此人策语，谓宰相不足用，欲得娄师德、郝处俊而用之，尚以谷永而疑之乎？"

原来苏辙在制策文章里有这么一段："而臣亦以为，治天下当得浑质刚直、不忌不克、不择剧易之人而任之，如汉之绛侯、条侯，魏之贾逵、邓艾，晋之温峤、周访，唐之娄师德、郝处俊。得此数人，唯陛下所欲用之。"苏辙认为治理天下应该要得到那些纯厚朴实又刚正不阿、不猜忌刻薄而盛气凌人、不避艰难繁重又不择难易的人然后重用他们，如汉代的绛侯周勃、条侯周亚夫，魏时的贾逵、邓艾，东晋的温峤、周访，唐代的娄师德、郝处俊。（假如）得到这样的几个人才，希望陛下能够好好重用。

因此韩琦对着王安石面露讥笑，"苏辙的制策文章之话语，乃是说现在的宰相们才德不堪重用，要得到娄师德、郝处俊这样的才行。你怎么还以阿附权臣的谷永来猜疑苏辙的用心呢？"韩琦的言下之意就是，王安石你这针对苏辙的意图，也太明显了，大家都看出来了，还是和和气气算了吧。

因此可见，由于与苏洵不睦，直接导致王安石对苏轼、苏辙两兄弟也颇有成见，甚至要对他们的制策考试来点负面评价。另一方面，苏轼选择站在反对变法的这一派守旧大臣的阵营里，并且在仕宦之初对王安石观感较差，我们有理由推测和相信，是在很大程度上受到其父亲苏洵的影响的。

其 三

苏轼向熙宁变法开响了大炮

　　王安石的改革大计在刚刚开始的时候就遭到了无数激烈反对的声音。任职宰相的富弼首先就反对新法，不少叫嚣应该罢黜新法的人又以翰林学士司马光为意见领袖。当时不少人拿熙宁二年的水旱天灾来说事，说这完全是因为皇帝陛下任用王安石瞎折腾，搞得天怒人怨，这才降下诸多灾祸，是上天在警告英明神武的陛下。

　　尽管这种观点在我们现在看来十分的荒诞不经，然而在古代却历来被上至朝廷、下至黔首的几乎所有人深以为然。西汉武帝时期，董仲舒结合儒家、阴阳家、黄老思想，在《春秋繁露》中提出了影响甚深的"天人感应"之说——认为自然界的水旱天灾都是对人君治理天下的一种机械反应，是有因果关系的。

　　熙宁二年（1069）六月，御史中丞吕诲就上疏弹劾参知政事王安石，说王安石并无什么深谋远略，不过是要标新立异取悦陛下，还危言耸听地说如果王安石长久地位列中枢宰执的位置，天灾恐怕会接连不断。

吕诲作为御史台的长官，他的上疏弹劾在朝廷中是很有分量的，也很能代表相当多官员士大夫的政治态度。面对这种把天灾归结于政治改革的荒谬言论，王安石大胆地提出"天变不足畏"。这种观点在当时是非常超越于时代的。王安石曾就汉儒对《尚书·洪范》中"狂恒雨若""僭（jiàn）恒旸（yáng）若"的解读做出过犀利而有趣的批判。汉儒在董仲舒天人感应说的影响下，解释洪范时说，君主如果总是行为狂妄就会让上天降下水灾；君主如果总是行为僭越（超越自己的本分）就会让天下遭受旱灾。王安石指出，倘若真的是这样，那么君主要是同时犯了僭越和狂妄这两种罪过，万能的上天该如何反应？到底是降下水灾还是旱灾？岂不是自相矛盾？可见，天人感应之说是站不住脚的。当时的这些士大夫拿这一点来攻击新法也是实在荒谬的。

　　反对新法的人越来越多，苏轼在这一年上疏反对王安石改革科举之后，在十月份目睹了富弼从宰相位置上离开，拜武宁节度使、同中书门下平章事、判河南，改亳州，实际上远离了权力中枢，被罢免了相位。富弼也向神宗皇帝宣称说因为王安石任用小人，才导致各地天灾频发。

　　神宗皇帝读了苏轼的《议学校贡举状》后，颇为感动，决定召见苏轼。原来当时王安石要改革科举，罢废诗赋、明经取士之途，在进士级别的考试里改以策论、经义取士，并且采取大力兴办学校等各项措施。苏轼对此持全面的反对态度。他在《议学校贡举状》中指出，庆历年间就已经兴办过学校，到今天变成了徒有其名的形式主义。如果要大动干戈，势必扰民伤财；倘若只是小修小补，就和庆历新政没什么区别。因此他主张在学校规模制度等方面仍然保持旧有制度。在科举方面，苏轼说现在朝廷要改动的无非几个方向：或是稍重乡里察举德行而稍抑文辞之分量；或是专以策论取士而罢废诗赋；或是兼采其人名誉声望而罢废试卷封弥糊名的制度；或是让考生不再做帖经、墨义这样死记硬背的考试题目而罢废明经，专考经之义理。但这种都属于知其一不知其二。

并且，苏轼又给皇帝上起课来，说如果陛下要兴天下道德之风，要选取真正优秀正直的人才，你皇帝自己就首先必须修身格物，以身作则地正天下风俗，如孟子所谓"君仁莫不仁，君义莫不义"。如果只是设科立名去取士，那就是明着教天下人一个接一个地去假模假样地表演，去做伪君子。例如陛下若以孝道取士，胆子大的人就割肉侍养双亲了，胆子小的也装模作样日夜住在父母的坟茔边。若陛下以廉洁取士，那大家为了做官就故意乘破败的马车，骑赢弱瘦削的病马，甚至穿粗布衣服，吃粗恶之食。只要可以迎合陛下意思的，简直无所不用其极。这样的话，德行之败坏就极其可怕了。

因为王安石好谈经义，且当时有人指称他自比颜回、孟子，于是苏轼在奏议里又用王衍好老庄而中原蒙难、晋室南渡之典和王维的弟弟宰相王缙好佛结果大历之政至今为人所笑等典故史事来影射当今的王安石及其新法。苏轼说，性命之学，连孔子都很少说。子贡就曾说万物之本性与天道，没有听孔子说过。现在的学者居然夸夸其谈，以不谈性命为耻。如今士大夫把佛祖、老子当成圣人，真是因为他们超然物外吗？不过是因为一般人的本性，都是安于放逸罢了。即便他们真是和庄子一样能齐生死，看破一切，那么陛下还怎么用名器爵禄来勉励他们治国为民呢？何况这些人都是欺世盗名之徒！

神宗皇帝大约对立刻改革贡举也有些疑虑，因此读了苏轼的奏议后便想与他进一步交流。《宋史》苏轼本传中记载：

议上，神宗悟曰："吾固疑此，得轼议，意释然矣。"即日召见，问："方今政令得失安在？虽朕过失，指陈可也。"对曰："陛下生知之性，天纵文武，不患不明，不患不勤，不患不断，但患求治太急，听言太广，进人太锐。愿镇以安静，待物之来，然后应之。"神宗悚然曰："卿三言，朕当熟思之。凡在馆阁，皆当为朕深思治乱，无有所隐。"轼退，言于同列。安石不悦，命权开封府推官，将困之以事。轼决断精敏，声闻益远。

召对的时候，神宗问苏轼：现如今朝廷政令有哪些得失之处呢？即便是朕的过失，卿也可以指陈。

苏轼回答说：陛下天赋异禀，本性即能生而知之，可谓天纵之才，兼堪文武，因此不担心不英明、不勤政，或是不能乾纲独断，只须担心求天下大治的心太急了些，听取的治国方略过多了些，进用大臣太快了些。臣愿陛下以稳妥安静镇定朝局，待事物时机成熟，便能自然应对。

神宗为之变色，说：卿这三句话，朕当会好好考虑一番。卿在馆阁，都要为朕深思国家治乱的原因、方略，不要有什么不敢说的。

神宗的反应一定让苏轼既高兴又有些小小的得意，因此苏轼一点都不知道韬光养晦，注意保护自己，而是出了皇宫就把这事情跟同僚们宣传开了，意思陛下是尧舜之君，已经给我苏子瞻说动了，贡举之法，你们看着吧，不会瞎折腾的！这些话自然让有心人传到了宰相王安石那里，王安石正要铺开一项又一项的改革措施，怎么会允许有人整天在皇帝面前唱反调，给自己"上眼药"呢？王安石一想，你苏子瞻乃是个文士，文章诗词确实是才高八斗，具体繁琐的刑狱之事，你恐怕处理不好吧？于是王安石把苏轼调到了开封府，让他以原官职殿中丞改差遣权开封府推官。开封府是天子脚下，事务极其繁忙，所谓开封府推官，这是一个要审察刑狱案件的官职，一般人来做一定是手忙脚乱，头疼脑热。结果苏轼断案如神，没难倒他，反而是声名远播。于中又可见苏轼的聪明才智了，事在熙宁二年十一月。

这一年年末，为了庆祝新年，也为了让两宫太后（祖母仁宗妻曹太后、母亲英宗妻高太后）高兴，神宗皇帝下令采购四千盏左右的浙灯，在正月十五的上元节于宫内举行盛大的灯会。然而神宗皇帝又令减价采购浙灯，且不允许百姓购买，这样一来令得汴梁城内的市民们颇为不满。

按理说，采购器物举办宫内宴会、庆典，本是皇家内务，何况神宗皇帝也是为了向两宫太后尽一份孝心，实属小事。然而苏轼仍然提笔进谏。他在熙宁四年正月，写了《谏买浙灯状》。其中写道：

（百姓）皆谓陛下以耳目不急之玩，而夺其口体必用之资。卖灯之民，例非豪户，举债出息，蓄之弥年。衣食之计，望此旬日。陛下为民父母，唯可添价贵买，岂可减价贱酬？此事至小，体则甚大……且内庭故事，每遇放灯，不过令东门杂物务临时收买，数目既少，又无拘收督迫之严，费用不多，民亦无憾。故臣愿追还前命，凡悉如旧。

这是说老百姓们都以为陛下你因为自己声色犬马的这种奢侈享受的需要，就夺走他们吃饭穿衣活命所必需的资金来源。卖灯的老百姓，一般都不是富有之家，往往借了债，攒蓄了整年。他们获取衣物、粮食的办法，恐怕都指望这卖灯的十几天。陛下作为天下万民的君父，只可以加价买进，怎么能够减低价格酬付给百姓呢？这件事很小，但背后的本质却很大啊。何况过去宫内的惯例，每次遇到举办灯会，不过是命令东门采办杂物的人临时买一批，数目又少，也没有种种限制和督迫的严厉旨意，花费也不多，老百姓也没有怨言。所以臣苏轼恳请皇帝陛下收回之前的命令，一切照旧办理。

倘若处在一个刚愎自用、残暴不仁的君主统治时期，苏轼这种指点皇帝办事的表状递上去多半是要给大辟（砍头）了。从这份表状中，我们可以清晰地看到苏轼作为一名文人士大夫，对于百姓的关爱，对于君主和朝廷的忠心，以至于他挑了些刺耳又直率的话来规劝皇帝。

年轻的神宗皇帝非但没有龙颜大怒，反而很快接受了苏轼的劝谏，收回了之前下达的命令。苏轼顿感肝脑涂地亦难以报答陛下的如海胸襟，更坚信神宗皇帝是一位千古圣君。想到王安石变法以来的种种问题，此年十二月他写了一篇重磅炸弹，在后来历史上被称为"《上神宗皇帝书》"。

苏轼说："今者无故又创一司，号曰制置三司条例。使六七少年日夜讲求于内；使者四十余辈，分行营干于外。造端宏大，民实惊疑；创法新奇，吏皆惶惑。"意思是说，现在无缘无故又在朝廷诸多部门中叠床架屋地多设立一个部门，称作制置三司条例司（这是王安石变法的核心机构，用来架空原本掌管财政大权的三司使，发布各项新法的命令，进行财政改革等）。让六七个几乎毫无资历的小臣日夜在里面扯谈，又派四十来个使者，分赴各地。弄得声势浩大，老百姓们都又惊又怕；创设的新法又奇怪荒诞，基层办事的小吏都惶恐疑惑。——这是苏轼直接向王安石的变法核心机构进攻，声称这个机构完全是荒谬的。

他甚至说："故臣以为，消谗慝（chán tè）（邪恶奸佞之人）以召和气，复人心而安国本，则莫若罢制置三司条例司。"他再一次开始指点皇帝办事了。苏轼认为，要罢黜奸佞的臣子以让朝廷上下团结，不再异论汹汹，四分五裂；要恢复百姓对朝廷的信任，消除他们的埋怨从而安定国家的根本，要做到以上这些必须罢废制置三司条例司。换而言之，苏轼从一开始就表达了全面否定熙宁变法的态度。

苏轼又进一步说明理由和他自己理想中的大国宰相治理国家的方式。他说："智者所图，贵于无迹，汉之文、景，纪无可书之事；唐之房、杜，传无可载之功；而天下之言治者与文景，言贤者与房杜，盖事已立而迹不见，功已成而人不知。故曰：'善用兵者，无赫赫之功。'"这是说，真正有大智慧的人所图谋的事情，贵在不留痕迹。西汉的文帝、景帝，史书他们的本纪上并没有多少可以说的治国方针；唐太宗时人称"房谋杜断"的两位名宰相房玄龄、杜如晦，史书他们的列传里也没有记载什么治国的具体功劳。但是天下人说起治理天下的贤明君主总是说文景之治，说贤良的宰相总是说房谋杜断，这就是因为他们完成了伟大的事业但是却不留下一丝痕迹，功业已成就却人皆不能知晓。所以说,善于用兵的将军,甚至没有煊赫的功绩。

苏轼又提出振作国家经济的办法:"陛下诚欲富国,择三司官属与漕运使副,而陛下与二三大臣孜孜讲求,磨以岁月,则积弊自去而人不知。"这是说,如果陛下确实谋求国家富强,可以拣选盐铁、户部、度支三司的官员和漕运长官与副手,而陛下和二三大臣孜孜不倦地商量研讨,经过一定时间的努力,那么国家积累下来的种种弊端就会消除不见而百姓也没有受到多大的惊动,大家甚至不能知觉。

对比王安石变法中提出的一项又一项具体的举措,不难看出,苏轼所谓应该效仿文景之治和房谋杜断的那种无为而治的思想,以及他提出的所谓"磨以岁月,则积弊自去而人不知"的想法,都是书生议政,是不成熟的,甚至可以说相比于王安石而言是幼稚的。

汉初天下百废待兴,不知多少荒地有待开垦,不知多少行业亟待振作,是故从汉高祖起,乃至文帝、景帝都是以黄老之术的无为而治思想,轻徭薄赋,与民休息,恢复生产力;唐初也是上承隋末天下大乱,同样适宜镇之以静。而北宋神宗年间,自真宗仁宗以来的因循苟且已不知产生多少弊端、腐败的问题,土地兼并也是日趋严重。不同的情况下,苏轼却想当然地说要无为而治,要治大国若烹小鲜,这完全是把问题想得太简单了。有志之士如范文正公,在庆历年间就提出了改革的举措,朝政已经到了敷衍下去只会越来越糟的地步。因此苏轼所设想的,让皇帝陛下和两三个大臣在中枢谋划下,不去搞大动作,弊端就能轻易被连根拔起,抹除不见,这显然也是全无可能的。

谈到王安石新法中的农田水利法,苏轼又说:"天下久平,民物滋息,四方遗利,盖略尽矣。今欲凿空访寻水利,所谓'即鹿无虞',岂惟徒劳,必大烦扰。"这是说,苏轼认为,天下已经百年太平无事,老百姓们生儿育女、休养生息惯了,而四方可以取用的财利,大约也差不多了。现在要挖凿筑堤,大谈什么开发水利工程,这就好比进山打鹿,却没有熟悉地形和鹿习性的向导,完全是既徒劳无功又令民间困苦烦恼。

请注意"天下久平，民物滋息，四方遗利，盖略尽矣"这一句话所透露的观点。司马光曾在和王安石争论时说："天地所生，货财百物，止有此数。不在民间，则在公家。"这种观点认为天下的财富总量是恒定不变的，没有可能发现财富、创造财富，财富也只能简单地在朝廷和百姓之间兜兜转转——这完全是一种形而上学的静止的错误观点。任何稍有一定经济学最粗浅概念的现代人都知道这两种说法完全是落后的。但在当时，大约这是很多人认可的主流思想。

实际上，根据《宋史·食货志》来看，熙宁二年到九年，全国兴修成功的水利田，多达一万余处，受益的耕田约为三十六万顷。这证明农田水利法是卓有成效的。

苏轼从方方面面都抨击新法如何如何存在弊病，那我们不妨看一看他在制科考试中的两篇关于"厚货财"的文章，了解一下苏轼在治理国家上的经济思想。

请先看《策别十三》中之论：

厚货财者，其别有二。一曰省费用。夫天下未尝无财也。昔周之兴，文王、武王之国不过百里，当其受命，四方之君长交至于其廷，军旅四出，以征伐不义之诸侯，而未尝患无财。方此之时，关市无征，山泽不禁，取于民者不过什一，而财有余。及其衰也，内食千里之租，外取千八百国之贡，而不足于用。由此观之，夫财岂有多少哉！

苏轼说，厚货财的方法，有两个，一个是省费用，也就是所谓节流。天下间并不是没有财货。过去周朝之兴盛，文王、武王发迹时不过百里之地，当他们顺天应命，四方的诸侯都聚集于其庙堂，军旅浩浩荡荡，大出岐山，征伐不义的商朝和附逆的诸侯，却不曾以财力不足为忧患。当时通衢大道之集市无税赋之征收；山川河泽之矿石鱼虾也无开采捕猎之禁，对老百姓的税赋不过是十取其一，然而国家却财用有余。等到周朝衰弱时，对内要征收千里之地的租赋，对外要取用无数诸侯国之贡奉，却仍然不足于用。由此看来，国家财用的本质岂是在聚敛征收的多与少呢？

以今人的高度来看，此见谬也。文、武之方兴，地方百里，官僚方几何？及宋仁庙时，中国之大，官吏之多，又几何哉？岂可同日而语？宋代的官僚队伍之庞大，远非起兵时号称百里之地的周所能及，这两者之间巨大的行政费用支出差距，是不能够简简单单地用儒家语言来抹去的。

……

今天下之利，莫不尽取。山陵林麓，莫不有禁。关有征，市有租，盐铁有榷，酒有课，茶有算，则凡衰世苟且之法，莫不尽用矣。

夫无益之费，名重而实轻，以不急之实，而被之以莫大之名，是以疑而不敢去。三岁而郊，郊而赦，赦而赏，此县官有不得已者。天下吏士，数日而待赐，此诚不可以卒去。至于大吏，所谓股肱耳目，与县官同其忧乐者，此岂亦不得已而有所畏耶？天子有七庙，今又饰老佛之宫，而为之祠，固已过矣，又使大臣以使领之，岁给以巨万计，此何为者也！天下之吏，为不少矣，将患未得其人。苟得其人，则凡民之利，莫不备举，而其患莫不尽去。今河水为患，不使滨河州郡之吏亲视其灾，而责之以救灾之术，徒为都水监。夫四方之水患，岂其一人坐筹于京师而尽其利害！天下有转运使足矣，今江淮之间，又有发运，禄赐之厚，徒兵之众，其为费岂可胜计哉！盖尝闻之，里有蓄马者，患牧人欺之而盗其刍菽（chú shū）也，又使一人焉为之厩长，厩长立而马益癯（qú）。今为政不求其本，而治其末，自是而推之，天下无益之费，不为不多矣。

臣以为凡若此者，日求而去之，自毫厘以往，莫不有益。惟无轻其毫厘而积之，则天下庶乎少息也。

苏轼接着说，现在天下的财利，朝廷几乎没有不全征收聚敛来的。矿山森林，没有不是有着禁止民间开采禁令的。商人过关隘要征税，

集市有租赋，盐铁有国家专营的榷卖制度，酒有课税，茶有茶法，那么这样想来凡是衰亡之世横征暴敛的陋规恶法，现在朝廷都已经差不多全用上了。

对朝廷国家无益处的花费支出，都是属于虚名甚重，而实利轻微，以并不紧要的轻微实利，就加上莫大的虚名之高帽，因此犹疑不敢罢废。例如三年一次的郊祀大礼，郊祀了就要大赦天下，大赦之后要赏赐群臣官吏，这种赏赐对于县官这样级别的低级官员来说还确乎是有些不得已，必须要依赖的一份收入。天下官兵和府衙小吏，在郊祀的几日间翘首等待朝廷赏赐，这确实不是可以马上罢废取消的。至于高官显贵，所谓国家的股肱耳目，却号称和县官这样级别的一样有财用上的忧愁，这难道也是有所不得已，有所畏惧担忧（缺了赏赐）吗？天子本身已经有七庙的祭祀，现在又要以天下的佛道宫观来装点朝廷门面，使这些庙宇道观都成为朝廷编制下的祠庙，本来就已经不对了，又使大臣以宫观使之类官职奉祠遥领，每年花费巨额财政，这究竟是为了什么？天下的官吏，实在是不算少了，只是可忧愁的地方在于没有任用合适的人。如果任用得当，那么凡是对民众有利的举措，就没有不措置完备的，而百姓们以为祸患的就都能去除罢废。如今河水为患，不派遣靠近河患的州郡官吏去亲自监视灾情，令其布置具体救灾办法，却徒劳地设置都水监。四方有水灾，怎么能够用一个人坐在京师的都水监衙门里盘算空想就能全部处理妥当呢？天下有转运使（输送税赋钱粮）已经足够了，现在江淮之间，又有发运使，他们的俸禄赏赐之厚，手下僚属兵丁之多，所耗费用哪里算得过来！臣曾经听闻，闾里有负责为朝廷养马的马户，朝廷担心马户欺弄，克扣刍豆等马吃的粮食而监守自盗，于是又选一户人家担任所谓厩长，结果厩长有了之后官马却越来越瘦了！现在朝廷施政不求本源，而在一些细枝末节的地方瞎折腾，自此推论，天下无益处的耗费，就真的实在太多了！

苏轼总结说，凡是类似这些的弊政，只要日复一日地设法革除，那么自毫厘之间去计算，也完全是有益于黎民社稷的。只是希望陛下不要轻视这些毫厘之间的问题而日积月累，那么天下就大概能稍稍得到休养生息了。

综上来看，苏轼的想法是要在节流上动脑筋。要节流，就要有人把蛋糕吐出来。他提出的办法一是减罢郊祀之赏并佛老宫观之费；二是裁撤冗官，如都水监、发运司等。王安石为宰相，还没有像这样程度地动摇官制，只是想要稍夺士大夫的利益，将其收归朝廷中央，当时的人已经调转风评，从"安石不出，奈苍生何"变成了"安石既出，苍生奈何"，甚至说他变法乱国。我们不妨设想一番，假如苏轼当国秉政，执掌钧轴，施政如对策所言，那么天下百官，岂能免于切肤之痛而不有咬牙之恨？如祠奉官本就是优养元老致仕之臣或是安置贬官的，这要是裁撤了，就是夺人钱财，如杀人父母一般啊。可见苏轼一是在经济思想上本身就和王安石的开源相敌对，持节流之见，同时又在具体办法上也非常激进，不遑多让。

《策别十四》是厚货财的第二策，仍然是从节流的角度上想的办法，是为"定军制"。苏轼从汉唐故事的兵制中提出看法，认为军队不可无事而聚、无事而食。汉代有事不过用虎符调发郡国之兵，唐代府兵无事则力耕，足以自给自养甚至充盈地方粮储。而大宋的禁军大部分都聚集在京师附近，数量又特别庞大，有数十万之多，完全依赖于官府的补给。天下财货，只要人力所及，几乎都业已尽输于东京。如今天下太平无事，税赋征敛之剧，已经不可复加，执掌朝廷财政的三司却常常近乎入不敷出。

因此他提出办法，认为可以优待郡县之厢军土兵，令其萌生感恩戴德、愿效死力之心，加以训练，逐渐取代禁军的职能，在扈从天子和拱卫皇城之外，渐次裁撤，使得军队数量可以减少下来，从而大为减轻冗兵带来的财政压力。

此论虽中宋朝冗兵之弊，却未谙帝王之心术。宋取国于孤儿寡母之手，欲绝晚唐五代藩镇之祸，故于军制采取强干弱枝之策，岂愿削减京畿禁军而令地方帅守有虎贲之师以窥神器？也就是说，苏轼的建议从理论上来说似乎是很好的，但首先完全不符合宋朝祖宗法度。宋代最高统治者十分注意削弱地方帅守大臣的权力，使其手中只有老弱不堪一战的厢军士兵，则自然没有地方割据威胁朝廷的可能了。另一方面，禁军背后的既得利益团体是很庞大的，这些人吃惯了空饷，习惯了克扣军用物资等等，如果说朝廷要逐渐裁撤掉大部分禁军，可想而知，这些将军们乃至背后的勋贵绝对要挑动兵痞们起来闹事，最后一定是不了了之，裁军失败。

看来苏轼想要通过节流来解决宋朝财政困难的问题终究是走不通的一条死路。我们还是继续看看他如何向新法开炮。

在抨击完介甫相公的农田水利法之后，苏轼又谈到免役法。他说："自古役人必用乡户……士大夫捐亲戚，弃坟墓，以从宦于四方者，宣力之余，亦欲取乐，此人之至情也。若雕弊太甚，厨传萧然，则似危邦之陋风，恐非太平之盛观。"这段话非常值得品味。苏轼说，自古以来差役必定是用本乡本土的人（如果废除了现行的差役法，改用雇役法，雇佣来的人所得到的报酬也很少，积极性可想而知），而官员们多少年寒窗苦读才在科举中笑到了最后成为了统治阶级的一员，他们丢下了亲戚，抛弃了祖坟，去天南地北做官，在卖力工作之余，也是想要享受人上人的乐趣啊，这是人之常情。如果（因为免役法）而令州郡衙门的排场太过衰败，甚至连供来往官员居住的馆驿也萧条得不行，这样就像是那种民不聊生、毫无安宁可言的乱世国家的鄙陋之风，恐怕不是现在太平盛世应该有的景象啊。

历来也有人拿这一段攻击苏轼，说他屁股决定脑袋，成为了统治阶级的官员士大夫之后就站在士大夫立场上考虑问题了。其实未必尽然。苏轼的灵魂首先应当是一个文人，然后才是一位官僚士大夫，他的根性里有许多浪漫的地方，他也是一个心存百姓的官员。以上反对免役法的话，实际上他是按照当时绝大多数官员的素质去考虑的，毕竟所谓千里做官为发财，如果人君脱离官僚士大夫队伍的本质，而去奢谈圣人教诲、道德素养，那完全是空中楼阁，不着边际的。

有趣的是，在熙宁四年三月一次东西二府共同进对的御前会议中，作为西府执政的枢密使文彦博所说的话。当时他和枢密副使冯京一起反对各项新法，神宗皇帝反驳说："淤田于百姓有何患苦？……兼询访邻近百姓，亦皆以免役为喜。"（引水灌溉耕田对于百姓有什么忧患和愁苦呢？又询问探访百姓们，也都把免役法作为一件值得高兴的喜事）文彦博说："祖宗法制具在，不须更张以失人心。"（祖宗完善的法规制度都在，不须要更改，否则只会丢失人心）神宗皇帝又说："更张法制，于士大夫诚多不悦，然于百姓何所不便？"（更改法度，对于官员们来说确实会有许多不高兴的地方，但是对于百姓来说有什么不方便？）文彦博石破天惊地指出："为与士大夫治天下，非与百姓治天下也。"（我朝是与官员士大夫一起治理天下，不是和百姓一起治理天下！）言下之意就是，真正能帮你治理国家的是读书人出身的官员们，不是那群庄稼汉、泥腿子，陛下你搞搞清楚到底要站在谁那一边。文潞公的嘴脸是当时道貌岸然的很多元老重臣内心本质最好的一个注脚。苏轼或许并没有意识到，他变成了旧党手里的一把枪。

《上神宗皇帝书》里苏轼又说到青苗法的问题。当时青苗法实施，客观上完全是为了便民的良法，但是不少地方官员为了向神宗皇帝和当朝宰相王安石邀功邀宠，私下里强行抑配、摊派。本来只是自愿性质的青苗贷在一些地方变成了你想贷要贷，不想贷也要贷的乱政，在东京听闻了这一情况后，苏轼写道："乃知青苗不许抑配之说，亦是空文。……且夫常平之为法也，可谓至矣……借使万家之邑，止有千斛，而谷贵之际，千斛在市，物价自平。一市之价既平，一邦之食自足。……今若变为青苗，家贷一斛，则千户之外，孰救其饥？……乃知常平青苗，其势不能两立。"这是说，苏轼认为中书规定青苗贷不许强行摊派只是一纸空文，而且原来朝廷有的常平法已经非常到位了。假如一个地方有万户人家，常平仓内有一千斛粮食，到了粮谷价格飞涨的时候，把这一千斛粮食投放进市场，粮价自然会降下来。一个地方的集市物价下来了，正常了，那么一个地方的粮食也就能够自给自足了。现在如果把常平法变为青苗法，假如每家贷一斛粮食兑换来的钱币，那么一千斛粮食不过能贷给一千户人家，这一千户以外的九千户人家，谁来救他们的饥饿困窘呢？

在这封几乎长达万言的奏议里，苏轼还抨击了许多新法中他看到和理解到的问题。其中尤有一句关键的话语，能够看出他和王安石对于大国政治的不同理解。苏轼说："夫国家之所以存亡者，在道德之浅深，不在乎强与弱；历数之所以长短者，在风俗之厚薄，不在乎富与贫。"意思是说，一个国家能够存亡的关键，在于道德文化的浅深，不在于国力的强大或者弱小；帝国统治的长短，关键也在于风俗的厚薄，不在于富裕和贫穷。这种观点自然很有儒家逻辑的口吻，仿佛是圣人之言，在当时的文化语境里，一时之间或许让人难以置喙和反驳。但是仔细一想，便会觉得如此武断的说法是不符合大国政治的复杂情况，也是幼稚的见解。如果只强调精神道德层面的力量，而忽略科技发展，忽略财富，忽略生产力，忽略军事实力，一个民族、一个国家又怎么可能在强敌环伺的情况下生存下去呢？孔孟之道诞生的年代，中国周围从来没有过辽国这样的庞然大物，夷狄从来都是松散而相对弱小的，不可能对中原的周王朝构成致命的打击。但是到了北宋，时代已经完全不一样了。苏轼的雄辩会为这场新旧党争带来怎样的局面呢？他个人的命运又会如何在这场变法中起起伏伏呢？这将由下一章来回答。

再上书炮轰新法，厌党争通判杭州

这份自感雄于万马千军、尽驳新法于无地的奏议，并没有万死不辞之臣尽抒肺腑谬言而感动九五的效果，相反，它似乎是被皇帝留中了。也就是说，皇帝既不评价这份奏议，也没有让大臣们摆明了车马讨论一二，看来皇帝是决定和拗相公一条道走到黑了。

两个月来的等待却毫无音讯，既没有严加申饬（chì），也没有召对觐见，因此苏轼心急如焚，他自觉有为国为民进谏的责任，于是又写了一份奏议，后来在历史上被称为《再上神宗皇帝书》，事在熙宁三年（1070）二月。

这份奏议里吓人的话可就更多了。苏轼再也按捺不住，他直抒胸臆地写道："《书》曰：'与治同道，罔不兴；与乱同事，罔不亡。'陛下自去岁以来，所行新政，皆不与治同道。立条例司，遣青苗使，敛助役钱，行均输法，四海骚动，行路怨咨。自宰相以下，皆知其非而不敢争。"这是说，《尚书·太甲下》里说，国家的安危在于所任用的官员，任用贤良就没有不兴盛强大的，反之如果任用奸佞，就没有不衰败灭亡的。陛下自从去年以来，所施行的新政，都不是和贤良睿智的元老重臣们深谋远虑推出的方案。创立制置三司条例司，派遣青苗使臣，敛聚助役钱，实施均输法，这些都导致天下骚动不安，走在路上的老百姓都在埋怨叹息。而朝廷里从宰相以下的官员，都知道新法的种种问题，但是不敢说实话。

这还是只是开始，苏轼又写道："近者中外欢言，陛下已有悔悟意，道路相庆，如蒙大赉（lài）（赏赐），实望陛下于旬日之间，涣发德音，洗荡乖僻，追还使者，而罢条例司。今者侧听所为，盖不过使监司体量抑配而已，比之未悟，所较几何。此孟子所谓知兄臂之不可紾（zhěn）（扭、拧），而姑劝以徐，知邻鸡之不可攘，而月取其一。帝王改过，岂如是哉？"这是说，近来中外臣民都私下里高兴地议论，以为陛下已经有悔悟的意思，街上的行人都恨不得弹冠相庆，好像得到了厚厚的赏赐一样，实际上呢不过是翘首期盼陛下在短时间内明发旨意，改除怪诞不经的种种新政，追还各路的青苗使臣，罢制置三司条例司。然而现在久旱之望云霓的天下臣民躬身侧听陛下的所作所为，却不过是派监察地方的官员去办理一下强行摊派的事情罢了，比起没有悔悟的一意孤行，又相差多少呢？（陛下你这种行为），这就是孟子所说的知道兄弟的手臂不可以去扭去拧，却姑且劝说自己去慢慢地拧；知道邻居家里的鸡不能偷，却改为每个月偷一只。帝王改正错误，难道是应该像这样的么？！

苏轼又斩钉截铁地断言："今日之政，小用则小败，大用则大败，若力行而不已，则乱亡随之。……内则不取谋于元臣侍从，而专用新进小生，外则不责成于守令监司，而专用青苗使者……不知希合苟容之徒，能为陛下收板荡而止土崩乎？"这是说，现今陛下推行的新法，在小范围内施行就在小范围内失败，如果在大范围内施行就会大大地失败，如果费尽力气去坚持不懈地实施新政，那么衰乱败亡也会随之而来！……陛下你在朝廷中枢不和元老重臣、翰林侍从们商量，而专门任用迎合新法、欠缺资历经验的新进小臣，对地方上又不责成各路转运使或是知州、郡守等官员监督新法，而是专用青苗使者（骚扰地方）……不知道这些工于奉承迎合陛下意思的人，能够为陛下在天下动乱的时候挽狂澜于既倒、扶大厦于将倾么？

综上来看，苏轼先是说神宗皇帝自从起用王安石入参大政之后实施的改革全无是处，并且暗示王安石根本不是合适的宰相人选，反而是惑乱天下的祸害，接着说天下臣民都几乎反对新法，对朝廷的新政怨声载道。苏轼甚至直言不讳地用师父、长辈的口吻严厉批评神宗皇帝没有任何改正错误的诚意，并且近乎危言耸听地说新法怎么实施怎么来恶果。他还不忘把王安石起用的吕惠卿、章惇、曾布等人不点名地称之为新进小生、希合苟容之徒……这可算是炮轰中央，口诛笔伐加于卿相了。这种如此激烈的措辞，几乎毫无避讳的把朝廷用事大臣得罪了个遍，更是对皇帝都用上教训的口吻了。如果放在清朝，就是有三头六臂，八成也得给推到菜市口砍了，甚至家人还要被送到宁古塔给披甲人为奴。

但是在"国朝不杀士大夫"的北宋，这封奏议并没让苏轼身首异处、家破人亡，只不过又如上一封奏议一样，皇帝不作任何表示，似乎也是留中了。苏轼不禁感慨："万事早知皆有命，十年浪走宁非痴。"（《送安惇秀才失解西归》）

苏轼对新法的反对态度已经在朝野中人尽皆知，熙宁三年八月时一名叫谢景温的侍御史便上疏弹劾苏轼、苏辙二人曾经在治平三年回乡守制时，差遣地方士卒，并私自利用官船运送私盐、瓷器等进行贩卖牟利。弹劾一上，第二天皇帝便下令核查是否属实。

结果"事下八路，案问水行及陆行所历州县，令具所差借兵夫及舵工，询问卖盐卒无其实"。也就是说，经过详细的稽查，实际上对苏轼的指控完全是牵强附会，甚至可以说是捕风捉影、子虚乌有。

当时翰林学士、户部侍郎兼侍读范镇曾在祈求致仕的奏疏里为苏轼辩解，说先帝英宗治平年间苏轼父亲苏洵去世，先帝曾赏赐绢百匹、银百两；韩琦、欧阳修也各赠三百两和二百两——这些苏轼都辞谢不受。因此苏轼的风骨气节，也能够大概显现了，怎么会拆借官兵、挪用官船贩卖私盐呢？这完全是恶劣的诬陷。并且称赞苏轼"有古今之学，文章高于时，又敢言朝廷得失"（《续资治通鉴》卷二百十六）。

尽管查无实据，但是苏轼仍然感受到了政治斗争的残酷性，加之屡次上书皇帝都不曾理会，他的心自然是累了。到了次年，熙宁四年（1071）五六月间，参知政事冯京曾举荐苏轼来掌外制（即"直舍人院"之差遣，与翰林学士知制诰之内制并称，为外制。亦即是元丰改制后的"中书舍人"），这如果成了，苏轼就一跃成为两制高官，仕途就大为不同了。但神宗未能允许。六月，恩师欧阳修以观文殿学士、太子少师致仕。屡无回应之下，失望而迷惘的大文豪苏轼上疏请求外放出京，离开这个是非之地。

神宗爱才，允许苏轼出外的同时准备升他的官，给予他知州的差遣，但是在政事堂的反对下，最终只给了他通判的职位。在这种情况下神宗皇帝给苏轼安排了一个江南风光秀美之地——杭州。是故熙宁四年六月，诏苏轼通判杭州。

苏轼在此年七月离开东京，赴杭途中在陈州与弟辙逗留七十余日。兄弟二人游山玩水，诗歌唱和，九月间同往颍州拜访致仕的欧阳修，最终在颍州兄弟分别。苏辙此前曾于熙宁二年（1069）在王安石变法的核心机构制置三司条例司里担任检详文字之职，后因反对新法自求出外，随与二苏友善的张方平至陈州任学官。二人离别之际，情深难舍，苏轼为诗言："征帆挂西风，别泪滴清颍。留连知无益，惜此须臾景。"（《颍州初别子由》）苏轼自是知晓此别之必然，弟当复回陈州为教授，他则是要赴钱塘为佐贰，然而人生飘忽之间，欢聚之景纵然短暂，仍是让人难舍！这真是如诗经所言："常棣之华，鄂不（借为柎，大也）韡韡（wěi）（鲜明茂盛的样子）。凡今之人，莫如兄弟。"兄弟之情，正如棠棣之花，灿烂温暖。

苏轼于十一月二十八日到杭州。一上任，苏轼就不得不面临朝廷次第铺开的各项新法。心中烦闷之余，乃又想起在陈州的苏辙，于是苏轼又为诗寄苏辙以抒胸臆。诗曰："眼看时事力难任，贪恋君恩退未能。迟钝终须投劾（呈递弹劾自己的状文，犹弃官也）去，使君何日换聋丞（典出《汉书》卷八十九《循吏列传·黄霸》："许丞老，病聋，督邮白，欲逐之。霸曰：'许丞廉吏，虽老，尚能拜起送迎，正颇重听，何伤？且善助之，毋失贤者意。'"后以"聋丞"为地方副佐之称）。"（《初到杭州寄子由》）这是说，苏轼对于要辅佐杭州知州沈立落实朝廷的新法感到很不情愿，因此说自己"力难任"，只是现在差遣在身，想要求辞职也一时半会不可能。但是苏轼自嘲说自己大约终有一天是要自求解官的，不知道何时杭州的太守能够有一个新的佐贰通判呢？苏轼这一时期流露的倦怠仕途的心理，和反对新法却不被皇帝重视是分不开的。

苏轼抵达杭州后便不免要寻些机会寻山游湖，以排遣烦闷之情。孤山、灵隐、西湖等钱塘名胜之处都留下了他的身影和诗文。

苏通判甫下车马，就去了孤山造访两位与欧阳修有旧的僧人，并赋诗为念，即《腊日游孤山访惠勤惠思二僧》：

天欲雪，云满湖，楼台明灭山有无。

水清石出鱼可数，林深无人鸟相呼。

腊日不归对妻孥，名寻道人实自娱。

道人之居在何许？宝云山前路盘纡（yū）。

孤山孤绝谁肯庐？道人有道山不孤。

纸窗竹屋深自暖，拥褐坐睡依团蒲。

天寒路远愁仆夫，整驾催归及未晡（bū）。

出山回望云木合，但见野鹘（hú）盘浮图。

兹游淡薄欢有余，到家恍如梦蘧蘧（qú）。

作诗火急追亡逋，清景一失后难摹。

天色欲雪，沉云满湖，楼阁寺庙和孤山都若隐若现。然而近处湖水清澈，游鱼可数，附近的林间幽寂空旷，鸟雀相闻。苏轼是十分可爱的，他说自己腊日不回家陪着妻子孩子，名义上是要寻访有道高僧，实际不过是自己偷着乐。苏轼从山路拾级而上，道人的居所在哪呢？恰在宝云山上回旋曲折之处。到得寺院里，苏轼看到禅房纸窗竹屋，幽深而不失暖意，那褐衣跏趺而坐于蒲团上的不正是惠勤、惠思二位大师么？苏轼与二僧相谈甚欢，几个时辰倏忽而过，跟着他上山而来的仆役愁着天寒路远，看着苏轼脾气好，便催他早些下山，辞别之际，未及申时，黄昏还没到。苏轼下山后仍然颇为不舍地回首眺望，但见云树朦胧，野鹰盘旋佛塔之上。此次游山访道，可谓清欢而自乐甚多，到得杭州城自己的通判宅里仍然觉得仿佛是梦中一般颇为悠然。这番感受之下，立即作诗留念，匆忙得仿佛在追捕逃寇，只因山间清丽难言之景，稍待片刻便再难描摹了！

苏轼一边做着通判的工作，一边在钱塘游山玩水，时间很快到了熙宁五年（1072）。这一年的闰七月，恩师欧阳修逝世。这无疑是出乎苏轼意料之外的。去年他尚与苏辙一同拜访欧阳修，且留有诗歌纪念。《陪欧阳公燕西湖》中云："插花起舞为公寿，公言百岁如风狂……不辞歌诗劝公饮，坐无桓伊能抚筝。"苏轼不久前才为恩师祝寿，甚至大约以桓伊哀筝为谢安辩言的典故，对朝廷不能用欧阳修老成之见而鸣不平，没想到一年不到，公已溘然长逝。

苏轼与惠勤共哭于山寺，此后乃作祭文一篇，即《祭欧阳文忠公文》。其中说："民有父母，国有蓍（shī）龟。斯文有传，学者有师，君子有所恃而不恐，小人有所畏而不为……今公之没也，赤子无所仰芘，朝廷无所稽疑，斯文化为异端，而学者至于用夷。君子以为无为为善，而小人沛然自以为得时。"这就见出苏轼既悼念恩师，又痛斥新法了。他说古来百姓有恩养子女的父母，国家有德高望重的元老。礼乐文化、圣贤道统之能得以传承，是因为士人学子有欧阳公这样的老师，因而朝野君子能够有所依靠而不担忧（小人攻讦、弄权），奸邪小人便有所畏惧而不敢肆意妄为……现在欧阳公辞世，学子后辈们失去了仰仗和庇护，朝廷也失去了可以咨询以大事的重臣（如今王安石变乱科举），朝廷礼乐文教恐有沦为异端邪说之虞，读书治学之人或有违背圣贤言教之患。君子治国当以无为而治为善，奸邪小人则急不可耐地乱政祸国而自以为切中时弊。

祭文中又云："昔我先君，怀宝遁世，非公则莫能致。而不肖无状，因缘出入，受教于门下者，十有六年于兹。闻公之丧，义当匍匐往救，而怀禄不去，愧古人以忸怩（niǔ ní）。缄词千里，以寓一哀而已矣。盖上以为天下恸，而下以哭其私。呜呼哀哉！"苏轼回忆起自己业已离去的先考苏洵，说老父曾经怀才不遇，隐居蜀中，若非得欧阳修大力褒奖，岂能入京展布所学，效力朝廷呢？因此苏轼对欧阳修的感激是很深的，不仅仅因为自己的缘故。他回忆起自嘉祐二年礼部会试成为欧阳修门生至如今熙宁五年，一晃已是十六年过去。苏轼听闻欧阳修逝世，本当是匍匐哭往而吊之，但是差遣在身，不能得去，只能五内俱焚，羞愧难当。祭文中言辞之痛切真诚，也是不难一见的。足可知苏轼对欧阳修感念之情。

另一方面，杭州是个风景旖旎的江南城市，苏轼在这里做通判，也不失为一桩美差。他在陶醉于湖光山色之外，亦能做一些利益地方的事情，如为杭州百姓修复"六井"而改变了过去苦涩的水质，让他们能喝上甘甜可口的水。但是当他看到新法的种种实施情况之后，他完全忘记了好友文同此前的劝告："北客若来休问事，西湖虽好莫吟诗"。相反，他写了很多诗来表达自己的不高兴。

熙宁五年十月间，两浙路转运司令苏轼督河工，然而繁重的劳役给民众带来的痛苦令他深为不忍。苏轼作诗一首《汤村开运盐河雨中督役》：

> 居官不任事，萧散羡长卿。胡不归去来，滞留愧渊明。盐事星火急，谁能恤农耕。薨薨晓鼓动，万指罗沟坑。天雨助官政，泫然淋衣缨。人如鸭与猪，投泥相溅惊。下马荒堤上，四顾但湖泓。线路不容足，又与牛羊争。归田虽贱辱，岂失泥中行。寄语故山友，慎毋厌藜羹。

这是说，苏轼羡慕汉时司马相如可以居官职却不做繁琐的具体事务，潇洒非常；又惭愧自己不能归隐不仕，弗如陶潜远甚。何以苏轼如此惆怅呢？原来当时，卢秉提举两浙路盐事，要开凿运河，差附近农民供役使者多达千余人。苏轼曾直言，谓此运河不过是运官盐之用，并非为农事而开凿，如今却要役使如此多的农民，且秋田耕耨未毕，必然妨碍农事；客观来说河中有较严重的涌沙现象，开凿不便。然而这些意见终究没有得到采纳，相反，苏轼不得不在大雨中部署农民们开河。因此他感慨，朝廷的盐事似乎如星火一般紧急，好像现在不马上办就办不了了，可是谁来体恤种田农民的疾苦呢？河岸上轰隆隆的鼓声一响，清晨千余农人便要在河床里刨挖。然而上天还要下倾盆大雨来"帮助"朝廷的政务，把人淋得里外湿透。苏轼看到，做着河工的农民们在大雨滂沱中犹如鸭与猪一般，在泥水四溅里劳苦不堪。这真是继承了杜甫现实主义诗歌精神而又悲天悯人，对底层百姓充满同情的语句啊！苏轼再也忍耐不住，从马背上下来，到荒堤上要就近视察情况，然而环顾周遭，尽是湖沼，荒堤上道路狭窄，几乎无从措足，要与搬运工具、泥沙的牛羊摩肩接踵。在大雨中，苏轼无比同情服役的百姓，也为自己与牛羊争路的窘迫感到烦躁，但他却更感到无可奈何。因此他在诗歌结尾才说，归田乡里虽然看似贫贱，但哪里会有如今这样踔（chuō）于泥水之中的困苦！我苏轼不免要寄语山中故友们，还是隐逸得其乐，且莫厌粗食啊！

从中我们不仅能看到苏轼对百姓发自肺腑的关爱和他作为一个读

书人的良心，同时也能感受到他对朝廷新法的不满。如果说上述这首诗还只是稍涉讽刺，那么以下几首就简直是在拿着高音喇叭公然表达不满，宣扬反调了。

熙宁六年一月，新城县回杭州道中，经过山村，苏轼写了有名的《山村五绝》来嘲讽新法之扰民。

由于朝廷施行新的盐铁专卖的盐政，有些贫困的民众甚至买不起官盐，苏轼于是写道："老翁七十自腰镰，惭愧春山笋蕨（jué）甜。岂是闻韶解忘味，迩来三月食无盐。"（《山村五绝》其三）这是说，我看到一个古稀之年的老翁亲自在腰间绑了一把镰刀，到山里挖野山笋吃，可是他却惭愧地吃不出春笋的甜美。为什么呢？难道是他境界高迈，有若孔子听了韶乐一样忘记了美食的味道么？错了，他不过是近三个月都没吃过盐啊！——这毫无疑问，是在攻击朝廷的盐法措置不当，致使百姓吃不起官盐。

看到为了借贷青苗钱的农民们在城里来回奔波，他写道："杖藜裹饭去匆匆，过眼青钱转手空。赢得儿童语音好，一年强半在城中。"（《山村五绝》其四）这是说那些农民们拄着拐杖，带着干粮从乡下赶到城里，费尽辛苦借来的青苗钱转眼就用光了。怎么还、何时能还得上都是一个问题。但倒也有个好处，就是跟着一起去的儿童们已经能说时髦的城里话了，因为他们一年中有大半的时间跟着大人耗在城里折腾青苗贷！——显然，这是在辛辣嘲讽青苗法，指责青苗法非但没有利民反而扰民。

苏轼类似这样的诗句有没有给他带来麻烦呢？《续资治通鉴长编》卷三百一"元丰二年十二月"条记载了这样一则有趣的事情：

王铚《元祐补录》：沈括集云，括素与苏轼同在馆阁，轼论事与时异，补外。括察访两浙，陛辞，神宗语括曰："苏轼通判杭州，卿其善遇之。"括至杭，与轼论旧，求手录近诗一通，归则签帖以进，云词皆讪怼。轼闻之，复寄诗。刘恕戏曰："不忧进了也？"……元祐中，

拙于站队的天才——苏轼

轼知杭州，括闲废在润，往来迎谒恭甚。轼益薄其为人。

这是说，沈括过去和苏轼同在馆阁任职，当时王安石用事变法，苏轼议论朝野新法之事，多与朝廷、宰相之见不合，补外为通判。沈括当时正以"太子中允、集贤校理、检正中书刑房公事"之职改"相度两浙路农田水利、差役等事兼察访"的差遣，也就是巡按两浙农田水利等事的意思。陛辞的时候，神宗大约仍是爱才，便特地对沈括说苏轼在杭州做通判，你对其可优待些，问候一二。沈括到了杭州，自然与苏轼谈论起过去在东京的旧事，又称扬苏轼诗文甚妙，求手抄一份带回去慢慢欣赏。结果沈括回到东京后就在苏轼的诗文下面做了一番批注，进呈给神宗皇帝，说苏轼诗文多有谤讪、怨怼君父和朝廷的。苏轼听说了这事情，仍是我行我素，依旧写诗寄诗给自己的亲朋好友。辅助司马光修《资治通鉴》的刘恕大约听闻了这事情，便在来往书信里对苏轼戏称：子瞻你现在不怕再有人把你的诗文进呈到御前了吗？……元祐年间，苏轼帘眷甚荣，出知杭州，时沈括正贬官在润州。沈括乃对苏轼往来迎送十分恭敬，苏轼反而因此更加轻视沈括的为人。

亦即是说，姑且不论科学家官员沈括为人之如何，我们的苏轼实在是口无遮拦，个性得很，非但不以诗文可能令皇帝不悦为怀，反而继续拿着笔杆子吟诗作赋，真是大宋"战斗机"，能人之所不能，为人之所不敢为。当然，因沈括于熙宁七年三月改差遣"同修起居注"，故苏轼知晓此事必在熙宁七年三月之后了。

因此，尚不知晓沈括在御前小动作的苏轼更是毫无忌惮。此年八月十五日，苏轼去往钱塘江观潮，面对汹涌澎湃、浩浩荡荡的波涛之象，他又管不住嘴巴，写道："吴儿生长狎涛渊，冒利轻生不自怜。东海若知明主意，应教斥卤变桑田。"（《八月十五日看潮五绝》）这是说，吴地的男儿们为了谋生，在江湖海涛中冒险轻生，甚至不自我怜惜。东海龙王如果知道我皇宋圣明天子体恤百姓的心意，应该叫海边的那些难以耕种的盐碱地都变成良田沃土啊！——表面上看似乎在祈祷大自然为了皇帝陛下和大宋万民能够天随人愿，但越仔细品味，越像是在嘲讽农田水利法。因为东海不可能因为天子要如何便令盐碱地变成良田，这是荒诞不经的说法，等于说朝廷搞的农田水利法也是事倍功半，纯粹瞎折腾，等着失败吧。

同年十月，知州陈襄赏牡丹花归后赋诗，苏轼也不甘落后，诗兴大发，赋诗《和述古冬日牡丹》云："一朵妖红翠欲流，春光回照雪霜羞。化工只欲呈新巧，不放闲花得少休。"述古是陈襄之字。前二句问题尚不大，值得玩味的是后面两句。字面来看，似是说这天地造化之大工匠只想着呈现新颖奇巧之美，不肯令花花草草有半点休憩。仔细一辨，这化工恐怕比拟的正是当朝宰执，所谓不令闲花得休，即是说新法扰民，百姓们不胜其烦又苦不堪言。赏个花都不忘在文字里夹枪带棒地讥讽朝政，批评宰相和新法，苏轼的战斗精神实在是不得了，心也确实太大了些。但或许，这便是他不同于一般官僚而格外可爱之处吧！

在杭州他还留下了一些截然不同的故事。北宋末南宋时人袁文的《瓮牖闲评》一书中记下这样一个浪漫的故事。说是苏轼有一日遇到好友刘贡父（即刘攽，字贡父，曾辅助司马光修撰《资治通鉴》）来访，二人同游西湖。到了湖心，不意有一艘小船翩然而至。船舱中探出一容貌妍丽、气宇甚佳的女子。但见她娓娓道来，说自己豆蔻少年时既仰慕苏轼才名，因为尚在闺阁之中，根本没有机会能够一睹偶像风采。如今已经嫁做人妇，现在听闻苏轼游西湖，不避冒犯之罪唐突而来，因为善于弹筝，请献一曲而恳求苏学士为她填词一首，作为终身的光荣。苏轼感其高雅娟秀，不忍拒绝，与刘贡父二人听得她美妙乐曲，便一挥而就，写下一首《江神子》。

> 凤凰山下雨初晴。水风清。晚霞明。一朵芙蕖（qú），开过尚盈盈。何处飞来双白鹭，如有意，慕娉婷（pīng tíng）。
>
> 忽闻江上弄哀筝。苦含情。遣谁听。烟敛云收，依约是湘灵。欲

拙于站队的天才——苏轼

待曲终寻问取，人不见，数峰青。

尽管有人认为这样浪漫的故事完全是附会的不实之说，但不管怎样，这首词写得非常漂亮。苏轼描绘了一位绰约飘逸的女子宛若湘水女神，在黄昏的霞光湖色中神秘凄美地出现，一曲幽怨之后，又悄然不见，只留下青峰数座矗立江岸。这确乎是种美丽动人的诗词意境。刘敞来访一事当在熙宁六年（1073）七八月间。

然而在北宋人王辟之的《渑水燕谈录》中记载了另一个值得品味的苏轼。这本书的卷十记载道：

子瞻通判钱塘，尝权领州事，新太守将至，营妓陈状，以年老乞出籍从良，公即判曰："五日京兆，判状不难；九尾野狐，从良任便。"有周生者，色艺为一州之最，闻之，亦陈状乞嫁。惜其去，判云："慕《周南》之化，此意虽可嘉；空冀北之群，所请宜不允。"其敏捷善谑如此。

事情应在熙宁五年八九月间。时原先的知州沈立离职离开杭州，新知州陈襄尚未到任。

材料里说苏轼担任杭州通判时曾经代理知州一把手的权力，新太守即将抵达杭州但仍未至，有一位营妓向苏轼提出申请，说自己年龄很大了，恳请把她从娼妓的贱籍中勾去，让她能够做良家妇女。在宋代，妓女或曰伎女大体都是国营的，一般交给州郡和军营编管。如营妓是隶属军营的，为将领和士兵们提供娱乐；官妓则是隶属地方州郡教坊的歌舞伎，通常给地方官员举行宴会时唱歌跳舞助兴，是不允许卖身的；家妓则是富贵人家养在家里的伎女。

苏轼就写下判词说，"虽然我有如西汉时的张敞只是个五日京兆，即将离任，但是我判状却手到擒来。你这九尾野狐，要从良就从良吧，本府准了！"于是有一位姓周的妓女，容貌技艺都是杭州最有名的魁首听闻之后也写了状子，请求允许她脱离贱籍，可以从良嫁人，从此过上相夫教子的生活。没想到苏轼竟写下这样的判词，"你仰慕《诗经·周南》里'窈窕淑女君子好逑'和'之子于归，宜其室家'的教化，这种念头虽然值得嘉奖称赞，但是可惜，像你这样的花旦是要给官府在办事的时候充台面，办大事的，让你走了那就犹如韩愈在《送温处士赴河阳军序》中说的那样，伯乐一经过冀北的原野，马群都空了。因此你的请求还是应当不能允许的。"

值得注意的是，记下这则故事的王辟之是这样评价的，他说苏轼处理公务、断判状子的才思如此敏捷，又如此诙谐幽默，真是有趣。这说明，在当时的官员士大夫和读书人心目中，社会最底层的贱籍之人，确乎是没有人身尊严和自由可言的，只是高高在上的官僚们可偶尔垂怜也可完全照章办事的一种工具，如此而已。在这一点上，也许并不能苛责苏轼，因为毕竟他生活在一个主流观点就是如此这般的时代，他只是没有超越于那个时代而已。

然而我们不妨思考一番，苏轼只是这样幽默了一下，只是这样"惜才"了一下，一位贱籍女子想要改变她人生，想要嫁做人妇、相夫教子的愿望就这样破灭了。只恐怕，这位周生女子一辈子都将继续操持贱业，直到年老色衰。她的人生就这样因为苏轼的一纸判词而很可能再无希望。在对贱籍百姓的问题上，苏轼身上并没有高于传统官僚士大夫的品质，这无可厚非也无须为贤者讳。

但苏轼终究是有着高于当时士大夫群体道德品质的一面。熙宁六年他曾与友人晁端彦有书信往来，论及新法事宜。晁端彦时为淮东提刑，执掌淮南东路一路之刑狱。诸君不妨一观其中片段，且看苏轼要与他如何议论。《与晁美叔二首》其一云："某此无恙，但奉行新政，多不如法。勘劾相寻，日竢汰遣耳。"苏轼说自己这边没什么大碍，只是自己作为通判辅佐太守推行新法十分不力，恐怕朝廷就要接二连三地对我核察定罪，我不过是每天等着被贬谪落职罢了。这些话实际上完全是对新法的牢骚话，并不是苏轼才不堪奉行新法，而是不愿意去推行罢了。比较值得注意的是第二封书信，其中云："（晁端彦）向承出按淮甸……然仁者于此时力行宽大之政，少纾吏民于网罗中，亦所益不少。此中常赋之外，征敛杂出，而监禁繁密，急于兵火，民既无告，吏亦仅且免罪，益苟简矣。向闻吾兄议论，颇与时辈不合，今兹恭履其事，必有可观者矣。"苏轼说晁兄此前出京担任淮东提刑……仁人君子当要在此动荡之时力行宽大之政，使得小吏与底层百姓可以稍免于严刑峻法的罗网之中，（如果这样做了）实在是益处匪浅的。淮南东路常赋之外，各种征敛十分之多，而形形色色的官榷、禁令数不胜数，对百姓的限制急如兵火。老百姓们已经无处申告，小吏也不过是免罪而已，办事时也就更加的苟且草率。过去我听闻吾兄政见颇和现在那些钻营附和的人不同，如今晁兄亲御宪车，为一路提刑，必定能为官一任，造福一方，而大有可观啊！

苏轼所在杭州乃是两浙路监司所辖，并非为淮东所管，然而苏轼本着爱护百姓的信念，总是要找机会影响到为官地方的亲近友人，他这种真正将百姓生死安危放在心头的态度，在官僚之中，实在太难能可贵了。巧的是，次年即熙宁七年五月，晁端彦又从淮东提刑任上迁两浙路提刑，那么苏轼对他的劝导，想必或能惠及钱塘了。这也就难怪苏轼高兴地写道："君持使者节，风采烁云烟。"（《怀西湖寄晁美叔同年》）

值得一提的是，朝云入苏轼府中正是在此时期，约在熙宁七年九月。朝云字子霞，姓王氏，钱塘人，入苏轼府中时仅十二岁。

在杭州的三年通判任上，苏轼尽管能够于秀美的湖光山色中沉醉一时，然而政治上的失望之情总是难以压抑。约在熙宁六年初所作的《行香子》一词中，可以窥见彼时他内心的苦闷、沮丧。

一叶舟轻，双桨鸿惊。水天清、影湛波平。鱼翻藻鉴，鹭点烟汀。过沙溪急，霜溪冷，月溪明。

重重似画，曲曲如屏。算当年、虚老严陵。君臣一梦，今古空名。但远山长，云山乱，晓山青。

词的大意是说：驾一叶扁舟，双桨击水，轻盈有如飞鸿掠过湖面。水天一色清澈晶莹，光影闪耀湖波风平。鱼跃于明镜般的水面，白鹭点点，掩映于烟云缭绕的水中小洲。过此沙溪，想来清晨拂晓当有寒意，月夜阒寂当明亮剔透。眼前的锦峰秀岭重重叠叠，连绵起伏如画卷、如屏风。遥想当年，汉光武帝刘秀的少年挚友严子陵在刘秀成为皇帝后不肯入朝为官，高隐山林，白白虚老了光阴。只是这君臣遇合的美梦，也不过是历史长河里的虚名啊，而今帝王高士，又安在哉？只看到远处的青山重峦叠嶂，连绵无尽，山间云气，缭乱神秘，晓山晨曦，苍翠欲滴。

从"君臣一梦，今古空名"这一句不难看出，苏轼在此刻对于君臣相知似乎已经很难相信，也失去了憧憬的那种幻想。他感觉到远在钱塘，中书的新法正在一项又一项地实行到地方，而他的那些谏言，皇帝恐怕早已不放在心上。

熙宁七年五月，朝廷命苏轼移知密州。由通判而任知州，这无疑是提了一个级别了，从二把手成为了一把手，也就是从杭州副市长升为了密州市长。本应是高兴之事，但苏轼启程离开杭州，赶赴密州之时，心中却也是百感交集。

他在赴密州时于马背上写下一首《沁园春》，寄给弟弟苏辙。

孤馆灯青，野店鸡号，旅枕梦残。渐月华收练，晨霜耿耿，云山摛（chī）锦，朝露溥溥（tuán）。世路无穷，劳生有限，似此区区长鲜欢。微吟罢，凭征鞍无语，往事千端。

当时共客长安。似二陆初来俱少年。有笔头千字，胸中万卷，致君尧舜，此事何难。用舍由时，行藏在我，袖手何妨闲处看。身长健，但优游卒岁，且斗尊前。

苏轼启程很早，词上阕的意境里他似乎寂寞清冷，孤馆晨霜，满是凄凉。在一个月色渐收的拂晓时分，寒意阵阵，天光已亮。云山如锦缎招展，朝露与晨辉相映。他想到世路漫漫，人生有限，而总是坎坷良多，欢畅屈指可数。想起往事无数。当年和弟弟苏辙一起进京会试，就像西晋的陆机和陆云兄弟初到京师时一样风华正茂。曾经自诩文章妙手、学富五车，以为致君尧舜又有何难。现在才明白，仕途之中进与退、被重用与被闲置，这都是时也命也，但入世和归隐，这也可以由自我决定，何妨在不顺意时笑看风云。所幸你我兄弟二人还身体健康，只需悠闲度岁，享受生活，兴致来时，大可一饮杜康，一慰平生块垒。

他的离开，并不愉快。曾经的抱负，也只能徒换而今的自嘲。然而大约正是在通判杭州时期，苏轼开始了填词。在密州，他的词将会达到一个更惊为天人的境界，这或许是他不曾料到的。

为官密徐

　　熙宁七年十一月，苏轼抵达密州（今山东诸城）。在这一年的四月，迫于各方压力，神宗皇帝罢免了王安石同平章事，但按王安石的意见，任用韩绛接替他的宰相职位，并用亲信吕惠卿担任参知政事，继续施行新法。

　　此年七月，吕惠卿用其弟吕和卿之策，通过司农寺颁布手实法。所谓手实法，本亦并非吕惠卿首创，唐代即已有类似之法。吕惠卿制定的手实法令百姓自报田宅财货等一应事物以定户等，甚至连家里养几只牲畜也要自行申报，同时规定可以举报他人隐匿财产或者申报不实，一经查证，以犯法者查获资产的三分之一充赏。这种覆盖范围如此之广、如此细密，又鼓励人告密获赏的法令，自然是百弊丛生了。苏轼对于这一由司农寺颁布的法令非常不买账，对密州所在的京东东路提举常平之官员说："违反法度之罪，如果是因为违背朝廷法令，谁敢不服？现在这手实法是出自司农寺，乃是擅自编造律法，成何体统！"过去仅为凤翔府一签判，就胆敢修改衙前役细则，如今作为一州太守，更是顶着司农寺和其背后大参吕惠卿的压力，几乎是拒不推行手实法。应当承认，苏轼预见到了手实法扰民害民的弊端，因此才以一个有良心、有担当的士大夫的风骨，拒不服从上级指挥，这种牛脾气在他一生中亦是极为常见的。足以说明苏轼具备先见之明的是，次年熙宁八年十月，朝廷看到了手实法弄得地方上鸡犬不宁，人皆惶恐，又罢废了此条新法。苏轼在密州的坚持得到了胜利的果实，密州百姓也"私以为幸"。老百姓们自然是不如苏市长艺高人胆大，对朝廷有不满也只敢腹诽，见了手实法夭折，亦要小心地私下里高兴。（事据苏辙《亡兄子瞻端明墓志铭》）

甫一到任，苏轼即以勤于政务的态度做了许多调研工作，了解密州方方面面的地方民情。他将这些情况和自己思考的对策写成了《论河北京东盗贼状》。他说河北东路和京东东路"比年以来，蝗旱相仍，盗贼渐炽。今又不雨，自秋至冬，方数千里，麦不入土"。亦即是说，两路近年来蝗灾、旱灾接二连三地频繁爆发，盗寇越来越多。自秋至于冬，久旱不雨，数千里之地都无法种下麦子。然而面对这种窘境，大部分官员只是如此："今流离饥馑，议者不过欲散卖常平之粟，劝诱蓄积之家。盗贼纵横，议者不过欲增开告赏之门，申严缉捕之法。"议事官僚们完全是想当然又不负责任地简单提出以常平仓储之粮赈济售卖和薅颇有积蓄的富户之家羊毛的办法；针对盗寇纵横，他们又只能提出增开告发奖赏的门路、申令严格执行缉拿抓捕的法度。这些建议都是缺乏对地方实情的调查了解的。

苏轼又说："且天上无雨，地下无麦，有眼者共见，有耳者共闻。决非欺罔朝廷，岂可坐观不放？"原来，宋代有规定，赈灾也好，减免税赋也罢，都必须先行勘验灾情，以定赈灾放税与否和其具体细节。而如今天不雨，地无麦，这是有目共睹，不容置疑的。因此他提议"欲乞河北、京东逐路选差臣僚一员，体量放税，更不检视"。也就是说，苏轼主张尽快派遣专员到河北东路、京东东路当地考察衡量具体灾情，并采取减免税赋的赈济措施，不要再多此一举地检视地里根苗情况。考虑到万一方案在最高领导那边通不过，苏轼又退一步说："若未欲如此施行，即乞将夏税斛斗，取今日以前五年酌中一年实直，令三等已上人户，取便纳见钱或正色，其四等以下，且行倚阁。"这是说，乞请将夏税所要征收的粮食数额，取过去五年中较折中的一年之实际数额，令三等户以上之家，随其方便缴纳现钱或者布帛、谷物；四等以下之家，暂时延缓征缴。

针对河北、京东路盐税激增，所谓"课利日增，盗贼日众"，苏轼认为应当"欲乞特敕两路，应贩盐小客，截自三百斤以下，并与权免收税"，即是要暂且给予售卖三百斤以下的小盐贩免税的优惠政策。因为"煮海之利，天以养活小民，是以不忍尽取其利，济惠鳏寡，阴销盗贼"。煮海贩盐的利益，是上天用以养活滨海小民的，因此朝廷应当怀仁而不忍尽取其中利益，（归利于民）这样就能帮助到鳏寡孤独之人，又在不知不觉中消弭盗贼了。苏轼知道这奏议递上去，照例永远有人唱反调的，所谓"议者必谓今用度不足，若行此法，则盐税大亏"。苏轼指出，不要说不可能有多少亏损，即使有，也不过是税收数额如祖宗所定额度一般，比原来的少个十万贯左右。他进一步说："苟朝廷捐十万贯钱，买此两路之人不为盗贼，所获多矣。今使朝廷为此两路饥馑，特出一二十万贯见钱，散与人户，人得一贯，只及二十万人。而一贯见钱，亦未能济其性命。若特放三百斤以下盐税半年，则两路之民，人人受赐，贫民有衣食之路，富民无盗贼之忧，其利岂可胜言哉！若使小民无以为生，举为盗贼，则朝廷之忧，恐非十万贯钱所能了办。又况所支捉贼赏钱，未必少于所失盐课。臣所谓'较得丧之孰多，权祸福之孰重'者，为此也。"苏轼的逻辑显而易见又极具说服力。假如朝廷为了赈灾拿出二十万贯钱，一人分一贯，不过能惠及二十万人，何况一贯钱也救不了他性命！反过来如果朝廷免除三百斤盐以下的税收，就可以令两路百姓人人受益，因为贫民有鬻盐活命的路子，富民也就没有盗贼侵扰的忧患了。两路小民一旦活不下去，没有谋生的合法路子，恐怕就会被迫全部变成盗寇，那时候的问题，十万贯能解决吗？

最后他谈到了重罚盗贼一事。苏轼主张"信赏必罚，以威克恩，不以侥幸废刑，不以灾伤挠法"。因为一旦不对盗贼严加诛罚，为贼寇之人就会以为犯罪成本较低，而寻常百姓又担心他们打击报复，便不敢告发。仔细读来，苏轼的文章写得好，心思亦中正仁爱，针对地方问题又颇能一针见血，他真是在初到密州时做足了实地调查。

熙宁八年四月十一日，在密州已经憋屈了好一阵的苏轼又忍不住写诗讥讽新法了。他写诗寄给友人刘述，即《寄刘孝叔》。孝叔是其字，刘述亦是反对王安石、反对新法的急先锋之一。早在王安石为参知政事之时，刘述就反对他和神宗违背祖制，令御史中丞自行举荐官员入台为御史（因宋时通常台谏官员的除授乃是例由侍从两制举荐，台长是不可以擢拔推举的；且按制必须本官为京朝官之文臣方可充任台谏）；熙宁二年时刘述以知御史兼判刑部郎中，又因为"登州阿云"一案和王安石大唱反调，封还神宗按照王安石意见断案的敕令，导致王安石令开封府推官王克臣勘劾刘述罪责。刘述干脆拉起人马，伙同御史刘琦、钱颢（yǐ）等一起上疏弹劾王安石，说他恣肆妄为，变乱法度，专以管仲、商鞅权诈之术误惑陛下；甚至指使小官著作佐郎章辟光献岐王迁外之说，离间陛下至亲骨肉云云，必须要罢黜王安石。连带甚至说要把尸位素餐的首相曾公亮、参知政事赵抃一起都罢免了。一封奏疏要罢免三个宰辅执政级别的大员，刘述这性格难怪对苏轼的胃口了。神宗正要依仗王安石进行大刀阔斧的变法，这种时候怎么可能同意类似要求的弹劾，最后刘述自然是给贬谪出外了。

苏轼在诗中写道："君王有意诛骄虏，椎破铜山铸铜虎。联翩三十七将军，走马西来各开府。"当时（熙宁七年九月）朝廷在开封府京畿地区和京东、西路及河北路——设置将官、副将，给虎符，掌训练，苏轼就写诗说朝廷似乎是想要对夷狄大动干戈了，语气之间，似涉讥讽。接着几乎是连珠炮似地、直言不讳地讽刺各项新法："南山伐木作车轴，东海取鼍（tuó）漫战鼓。汗流奔走谁敢后？恐乏军兴污资斧。保甲连村团未遍，方田讼牒纷如雨。尔来手实降新书，抉剔根株穷脉缕。诏书恻怛（dá）信深厚，吏能浅薄空劳苦。"伐木、捕鳄等都是讽刺徭役繁重。后面几句是说保甲法、方田均税法搞得地方上鸡飞狗跳；手实法繁琐的各种新规又令地方胥吏所不能尽晓其中头绪。苏轼不忘说，陛下的诏书确实是对百姓充满了慈爱恻隐、忧民疾苦之心，但是底下办事的官吏们浅薄无能，最后不过是劳神伤财一场空啊！"况复连年苦饥馑，剥啮草木啖泥土。今年雨雪颇应时，又报蝗虫生翅股，忧来洗盏欲强醉，寂寞空斋卧空甒（wǔ）（盛酒的瓦器）。公厨十日不生烟，更望红裙踏筵舞。"这是说近年来河北、京东都是饿殍遍地，老百姓甚至要吃野草、啃泥土了！话里话外，似乎是暗示新法搞得天怒人怨，灾害频仍。好不容易今年雨雪来得还算是时候，又闹起了蝗灾！我老苏想要洗杯换盏图个一醉解千愁吧，这府衙里面酒都几乎找不到一滴！甚至府衙的厨房里十天不生火做菜了，更别提歌舞伎女舞于厅堂，以佐诗酒之兴了！苏轼这大约是在不满公使钱变少又公事繁多。作为一个有血有肉的真实人物，苏轼自然也有着颇喜宴乐的一面，这无须上纲上线。他接着说："故人屡寄山中信，只有当归无别语。方将雀鼠偷太仓，未肯衣冠挂神武。吴兴丈人真得道，平日立朝非小补。自从四方冠盖闹，归作二浙湖山主。"苏轼自嘲说山中故人屡屡寄信劝自己早归泉林，但是他贪慕俸禄，只好如麻雀老鼠偷食太仓米粟一样未能挂冠了。刘述是湖州人，因此苏轼以"吴兴丈人"的称呼赞美他深知用舍行藏之道，过去在朝中为官时就敢于谏诤，敢于向当权宰辅们开炮，是个好汉，对国家大事补益非小啊！现在朝廷推行新法，天下各路、州郡、府县都是新法的使者或者提举官，还是老刘你机灵，得了提举崇禧观的闲职，去做两浙湖山的逍遥主人啦！

就在苏轼口无遮拦地用大火力在诗文里抨击新法的时候，朝廷却仍然在推行新政，而旧党的元老韩琦在这一年的六月则逝世了。苏轼闻此噩耗，亦是作了祭文，在其中盛赞他于仁宗、英宗驾崩时两次定策之勋，比其为伊尹、周公；又追忆了韩琦对苏洵、苏轼的诸多帮助。

另一方面，苏轼于熙宁七年年末抵达密州的时候，如其在奏议中所言，正赶上当地严重的蝗灾、旱灾。他一面指挥民众用火烧等方式除蝗，又在次年春天四月初之际，亲自前往据说十分灵验的常山向山神祷告求雨。颇为好运的是，这次求雨之后，久旱闹蝗的密州居然真的下起了大雨。

为此，他赋诗一首《次韵章传道喜雨》："去年夏旱秋不雨，海畔居民饮咸苦。今年春暖欲生蝝（yuán），地上戢戢多于土。……常山山神信英烈，总驾雷公诃电母。应怜郡守老且愚，欲把疮痍手摩抚……从来蝗旱必相资，此事吾闻老农语。庶将积润扫遗孽，收拾丰岁还明主……"这是说，去年夏秋以来久旱不雨，密州海边的百姓连淡水都喝不上了。今年春天如此温暖，就生出许多蝗虫的幼虫，在地上密密麻麻数不胜数。常山山神真是英姿刚烈，驱驰车马带着雷公，指挥着电母。恐怕是怜悯我这郡守又老又愚，却想用一双凡人的手救民于苦难之中。我听闻老农说，从来旱灾蝗灾都是伴生的。现在大雨终至，或许能够扫荡灾异，将一个丰收之年还给圣明的陛下。这种向山神祷告的行为在当时的官员士大夫队伍中是很正常的举动，但是与介甫相公王安石"天变不足畏"的认识两相比较，就能看出见识的高下了。苏轼诚然也爱民，但并不能够和王安石一样从天下的高度去思考如何利民。

然而求雨能解决一时，不能解决一世。密州的旱蝗灾害导致了严重的饥荒，从苏轼的《次韵刘贡父李公择见寄二首》可以看到密州的种种情况："磨刀入谷追穷寇，洒涕循城拾弃孩。为郡鲜欢君莫叹，犹胜尘土走章台。"灾荒饥饿导致密州境内贼盗弥漫，赤贫人家甚至不得不抛妻弃子。苏轼不得不一方面下令抓捕强盗与窃贼，另一方面又想方设法救济被抛弃在路边和野外的婴儿和孩子们。他不禁感叹，这密州的太守并不好做啊，少有快意于心的事情，但是总比在东京人心险恶的党争中惴惴不安好得多！

就在苏轼为灾民揪心，也抱怨着公使钱变少的日子里，他的词作达到了一个全新的境界，开启了宋词崭新的一页篇章。熙宁八年十月，苏轼在祭祀常山庙之后带着密州衙署里的官吏们一起出城打猎（亦有说出猎事在八月）。于是诞生了豪放雄迈的一首伟大词作《江城子·密州出猎》：

老夫聊发少年狂，左牵黄，右擎苍。锦帽貂裘，千骑卷平冈。为报倾城随太守，亲射虎，看孙郎。

酒酣胸胆尚开张，鬓微霜，又何妨。持节云中，何日遣冯唐？会挽雕弓如满月，西北望，射天狼。

苏轼后来自己在信中跟友人谈起，说自己"令东州壮士抵掌顿足歌之，吹笛击鼓以为节，颇壮观也"。在这首词里，你分明可以看见，一位不惑之年的太守，浑身上下却散发出少年侠气，呼鹰嗾犬，豪气干云地带着僚属们驰骋田猎。他酒入胸膛，自比三国孙权和西汉魏尚（魏尚为汉文帝时期云中郡太守。在镇抚边疆的战事中立下汗马功劳，因所报战功与实际有细微出入，被削夺职务。后来由冯唐为其辩解后持节前去赦免）。这一年的七月，神宗皇帝不顾已经复相的王安石和韩缜等人的反对意见，怯懦地将七百里地割让给辽国。念及此，苏轼不由地借着酒劲，仰天长啸，他想象着自己有朝一日弯弓若月，在西北边疆之上，大败契丹与西夏，建立奇勋。

九十月间，尚有一事值得交代。此时与苏轼一生大有恩怨瓜葛的章惇由右正言、知制诰、直学士院、权三司使之职改差遣出外，知湖州。章惇本亦是王安石新党的中坚分子，然而此时竟然被依附王安石的御史中丞邓绾弹劾，丢了三司使这一"计相"官位，出为知州。原来，此年二月时，王安石已经复相。熙宁七年时神宗迫于各方压力令拗相公出知江宁府，王安石向神宗举荐了韩绛、吕惠卿接班，继续变法。但吕惠卿成为参知政事之后，就开始得陇望蜀想要拜相了，便因此担心王安石复相影响自己的权力，居然背叛了一手提拔自己的老领导和"恩师"，颇使了些阴谋诡计想要阻止王安石再次入东府。邓绾本来亦是王安石擢拔的，早年诌媚介甫相公的言行在东京几乎无人不知，以至于在汴梁遇到老乡笑骂他脸皮厚，他居然答以"笑骂从汝，好官须我为之"。这样的一位人物做了御史中丞之后，看到王安石罢相，吕惠卿以参知政事大权在握，甚至有凌驾韩绛之上的势头，就又依附到吕惠卿那里，也帮着他做了些对不起王安石的事。如今王安石高吟着"春风又绿江南岸，明月何时照我还"，再次拜相，邓绾一看形势，乃又见风使舵，倒向王安石那边。为了掩盖自己过去党附吕惠卿的丑事，他便极力要将吕惠卿撵出中央，弹劾他兄弟强借秀州富民钱买田，导致吕惠卿出知陈州。章惇在其中颇有"殃及池鱼"的意味。

但是章惇大约也并非绝对无辜，至少他和吕惠卿确实是在王安石罢相期间走得颇近。司马光《涑水记闻》卷十五就记载这么一件事，说一日三司使章惇召对御前，神宗皇帝称叹张方平，还问章惇是否熟识。这张方平乃是旧党人物之一，极为反对新法，章惇一听，出了便殿就赶紧和吕惠卿去合计了。吕惠卿也不知安了什么心，在第二天上早朝的时候可能颇为阴阳怪气地对张方平说，老哥你就要被重用了，把皇帝和章惇说的话都告诉了他。张方平皱着鼻子一脸厌恶，并不答话。此后这事情传到了御史耳朵里，于是监察御史蔡承禧就弹劾章惇"朝登陛下之门，暮入惠卿之室"，据司马光所说，导致神宗对章惇有了看法。邓绾甚至挖出两人互相给对方小舅子安排工作之类鸡毛蒜皮的小事，又说对于吕惠卿要提拔自己的兄弟吕和卿，章惇也是与有力焉，昧着良心在奏疏里对其谀美不已，欺弄陛下。

此次章惇出知湖州，便写了封信给苏轼，其中赋诗一首云："君方阳羡卜新居，我亦吴门葺旧庐。身外浮云轻土苴（jū）（犹泥土草芥，喻微贱之物），眼前陈迹付籧篨（jǔ chú）（粗竹席）。洞声山色苍云上，花影溪光罨（yǎn）画（色彩鲜明的画）余。他日扁舟约来往，共将诗酒狎樵渔。"章惇听闻苏轼想要在阳羡购置田宅，于是说自己也因为到湖州做官而需修葺屋舍了。整首诗歌都洋溢着二人昔日约定一起悠游林下、泛舟太湖的旨趣。

于是苏轼也写诗唱和，即《和章七出守湖州》："方丈仙人出渺茫，高情犹爱水云乡。功名谁使连三捷，身世何缘得两忘。早岁归休心共在，他年相见话偏长。只因未报君恩重，清梦时时到玉堂。"章惇平素颇好炼丹修道之学，是故苏轼这首诗大体是赞扬好哥们章子厚虽人在庙堂，但心游山水云霓之间，如今未能归隐，不过是要上报君父之恩。然而后来颇有许多说法认为苏轼、章惇交恶正是因为这首诗。

据南宋王明清《挥麈后录》云：

章俞者郇公之族子，早岁不自拘检，妻之母杨氏，年少而寡，俞与之通。已而有娠，生子。初产之时，杨氏欲不举，杨氏母勉令留之，以一合贮水，缄置其内，遣人持以还俞。俞得之云："此儿五行甚佳，将大吾门。"雇乳者谨视之。既长登第。始与东坡先生缔交，后送其出守湖州诗，首云："方丈仙人出渺茫，高情犹爱水云乡。"以为讥己，由是怨之。

这是说，章惇的父亲章俞本乃是仁宗朝宰相郇国公章得象之族子（即章得象与章俞的曾祖父是亲兄弟关系）。然而这第一句就是错的，章俞并非章得象族子，而章惇才是章得象之族子。后面说章俞早年放荡不羁，毫不知约束检点自己，恰逢当时丈母娘杨氏很年轻就成了个寡妇，居然与丈母娘勾搭成奸，一段时间后丈母娘怀孕还生了孩子。刚生下来的时候，丈母娘杨氏不打算抚养这个孩子了，经过杨氏母亲好生劝说才留了下来，用一个大盒子装了水，把刚出生的章惇和他的生辰八字都放在里面，派人拿着给了章俞。章俞看到儿子后说："这个孩子五行八字极佳，将来定会光大我门楣，光宗耀祖！"于是雇了奶妈小心地照顾抚养。等到长大了章惇果然进士及第，之后和苏轼成为了朋友。后来在他出知湖州时，苏轼写诗给他，首句说"方丈仙人出渺茫，高情犹爱水云乡"，章惇认为是在讥讽自己的身世，因此开始怨恨苏轼。

《挥麈后录》这则材料真的属实吗？且不论章惇的身世是否真有后人所说的如此诡秘不堪，考察熙宁八年前后苏轼与章惇之交往，除了公事上在熙宁八年，章惇任三司使时提议在京东、河北路榷盐，而苏轼反对并去信文彦博使得后者上奏导致榷盐不成这一事外，并无任何私怨龃龉，且二人此后仍多有诗歌唱和、书信往来，怎么可能此时已经交恶了呢？苏轼在熙宁八年时仍然与章惇情谊甚笃，假设后世对章惇身世的丑化为真，想必苏轼也不会故意在诗歌中讥讽。或有浅人谓"功名谁使连三捷，身世何缘得两忘"正是在说章惇身世，殊不知前一句是在赞扬章子厚熙宁五年之后经略荆湖南北路，平定蛮夷（少数民族）的功绩，后一句是用庄子《大宗师》"两忘而化其道"之典。

由于历史原因，章惇殁后抹黑他的材料层出不穷，有些简直不值深究。如《邵氏闻见前录》卷十三里说章惇进士及第时住在章得象府中，和族父章郇公的小妾私通，被人撞见后翻墙落荒而逃，结果从墙上跳下来时还碰伤了一个老妇。老妇告到开封府包拯那里，得亏包拯看章惇是个有功名在身的读书人，只是罚了他点钱罢了。按说章惇进士及第时章得象已逝世，其生前诸小妾未知是否尚在府中？更何况出自反对新法、紧跟司马光脚步的邵伯温笔下，殊不可信。

南宋曾慥（zào）《高斋漫录》里说苏轼、章惇曾同游终南山，晚上住在寺庙之中。恰巧寺里平日有山中精灵鬼怪作祟，一行人都吓得不敢入睡。结果章惇在，闹鬼的事情没发生，所谓"山魈（xiāo）不敢出"。这种材料无非是想论证章惇早年就性格凶戾无匹，到了鬼神避舍的地步。

元代方回有本《虚谷闲抄》更是荒诞不经，编造章惇早年在东京因为丰神俊逸的外貌被骗至大宅内幽禁，险些沦为众多宅内女子泄欲和主人求子的工具这类桃色艳闻。这大约是想说章子厚浪荡无行，且要在他的黑材料中加一点颜色博人一笑了。

诸如此类难可确信的轶事在文人笔记中甚多。可见，所谓苏轼与章惇在熙宁八年既已因为一首诗而交恶之事，也完全是后人穿凿附会之说。

大约在次年春天，即熙宁九年，苏轼登上去年修葺一新、并由弟弟苏辙命名的"超然台"，赏暮春之景，乃又赋词一曲《望江南》。

春未老，风细柳斜斜。试上超然台上看，半壕春水一城花。烟雨暗千家。

寒食后，酒醒却咨嗟。休对故人思故国，且将新火试新茶。诗酒趁年华。

这首词所写乃是密州城暮春之景。苏轼固执又不失顽皮地硬说春色未老，颇有些不许美人白头的玩味。超然台实际是密州城墙的一部分，登高望远，但见春风十里，杨柳袅袅。脚下的护城河里湛湛半池春水，然而放眼望去，满城花红柳绿，不正是春意盎然么！苏轼看着自己治下的成千上万户人家，他们的屋舍正掩映在蒙蒙烟雨中。寒食方过，杜康酒醒之余，苏轼不免心中叹息。这份叹息，既来自故人与故乡，也来自自己被投闲置散的不甘。进士及第、文坛盟主欧阳修赞不绝口、制科试有宋以来第一名，带着这些光环踏入仕途的苏轼，或许满心以为自己用不了多久就应当在翰林院中展布高才吧，然而等来的却是离京出外。念及此刻正身处弟弟子由命名的超然台，或许苏轼也想到了超然台之所以命名的缘由"虽有荣观，燕处超然（《道德经》）"。因此苏轼也只能以豁达来试着开解自我，道一声"且将新火试新茶，诗酒趁年华"。所谓新火，是当时习俗，寒食至清明禁火，之后取榆柳之火称为"新火"。新茶即是清明之前采摘的茶,也就是现在所说明前茶。诗酒趁年华,看似潇洒惬意,其背后依稀可见孤苦无奈之意。这种孤独,来自文人的自傲和政治的失意,来自自诩洞悉天下却"微斯人,吾谁与归"的寂寞。

这一年中秋,苏轼又于超然台摆下酒宴,欢饮达旦。酒醉之余,他诗兴大发,挥毫写下千古名篇《水调歌头》。

明月几时有?把酒问青天。不知天上宫阙,今夕是何年。我欲乘风归去,又恐琼楼玉宇,高处不胜寒。起舞弄清影,何似在人间。

转朱阁,低绮户,照无眠。不应有恨,何事长向别时圆?人有悲欢离合,月有阴晴圆缺,此事古难全。但愿人长久,千里共婵娟。

苏轼想起已分别七年的弟弟,值此中秋佳节,仍然无法相聚,却从人间世的悲欢离合生发出一种宇宙洪荒、往来古今的关乎人生的追问。这是过去格局颇为狭小的宋词所难以企及的艺术高度。李白曾有"青天有月来几时,我今停杯一问之"的名句,苏轼的这一首《水调歌头》也正是一样的天马行空。李白在诗中还说"今人不见古时月,今月曾经照古人",子瞻也一定想到,这天上的明月见证了无数的兴衰聚散,只是为何她此刻要在人们与亲友别离时才浑圆如此呢?也难怪百年之后辛弃疾会发出"但愿长圆如此夜,人情未必看承别"的感叹!更值得注意的是,苏轼写天上宫阙,却点明"何似在人间",以为天宫不如人间,这不仅仅是因为人间热闹的欢乐,恐怕更是因为他仍然心系治国平天下的这一儒家理想,这毕竟是文人的梦想,而凡夫所在的俗世才正是读书人建功立业的地方吧。

熙宁九年时,苏轼已经颇有声望,多位官员曾向朝廷举荐苏轼为侍从级别高官,如提举李孝孙、知青州陈荐。然而这些举荐终究没有得到批准,苏轼没能回到中央,更没能进入升官的快车道。

这一年年末,也就是熙宁九年十二月,朝廷令苏轼移知河中府。没想到苏轼还没抵达河中府,熙宁十年二月十二日又命他改知徐州。

他不由地发出"此身如传舍，何处是吾乡"（《临江仙》）的感慨。当时苏轼便暂住在东京城外范镇的东园之中，此年三月，苏轼为自己与第一任妻子王弗所生的长子苏迈娶妻成家。曾枣庄先生引 20 世纪 80 年代四川眉山出土的《苏符行状》，考苏迈所娶乃中书舍人石昌言之孙女。

苏轼大约于四月二十一日抵达徐州。弟苏辙此前在苏轼移知河中府时已经出京与他同往，如今便一起来到了徐州。两兄弟乃常与友人们一起登临名胜，品评风物，互相诗词唱和。就在似乎一片祥和喜悦的气氛里，七月十七日，黄河在澶州曹村埽（sào）决堤了。兄弟二人好不容易在一起过了一个中秋，终是到了离别之际。此前素与苏氏一家交好的张方平任南京留守（**非现在之南京，时称为应天府，在今河南商丘**），辟举苏辙为应天府的签判。八月十六日，苏辙离开徐州，赶往南京赴任。

八月二十一日，黄河决堤导致的大洪水蔓延到徐州城下。九月九日，大水已经几乎将徐州城包围，至二十一日，城下水深达二丈八尺九寸，也就是要接近现在的九米之高了！

在这样危如累卵的时刻，苏轼的表现究竟怎样呢？

据《宋史》其本传：

城将败，富民争出避水。轼曰："富民出，民皆动摇，吾谁与守？吾在是，水决不能败城！"驱使复入。轼诣武卫营，呼卒长曰："河将害城，事急矣，虽禁军且为我尽力。"卒长曰："太守犹不避涂潦，吾侪（chái）小人，当效命。"率其徒持畚锸（běn chā）以出，筑东南长堤，首起戏马台，尾属于城。雨日夜不止，城不沉者三版。轼庐于其上，过家不入，使官吏分堵以守，卒全其城。复请调来岁役夫增筑故城，为木岸，以虞水之再至。朝廷从之。

在城池眼看要被洪水吞噬的时候，徐州城内富户百姓自然是无比惜命的，有钱人金贵呐，于是争先恐后地要抢着出城避难。这口子一开，人心就散了，队伍没法带了，徐州也完了。苏轼当机立断，带着僚属、兵丁、衙役拦住了已经到达城门附近的富户豪绅。他朗声喊道："（你们是徐州地方上有头有脸的权势豪右之家）如果你们这些富户都现在逃跑了，留在城里的百姓全部会动摇，本府还和谁来守城？只要有本府在这里，洪水决不能淹没徐州城！"苏轼下令将富户们重新驱赶回城中。他不顾地方守令不得擅自调动禁军的国朝法度，乃又到禁军武卫营中，对其卒长说："黄河决堤，洪水滔滔，眼看就要吞噬徐州，事情到了极其紧急的情况了，即便尔等是密院、三衙调拨管辖的禁军，也请为本府一起尽力抗洪！"卒长亦被苏轼正气凛然的决心所感动，答曰："太守尚且不避污水泥泞，我等不过武夫小人，自当效命！"于是卒长便带着手下士兵拿着挖运泥土的工具出了军营，在苏轼指挥下筑起一道东南方向的长堤。长堤首起于戏马台，尾部至于城墙。但又不幸碰到大雨连绵，日夜不止，城内不被大水浸没的土地几乎寥寥无几。在这种最生死危难的时刻，苏轼就吃睡在抗洪的第一线，经过家门也不进去探查家人情况，他派官吏各自分堵各处洪水，终于保全下了徐州城！此后又奏请调来年役夫来增筑旧城，建造木质堤岸，以防备他日洪水或再至。朝廷批准了这一建议。

在徐州城危在旦夕、人心思逃的时刻，苏轼乃竟以书生之躯、府台之尊，亲临抗洪前线——这或许并不是什么英雄人物大无畏的精神，苏轼在面对水火无情这样大自然骇人的恐惧力量时，内心没有一丝一毫的害怕么？也许他亦是感到害怕的，但是对全城百姓生命、对徐州城的责任感让他战胜了所有一切本能的恐惧，让他以文人士大夫当仁不让的伟大担当，去做到了人定胜天的奇迹。

十月二日，京东路安抚使等便奏报苏轼抗洪之功劳。十月间，苏轼又拜托朝廷派来的特使向神宗转达自己想要在徐州修建石质堤岸防洪的建议，可惜未能得到朝廷批准。这才有了此年即元丰元年正月上奏请求筑木岸的第二方案。这一切都说明苏轼不仅仅是在任期内切实负担百姓的安危，更把目光放到当地百姓长远的安全生产、平安生活之上。

此年正月，也就是元丰元年，神宗皇帝下诏奖谕苏轼抗洪之功。秦观亦在此年入京应举，经过徐州而献诗拜入苏轼门下，然而前者在秋试中失利，苏轼十分护短地安慰说："此不足为太虚损益，但吊有司之不幸尔。"意思是说，这小小的科场失利，哪里足以对太虚（秦观之号）有什么名望上的损害呢，只是反倒应该为主持此次科考的不幸感到悲哀啊！言下之意便是他们不能慧眼识珠，才是大遗憾。苏轼对后辈的保护，又颇见他自己可爱的一面了。除了在徐州结识了秦观，又有年轻学子王适、王遹来访求学；苏轼与黄庭坚、晁补之等人彼此亦有诗词唱和，甚至与僧人道潜（别号参寥子）游山玩水，互打机锋。徐州的这一年除却到任之初的洪灾艰险无比，其余日子苏轼仍能在公务之余寻找惬意。

他不会想到，人生中的一场大变故即将到来。

乌台漩涡

　　元丰二年（1079）三月，朝廷令下，命苏轼知湖州。

　　而当时一场可怕的阴谋正在悄然编织。六七月间的汴梁城，涌动着一股股汹涌的暗流。王安石虽曾在熙宁八年再次拜相，但是很快就于次年请辞。到了元丰年间，东府的宰相和大参们已经变成了王珪、蔡确等人。变法派和反对变法的人之间仍然争斗不已，甚至演变成为了利益党同伐异。在熙宁变法之初，反对变法的元老重臣、京官和地方官员实在太多，王安石不得不越次提拔一大批缺乏资历的"官场小年轻"来为其所用，通过制置三司条例司等机构来架空反对他的官员，进行全面的改革变法。这些因为亲附宰相王安石而成为京朝官（京官、升朝官）甚至进入东府、位列中枢的官员们，他们从个体上而言都是作为被目为新党这一派系的一分子，于是在王安石和吕惠卿、章惇等人次第出外后，新党的官员们开始恐慌。自身权力的基础如此不稳，他们明白，只有通过打击反对派才能巩固自己的权力。

　　不仅仅是宰相执政之间互相倾轧，别有用心的一伙人甚至将目光瞄准到了地方上的苏轼。原因无他，苏轼反对新法，叫得很响，而偏偏文名极盛，在士林和民间都有很高的呼声。打击苏轼是彰显新党力量的一大有力表现！

权御史中丞（从三品，御史台的长官）李定说：

知湖州苏轼，初无学术，滥得时名，偶中异科，遂叨儒馆，有可废之罪四。昔者尧不诛四凶，至舜则流放窜殛（jí）之，盖其恶始见于天下也。轼初腾沮毁之论，陛下犹置之不问，容其改过，轼怙（hù）终不悔，其恶已著，一也。古人有言曰，教而不从，然后诛之，盖吾之所以俟之者尽，然后戮辱随焉。陛下所以俟轼者，可谓尽矣，而狂悖（bèi）之语日闻，二也。轼所为文辞，虽不中理，亦足以鼓动流俗，所谓言伪而辨；当官侮慢，不循陛下之法，操心顽愎（bì）不服陛下之化，所谓行伪而坚；先王之法所当首诛，三也。刑故无小，盖知而故为，与夫不知而为者异也。轼读史传，非不知事君有礼，讪（shàn）上有诛，而敢肆其愤心，公为诋訾（zǐ），而又应制举对策，即已有厌弊更法之意，及陛下修明政事，怨不用己，遂一切毁之，以为非是，四也。罪有四可废，而尚容于职位，伤教乱俗，莫甚于此。伏望断自天衷，特行典宪。（《续资治通鉴长编·元丰二年》）

李定作为御史台的实际长官，也就是所谓台长，纠劾百官完全在他的职权范围之内。按照他的说法，苏轼有四大不可赦免之罪恶。他说现在的湖州知州苏轼其实不学无术，不过是运气好，浪得虚名又偶然中了制科。这小子觉得自己有点斤两了就对陛下的新政说三道四，鼓捣诋毁诽谤的恶言恶语。陛下呢，大人有大量，不去问责，让他自己改正，苏轼却仗着陛下宽宏大量而死不悔改。这是第一条大罪。古人主张不能不教而诛，现在陛下对苏轼仁至义尽，苏轼狂妄悖逆的话语却恨不得每天讲个没完。这是第二条大罪。苏轼写的诗文虽然错谬，但是偏偏能鼓动士林和百姓乃至市井间的流俗之辈。如此不尊陛下的法度，刚愎顽劣不服陛下的教化，这是第三条大罪。苏轼又毕竟是个治学经史子集的读书人，不是不知道侍奉君父应该要遵循礼制，谤讪朝廷将有诛罚，却胆大包天，放纵自己的私愤。明明在应制科的策论中已经有厌恶弊端丛生，提出要变革法度的意见，等到陛下修明政事，锐意革新，苏轼却因为怨恨君父和朝廷不重用自己，竟然对陛下的新法全盘诋毁（前后自相矛盾，欺君罔上）。这是第四条大罪。——言语中其实就是请求神宗皇帝杀了苏轼得了。

御史舒亶也上奏说："轼近上谢表，颇有讥切时事之言，流俗翕（xī）然争相传诵，志义之士，无不愤惋。盖陛下发钱以本业贫民，则曰'赢得儿童语音好，一年强半在城中'；陛下明法以课试群吏，则曰'读书万卷不读律，致君尧舜知无术'；陛下兴水利，则曰'东海若知明主意，应教斥卤变桑田'；陛下谨盐禁，则曰'岂是闻韶解忘味，迩来三月食无盐'。其他触物即事，应口所言，无一不以诋谤为主，小则镂（lòu）板，大则刻石，传播中外，自以为能。"并奉上苏轼诗三卷作为罪证。

御史何正臣也说苏轼愚弄朝廷，妄自尊大。

引起他们注意的根源其实还在苏轼这里。苏轼接到朝廷诏命移知湖州以后按例写了一封谢表。这就是后来被挖出毛病的《湖州谢上表》：

臣轼言：蒙恩就移前件差遣，已于今月二十日到任上讫者。风俗阜安，在东南号为无事；山水清远，本朝廷所以优贤。顾惟何人，亦与兹选。臣轼中谢。伏念臣性资顽鄙，名迹埋（yīn）微。议论阔疏，文学浅陋。凡人必有一得，而臣独无寸长。荷先帝之误恩，擢置三馆；蒙陛下之过听，付以两州。非不欲痛自激昂，少酬恩造。而才分所局，有过无功；法令具存，虽勤何补。罪固多矣，臣犹知之。夫何越次之名邦，更许借资而显授。顾惟无状，岂不知恩。此盖伏遇皇帝陛下，天覆群生，海涵万族。用人不求其备，嘉善而矜不能。知其愚不适时，难以追陪新进；察其老不生事，或能牧养小民。而臣顷在钱塘，乐其风土。鱼鸟之性，既能自得于江湖；吴越之人，亦安臣之教令。敢不奉法勤职，息讼平刑。上以广朝廷之仁，下以慰父老之望。臣无任。

不少人以为这份谢表中满是牢骚逆反、狂悖不道之语，其实大为不然。里面说自己天赋顽劣低下，名声功绩都微不足道；甚至说什么别人都必然有一两个优点，而独独我苏轼自己啥本事长处都没有这种话——乍看起来确实是大发牢骚，有点失了为人臣子的礼仪，但这其实是现代人不熟悉谢表模板而产生误会的缘故。

我们不妨看一看同时期曾贵为宰相的王安石在谢表中怎么写。如他在《除翰林学士谢表》中有这样一段：

如臣不肖，涉道未优。初无莘莘（显著之貌）过人之才，徒有区区自守之善。以至将顺建明之大体（将顺，迁就附和也。建明，建白，提出建议也），则或疏阔浅陋而不知。加以忧伤疾病，久弃里间，辞命之习，芜废积年。黾勉（勉强）一州，已为忝冒（滥竽充数），禁林（翰林院）之选，岂所堪任？

《除参知政事谢表》中又有一段：

宜得伟人，与图庶政（各种政务）。如臣者，徒以承学，粗知义方，本无他长，可备官使。退安私室，自绝荣涂（仕途），既负采薪之忧，因逃窃位之责。

《除平章事监修国史谢表》中又有：

臣受材单寡，逢运休明，初涉猎于艺文，稍扳缘于禄仕。囊尘近侍，积愧空餐，悲遽隔于庭闱，分长依于丘垄（坟墓）。俄值纂承之庆，继叨（承受）收召之荣。责以论经，尚少知于训诂；使之与政，曾莫助于猷为（建功立业）。矧（并且）以拙直（愚直、率直）而见知，遂为奸回（奸恶之人）之所忌。

第一段是说，像臣这样没有才华的人，治学与为官都水平不行。起初没有什么明显的过人之才，只有区区可以自己端正一下品行的小善罢了。至于附和或是建策这种大事的分寸，我就因为迂阔浅薄而不知道了。加上自己心里忧伤,身上有病(不适合带病提拔),长久以来一直住在乡野间,辞令诏书已经荒废了多年,写不来了恐怕。勉强牧守管理一州之地,已经属于滥竽充数了。清贵的翰林院,哪里是臣能够胜任的呢?

第二段则说,宰执国政这种大事,还是适合选择经天纬地的大才之士,让他们参与谋划各种政务。像臣这样的,只不过是学了点皮毛学问,粗略知晓一些规矩法度,本来就没有什么其他特长,从而可以能够被授予官职而发挥才干的。回到家中,不做官的话,也已经有疾病在身,而逃避了窃居高位的指责。

在任宰相的谢表中又说,臣才华单薄寡少,运气好赶上了国朝明君盛世,起初学了点经史子集,就踏上了仕途做了官。过去在仁宗皇帝时以微薄之才忝为京官(王安石在嘉祐年间曾担任度支判官直集贤院,后来又授命修起居注并升迁为知制诰)近侍的尊贵之职,然而空费朝廷俸禄,毫无建树。(嘉祐八年,家母辞世)悲从中来,忽然与家母阴阳相隔;长此分别,母亲已经埋葬于坟茔之中。不久遇到英宗皇帝继位的庆贺之事,屡次给予我征召入京为官的光荣。如果以经学责问于臣,臣尚且稍微对于训诂之学有所知晓;如果使臣参与大政,恐怕连一点功业都无法建立。并且臣又以愚直而为人所知,也就因此招致奸恶之辈们所忌恨。

从以上三份王安石不同时期的谢表来分析,不难看出谦虚地表示自己才难堪任,没本事做皇帝老子授予的官职完全是当时一种流行的官场套路,属于必须说的场面话。说了非但不失礼,反而是附和官场文化的,是得体的。如果不写这些虚头巴脑的场面话才是大大的失礼。

他说湖州在东南是没啥大事的好地方,山水风景煞是好看,是朝廷优待贤良的处所啊!又说自己算什么人物,居然赶上这种好事,被选择为湖州的知州。真是万分拜谢陛下洪恩。想到自己性情顽劣、天赋低下,名声和功绩都微不足道。政治观点十分迂阔浅薄,文学上也肤浅不值一提。任何人都至少有一二长处，但是独独臣苏轼没有丝毫优点。曾受到先帝英宗皇帝的隆恩，擢升臣直史馆之职；又承蒙陛下多听了些别人对臣的谬赞，曾把密州徐州先后交由臣牧守管理。并不是不想振奋拼搏，稍稍报答陛下的隆恩。但是才具有限，导致有过而无功；国朝的祖宗法度又都在（可谓十全十美），我即使勤于施政，也难有什么补助。罪过确实很多，臣很是知晓。为什么臣能够越次而往膏腴富庶之名城为太守，更令臣借助陛下的厚爱而授予显赫的官职。臣反省自己无才无德，难道不明白这是陛下的巨大恩典吗？这完全是有幸遇到陛下，陛下之仁德犹如昊昊上天覆育群生，又如汪洋大海涵养亿万水族。陛下用人不苛求其十全十美，对于能力强、做得好的就奖掖提拔，对于能力差表现不好的也加以同情鼓励。陛下知道我愚昧无知，不能适应现在的时政，难以追赶上改革派的新进大臣们的步伐；但又察知臣老不生事，有时呢也还是能管管小老百姓的。臣过去在杭州任通判，颇为喜欢那边的风土人情。譬如鱼鸟的本性，是能够自由于江湖；而吴越之地的人民，也能安于臣的教化和施政命令。臣必然奉守法纪，勤于政务，减少诉讼刑狱之数量。以此来播广朝廷的仁政，对下也慰藉城乡父老们的期望。臣（惟恐）不能胜任！

　　以此来看，《湖州谢上表》大多是官场套话，通篇由场面话开始，由场面话"臣无任"结束，并没有什么反动话语。唯一比较要命的是这两句：知其愚不适时，难以追陪新进；察其老不生事，或能牧养小民。李定、舒亶等人也正是因为在邸报（相当于官报和内参的结合）中看到了这句话才决定拿苏轼来做文章。这句话里最要命的字眼是"新进"二字。在熙宁变法时期，新进小臣这种叫法是当时反对变法的人给变法派取的一个蔑称，几乎就相当于幸进佞臣的说法了，是很令新党恼怒的一个称谓。苏轼偏偏在会公布于邸报的谢表上这样写，心也着实太大了。

　　神宗皇帝平日很是爱读苏轼的文章，面对御史中丞李定等人弹劾

苏轼的局面，苏轼能因为皇帝爱其才而逃过一劫么？李定与苏轼之间又有没有政见之外的私怨呢？

最高领导人赵顼确实曾经很是爱苏轼之文才，据说常常在内廷读苏轼之文章而击节赞叹。然而这一次，李定、舒亶等人的弹劾太过刁钻，从其措辞来看，神宗皇帝亦觉得苏轼完全就是把嘲讽谤讪的矛头直接对准了御座上的自己。这苏市长是在讥笑最高领导啊！

于是，"诏知谏院张璪、御史中丞李定推治以闻。时定乞选官参治，及罢轼湖州，差职员追摄。既而上批，令御史台选牒朝臣一员乘驿追摄，又责不管别致疏虞状，其罢湖州朝旨，令差去官赍（jī）往"。这是说神宗皇帝诏令知谏院张璪、御史中丞李定共同审查这一案件并及时上奏给他。当时李定又请拣选官员参与审问，并且应该罢免苏轼湖州知州的差遣，派人前往捉拿。不久皇帝陛下就批准了，命令御史台委任朝官一员乘驿站车马火速前去抓捕归案，又责令不用管其他苏轼的罪状，就带着罢免湖州知州的圣旨，前往湖州宣旨办事。

这意味着皇帝陛下是真生气了，苏轼本来好好地到了湖州继续做市长，现在可好，开除公职，带回中央法办！

然而这一切在东京紧锣密鼓地运作起来的时候，苏轼还完全不知道呢。

李定此刻心里恐怕有一种大仇得报的快感。那么李定和苏轼又有何私仇呢？李定是堂堂中央高官，贵为御史中丞，御史台一把手；苏轼远在地方，又哪有什么私怨可结呢？这之间的事情，可能苏轼自己早忘之脑后了，然而李定不会忘。

远在熙宁二年，李定时任定远尉、秀州判官，不过八九品之间，既非朝官，亦非京官，可以说人微言轻。受到当时知谏院孙觉之推荐，李定得以入京拜谒谏院官员，为自己可能的升迁活动一二。当时有位官员叫李常问他，说你从南方来，老百姓觉得青苗法怎么样呢？李定回答："百姓们认为青苗法很便利于他们，都喜欢得不得了。"李常看他是孙觉推荐来的，好意提醒他，说现在朝廷里关于青苗法争吵不已，这种一边倒的话你还是少说，免得得罪人。李定找了门路谒见到王安石面前，说起此事，他正气凛然地表示："定我只知道据实而言，没想到东京还不许人说实话。"

王安石敏锐地注意到这是一个渴求展布拳脚的人，为了推行新法，他也必须培养一批忠于自己那一套政治纲领的人。于是王安石把他推荐给了神宗皇帝，让他得到被皇帝召对的宝贵机会。皇帝问起新法中如青苗法等事情，李定就说百姓无不喜之。急于大有作为的皇帝听到自己和王安石的新法在民间反响如此之好，十分高兴，大约可以想到，在王安石的建议下决定任命李定为知谏院。根据宋代制度，以他官兼领谏职，称为"知谏院"。这就是说，一下子从地方"选人"（候补的意思）级别的八九品低级县尉、判官变成了中央政府重要监察部门的中层干部了！结果当时的宰相陈升之和曾公亮都反对这一任命，说过去从无选人可以直接担任谏官的例子。王安石让李定入谏院的策略受阻，于是他转而建议调李定入御史台。神宗皇帝便下诏令，升其本官为正八品太子中允，给予监察御史里行的差遣，也就是见习监察御史的意思（太子中允属于升朝官，是京朝官中一分子了，级别远超地方选人）。

没想到的是，当时的三位知制诰宋敏求、苏颂、李大临统统封还词头！（从法理上来说，知制诰完全是可以封还词头，拒绝宫中皇帝传来的旨意的。宋代皇帝的旨意通常应由知制诰来起草）神宗皇帝震怒之下，将这三人统统罢免。而此时，御史陈荐居然又上表弹劾李定，并且这一次是核武器级别的弹劾。

弹劾的罪名乃是隐瞒母丧，不为母亲丁忧守制！这种罪名在古代如果被坐实，可以说政治生命就永远结束了。守孝与否在古代是政治正确与否的问题，皇帝便下令彻查此事。原来李定担任泾县主簿的时候，曾听闻自己的庶母（父亲的妾侍）仇氏去世，却并没有为其服丧。

李定辩解说，自己不知道是仇氏所生，问了父亲，父亲又说不是自己的生母。所以他心有疑虑而不敢服丧，于是转而以侍养老父的名义解官在家，等于说是服"心丧"（指不穿孝服而内心哀悼）。这时候皇帝跑出来为李定说话，之所以不持心丧，是为了躲避解除官职。李定当时已经解官，为什么还要说他不明说自己持心丧呢？结果曾公亮等人仍然据理力争，全然反对授予李定御史职务。

据陆游《老学庵笔记》卷一来看，历史更吊诡的地方都已经给当事人和后来的我们准备好了。其中云：

仇氏初在民间，生子为浮屠，曰了元，所谓佛印禅师也。已而为广陵人国子博士李问妾，生定；出嫁郓氏，生蔡奴。

则据此材料，这个仇氏居然是苏轼好友佛印的生母，她首先生下了佛印，后来又成为了国子监博士李问的侍妾，生下了李定……即是说，李定有可能和佛印乃是同母异父的兄弟关系，却居然和苏轼结下了仇怨。李定、佛印、苏轼三人之间的纠葛，足见历史的玩笑了。

就在李定爬上御史美官这个位子受阻的时候，有一位传奇孝子入京了。这位大孝子的母亲恰恰是父亲的小妾，他年幼时母亲被父亲抛弃。五十年后他早已做过多任地方官，得知母亲可能流落陕西之后，立刻辞官寻母。消息传回汴梁，上到神宗皇帝与宰相执政，下到勾栏酒肆之客，都在交口称赞。于是皇帝下令让他官复原职，回京陛见。这个人叫朱寿昌。

这一切对李定来说完全是雪上加霜，和朱寿昌两相比较，他似乎完全成了个衣冠禽兽。不少公卿士大夫都写诗文给朱寿昌称颂他，当时苏轼也写了。而苏轼的诗里偏偏有这样几句："感君离合我酸辛，此事今无古或闻。……西河郡守谁复讯，颍谷封人羞自荐。"

这是说，感念您母子离别几十载，令我也无比酸楚伤心，（您辞官千里寻母）的孝行伟大到现在再也找不到了，或许古代才能有吧！后一句里，西河郡守指的是战国时文能变法、武能破秦的吴起。可是

96

吴起当初曾因为对母亲发誓"起不为卿相，不复入卫"而在母亲去世后竟不去奔丧，甚至因此被曾参之子曾申逐出师门，因此被认为是不孝。颍谷封人指的是左传"郑伯克段于鄢"里的颍谷考叔，他是郑庄公的大夫。当时庄公平定了弟弟段的叛乱，发誓对充当弟弟内应的母亲不到黄泉，誓不相见。结果很快他又后悔了，想自己的母亲却又因为君无戏言，没法见。颍考叔听说后就忧君父之忧，想了个很巧妙的办法。他带着献给君上的礼物去觐见庄公，庄公赐宴款待他。颍考叔就做出闷闷不乐，不吃大餐的样子。庄公觉得奇怪便问他缘由，颍考叔回答，微臣的母亲吃过微臣的食物，但是从没吃过君上的美食，乞请君上允许我带回去给母亲品尝。庄公大为感动，又想到自己的家事，感慨道："尔有母遗（wèi），繄（yī）我独无！"（你有母亲可以把美食送过去，寡人却单单没有啊！）听了庄公说了个中缘由之后，颍考叔就出主意说，这有什么关系，在地里挖出泉水，在隧道里相见不就好了，谁能说三道四呢？庄公因此如愿与母亲相见并且冰释前嫌。后人便因此夸赞颍考叔，能以大孝心，又感化庄公。

我们现在没法一定说苏轼写这两句话的时候想到了李定，影射了李定——但是，以苏轼的文名，他的这首诗当时一定东京士大夫无人不知。李定读到后，一定会对号入座，联系到自己身上。他必然理解为这是一贯管不住嘴巴的苏轼在讽刺和挖苦自己，把他比作不奔母丧的吴起；并认为这是反对新法的旧党们在李定受阻的仕途上吐的一大口唾沫。这种仇恨，睚眦必报的李定一定不会忘，此所谓，十世之仇，尤可报也。

关于李定和苏轼的私仇，杨万里的《诚斋诗话》还记载了一个说法：

东坡知徐州，李定之子某过焉。坡以过客故事宴之，其人大喜，以为坡敬爱之也。因起而请求荐墨。坡佯应曰："诺。"久之闲谈，坡忽问李："相法谓面上人中长一寸者寿百年，有是说否？"李曰："未

拙于站队的天才——苏轼

闻也。"坡曰："果若人言，彭祖好一个呆长脸。"李大惭而遁。

这则材料是说，东坡在徐州为太守时，有一次恰逢李定的儿子来访。苏轼按照寻常的来客礼仪接待他，陪同他饮宴。李定之子便十分高兴，认为这是苏轼很敬爱自己的缘故才会如此。于是他起身请求苏轼向朝廷举荐他。苏轼假装应允说，"好，好。"酒过三巡，饭菜也吃了差不多了，两人就开始了闲谈。苏轼忽然问李定儿子："相面之术认为，面相好的人，其人中如果能长达一寸，就能活百岁之久，有这个说法吗？"李定儿子回答："没听说过。"苏轼道："假如果真像人们说的这样，那活了几百岁的彭祖岂不是有一个又呆又长的脸了嘛！"李定儿子惭愧不已，起身告退。

从中我们可知，大约李定儿子是属于瘦长脸，因此苏轼这句话显然是用彭祖来讽刺李定之子又蠢脸皮又厚了。官场上讲究你帮我，我帮你，大家互帮互助、互惠互利。即便你不愿意举荐同僚的儿子，也没必要当面损别人吧？何况李定在此时应已任职御史台，寻常人如何敢得罪？但苏轼却不，要由着性子快意笑骂。如果这则材料确有其事，那恐怕也必是得罪李定的原因之一了。

总而言之，苏轼一生，很多祸事，几乎都是这样祸从口出的，管不住嘴巴，管不住那支笔。

神宗下令查办苏轼的消息传出来之后，苏轼的好友驸马王诜（神宗皇帝妹妹之驸）赶紧派人通知了苏辙，苏辙则又差人往湖州告之苏轼。

苏轼必然是害怕的。做臣子的总是说"雷霆雨露，俱是君恩"，然而有谁能真正对帝王的雷霆一怒感到春风拂面、安之若素呢？毕竟是少之又少的。据说当时苏轼慌乱无措地认为自己已经是大罪在身，已经不适合穿官服去见来捉拿自己的办案官员了，想要穿便服。在湖州通判祖无颇的提醒下才以正式的官服去见了前来捉拿自己的监察御史里行皇甫遵。

苏轼惊慌之余，仍不忘试探皇甫遵，便道："轼自来口无遮拦，触怒朝廷者甚多矣。今日赐死，固不敢辞，乞与家人别耳。"

皇甫遵哼了一声："不至如此。"

苏轼的心总算又回到了自己肚子里。

通判查验过公文之后，苏轼就被御史台有关人员带走了。据北宋孔平仲《孔氏谈苑》卷一中说："即时出城登舟，郡人送者雨泣。顷刻之间，拉一太守，如驱犬鸡。"

苏轼被御史台的差役们毫无尊重地押送上路，像赶着牲口一般。当时苏轼的妻子王闰之和孩子们都惊恐不已，送苏轼出门时无不涕泣。苏轼强抑心中悲恸，反出语幽默安慰。据《东坡志林》卷二载：

> 昔年过洛，见李公简言："真宗既东封，访天下隐者，得杞人杨朴，能诗。及召对，自言不能。上问：'临行有人作诗送卿否？'朴曰：'惟臣妾有一首云：更休落魄耽杯酒，且莫猖狂爱咏诗。今日捉将官里去，这回断送老头皮。'上大笑，放还山。"余在湖州，坐作诗追赴诏狱，妻子送余出门，皆哭。无以语之，顾语妻曰："独不能如杨朴处士妻作诗送我乎？"妻子不觉失笑，余乃出。

原来真宗朝有一位隐士曰杨朴，有诗名。真宗和王钦若搞了天书闹剧而封禅泰山之后，皇帝赵恒大求天下高隐之士。杨朴召对的时候声称自己不会作诗，这便有些欺君的意味了。真宗问他从家里过来，临行可有人作诗为他送行。杨朴回答说，只有家里贱内作了首打油诗，叫自己千万不要再贪杯误事，落魄不羁，更不可猖狂无知乱吟风雅。如今捉进官府衙门里，怕是这回要断送老命咯！真宗被逗得哈哈大笑，将其放回。

看到妻儿们泪如雨下，苏轼想到这一故实，便对王闰之说："夫人难道不能像杨朴处士的老妻那样也写首诗给我送行吗？"王闰之亦是知书达理的，当下便想到了这一层真宗朝趣事，不禁失笑。苏轼这才随御史台差役离去。

拙于站队的天才——苏轼

苏轼不仅仅幽默，更是显露出一个男人对妻子的柔肠千缕。他努力在妻儿面前保持一副宠辱不惊的风度，好让家人的惊惧尽可能地减少，他将罢官赴狱的压力一力担之，试问难道他内心没有疑惧，没有一丝惊魂未定么？我恰以为，这正是苏轼真实而可爱的地方。

苏轼于八月抵达东京，被关押在御史台的监狱之中。御史台周围因常有乌鸦栖息，乃称之为乌台。凄厉悲凉的乌鸦啼鸣之声，在狱中人听来或许是可怖非常的。而李定、张璪、舒亶等人也开始了对苏轼的狱中审讯。手段无外乎搞点疲劳审讯，威胁恫吓，逼迫苏轼承认自己在诗歌和文章里谤讪新政，讥讽朝廷。

苏轼自然是不愿意承认的，据当时被关押在附近牢房的另一名臣苏颂（哲宗元祐年间宰相）所说："遥怜北户吴兴守，诟辱通宵不忍闻。"可见当时李定等人对苏轼的逼供已经到了丧心病狂的程度，大约除了因为北宋士大夫的体面问题，可能并没有加以肉刑，但言语、精神等方面必然对苏轼加以完全非人的虐待和折磨，令他憔悴不堪，昏沉欲睡而不能，以至于无力招架他们的诱供、逼供。

像是"老翁七十自腰镰，惭愧春山笋蕨甜。岂是闻韶解忘味，迩来三月食无盐"（《山村五绝》其三）；"杖藜裹饭去匆匆，过眼青钱转手空。赢得儿童语音好，一年强半在城中"（《山村五绝》其四）；"吴儿生长狎涛渊，冒利轻生不自怜。东海若知明主意，应教斥卤变桑田"（《八月十五日看潮五绝》）这类诗，御史台都迫使苏轼承认自己在诗中有意嘲讽中央，狂悖反动。苏轼被弄得没办法，只好按着他们的意愿，认了。

可打倒苏轼并不是李定他们的最终目的，他们自然是希望以苏轼这样名声甚高的反对变法者为导火素，最终打击一大片旧党官员。于是李定等人又逼迫苏轼交代究竟和哪些人通过诗词文章一起谤讪朝廷，诋毁新政。苏轼又怎么会愿意牵连与自己交好的重臣勋贵或其他文人才士呢？然而在御史台接二连三的高压措施之下，苏轼最后只得承认，和多人有诗词文章的往来。于是又牵连出不少大臣的名字。苏轼的内心一定是极度痛苦的。

就在人人自危的时候，各方营救苏轼的呼声也次第响彻汴梁的上空。已经致仕退休的前参知政事、现任太子少师张方平上疏为苏轼鸣不平。他说苏轼是文学奇才，不知究竟何罪之有？

王安石的弟弟王安礼也在觐见皇帝的时候说："自古大度之君，不以语言谪人。按轼文士，本以才自奋，谓爵位可立取，顾碌碌如此，其中不能无觖（jué）望。今一旦致于法，恐后世谓不能容才，愿陛下无庸竟其狱。"意思是说，自古大度的君王，都不会因为官员说几句话就贬谪他。考察可知苏轼身份乃是正经进士出身的士大夫，本以为凭借自己的才华天赋发奋一番，就认为高官显爵立等可取，结果却自觉庸碌如此，于是他心中就不能没有不满的想法了。现在一旦把他严格法办，恐怕以后世人会认为陛下和朝廷不能容忍才高之人，愿陛下不必办成苏轼的大案（来严惩他）。

神宗回答："朕固不深谴，特欲申言者路耳，行为卿贳（shì）之。"看来王安礼的话让皇帝也很不好意思，他表示本来就不准备从重处理责罚苏轼，只不过是要申敕、告诫向朝廷进言献策的人应该注意方式方法罢了，很快就会宽赦苏轼。又颇为贴心的说："第去，勿漏言。轼前贾怨于众，恐言者缘轼以害卿也。"这是说，叫王安礼离开宫廷的时候尽管一路走，别跟人搭话说漏嘴。为什么呢？因为苏轼这家伙之前招惹了太多人的怨恨，恐怕有人会因为苏轼而要害你哩！

王安礼不由想到之前在候朝的时候，因为自己问了李定几句苏轼在狱中的近况，李定便阴阳怪气地说："轼与金陵丞相论事不合，公幸毋营解，人将以为党。"苏轼这厮和金陵大丞相（王安石）政见不合，您千万别去营救他，不然大臣们会认为你是他的同党！

李定笑里藏刀的威胁让他后背冒汗，然而回到自己当值的舍人院时（当时王安礼任职直舍人院，工作是如同中书舍人一般为政事堂草拟对外发布的诏敕政令），知谏院张璪迎面过来就勃然大怒地质问他："公果救苏轼耶，何为诏趣其狱？！"这是说，您果真是要救苏轼吗！为什么在觐见陛下的时候，为苏轼说项，要尽快从轻处理这一大案呢！王安礼只好装聋作哑（**按，为诏本应理解为撰写诏书，但从史料来看此时神宗皇帝还没有令王安礼草诏，故这里权以意译**）。

据说当时宰相吴充有一日也找机会问皇帝："陛下以为魏武帝曹操算个怎样的人物？"

神宗回答说："何足道哉！"

吴充见机立刻说："陛下平日常常以尧舜这样的上古圣君作为效法、学习的对象，轻视魏武帝也是理所当然的。但是魏武帝如此猜忌好杀的人，还能够容忍祢衡，陛下以尧舜为榜样，却不能容忍一个苏轼，这又是为何？"

神宗一惊，已自觉理亏，便道："朕也没有其他的意思，只是要苏轼回来交代清楚，审理完他的问题和是非，很快就会把他放出来的。"

然而另一方面，苏轼已经在逼供下"认罪"，御史中丞李定便上奏说："轼起自草野垢贱之余，朝廷待以郎官馆职，不为不厚，所宜忠信正直，思所以报上之施，而乃怨未显用，肆意纵言，讥讽时政。自熙宁以来，陛下所造法度，悉以为非。古之议令者，犹有死而无赦，况轼所著文字，讪上惑众，岂徒议令之比？轼之奸慝（tè），今已具服。不屏之远方则乱俗，再使之从政则坏法。伏乞特行废绝，以释天下之惑。"

这是说，苏轼出身贫贱，朝廷给他直史馆这样的清贵官职，真心是厚待他了，这厮本该精忠报国，好好想想怎么回报陛下厚恩，结果竟然怨恨自己没有被重用，一张嘴巴口无遮拦，整天说反动的话语讥讽朝廷大政。从熙宁以来，陛下推行的新法，他全都认为是不对的。古代妄议政令的人，尚且有杀无赦的先例，何况苏轼所写的诗词文章，谤讪陛下，惑乱大众，哪里单单是妄议政令可以比拟的？苏轼的奸邪罪恶，他现在已经全部认罪了。如果不把他流放到偏远军州恐怕就会败坏风俗舆论；倘若再使他为官恐怕就会败坏朝廷新法。乞求陛下将他处以极刑，以此来令天下被惑乱的人能够觉悟。

也就是说，李定是向神宗皇帝建议，干脆杀了苏轼这种乱说话、偏偏又名气太大的人算了，省得给朝廷的新法添麻烦，整天恶心陛下的新政，败坏陛下名声。

御史舒亶又言："驸马都尉王诜，收受轼讥讽朝政文字及遗轼钱物，并与王巩往还，漏泄禁中语。窃以轼之怨望、诋讪君父，盖虽行路犹所讳闻，而诜恬有轼言，不以上报，既乃阴通货赂，密与燕游。至若巩者，向连逆党，已坐废停。诜于此时同罣（guà）论议，而不自省惧，尚相关通。案诜受国厚恩，列在近戚，而朋比匪人，志趣如此，原情议罪，实不容诛，乞不以赦论。"

又言："收受轼讥讽朝政文字人，除王诜、王巩、李清臣外，张方平而下凡二十二人，如盛侨、周邠辈固无足论，乃若方平与司马光、范镇、钱藻、陈襄、曾巩、孙觉、李常、刘攽、刘挚等，盖皆略能诵说先王之言，辱在公卿、士大夫之列，而陛下所尝以君臣之义望之者，所怀如此，顾可置而不诛乎！"

舒亶的话就更石破天惊了，简直只能用骇人听闻来评价。他说，驸马都尉王诜，平日里留下苏轼讥讽朝廷的反动诗文，又常常给苏轼钱物，过从甚密。又和王巩往来，一起把朝廷要抓捕苏轼的机密泄露出去。臣认为以苏轼对朝廷的怨恼愤恨、诋毁谤讪君父的言行，即使是走在路上的行人也不敢去听闻，而王诜却心安理得、泰然自若地收藏着苏轼的反动诗文，不把这些罪证上报朝廷，又和苏轼暗中有经济往来，偷偷摸摸地一起宴饮游乐。至于像王巩这样的，过去就与逆党勾结，已经被罢职。王诜在这种时候已经被牵连进谤讪朝廷的大罪里，却不自己好好反省恐惧，还和王巩走动沟通。按理说王诜乃是大长公主驸马，受到国家朝廷的厚恩，属于与陛下很亲近的皇亲国戚，却与奸人交结为朋，志趣如此，根据情况和法规论罪，就算是诛杀了他也不能赎罪，乞求不能赦免！

这是要把当时泄露消息给苏轼的王诜、王巩二人往死里整。但这还不算完。因为王诜、王巩实际上在政坛上只是小人物，务必株连他们的目的是为了打倒旧党更有分量的大人物们。

所以舒亶接着说，接受苏轼反动诗文的人里，自张方平以下还有共二十二人之多！除了个别小鱼小虾无所谓，像张方平、司马光、范镇、刘攽、刘挚等，基本都是先王留下来的大臣，多少能够记得点先王的教诲吧，却污辱了自己公卿、士大夫的身份！陛下过去曾经以君臣大义来指望他们，他们却怀着如此之心，难道反而可以放任其危害新政却不诛杀吗？！

舒亶这完全是图穷匕见了，要通过苏轼的案子，牵连王诜、王巩是假，打倒司马光等旧党大人物才是真正目的，他甚至表示应该将这些人都处以极刑！如果神宗皇帝听信了舒亶的建议，那丑陋的文字狱就要在北宋出现了。

最终让神宗下定决心的人或许还是此刻站出来说话的王安石。王安石虽然已经退居金陵，不再担任同平章事，但对北宋政坛而言仍然是举足轻重的人物。

他在上书中说："岂有圣世而杀才士者乎？"（南宋周紫芝《太仓稊米集》卷四十九《读诗谳》：旧传，元丰间朝廷以群言论公，独神庙惜其才，不忍杀。丞相王文公曰："岂有圣世而杀才士者乎？"当时谳议，以公一言为决）

于是神宗皇帝终于决定从轻发落苏轼，而不治以大罪。

元丰二年十二月二十八日，对苏轼等人的处罚决定公布了：

祠部员外郎、直史馆苏轼责授检校水部员外郎、黄州团练副使、本州安置，不得签书公事，令御史台差人转押前去。绛州团练使、驸马都尉王诜追两官勒停。著作佐郎、签书应天府判官苏辙监筠（jūn）州盐酒税务，正字王巩监宾州盐酒务，令开封府差人押出门，趣（cù）

赴任。太子少师致仕张方平、知制诰李清臣罚铜三十斤。端明殿学士司马光、户部侍郎致仕范镇、知开封府钱藻、知审官东院陈襄、京东转运使刘攽（bān）、淮南西路提点刑狱李常、知福州孙觉、知亳州曾巩、知河中府王汾、知宗正丞刘挚、著作佐郎黄庭坚、卫尉寺丞戚秉道、正字吴琯（guǎn）、知考城县盛侨、知滕县王安上、乐清县令周邠、监仁和县盐税杜子方、监澶（chán）州酒税颜复、选人陈珏钱世雄各罚铜二十斤。

在这份长长的处罚决定中，苏轼被贬谪黄州，以团练副使职务本州安置，所谓不得签书公事就是表示他没有处理公务的权力，属于罪臣，只能在黄州好好反省。给苏轼通风报信的驸马王诜被解除一切职务，算是从重处理了。而曾上书表示愿以自己官职为苏轼赎罪的弟弟苏辙也被贬官往筠州（约在今四川宜宾市筠连县）。王巩最是无辜，实际上没找到什么所谓的犯罪证据，但是一样因为跟苏轼要好，照样给贬官到偏远的宾州（在今广西境内）。

至于其他和苏轼有书信诗词往来的人，以张方平、司马光、范镇等人为首，均处以罚铜的处罚。

在被御史台关押了一百三十天，三个多月之后，苏轼终于重新见到了监狱之外的阳光。他保住了性命和官身，这场可怕的乌台诗案终于告一段落。

然而即便是到了黄州，构陷和毁谤之声仍然如影随形。甚至当时连贵为宰相的同平章事、集贤殿大学士王珪也找了苏轼的"黑材料"，在皇帝面前告刁状。

在王巩的《闻见近录》中记载着这样一件事：

王和甫尝言，苏子瞻在黄州，上数欲用之，王禹玉辄曰："轼尝有'此心惟有蛰（zhé）龙知'之句，陛下龙飞在天而不敬，乃反欲求蛰龙乎？"章子厚曰："龙者，非独人君，人臣皆可以言龙也。"上曰："自古称龙者多矣，如荀氏八龙，孔明卧龙，岂人君也？"及退，子厚

拙于站队的天才——苏轼

诘之，曰："相公乃欲覆人之家族耶！"禹玉曰："它舒亶言尔。"子厚曰："亶之唾，亦可食乎？"

原来王巩曾听王安礼说起，苏轼到黄州后，神宗皇帝几次有想起用苏轼的念头。王珪就借机诬蔑说，苏轼曾经在诗里写"此心惟有蛰龙知"的诗，陛下龙飞在天他反而不敬仰，却反求蛰龙（蛰伏的龙，多比喻民间的才志之士）？言下之意是苏轼似乎把自己比作蛰龙，其心可诛，犹不可问啊！关键时刻新党的章惇出面为苏轼说话："龙并不只是指君王，古代人臣都可以称为龙。"神宗也说："自古称为龙的大才之人很多，比如三国时候荀氏八龙，孔明卧龙，难道他们都是君王吗？"王珪被质问得哑口无言。离开迩英阁后，章惇诘问说："相公您莫非是要苏轼满门抄斩么！"王珪被问得十分尴尬，推说是听御史舒亶说的。章惇冷笑道："舒亶的唾沫，相公也喜欢吃啊！？"

朝中政敌对苏轼的忌恨，由此可见一斑。

那么苏轼在黄州的生活究竟如何，他的仕途是否还有转机？就留待下文揭晓。

东坡谪居，吟啸徐行

元丰三年（1080）二月，苏轼抵达黄州。经历了祸从天降的乌台诗案之后，子瞻已经由之前的锋芒毕露变得颇有些性格内敛了。

在黄州的一天夜里，他困意难寻，踏着月色，走到江河之旁。想到自己此刻形单影只，茕茕孑立，不禁怅惘难抑。蓦地，苏轼瞧见一只鸿雁在月华照映之下飞过树梢，盘桓良久。苏轼一哂（shěn），只有眼前的孤鸿能看到自己此时此地的狼狈吧！然而这孤鸿不也就仿佛是自己么？苏轼回想起进京赶考以来踏入仕途的种种往事，恍如一梦，遗憾、愤恨、不甘……又有谁人能懂得呢？自己如同这只孤鸿一般，拣尽寒枝不肯落下，不正是因为自己桀骜不驯么？

于是苏轼写下了著名的《卜算子》：

缺月挂疏桐，漏断人初静。谁见幽人独往来，缥缈孤鸿影。

惊起却回头，有恨无人省。拣尽寒枝不肯栖，寂寞沙洲冷。

关于这首词，尚有一个追星的旖旎传说。《瓮牖闲评》卷五云：

苏东坡谪黄州，邻家一女子甚贤，每夕只在窗下听东坡读书，后其家欲议亲，女子云："须得读书如东坡者乃可。"竟无所谐而死。故东坡作《卜算子》以记之。

看来苏轼在黄州已是有了热情的"歌迷"，这邻家女子不仅贤良淑德，而且好文章诗赋，居然每天晚上都痴痴地在子瞻书房窗外偷听他读书。后来家里议论要给她安排婚事，姑娘居然说，必须要读书读得像东坡这样的才行。最终竟然大约看不上父母之命、媒妁之言所安排的对象们，婚事未成，郁郁而终。此事虽然未必在细节上完全属实，但苏轼风雅过人，确实是绝无虚言的。他未入翰林之时，百姓已多美称其为苏学士，即是因他才高八斗、倜傥非凡。或许在黄州，果有一些倾慕他的女子，亦不足为怪。就如苏门四学士等聚集在苏轼身边，他人格的巨大魅力，并不是空穴来风、子虚乌有的。

黄庭坚曾为此词作跋，说"语意高妙，似非吃烟火食人语。非胸中有万卷书，笔下无一点尘俗气，孰能至此？"

然而生活并不是只有诗和远方的田野，有时候往往还有许多苟且琐碎的精打细算，因为生活不会理会文豪与否，也不在意你吟诗作赋北窗里。没有了州郡一把手的优厚俸禄和公使钱，苏轼大约在人生中罕见地开始和妻子一起筹划日常的开销，算算如何才不致令全家人忍饥挨饿。

这样在安顿下来之后，一转眼到了抵达黄州的第二年。一些好友亦从各地寄来书信，与子瞻诗词唱和。如章惇之堂兄弟章楶就曾赋《水龙吟》予苏轼，苏轼于是亦赋一首以和之，即《水龙吟·次韵章质夫杨花词》：

似花还似非花，也无人惜从教坠。抛家傍路，思量却是，无情有思。萦损柔肠，困酣娇眼，欲开还闭。梦随风万里，寻郎去处，又还被莺呼起。

不恨此花飞尽，恨西园，落红难缀。晓来雨过，遗踪何在？一池萍碎。春色三分，二分尘土，一分流水。细看来，不是杨花，点点是离人泪。

章楶的词尚不脱寻常咏物和闺怨的局限，然苏轼此词便大有不同。一句"似花还似非花"便已先声夺人，非同凡语。杨花固然是颇不似花，然此语开篇，更已是暗含由杨花而及世间离别的深意。下阕"春色三分，二分尘土，一分流水"用语之妙，如排重峦叠嶂而见空谷幽兰。杨花无人疼惜，抛家傍路的这种凄凉，最后落实到"点点是离人泪"，则人世离恨，歌咏之意甚明了。

或许是感念此前好友鄂州知州朱寿昌对于自己一家初到黄州时的诸多帮助，苏轼又写了一首《满江红》送给朱寿昌。

江汉西来，高楼下、蒲萄深碧。犹自带、岷峨云浪，锦江春色。君是南山遗爱守，我为剑外思归客。对此间、风物岂无情，殷勤说。

江表传，君休读。狂处士，真堪惜。空洲对鹦鹉，苇花萧瑟。不独笑书生争底事，曹公黄祖俱飘忽。愿使君、还赋谪仙诗，追黄鹤。

长江滚滚，汉水滔滔，自西奔流而来。黄鹤楼下，浩浩江水有若葡萄一般碧绿澄澈。想来江水的源头，定是有着岷山、峨眉的云气与融化的积雪，眼前的美景，正是杜甫所说的锦江春色吧！君乃爱民如子、美誉传四海的陕州通判；而我则是家乡远在剑门以南的思乡浪子。此间风情万种，我正要向你诉说。

江表传，君其勿读矣！狂傲的祢衡实在值得同情和叹息啊！想来他空对鹦鹉之洲，苇花萧瑟，身死神灭，悲哉！不只是书生意气可堪一笑，当年雄才伟略的曹操和镇守江夏的黄祖不也都烟消云散了么？愿使君您以此为戒，诗书相伴，可如李白一般写诗媲美崔颢。

在这首《满江红》里，苏轼由祢衡的狂傲不羁而被杀想到了自己的遭遇，他颇为动情地规劝友人朱寿昌，要他勿学祢衡，仕途中不妨诗歌文章品评风月，切不可招惹大祸。经历了乌台诗案的苏轼，此刻颇有些对仕宦生涯看淡了的意思。

另一方面，随着带来的积蓄行将用尽，苏轼开始了垦种荒地的无奈之举。然而虽然事出无奈，亲自种田的经历令苏轼想到了躬耕山野之间的陶渊明，他忽而豁然开朗起来，以仙风道骨、逍遥自在的陶潜自居，并且把自己开垦的荒地命名为"东坡"，又自号"东坡居士"。于是他不再仅仅是苏轼、苏子瞻，也不仅仅是过去人所褒美的"苏学士"——一个震烁历史长河的名字，苏东坡，诞生了。

苏轼此时甚至还养了一头耕牛，一日牛忽病难治，倒生出一桩趣事。据《坦斋笔衡》和《尧山堂外纪》卷五十一：

东坡在黄，即坡之下，种稻为田五十亩。自牧一牛，一日，牛忽病几死，呼牛医疗之，云不识证状。王夫人多智多经涉，语坡曰："此牛发豆斑，疗法当以青蒿作粥啖之。"如言而效。尝举以告章子厚，谓"君毋云我自谪居后便作老农，更无乐事，岂知老妻犹能接黑牡丹也"。子厚曰："我更欲留君与语，恐人又谓从牛医儿来，姑且去。"遂大笑而别。

原来当时苏轼家里的牛生病后，家人急忙找来牛医问诊，结果这兽医似乎是岐黄之术不精，居然说看不出奄奄一息的耕牛究竟得的是什么病症。幸好王闰之博学多知，对东坡说："这牛发豆斑，疗法应该是要用青蒿熬成粥给它吃下去。"东坡吩咐家中仆役按王夫人说的去做，果然令病牛痊愈如初。以今人看来，大约苏轼是个炫妻狂魔，后来他不忘把这事告诉好友章惇，说你不要认为我自从谪居黄州后就当了老农，再无乐事，哪里知道我的老妻还可以救活几乎病死的耕牛呢！章惇回复苏轼说："我还想留你多说两句，恐怕别人又要说我从牛医儿那里回来，还是回去吧！"两人便同声大笑而别。所谓"牛医儿"者，盖用《后汉书》卷五十三黄宪列传之典。其云：是时，同郡戴良才高倨傲，而见宪未尝不正容，及归，罔然若有失也。其母问曰："汝复从牛医儿来邪？"对曰："良不见叔度，不自以为不及；既睹其人，则瞻之在前，忽焉在后，固难得而测矣。"这是说，黄宪出身贫贱，父亲为牛医，然而当时声望闻名遐迩，同郡的戴良才高倨傲，见到他后却自惭形秽，惘然若失，以至于戴良的母亲便总是拿"你又从牛医儿那回来的吧！"来取笑他。故此即是章惇想到苏轼才高，好友之间的一种揶揄。

这一时期他写了很多有关陶潜或者进一步以此自比的诗词，如《江神子》：

黄昏犹是雨纤纤（xiān）。晓开帘。欲平檐。江阔天低，无处认青帘。孤坐冻吟谁伴我，揩（kāi）病目，捻（niē古仄声）衰髯（rán）。

使君留客醉厌厌（饮酒时欢乐、沉醉的样子。语出诗经小雅湛露：**厌厌夜饮，不醉无归**）。水晶盐。为谁甜。手把梅花，东望忆陶潜。雪似故人人似雪，虽可爱，有人嫌。

这首词也是苏轼写给朱寿昌的。他说，昨日黄昏时分仍是细雨绵绵，不意今日清晨推开窗帘发现大雪积满了屋檐。天寒地冻，眼前江岸辽阔，大雪漫天，连酒肆的旗子都看不见了。此刻独坐的东坡不禁感慨自己空虚寂寞冷啊，睡眼蒙胧间抹抹眼睛，捋捋胡须。想来收到我信的时候使君或许正在大宴宾客，美味佳肴，譬如玉华水晶之盐，不知为谁而甜美？我东坡此刻不能入席赴宴，使君念及此，或者也正拿着一株梅花，向东望着黄州，想到我这位今世的陶渊明吧！大雪犹如故人，你我品行也如白雪一样高洁，虽然可爱，但是一样有人嫌弃啊！

又如另一首《江神子》：

梦中了了醉中醒。只渊明。是前生。走遍人间，依旧却躬耕。昨夜东坡春雨足，乌鹊喜，报新晴。

雪堂西畔暗泉鸣。北山倾。小溪横。南望亭丘，孤秀耸曾（zēng）城（高大的城阙）。都是斜川当日境，吾老矣，寄余龄。

这首词里苏东坡想到过去陶渊明斜川之游，乃以此自比。他想到，人生在世如佛家所说，如梦幻泡影，能够在世人皆醉的红尘里了悟宇宙、人生的大道，算来也只有风流潇洒的陶渊明吧！我们如此性格相仿，或许他就是我的前世？我宦海浮沉，最后仍然回到田园山水中亲自耕种。一夜春雨降东坡，乌鹊报喜，今日放晴，一派气象一新。我所筑之雪堂西侧有泉水声鸣，遥看北山相倾，小溪纵横，南望着亭台丘壑，这四望亭孤峰秀丽，犹如渊明所临之城阙。眼前风情就像是当年的斜川胜景，我苏东坡老则老矣，大可在此度过余生！

实际上陶渊明与苏轼还是颇有不同的。陶渊明成为后来李白、苏轼这样最顶尖的大文豪所崇拜的偶像，并不仅仅因为他的诗赋文章，更是因为他傲岸自由的文人独立之精神，这种精神后来的追星族们都想学又学不好，红尘名利总是抛舍不下。《晋书·列传六十四隐逸》记载："郡遣督邮至县，吏白应束带见之，潜叹曰：'吾不能为五斗米折腰，拳拳事乡里小人邪！'"这是说当时陶渊明担任彭泽县令，郡里派遣督邮到县里考察工作，这属于上级领导视察，按道理总得好茶好酒外带厚礼送上吧？陶渊明可不这么干，非但不来这一套，当县里小吏告诉他应该穿戴好官服，正装见督邮的时候，陶渊明说："我难道要为屈屈五斗米的俸禄弯腰曲背，阿谀侍奉乡里小人嘛！"然后他干脆挂印不干了，辞官回家种田，爱谁谁，不伺候了。这种潇洒倜傥，令后来无数人崇拜不已。正是因为许多人只能徒学渊明之形，故而愈加对其褒奖追慕。

这一时期东坡的诗词确乎具有一些陶渊明的风格。试看这首《定风波》：

莫听穿林打叶声，何妨吟啸且徐行。竹杖芒鞋轻胜马，谁怕？一蓑烟雨任平生。

料峭春风吹酒醒，微冷，山头斜照却相迎。回首向来萧瑟处，归去，也无风雨也无晴。

这首词的潇洒从容与禅意旨趣都颇得陶潜诗歌之雅意。且此首词之高妙更在于几乎句句是仙风道骨的韵味，字字珠玑里到处是含不尽之意于言外的禅意。人生的坎坷萧瑟，党争的风雨雷声，都在周遭又全无紧要。天地之间，惟我浩瀚光明。荣辱得失，不过是世间有漏的福报因果，大丈夫当要立一切法、泯一切法、统一切法，非有非无，最后连这个非的名相亦不可得。这些禅意的领悟，当和苏轼与僧人们的来往以及自身的际遇分不开的。

或许正是以陶潜自比的契机，东坡的思想与文采都在黄州开始有了质的飞跃，逐渐创作出更多足以流芳千年的不朽诗篇，他将成就自己文名压百代的赫赫文章之伟业。

元丰五年，东坡游黄州赤壁，写下了千古名篇《念奴娇·赤壁怀古》，大大开拓了词的意境。

大江东去，浪淘尽，千古风流人物。故垒西边，人道是，三国周郎赤壁。乱石穿空，惊涛拍岸，卷起千堆雪。江山如画，一时多少豪杰！

遥想公瑾当年，小乔初嫁了，雄姿英发。羽扇纶巾，谈笑间，樯橹灰飞烟灭。故国神游，多情应笑我，早生华发。人生如梦，一樽还酹江月。

字词的豪迈简洁，根本无需赘言诠释，千古历史的永恒话题与英雄豪杰的命运起伏，在东坡的词里汇成一曲绝妙的交响乐。

这一年七月，东坡携几位友人再游赤壁。是夜清风朗月，舟中诸人兴致甚佳，诗酒唱和，于是千古雄文又诞生了。

这便是《前赤壁赋》：

壬戌之秋，七月既望（**农历每月十六日**），苏子与客泛舟游于赤壁之下。清风徐来，水波不兴。举酒属（zhǔ）客，诵明月之诗，歌窈窕之章。少焉，月出于东山之上，徘徊于斗牛之间。白露横江，水光接天。纵一苇之所如，凌万顷之茫然。浩浩乎如冯（píng）虚御风，而不知其所止；飘飘乎如遗世独立，羽化而登仙。

于是饮酒乐甚，扣舷而歌之。歌曰："桂棹（zhào）（**划船之工具**。

前推者曰桨，后推为棹）兮兰桨，击空明兮溯（sù）流光。渺渺兮予怀，望美人兮天一方。"客有吹洞箫者，倚歌而和之。其声呜呜然，如怨如慕，如泣如诉；余音袅袅，不绝如缕。舞幽壑之潜蛟，泣孤舟之嫠（lí）妇。

苏子愀（qiǎo）然，正襟危坐，而问客曰："何为其然也？"客曰："'月明星稀，乌鹊南飞。'此非曹孟德之诗乎？西望夏口，东望武昌，山川相缪（liǎo），郁乎苍苍，此非孟德之困于周郎者乎？方其破荆州，下江陵，顺流而东也，舳舻（zhú lú）千里，旌旗蔽空，酾（shī）酒临江，横槊（shuò）赋诗，固一世之雄也，而今安在哉？况吾与子渔樵于江渚之上，侣鱼虾而友麋鹿，驾一叶之扁舟，举匏（páo）樽以相属。寄蜉蝣于天地，渺沧海之一粟。哀吾生之须臾，羡长江之无穷。挟飞仙以遨游，抱明月而长终。知不可乎骤得，托遗响于悲风。"

苏子曰："客亦知夫水与月乎？逝者如斯，而未尝往也；盈虚者如彼，而卒莫消长也。盖将自其变者而观之，则天地曾不能以一瞬；自其不变者而观之，则物与我皆无尽也，而又何羡乎！且夫天地之间，物各有主，苟非吾之所有，虽一毫而莫取。惟江上之清风，与山间之明月，耳得之而为声，目遇之而成色，取之无禁，用之不竭。是造物者之无尽藏也，而吾与子之所共适（共适 一作：共食）。"

客喜而笑，洗盏更酌。肴核既尽，杯盘狼藉。相与枕藉乎舟中，不知东方之既白。

这篇《前赤壁赋》完全可以说是光耀千古的文章，其语言韵律之美，难以言表。勉强说以大意，也只能显露其万分不及一。

苏轼说：

元丰五年秋，七月十六日。我苏轼与友人一起泛舟游览于赤壁。清凉之风缓缓吹来，江面静谧而无波。我举起酒杯向友人们劝酒，又吟诵着《诗经》陈风里的"月出"之诗 [月出皎兮，佼（jiāo，同

"姣"，美好）人僚兮。舒窈纠兮，劳心悄兮。月出皓兮，佼人懰（liǔ）
兮。舒忧受兮，劳心慅兮。月出照兮，佼人燎兮。舒夭绍兮，劳心惨
兮。一说为讽刺陈国统治者好色；朱熹以为是男女相悦之辞；学者高
亨以为是陈国统治者杀害一位俊伟之士的诗歌。以懰为刘，杀戮也）
唱起"舒窈纠兮，劳心悄兮"的章节。不久，明月出于东山之上，徘
徊在斗牛星宿之间。白茫茫的水汽横于江面，闪动着月华的波光遥接
天际。且由这一苇轻舟随波漂流，越过茫无边际的万顷烟波吧。浩浩
荡荡的江面上我们仿佛是御风而行，却不知道飞到何处才停歇；衣袖
飘舞，又如远离了俗世，逍遥自在地成了飞升的仙人。

在这时，大家酒喝得很高兴，纷纷趁着酒兴敲击船舷，打着节拍
唱道："桂棹兮兰桨，击空明兮溯流光。渺渺兮予怀，望美人兮天一
方。"有一位吹着洞箫的友人，依着我们的歌声伴奏起来。那声音呜呜
咽咽，似是哀怨又如眷恋；仿佛哭泣又像倾诉；余音悠长细柔，像是
一缕长丝缭绕不绝，简直能令潜伏在幽潭深泉中的蛟龙也舞动起来；
又能使水村孤舟中久已无感情的寡妇动情哭泣起来！

我苏轼也为此忧伤起来，正襟危坐问他："为什么这洞箫的乐声这
样悲凉呢？"友人回答："'月明星稀，乌鹊南飞'，这不是曹孟德的诗
么？向西望到夏口，东望到武昌，这里山河缭绕，草木繁盛，郁郁苍
苍，这不就是当年孟德被周郎围困的所在么？当年曹公不战而下荆州，
又攻取江陵，顺着滚滚长江率军东下，战船首尾相连，长达千里，旌
旗遮天蔽日，不可胜数。他对着浩浩江水举杯豪饮，挥舞着长矛吟诗
作赋，真是不可一世、气吞山河的英雄啊！然而他如今又在哪里呢？
何况我和你此刻如同渔夫樵夫一般在江湖沙洲之间，以鱼虾为伴，以
麋鹿为友，驾着一叶扁舟，举着葫芦酒杯互相劝酒，我们啊就像是寄
寓在天地之间的蝼蚁蜉蝣，在苍茫大海中不过是渺小不足道的一粒谷
子罢了！生命的短暂真是值得哀叹，羡慕长江绵延万里的无穷无尽
啊！愿能拉着飞翔的仙人一起遨游在宇宙洪荒之中，更愿抱着明月随

她一起万古长存啊！然而我知道这些终究是不可能得到与实现的幻梦，只能把遗憾的乐声诉诸秋风之中。"

苏轼说："你也知晓江水与月亮的奥妙吗？江水日夜不停地奔流，但也可以认为它从不曾离开任何一个地方；月亮如同我们看到的那样阴晴圆缺，但它终究实际上并无增减。那么就可以认为，对于万事万物来说，从他们变化着的角度来观察思考，整个天地就没有一瞬间不是在运动变化着的；从他们不变的角度去观察思考，万事万物包括你我都是永恒存在的。又为什么要羡慕其他事物呢？况且天地之间，万物都有其各自的主人。如果不是你我所拥有的东西，即使是一丝一毫也没办法得到。只有这江上的清风和山间的朗月，耳朵听到就成为美妙的声乐，眼睛看见就变成靓丽的景色，取用不尽，这就是造物主珍藏的无尽宝藏啊，也是你我可以共享的珍宝。"

友人高兴地笑了，我们又洗净杯盘，重斟美酒，一直喝到菜肴瓜果都吃光，杯盘凌乱不堪，大家才互相枕靠着睡在船上，不知东方之既白。

《前赤壁赋》之所以冠绝千古，不仅仅是体现在文学性上，苏轼在其中表现出了从庄子思想中得到的体悟。在经历了生死之关的磨砺后，苏轼大约开始确乎能够进入到庄子的世界里一窥堂奥了。庄子对于"大一"的认识是十分深刻的，苏轼能从天人合一、宇宙大全的角度去超越个体的局限，去认识"存在"这一哲学问题，并通过诗赋的形式表述出来，实在是能人所不能。

三个月后，苏轼再游赤壁，这次他写了《后赤壁赋》。其中亦是名句迭出，令人震撼。

日常生活里，苏轼颇耐不住寂寞，几乎是在家里一天都闲不住。叶梦得《石林避暑录话》卷一载：

子瞻在黄州及岭表，每旦起，不招客相与语，则必出而访客，所与游者亦不尽择，各随其人高下，诙谐放荡，不复为畛畦（zhěn qí）

（田间小路，喻界限也），有不能谈者则强之使说鬼，或辞无有，则曰："姑妄言之。"于是闻者无不绝倒，皆尽欢而后去。设一日无客者，则歉然若有疾。

从材料中可知，苏轼每天几乎是一起床就要呼朋引伴，要么是把朋友带回家里胡侃；要么就是出去寻访二三友人。苏轼在黄州交友不问学问高下，他遇着能和自己聊天的便都能天南海北地说开了去，毫无曾经牧守一方的官员架子。碰到不善言辞的，苏轼就非要人家说，甚至说聊鬼怪奇谈都没关系，别人推说这怕是世间没有底事罢，苏轼却道，你姑且随便乱说也行啊！苏轼便总是能如此轻易地逗乐周围的朋友。假如一天没有与人往来，苏轼就好像生了病似的不痛快。这无疑说明苏轼内心恰是极度孤单的，故而他如此需要人陪伴，来纾解自己的落寞。

元丰六年（1083），东坡在雪堂喝得酩酊大醉，黉夜至于家门外，家中童仆早已酣睡，无论东坡怎么敲门都毫无反应。于是东坡干脆倚靠着手杖，静静地听着江水夜奔的声音，吟唱了一首《临江仙》：

夜饮东坡醒复醉，归来仿佛三更。家童鼻息已雷鸣。敲门都不应，依杖听江声。

长恨此身非我有，何时忘却营营。夜阑风静縠（hú）纹平。小舟从此逝，江海寄余生。

上阕极富画面感。东坡非常有风度地没有一直敲下去，而是选择让家童且睡个够，他自己则就着日夜奔流的江河声思考起人生的起起落落。老子在《道德经》里曾说"吾所以有大患者，为吾有身。及吾无身，吾有何患？"佛家亦说色身非我，不过是一终究要成住坏空的暂时寄居之所。东坡想到自己为了这副皮囊，年轻时在东京诗酒高会，嘴不肯饶人；如今上了年纪，贬官编管在黄州，还要为了它躬耕田亩之中，人世间的红尘琐事什么时候才能全部放下呢？夜已深，江面上风平浪静，东坡此时忽生出泛舟江海，不复入世的归隐心情。然而这

终究只能是个念想。

东坡在黄州的生活也随着结识越来越多朋友而变得更加丰富多彩起来。他的情感也随着思想的超越而变得具有某种不同寻常的力量和魅力。就如他在写给张怀民的《水调歌头》中那句："一点浩然气，千里快哉风。"尽管实际上是两处用典，然而语出自然，有若一位虽千万人吾往矣的剑客侠士，又如自诩智珠在握的圣贤，仿佛如陶渊明一般，已经看破人生的迷雾。

另一方面，神宗皇帝也开始想重新起用苏轼。尽管数次遭到王珪、蔡确等人多般阻挠，加上元丰四年（1081）五路伐夏惨败等原因，神宗皇帝依然没有忘记远在黄州谪居的苏轼。据《复雅歌词》云：

是词乃东坡居士以丙辰中秋欢饮达旦大醉，作《水调歌头》兼怀子由，时丙辰熙宁九年也。元丰七年，都下传唱此词。神宗问内侍外面新行小词，内侍录此进呈。读至"又恐琼楼玉宇，高处不胜寒"，上曰："苏轼终是爱君。"乃命量移汝州。

神宗读到苏轼词意中认为天宫虽美，不及地上人间，以为是忠爱君父，这自然颇有一些帝王自大的心理在里面，但确实苏轼的这首《水调歌头》不仅仅是思念子由，亦是在含蓄表达自己仍有兼济天下的抱负和理想，这毕竟是儒士挥不去的梦。

元丰七年（1084），神宗皇帝下达了诏令，改除苏轼汝州团练副史，本州安置、不得签书公事。表面上看仍然是贬官罪臣的处置，因为不得签书公事这一条并未去除，但实际上汝州离京城已经较近，这是神宗皇帝投石问路的一步棋。由于过去几年起用苏轼的建议被反对、敷衍了多次，这一回仅仅是更换谪居编管的州郡，便是任何人都没法说三道四了。

于是苏轼在接到诏令后开始准备离开黄州。他还不知道的是，他的仕宦生涯将进入一个新的时期了。

苏轼自黄州移汝州其间，与佛印禅师交往甚密。纵观苏轼一生与僧道的交游，参寥与佛印俱是他来往较多的高僧。苏轼好戏谑，佛印亦颇诙谐，正是相得益彰，两人交游，多有趣事流传。

据《画品》卷一：

东坡问佛印曰："《镬（huò）汤狱》图，如何不画和尚？"佛印曰："人间怕阎罗，阎罗怕和尚。"坡曰："怕你什么？"对曰："若是阎罗有犯，亦要和尚忏除。"坡大笑曰："好说，好说。"

这则材料里，苏轼本是拿佛印的僧人身份开玩笑，问他镬汤地狱的图画里，画了那么多各行各业的人，怎么偏偏没有和尚呢？佛印告诉苏轼，在佛法的世界观里，哪怕是阎罗这样的民间信仰之阴神鬼帝，还受因果，自然是敬畏佛法僧三宝，要靠大德高僧指点，忏悔以消减恶业呢？言下之意，阎罗尚如此，又何况是肉体凡胎的学士你呢？说得苏轼不无忐忑地回答，好说好说嘛！咱俩啥关系，是不是？

《五灯会元》卷三百丈怀海禅师条目下就记载过一则故事，说是一老人常随众听百丈怀海禅师上堂讲法。一日众退之后乞请禅师救他脱离五百世野狐身，原来他曾于山中面对学人提问"大修行人还落因果也无？"答了句"不落因果"，断人慧根，导致堕为野狐的果报。百丈怀海禅师看着眼前化为人形的老人，全无惊诧惧怕，只给他改了一字，即"不昧因果"，意思是对因果清清楚楚，不再浑浑噩噩，当下便救他大悟，脱得野狐之身，重入轮回。这正是佛印相机在点拨苏轼，属于一段机锋了。

又据明代谢肇淛（zhè）所撰《五杂俎》卷十六：

苏子瞻戏佛印曰："向尝读古人诗云：'时闻啄木鸟，疑是打门僧。'又云：'鸟宿池边树，僧敲月下门。'未尝不叹息古人必以鸟对僧，自有深意。"佛印曰："所以老僧今日常得对学士。"坡无以应。

苏轼亦是有趣非常，好做口舌之争，说古人写诗常常拿鸟、僧对举，这里面冥冥之中，自有深意啊。似乎是在说佛印和尚你们这些僧人整天诵经礼佛，要么禅机公案，呶呶不休，可不就是像整天啼鸣的

鸟雀么？哪知道佛印不可等闲视之，立刻回应："这就是老僧我现在常常能够面对你苏学士的原因啊。"言下之意，倒是苏轼成了只叽叽喳喳的小鸟了。连才高八斗的苏轼也被呛得哑口无言，被绕进自己的玩笑里了。

苏轼与佛印的交游大约始自黄州时期，此后二人仍有许多交集和诗书往来。我们于中不难见苏轼的性格之一端，对朋友来说，他辩才无碍，口若悬河，可以说和他喝茶聊天，游山玩水真是妙趣横生；但对于他颇看不惯的人，则各种戏谑讥讽，就恐怕会令他麻烦不断，是非缠身了。这自然又是后话了。

汴梁烟云

元丰七年（1084），苏轼离开黄州。一路上两入庐山，又与弟弟苏辙终得相见重聚，盘桓数日。送别了赴德兴任县尉的长子苏迈，东坡一行抵达了金陵。

而此时，赋闲在家的王安石已经在金陵居住多年。

南宋时人朱弁（biàn）《曲洧（wěi）旧闻》卷五中记载着"东坡过金陵晤荆公"这样一则故事。

东坡自黄徙汝，过金陵，荆公野服乘驴，谒于舟次，东坡不冠而迎，揖曰："轼今日敢以野服见大丞相。"荆公笑曰："礼岂为我辈设哉！"东坡曰："轼亦自知相公门下用轼不着。"荆公无语。乃相招游蒋山。在方丈饮茶次，公指案上大砚曰："可集古人诗联句赋此砚。"东坡应声曰："轼请先道一句。"因大唱曰："巧匠斫（zhuó）山骨。"荆公沉思良久，无以续之，乃起曰："且趁此好天气穷览蒋山之胜，此非所急也。"田昼承是日与一二客从后观之，承君曰："荆公寻常好以此困人，而门下士往往多辞以不能，不料东坡不可以此慑伏也。"

这是说苏轼从黄州往汝州途中，经过金陵，荆国公王安石穿着便服，乘着毛驴，在船边与苏轼相见。东坡甚至连冠帽也没戴就出仓相迎，作揖施礼说："苏轼今日冒昧无礼地以村野之服参见大丞相。"王安石笑道："礼仪难道是为我们这样超凡脱俗的人所设的嘛！"东坡兴致颇高，揶揄说："苏轼也自己知晓，相公门下用不着我啊。"介甫相公被这句话勾起熙宁时种种纷争，倒是一时语塞，便又邀苏轼一起游览蒋山。二人在山上寺庙方丈处喝茶，王安石指着桌案上的砚台说："我们可以用古人的诗词对联组合起来为这方砚台作一句诗赋。"东坡不假思索，脱口而出："苏轼请先说一句：巧匠斲山骨。"介甫相公沉思良久，居然没能对上来，于是起身道："我们且趁着这大好天气去尽情游览蒋山的风景名胜之所，这对对子的事情不急不急。"田昼承当日和另外一二位客人也跟随着在旁目睹了这一切。后来田昼承说："荆国公平日喜欢用这种对对子的游戏'刁难'人，他门下弟子往往以对不上来推辞，不料东坡这样的天才就没办法用这种方法折服啊！"

于中全然可见苏轼才情之高，也可见王安石与苏轼虽然政见不合，但是私交上早已并无龃龉，完全是君子之交。

离开金陵之后，因为在常州有田产，苏轼内心又产生了在常州居住的念头。于是苏轼向神宗皇帝上了《乞常州居住表》。他没有想到，这就是他最后一次与皇帝赵顼有所交流了。

元丰八年初，神宗皇帝恩准了苏轼留住常州的请求。想来苏轼内心一定感慨皇帝陛下恩遇甚厚，而就在这一年三月，尚未不惑的赵顼就以三十八岁之龄驾崩于福宁殿了。内心悲怆不已的苏轼写了三首挽词悼念先帝。其中一首如下：

接统真千岁，膺（yīng）期止一章。
周南稍留滞，宣室遂凄凉。
病马空嘶枥（lì），枯葵已泫（xuàn）霜。
余生卧江海，归梦泣嵩邙（sōng máng）。

这是说，先帝以太子千岁的国家储君之身份继承大统，可谓名正言顺，天下景从。只是多么可惜，以天子之位治理万邦的时间只有一章（十九年）之短暂。而我苏轼滞留黄州、常州，多年来毫无尺寸之功以报陛下与社稷（《史记·太史公自序》："是岁天子始建汉家之封，而太史公留滞周南不得与从事。"后因以"周南"为滞留某地而毫无建树之典），而今陛下已经大行，先帝之宫殿也一片凄凉悲怆。我苏轼就犹如老病之犬马，徒劳无用地在马槽边嘶鸣；又如枯萎的葵花流泪如霜。我远在江海化外，与先帝已经生死离别，不能相见，只能在梦中到嵩邙山间再参拜陛下英灵，泪如雨下啊！（嵩山、邙山俱在河南，当指神宗皇帝陵寝所在）

在哀痛中东坡抵达了常州。他还不知道，远在京师汴梁，朝廷里已经发生了重大的变局。由于神宗皇帝驾崩，即位的哲宗皇帝赵煦年不满十岁，因此神宗皇帝的母亲太后高滔滔临朝听政，成为实际上的最高统治者，在哲宗即位后成为了掌握政权的太皇太后。

高太皇太后对王安石和儿子神宗皇帝所主持的熙宁变法始终持激烈的反对态度，甚至曾在熙宁七年时直截了当地对皇帝说："王安石变乱天下，怨之者甚众。不若暂出之于外。"至于高太皇太后反对变法的原因，恐怕很大程度上是因为变法伤害到了勋贵的利益。

《续资治通鉴长编》卷三百五十三记载：初，司马光四任提举崇福宫既满，不取赴阙，再乞西京留司，御史台或国子监，未报。会神宗崩，光欲入临，又避嫌不敢。已而闻观文殿学士孙固、资政殿学士韩维皆集阙下，时程颢在洛，亦劝光行，乃从之。卫士见光，皆以手加额，曰："此司马相公也。"民争拥光马，呼曰："公无归洛，留相天子，活百姓！"所在数千人聚观之。光惧，会放辞谢，遂径归洛。

当时司马光的人望可见一斑。不仅如此，司马光还充当了高太皇太后废除新法的擘（bò）画者。他在奏章中说：

夫为政在顺民心，苟民之所欲者与之，所恶者去之，如决水于高

原之上，以注川谷，无不行者。苟或不然，如逆阪走丸，虽竭力以进
之，其复走而下可必也。今新法之弊，天下之人，无贵贱愚智皆知之，
是以陛下微有所改，而远近皆相贺也。然尚有病民伤国，有害无益者，
如保甲、免役钱、将官三事，皆当今之急务，厘革所宜先者。臣今别
具状奏闻，伏愿决自圣志，早赐施行。议者必曰："孔子称：'孟庄子
之孝，其他可能也，其不改父之臣与父之政，是难能也。'又曰：'三
年无改于父之道，可谓孝矣。'"彼谓无害于民、无损于国者，不必以
己意遽改之耳。必若病民伤国，岂可坐视而不改哉？……况先帝之志
本欲求治，而群下干进者，竞以私意纷更祖宗旧法，致天下籍籍如此，
皆群臣之罪，非先帝之过也。……为今之计，莫若择新法之便民益国
者存之，病民伤国者悉去之。使天下晓然知朝廷子爱黎庶之志，吏之
苛刻者必变而为忠厚，民之离怨者必变而为亲誉，德业光荣，福祚无
穷，岂不盛哉？……朝廷当此之际，解兆民倒垂之急，救国家累卵之
危，岂暇必俟三年然后改之哉！况今军国之事，太皇太后陛下权同行
处分，是乃母改子之政，非子改父之道也，何惮而不为哉？惟圣明
裁察！

　　意思是说，朝廷施政治理天下的重点是顺从民心。如果百姓想要
的政策能够施行，所厌恶的政策能够废除，就好像在高原之上决堤放
水而注入河流山谷之中，没有不能轻易成功的。如果不这样做，就好
比逆着斜坡滚球，即使竭尽全力来推进这颗球，球从斜坡的高处再次
滚落而下也是必然的啊！现在新法的弊端，天下无论贵贱愚智的人都
知道，因此过去先帝稍微有所改动新法，远近百姓都互相弹冠相庆。
但仍然有很多令百姓困窘不堪、令国家烦扰滋事的新法，如保甲法、
免役法、将官法三者，这都是当今紧要的事物，是应该优先改革的政
策。臣现在另外详细奏闻报告，伏愿（太皇太后）陛下圣裁，早日恩
赐施行。恐怕届时非议的人会说，孔子曾经讲过，鲁国孟庄子的孝顺，
其他地方别人也许能够做到吧，而他不改换父亲的家臣和父亲的施政

方针，这是难能可贵的啊！他们还多半会说，三年不改父亲的行事准则，可以称得上孝顺。那些对民众没有坏处的、又无损于国家的先帝所遗留之政策，作为帝王，确实不必以自己的心意骤然更改。如果这些政策是病民伤国的，难道能够坐视不管，不去更改吗？……何况先帝的伟大志向本是要求得天下大治，而群臣中那些希求越次升官的人，竞相以自己想当然的想法纷乱错误地变更祖宗成法，致使天下喧闹混乱成了现在这个样子，这都是变法派群臣的罪过，不是先帝的过错。……为今之计，只有选择新法中对民众有便利、对国家有好处的政策姑且保留下来，对于新法中病民伤国的政策应该全部废除。使天下清楚明白地知道朝廷把黎民百姓当成子女一样爱护的施政目的；使苛刻的那些官吏变得忠厚；使那些因怨恨朝廷新法而产生背离之心的民众变得对朝廷有亲近和称誉之心，从而使得朝廷的施政功德光荣无限，皇宋子民享福无穷，难道不是盛世之景嘛！何况现在军国大事，是太皇太后陛下临朝称制，这属于母亲更改儿子的政策，并不是儿子更改父亲的施政理念，为什么要忌惮还不去做呢？伏愿陛下圣明裁断！

司马光巧妙地以"母改子政"之说为高太皇太后解决了在废除新法时很可能会出现的所谓"子改父道"而为不孝的舆论难题，为太皇太后的施政方针建立了理论基础。于是"元祐更化"在这样一种政治氛围中开始了。

元丰八年五月，诏责授汝州团练副使本州安置苏轼，复朝奉郎（元丰改制后之本官官阶，正七品）、知登州（在今山东境内）。也就是说，苏轼在常州正过着惬意的田园山水生活，可是他的政治生涯已经迎来了否极泰来的转机，他被重新起复了！

苏轼船行经过泗水，尚有一桩趣闻。《挥麈后录》卷七载：

东坡先生自黄州移汝州，中道起守文登。舟次泗上，偶作词云："何人无事，燕坐空山。望长桥上灯火闹，使君还。"太守刘士彦，本出法家，山东木强人也，闻之，亟谒东坡云："知有新词，学士名满天下，京师便传。在法，泗州夜过长桥者，徒二年，况知州邪！切告收起，勿以示人。"东坡笑曰："轼一生罪过，开口常是，不在徒二年以下。"

这是说，东坡从黄州往汝州后，朝廷又起复他知登州。船停于泗上，苏轼兴之所至，赋词《行香子·与泗守过南山晚归作》一首，其中云："何人无事，燕坐空山。望长桥上灯火闹，使君还。"泗州太守刘士彦大约是幼学法家，个性又质直而刚，听闻后吓了一跳，心想这苏轼也太会惹麻烦了，立刻找上门拜谒苏轼，对他说："知道学士又作了新词，只是您名满天下，刚有什么大作，京师都下便是传唱不已。按皇宋律法，泗州夜过长桥的，要判两年徒刑，何况你知州身份，知法犯法呢！我是以急忙恳切地告诉您，还是把词收收好，不要拿出来给人看罢。"哪料到东坡一点不怕，反笑道："苏轼我一生罪过，开口惹祸的，恐怕都不在徒两年以下。"这则材料又见出我们的大诗人苏轼豪放不羁的个性了，有时候全不似个官僚，倒像是散修的逍遥仙人，繁文缛节、条令律法都不挂于心，这或许正成就了他的文章独步大宋，成就了他的诗赋光耀古今，但也或正是他命运多舛的一个因素吧。

另一方面，资政殿学士、通议大夫（元丰改制后之本官官阶，正四品）司马光已经应召入京，太皇太后任命其为门下侍郎（元丰改制后的副宰相名称）。这标志着司马光入参大政，开始执掌中枢大权。于是司马光开始有计划地大面积重新启用熙宁变法时被贬谪的众多反对变法的旧党大臣。

苏轼在常州接到重新起用自己的诏令，大约事在此年六月。根据以往朝廷大用一个人的惯例，升官往往都是眨眼间的事情。果不其然，同年九月，苏轼刚刚到登州没多久，新的诏令又来了，以礼部郎中（即后行郎中，以吏兵前行，户刑中行，礼工后行耳。从六品）召还汴京。

离开登州前，苏轼听闻登州海市（即海市蜃楼）神奇非常，希冀观而赏之。然而当地人告诉太守，这海市往往只现于春夏间，而初冬之时恐难得见。没想到天意爱才，次日清晨，神奇的海市蜃楼出现了。于是苏轼留下了一首著名的《登州海市》：

东方云海空复空，群仙出没空明中。

荡摇浮世生万象，岂有贝阙藏珠宫。

心知所见皆幻影，敢以耳目烦神工。

岁寒水冷天地碧，为我起蛰鞭鱼龙。

重楼翠阜出霜晓，异事惊倒百岁翁。

人间所得容力取，世外无物谁为雄。

率然有请不我拒，信我人厄非天穷。

潮阳太守南迁归，喜见石廪堆祝融。

自言正直动山鬼，岂知造物哀龙钟。

伸眉一笑岂易得，神之报汝亦已丰。

斜阳万里孤鸟没，但见碧海磨青铜。

新诗绮语亦安用，相与变灭随东风。

东坡也被眼前的景象所震撼，诗情文思顿时有如泉涌。但是他并不像当时的古人一般认为海市蜃楼的现象真是仙人的世界偶尔在人世间投影显现。已经接触佛学思想的他认为这一样是有漏世间的一种幻相而已。但是他仍然很想在离开前观赏到这一奇观，因此他曾在海神广德王之庙里祈祷能够如愿。他写到，在这个岁寒水冷，天地澄碧的时节里，也不知海中龙王能不能为我鞭醒海中鱼虾蛟龙，展现一幅海市奇景给我看呢！

次日的拂晓，霜寒刺骨，然而重重叠叠的海市蜃楼居然出现了，连当地的老人都为此讶异。东坡心情大好，感慨人间的东西或许是可以凭借刻意力取而得，但像海市蜃楼这种仿佛世外的东西又有谁能逞雄豪刚愎而一定求得呢？我东坡率然的请求得到了东海龙王的恩许，想到过去的宦海浮沉，也只是自己的命中困厄，而并不是老天在为难我啊！过去韩愈在潮州为官，贬谪生涯结束后在衡山遇上雨水不断的烦扰，他又很想登上石廪、祝融二峰饱览胜景，于是便向山神许愿，一时之间居然云收雨歇，韩退之自称是自己正直之气感动山中鬼神。东坡觉得自己不过是因为老态龙钟（实际上是 50 岁之龄），而被造物主所怜悯，这才满足了自己要看一看海市蜃楼的心愿。人间能够得到这样伸眉一笑的片刻惬意多么难能可贵啊，神灵对我东坡已经谈得上宠爱非常了。这奇妙的海市蜃楼在斜阳孤鸟的黄昏时分终于散去，只见到碧海青天一片辽阔景象。其实想来我这首新诗写了这几许词句又有何用呢？景与诗，乃至世间万象，都会一起随东风吹过一般消散啊。

带着这样一种恬淡的心境，苏轼终于踏上了重回京师的路途。这一年的年末，苏轼抵达汴梁，居无何，又任职起居舍人。起居舍人是负责给皇帝修撰起居注的，所谓起居注就是有关皇帝的日常一言一行都要记录。因此起居舍人是侍从皇帝的清贵机要之职，非常重要。这标志着苏轼一只脚已经踏进了朝廷的高层。

时间很快到了元祐元年，神宗的元丰年号已经成为历史。苏轼被赐穿绯袍，戴银鱼袋（元丰改制后，四品以上官员穿紫色官服；五六品着绯红色官服；七品以下着绿色官袍。鱼袋乃是腰带上高级官员出入宫廷的凭证，是身份的重要象征）。东坡的亲友还没为此高兴多久，苏轼又升官了。

这一年三月，诏令苏轼升任中书舍人（相当于四品）。这一职位通常负责为政事堂起草诏令，已经属于与闻枢机大政的中央领导了。半年后，荣宠再临，苏轼升任翰林学士知制诰（正三品）。翰林学士与中书舍人在宋朝并称"两制"，均为起草朝廷重要诏令的官职，翰林学士地位犹在中书舍人之上，许多宰相皆由翰林学士而青云直上。因此这一职位也历来视作"储相"之职。成为翰林学士，标志苏轼正式成为了宋朝大政决策圈的一分子。穿上紫色官袍，戴上金鱼袋，东坡已是中央大员矣!

　　乌台诗案以来的贬谪生涯已经结束,阴霾萧瑟都已烟消云散,苏轼进入了人生中最辉煌的时期。当此时,已经正式拜相的司马光(尚书左仆射兼门下侍郎)因病逝世,吕公著独自为相,不久之后以尚书左丞吕大防为中书侍郎(元丰改制后之副宰相,若带尚书右仆射而兼任,则为宰相。元丰改制后的中央官职中,以中书侍郎、门下侍郎、尚书左丞、尚书右丞为副相)。而早在这一年的二月,首相蔡确已经被旧党连章弹劾,因而罢为观文殿学士、知陈州;同年闰二月晚些时候正议大夫(本官从三品)、知枢密院事章惇也被贬知汝州。

　　元祐元年(1086)六月,在左司谏王岩叟、左正言朱光庭、右司谏苏辙、右正言王觌以及御史中丞刘挚、殿中侍御史林旦、监察御史韩川先后累章弹劾吕惠卿的情况下,苏轼当笔撰写了贬斥吕惠卿的制词《吕惠卿责授建宁军节度副使本州安置不得签书公事》,于中亦可见东坡快意恩仇的个性和文辞之犀利,今附如下:

　　元凶在位,民不奠居;司寇失刑,士有异论。稍正滔天之罪,永为垂世之规。具官吕惠卿,以斗筲(shāo)之才,挟穿窬(yú)之智。诐事宰辅,同升庙堂。乐祸而贪功,好兵而喜杀。以聚敛为仁义,以法律为诗书。首建青苗,次行助役。均输之政,自同商贾;手实之祸,下及鸡豚。苟可蠹国以害民,率皆攘臂而称首。先皇帝求贤若不及,从善如转圜。始以帝尧之心,姑试伯鲧;终焉孔子之圣,不信宰予。发其宿奸,谪之辅郡;尚疑改过,稍畀(bì)重权。复陈罔上之言,继有砀(dàng)山之贬。反覆教戒,恶心不悛(quān);躁轻矫诬,德音犹在。始与知己,共为欺君。喜则摩足以相欢,怒则反目以相噬。连起大狱,发其私书。党与交攻,几半天下。奸赃狼藉,横被江东。至其复用之年,始倡西戎之隙。妄出新意,变乱旧章。力引狂生之谋,驯致永乐之祸。兴言及此,流涕何追!迨予践祚之初,首发安边之诏。假我号令,成汝诈谋。不图涣汗之文,止为款贼之具。迷国不道，从古罕闻。尚宽两观之诛，薄示三危之窜。国有常典，朕不敢私。可。

大意是说，朝廷里元凶巨憝如果窃居高位，那么老百姓就没办法安居乐业；大司寇刑部尚书不察，则士林间不满之声日夜可闻。应当要稍正以滔天之罪，永为后世之规矩章法。具官吕惠卿者，凭借自己浅薄气短之才，挟穿穴逾墙之智，谄媚阿附宰辅（影射王安石），同登政事堂东府之尊。乐祸贪功，好兵喜杀。他以聚敛之术托名仁义治国，以严刑峻法代替诗书礼乐。首推青苗，后行助役之法。均输乱政，令朝廷几同商贾之求利；手实恶法，使民间几祸及鸡豚之不宁。只要是能祸国殃民的政策，吕惠卿都捋起袖子、伸出手臂奋力向前，不甘人后。先皇神考求贤若渴，只恐不及，因此从善如流，常有顺易转圜之听。以古而论，初有帝尧仁心，姑且试用伯鲧前车之鉴；终虽孔子圣贤，而有不信宰予后事之表。先帝明察吕惠卿过往之奸恶，只谪于畿辅近邦（指安石复相，出吕惠卿知陈州事），尚且疑虑其已改过，又稍给予方面重权（指熙宁十年二月除吕惠卿资政殿学士知延州、鄜延路经略使，即为与西夏接壤的帅臣）。后来二次镇鄜延而帅边，又陈欺君罔上之谬言，继而有砀山之贬（指元丰五年十月于帅臣任上斥知单州）。先帝对他反复教导劝诫，然而吕惠卿放纵奸恶之心，不知悔改；于帅臣任上屡屡假托君命，轻举妄动，不顾陛下仁德之言在其耳畔。吕惠卿此人，初于中央，结党营私，共为欺君罔上之事。有共同利益时与同党（影射王安石、邓绾等人）欢喜无间，好得简直可以抵足而卧，欢如一体；利益起冲突了就愤怒无行，反目成仇，互相攻讦弹劾。他曾屡兴大狱，祸害朝野，排除异己；甚至拿出王安石给他的私人信笺（此指苏辙在弹劾中所称的王安石于信中有"无使齐年知""无使上知"之语。齐年谓参知政事冯京，上即指神宗。按邓广铭先生已引《续长编》中陆佃之记录，知实无此事，乃旧党当时众口一词之编造）。吕惠卿党同伐异，祸乱几乎半天下之广。其奸脏狼藉，贪婪无耻，恶行横行于江东（大约指其弟强借华亭县富民钱买田事）。等到他复为方面重臣，轻挑边衅，与西夏戎狄大动干戈（详文意当指元丰五年八月吕惠卿二次镇西北事）。他在西北妄出新意，变乱旧有制度，折腾番汉合一等军制，初则力引荐狂妄无知者之谋（或指元丰四年神宗用环庆经略使俞充、鄜延总管种谔等建议五路伐夏而惨败事），又逐渐导致元丰五年永乐城番汉将官数以百计殒命、官兵民夫数以十万计阵亡的惨烈之祸。告谕至此，即便神考流涕，朕亦垂泪，又如何追悔！等到朕即位之初，首发绥靖安边的诏令。尔却假朕名义，妄图成汝奸谋而邀功（指元丰八年四月"哲宗即位，敕疆吏勿侵扰外界。惠卿遣步骑二万袭夏人于聚星泊，斩首六百级，夏人遂寇鄜延"事）。吕惠卿不想着落实贯彻圣旨精神，只知道妄自用兵，反予西贼便宜。他祸乱朝野，奸猾无道，可谓古今罕闻。尚且宽恕尔本所应受的孔圣加诸少正卯之两观极刑，薄加虞舜窜逐四凶于三危的惩处。国有常行不忒的法典，朕不敢有所私枉。可。

这份制词写得刀光剑影，杀气毕露，读来真令人酣畅淋漓，足可想见苏轼和旧党对吕惠卿的怨仇之深。但实际上客观来看，首先其中"发其私书"为子虚乌有，是旧党之构陷；甚至其中所说的"永乐之祸"，也是属于将责任甩在了当时不应该负责的吕惠卿身上，让他做了"背锅侠"。因为永乐城陷落，前线将官徐禧、李舜举等战死且官兵民夫死伤无数而致神宗皇帝于宰辅面前泪下一事，乃在元丰五年九月。这之后才调资政殿学士、知太原府吕惠卿知延州兼鄜延路经略使，也就是说，永乐城战败，宋军伤亡惨重的责任应当不在吕惠卿身上。

据宋人陈长方《步里客谈》卷上所云：元祐中，东坡行吕吉甫责词，叙神考初用而中弃之曰："先皇帝求贤如不及，从善若转圜。始以帝尧之聪，姑试伯鲧，终焉孔子之圣，不信宰予。"又曰："喜则摩足以相欢，怒则反目以相视。"既而语人云："三十年作刽子，今日方剐得一个有肉汉。"

"刬子"疑是东坡幽默之戏谑。因"刬"字与"劄"（zhá）、"剳"（zhá）形近，而如此称之。劄子、剳子即是宋代官员所写之札子，乃奏疏一类也。三十年当指东坡嘉祐二年进士及第至元祐元年，恰三十年。故这句话的意思是，做官三十年，操生杀大权（写了三十年札子），今天才剐了一个有点分量的人啊！若此材料属实，东坡得意洋洋的神态不免跃然纸上矣。

吕惠卿亦是不甘沉默的，他在《建宁军节度副使谢表》里说了这么一句："龙鳞凤翼，固绝望于攀援；虫臂鼠肝，一冥心于造化。"时人王铚《四六话》云：元祐初，子由作右司谏，论吉甫之罪，莫非蠹国残民，至比之吕布……而子瞻作中书舍人，行谪词又剧口诋之，号为元凶。吉甫既至建州，谢表末曰："龙鳞凤翼，固绝望于攀援；虫臂鼠肝，一冥心于造化。"以子瞻兄弟与我所争者虫臂鼠肝而已。子瞻见此表于邸报，笑曰："福建子难容，终会作文字。"吕惠卿的文字确实亦是极好的。龙鳞凤翼盖典出《后汉书·光武帝本纪》，意思是说辅佐陛下于左右，近侍以备顾问这样的光耀，罪臣已经完全绝望和放弃幻想了。虫臂鼠肝者，出《庄子·大宗师》，谓阴阳造化，人难抗拒，不如受而喜之，顺其自然。虫臂鼠肝又喻极微小不堪之事物，故即是说，我吕惠卿和你二苏的仇怨斗争，不过是芥子微末之小事，尔二人以我戚戚，谓我必痛哭流涕，呵呵，我在命运的面前内心毫无波动，已看穿了一切！详玩吕惠卿文字意思，这哪里是息事宁人，完全是暗含讥讽，告诉苏轼苏辙，你们等着，山水有相逢，青山不改，绿水长流。难怪苏轼在邸报上看到后也笑叹不已。

综上来看，苏轼的制词如战鼓轰鸣，车骑并进，直令新党读之可谓惊骇不已，旧党读罢如浮一大白。但东坡人生大得意之此时一定不会料到，过于夸大和泄愤的制词，有朝一日，就如吕惠卿所丢的"场面话"暗示的那样，还将给他带来麻烦。

实际上对政敌如此，对友人章惇，东坡元祐元年的态度亦值得玩味。此年十一月，已罢知枢密院事而贬知汝州的章惇改提举杭州洞霄宫，也就是连知州都做不成了，任了个宫观使的闲职，完全靠边站了。十二月二十七日，苏轼写信给他，此即有名的《归安丘园贴》：

> 轼启。前日少致区区，重烦诲答，且审台侯康胜，感慰兼及。归安丘园，早岁共有此意，公独先获其渐，岂胜企羡。但恐世缘已深，未知果脱否耳？无缘一见，少道宿昔为恨。人还，布谢不宣。轼顿首再拜子厚宫使正议兄执事。十二月廿七日。

信中语言看似通篇场面话，安慰了下自己的老兄弟，乍看并无问题。而细细读来，有两句尤为值得注意。一是"归安丘园，早岁共有此意，公独先获其渐，岂胜企羡"，这是说子厚兄你好修道参玄，想要归隐山水田园之间，这种念头早年哥俩都有啊。现在老哥你独自先走一步，我何止是企盼仰慕啊！这些话纸面上来说确实是宽慰章惇，让他好远离东京的纷争，侍养老父，悠游林下。可首先苏轼自己如今贵为翰林学士知制诰，乃两制高官，帘眷正隆；而章惇则从西府执政的宰辅级别上被罢为宫观闲职——且甚至，这弹劾章惇的奏疏还是苏辙所上，而东坡却并未出言相救。这样一看，这句话就有点不厚道和占了便宜还卖乖的嫌疑了。何况章惇从本质上来说是一个胸中有文韬武略，想要治国平天下的文人士大夫，如今新法被废，己身遭贬，怎么会一点想法都没有？以他的性格，读到这句话，难道会觉得大受安慰而不是适得其反？后面还有一句"但恐世缘已深，未知果脱否耳"，这是说只是恐怕子厚兄你啊，入世太深，不知道果真能脱离红尘烦恼吗？然而结合熙宁元丰年间新旧党争，旧党连遭贬黜而新党各据要路之津的恩怨，再加之章惇自身睚眦必报的性格，那句话就颇值得深思一下了。诚然，从东坡的角度来看，是对朋友的关心，在提醒他，子厚你过去与多少旧党大臣结怨，如今在地方上可千万要谨言慎行，否则只怕天上宫阙，阊阖不通；朝野之身，且受窜逐。但若从章惇的角度去读这封信，结合自己此时的失意、旧党的威势滔天，他会不会完全理解错了，或者说过度理解了苏轼的劝诫之语呢？东坡话里的暗示就完全变了味：子厚兄啊，你得罪过多少旧党大臣，不用我东坡多说了吧，你要逃过一连串的打击报复，只怕很难啊，所以还是要在地方上老实点！千万管好自己的方方面面，好好反省！如若理解成了像这样的意思，那章惇对这种仿佛高高在上的训诫、垂怜是非但不会感激，甚至极可能要怀恨在心的。

据《续资治通鉴长编》卷三百九十中章惇之子章持上疏云：又缘臣父在汝州，近因行气间风倒门扇，惊致左右手足麻痹，在假不领州事。则我们可知，章惇被贬知汝州后，似颇心灰意冷，一日修道，打坐吐纳时因大风吹倒屋内门扇，居然令身长八尺，人高马大的章子厚左右手足麻痹，看症状似乎是风痹或者小中风之类。或许章持为父说情，有所夸大之辞，但亦足可想见，此番罢免执政，政治抱负无从施展，对到了"知天命"年龄的章惇来说，精神上还是有相当程度的打击的。因此苏轼这封信里的话语，若说令章惇读来觉得刺眼郁结，也就不足为奇，合情合理了。恐怕我们的东坡也不能逆料，子厚兄的官其实还没到顶呢，而他位极人臣的那一天，东坡的人生才将又有惊涛骇浪。

但毕竟此时，苏轼作为旧党的一分子，处于一个完全与熙宁元丰时期不同的政治氛围中，他走上了一条令无数人羡慕嫉妒的青云之路。在司马光还活着的时候，新法已经几乎尽数被废除，元祐元年四月时王安石也已辞世，而新党的主要执政大臣先后被贬出中央。另一方面，他的弟弟苏辙也回到朝廷中担任起居郎、中书舍人等清贵之职，两兄弟终于能够团聚在一起。

在旧党当政，新党尽数被黜的政治环境里，按惯例来说，苏轼极有可能从翰林学士的职位上历练几年之后入政事堂拜相。更何况，当时苏东坡的文名之盛，非但大宋境内无人不知，甚至连辽国契丹和西夏党项都争相拜读苏学士诗词文章，以为一风雅事。在大家看来，东坡入政事堂，也只是个时间问题。然而，事情的发展远没有如此顺利。

问题的根源仍然出在东坡狷（juàn）直又好言的性格上。如司马光为宰相日，苏轼便与他就免役法一事展开过激烈的争论。他以自己知密州时期施行免役法的情况为例，说："及用宽剩钱买民田，以募役人，大略如边郡弓箭手。臣知密州，亲行其法，先募弓手，民甚便之。"因此在地方上深刻体会到免役法多有便民之处的他坚持认为不能一股脑废除此法，而当时与当朝宰相争论不休的苏轼还只是朝奉郎、礼部郎中的身份。

据一些笔记来看，苏轼甚至在禁中屡次戏谑司马相公。如《五杂俎》卷十六：

东坡与温公论事，公之论，坡偶不合，坡曰："相公此论，故为鳖厮踢。"温公不解其意，曰："鳖安能厮踢？"坡曰："是之谓鳖厮踢。"

有次苏轼和司马光论事意见不合，东坡便说："相公你这看法，是故意做鳖厮踢啊。"司马温公自然想不通了，这鳖即是王八，遇到危险又不是马牛鹿一类，怎么会踢来踢去呢，便问缘故。东坡说："（正是子虚乌有）这才称之为鳖厮踢呢。"言下之意便是，你司马光不顾客观情况，要一股脑废除新法，也是在劳民乱政，属于瞎折腾啊。

又据蔡京子蔡绦（tāo）所撰《铁围山丛谈》卷三：

东坡公元祐时既登禁林，以高才狎侮诸公卿，率有标目殆遍也，独于司马温公不敢有所重轻。一日相与共论免役差役利害，偶不合同。及归舍，方卸巾弛带，乃连呼曰："司马牛！司马牛！"

这则材料是说苏轼元祐初年已经荣登禁林之选，成为翰林学士，就任着自己的性子和高才总是戏弄调笑诸多公卿士大夫，几乎一盖给他们取了绰号。只是对于宰相司马温公，苏轼还有点知道分寸，不敢戏谑得太过分。有一日一同讨论免役法和过去差役法的利弊，两人意见相左。等到苏轼回到家中，才气得摘下头巾，扔掉玉带，连声高呼："司马光这头犟牛！司马光这头犟牛！"

苏轼可谓是个自带段子效果的大人物，据说他给温国公宰相司马光取的绰号司马牛居然不胫而走，成了都下无人不知的趣事。这自然会招致司马光门下党羽的不满，既然你苏学士对老相公都可以这般戏狎，若你入了政事堂，岂不是我等都要受你当面折辱，还得弯腰赔笑！苏轼起初并不知晓，一张张来自同僚公卿的网正在他左近悄悄布置。

说回争论的焦点，免役法的问题，实际上不仅仅是苏轼反对废除免役法，西府的执政、知枢密院事章惇甚至曾在高太皇太后的帘幕前和司马光争得面红耳赤，并且在奏章里指出司马光前后自相矛盾和观点幼稚之处，然而这一切都没有起到作用。在司马光去世前，新法都已经被陆续废除。

苏轼在旧党当政，自身又被视为旧党的情况下，公然为免役法摇旗呐喊，加之其后来荣升禁林，位居学士内制之尊，许多司马光的亲信都对其颇为反感和嫉妒。更要命的是，不仅仅是司马君实的亲信如刘挚、刘安世不喜苏东坡，另一波籍贯河南的所谓"洛党"更是对苏轼咬牙切齿。

据史料来看，其中一个重要的起因竟然还是因为苏轼嘴巴上不饶人。

《续资治通鉴长编》卷三九三，元祐元年十二月：

明堂降赦，臣僚称贺讫（qì），两省官欲往奠司马光。是时，程颐言曰："子于是日，哭则不歌，岂可贺赦才了，却往吊丧？"坐客有难之曰："孔子言哭则不歌，即不言歌则不哭。今已贺赦了却往吊丧，于礼无害。"苏轼遂戏程颐云："此乃枉死市叔孙通所制礼也。"众皆大笑。其结怨之端，盖自此始。

又《二程外书》卷十一记载，

温公薨，朝廷命伊川先生主其丧事。是日也，祀明堂礼成，而二苏往哭温公，道遇朱公掞（yàn）（即朱光庭），问之，公掞曰："往哭温公，而程先生以为庆吊不同日。"二苏怅然而返，曰："鏖糟陂里叔孙通也。"自是时时谑（xuè）伊川。

两处记载实际上说的是一件事情，只有细节稍有不同。第一处是说，当时群臣参与明堂祭祀典礼，神宗皇帝的灵位被安放入大宋太庙，同时朝廷因此下减罪或赦免的恩旨，百官们称贺礼毕。此前司马光于九月初辞世，于是朝廷的高级官员们准备前往首相的府邸吊唁。这个时候，崇政殿说书（从七品，负责教导年幼的哲宗，此帝师也）程颐制止群臣道："《论语》里说'子于是日哭则不歌'，怎么可以贺赦之礼刚结束，就去吊丧呢？"有一位大臣驳难说："孔子说的是吊唁哭丧之后不做贺礼之事，如歌唱，可并没有说先做了贺礼歌唱等事就不能去吊唁哭丧啊！因此现在贺赦之礼结束，而我等去吊唁司马温公，并不违反礼法！"苏轼见到这一幕，又情不自禁地去火上浇油，戏弄程颐说，"哎哟喂，这可真是枉死市里叔孙通所制定的礼法规矩啊。"群臣们听了都忍俊不禁地哈哈大笑起来，只有程颐和他的支持者们无比尴尬又无言以对。蜀党、洛党结怨的开端，就是从这件事而起。

叔孙通是秦末汉初时人。他帮助汉高祖刘邦制定朝廷礼仪，在司马迁等人的口中得到极高的评价，当时儒生甚至称其为圣人。至唐代，如李白等人亦深许之，如其有诗："君非叔孙通，与我本殊伦。"然而到了宋代，对叔孙通的评价几乎是一边倒地认为此人媚俗无耻，徒有虚名，并不是真正的大儒。原因何在呢？原来叔孙通此人十分圆滑，在秦二世胡亥的朝廷里任待诏博士时，皇帝胡亥问及陈胜吴广造反一事，三十余名博士和儒生都说人臣和子民不可造反，愿陛下发兵讨灭！实际上胡亥完全是个鸵鸟心理的人，他只想做个享乐皇帝，根本不想听到这种话，当下就脸色大变，发火了。叔孙通立刻见风使舵，说刚才的博士们都在胡说。现在秦统万邦，天下合为一家，连兵器都已经被收缴起来铸成了十二金人，何况陛下圣君在上，秦法尽善尽美于下，怎么会有人造反呢？只是些鸡鸣狗盗的小偷小摸之辈，让地方公安抓一下就得了！二世胡亥大喜，厚赏叔孙通，把那些说有人造反的博士儒生统统关起来了。这之后叔孙通又跑到薛去投靠当时风头正盛的项梁；定陶之役后又投靠了怀王；项羽底定天下后又转投霸王项羽；彭城被刘邦率诸侯联军占领时又投降了汉王刘邦。刘邦晚年想改立戚夫人的儿子赵王如意为太子时，他又窥知吕后不可忤逆，极力劝谏不可废长立幼而出大乱，说过去"晋献公以骊姬之故废太子，立奚齐，晋国乱者数十年，为天下笑。秦以不早定扶苏，令赵高得以诈立胡亥，自使灭祀，此陛下所亲见"。

综上来看，叔孙通是个八面玲珑的聪明人，圆滑变通之道深得其中三昧，所以跟了这么多老板，都一路官运亨通，老板倒台了自己也没有跟着倒霉。所以苏轼嘲讽程颐"此乃枉死市叔孙通所制礼也"。的意思是说，你程颐比圆滑的叔孙通还远远不如，人家能侍奉那么多主公而荣宠终身、平安无事，你就好比那种顽固不化的蠢人，是阴间枉死城里的冒牌叔孙通啊，还在那边喋喋不休说古礼。

第二处是说，温国公司马光逝世，朝廷诏命程颐主持其丧事。当天，明堂祭祀典礼结束，苏轼、苏辙两兄弟参加完这边的仪式后就跑去吊唁司马温公。二苏在路上遇到谏官朱光庭，二苏问他什么事，朱光庭回答说："二位去吊唁司马温公一事恐怕不妥。程先生认为依据古礼，庆贺与吊唁不可同日。"苏轼、苏辙两兄弟顿感怅然不快，说了句"真是鏖糟陂里叔孙通"才转身返回。

据宋人吕希哲《吕氏杂说》所记载，汴京城西南十五里有一地方，名曰鏖糟陂。约即今语脏泥地的意思。所以在程氏自己的记载中，苏轼骂了程颐一句，说他是脏泥地里的冒牌叔孙通，食古不化，不知变通，大约就和说其为山野村夫，毫无大智慧是一个意思。

从两则史料来看，苏轼这完全是把程颐和他洛学的门人都往死里得罪了。程颐虽然自身官职不高，但多年来著书立说，开宗立派，讲学授徒，官僚士大夫中有一大批其学说的信徒和追随者，这些人都被称为洛党。程颐处处以圣人的道德标准要求自己，苏轼很是看他不惯，后来甚至曾上章弹劾他，说"臣素疾程颐之奸，未尝假以辞色"。

《二程外书·卷十一》上条内容之后又云：

他日国忌，祷于相国寺，伊川令供素馔，子瞻诘之曰："正叔（程颐）不好佛，胡为食素？"正叔曰："礼，居丧不饮酒食肉，忌日，丧之余也。"子瞻令具肉食，曰："为刘氏者左袒。"于是范淳夫辈食素，秦、黄辈食肉。

这是说，有一次国朝忌日，士大夫们都在东京大相国寺参加相关祭祀活动。程颐负责具体事宜，便下令安排素食给大臣们吃。苏轼大概是无肉不欢的，况且这苦差事又弄了半天了，居然不让人吃肉，就诘问说："正叔你不喜欢佛法，叫大家都吃素这是干嘛？"程颐一本正经板着面孔说："这是礼法的规定。居丧其间不能喝酒吃肉。忌日，这是属于居丧礼仪的一种延伸，自然也要遵循这一条规矩。"苏轼心里大约又是一百个"你个土炮"，仗着自己官比程颐大得多，便令办事的小吏给大臣们准备肉食。这还不算完，他又想到了一个戏弄程颐的好办法。苏轼哈哈一笑，对在场的臣僚们大声说："为刘氏者左袒。"这话简直就是"爱我的请举左手"之翻版了。

这句话出自周勃之口。当时周勃、陈平在吕后驾崩之际谋画铲除诸吕，入北军军营大喊"为吕氏右袒，为刘氏左袒"，意思是效忠刘氏的将士们，请你们露出左臂，如果要跟着反动派吕氏，你们就露右臂吧！结果士兵们都露出左臂表示效忠刘氏。苏轼在大相国寺的这句玩笑话，就颇值得玩味了，似乎把程颐比作了作乱的诸吕，而自己倒是平乱的周勃、陈平。这也就难怪程颐和其信徒们要咬牙切齿了。苏轼的这张嘴在骂人时太臭了。

在这样一种缘由下，洛党之人开始伺机打击报复苏轼。

这一年的十一月，翰林学士苏轼主持元祐元年的进士馆职考试，并且负责其中一部分的出题任务。程颐的忠实追随者朱光庭吹毛求疵

地抓住东坡出题中的细节，上纲上线，给苏轼扣了个"谤讪先朝"的大罪。

左司谏朱光庭言："学士院试馆职策题云：'欲师仁祖之忠厚，而患百官有司不举其职，或至于偷；欲法神考之励精，而恐监司守令不识其意，流入于刻。'又称：'汉文宽大长者，不闻有怠废不举之病；宣帝综核名实，不闻有督察过甚之失。'臣以谓仁祖之深仁厚德，如天之为大，汉文不足以过也；神考之雄才大略，如神之不测，宣帝不足以过也。后之为人臣者，惟当盛扬其先烈，不当更置之议论也。今来学士院考试不识大体，以仁祖难名之盛德、神考有为之善志，反以谕刻为议论，独称汉文、宣帝之全美，以谓仁祖、神考不足以师法，不忠莫大焉。伏望圣慈察臣之言，特奋睿断，正考试官之罪，以戒人臣之不忠者。"策题，苏轼文也，诏特放罪。(《续资治通鉴》卷三百九十三 "元祐元年")

朱光庭的意思是说，苏轼出的题目里，"欲师仁祖之忠厚，而患百官有司不举其职，或至于偷；欲法神考之励精，而恐监司守令不识其意，流入于刻"。这一题呢是讽刺谤讪宋仁宗和宋神宗。这一题的意思是想要学习仁宗皇帝的宽厚，则担忧官员不各司其职，尽心办事，而至于偷惰苟且的局面；想要效法神宗皇帝的励精图治，则惟恐各级地方官不能识悟朝廷的良法美意，而流于苛刻之政。又说这一题"汉文宽大长者，不闻有怠废不举之病；宣帝综核名实，不闻有督察过甚之失"，是褒奖汉文帝、汉宣帝而贬低国朝的仁宗、神宗二帝。这一题的意思是说，汉文帝是位宽厚长者，但是却并没有听说他有荒怠废政而导致国事不利之弊病；汉宣帝考核官吏施政情况，赏罚分明，但没有听闻他有督察御下过于严苛的问题。因此朱光庭图穷匕见地弹劾苏轼，说他认为仁宗皇帝深厚无比的仁德犹如天地之广大，汉文帝怎么能超过呢？神宗皇帝的雄才大略，如神灵一般人所不能测知，汉宣帝又怎么能比呢？后世的为人臣子者，只应当好好宣扬仁宗、神宗的伟大，不当胡乱议论。现在学士院的考试不识大体，把仁宗皇帝难以说尽的盛大仁德、神宗皇帝发奋有为的雄心壮志，反说成是导致官员们偷惰或苛政的原因，而独独称赞汉文帝、汉宣帝所谓的尽善尽美，把仁宗、神宗的伟大功业说成不足效法和学习，这是莫大的不忠啊！伏望圣慈的太皇太后陛下体察臣的意见，以如天之睿智裁决判断，以正考试官的罪过，用来警戒以后那种不忠之大臣！

　　然而太皇太后非常欣赏苏轼，她虽然是一介女流也知道这不过是洛党的门生在那里酸腐胡诌，于是诏令"放罪"。所谓放罪，即是赦免开释的意思。等于是赦免苏轼在出题时候的不恭之罪。

　　这下苏轼不干了。什么意思？我明明没有错，更没有罪过，怎么诏令里能说对我放罪呢！苏轼立刻反击，在上书中说："若有毫发讽议先朝，则臣死有余罪。伏愿少回天日之照，使臣孤忠不为众口所铄。"意思是说，如果我苏轼在策问的题目里有一丝一毫谤讪、讽刺先朝的意思，那么臣死有余辜。伏愿太皇太后稍稍收回之前的放罪之诏令，让臣的忠贞之名不被众人闲言碎语所毁。于是，"诏追回放罪指挥"。也就是说，很快朝廷又下诏令，追回了放罪的诏令。

　　御史中丞傅尧俞、侍御史王岩叟等都群起而攻之，说朝廷命令反覆，是非颠倒，请求正苏轼之罪。太皇太后很维护苏轼，诏："傅尧俞、王岩叟、朱光庭累弹奏苏轼撰试馆职策题不当，详览文意，乃是指今日百官有司、监司、守令言之，非是讥讽祖宗。可召至都堂说谕，不须更有弹奏。"意思是说，这三人连章弹劾苏轼所撰馆职策问题目不当，但是朝廷详考文意，是针对现在京官和地方监司、知州、县令等而言，不是讥讽祖宗。如果还有意见，可以到都堂说个明白，不须再上章弹劾。

　　凭借着高太皇太后的帘眷，加之苏轼在台谏中的友人，至次年八月，倒是程颐及其门生贾易给贬谪出外了。

　　据《续资治通鉴长编》卷四百四元祐二年条所载：八月辛巳，朝奉郎、右司谏贾易知怀州；通直郎、崇政殿说书程颐罢经筵，权同管勾西京国子监。

贾易之出外，《长编》云：自苏轼以策题事为台谏官所言，而言者多与程颐善。轼、颐既交恶，其党迭相攻，易独建言请并逐二人，又言："吕陶党助轼兄弟，而文彦博实主之。"语侵彦博及范纯仁。太皇太后怒，欲峻责易。吕公著言："易所言颇切直，惟诋大臣为太甚，第不可复处谏列耳。"

如前所言，由于程颐门人洛党台谏官员弹劾苏轼策题谤讪仁庙与裕陵，导致程颐、苏轼门下洛蜀两党官员纷争不已。贾易此时居然建言，请求并逐二人。按贾易者，史书多云程颐门生，则此时作大公无私状，要求同时贬谪小程和东坡，或许乃是得了程颐的指挥，要让他扮演不偏不党的铁面言官形象，好继续在台谏中占有阵地。甚至这一招乃是以退为进，彰显自己在朝中无党（就如苏轼此时期也是屡屡自请补外，不过是给太皇太后留中了）。不过观史料中程颐言行，亦不排除这是奸猾小人贾易哄骗了他的可能。俗语云：秀才造反，三年不成。不难看出，洛党的政治智慧和政争手段实际上是比较笨拙的。贾易因为弹劾吕陶党附苏轼兄弟，居然还连带着牵涉到元老重臣文彦博和宰相范纯仁，这就犯了打击面太广的毛病，以为自己拉着虎皮唱大戏，殊不知正犯了太皇太后的忌讳。于是弄巧成拙，贾易没保住言官这样能争夺、控制士林舆论的重要位子，反给贬谪出知怀州去了。

程颐之出外，从《长编》的记载来看，乃是苏轼好友左谏议大夫孔文仲之力。他弹劾程颐其实在圣贤之学上"全无发明"，惯穿凿附会，泛滥援引，"借无根之语，以摇撼圣听；推难考之迹，以眩惑渊虑"。意思是程颐在哲宗小皇帝面前装大宗师，蛊惑圣聪，招摇撞骗。例如皇帝年幼，程颐居然"常启以无近酒色""常开以勿用小人"，不说旁人同僚，单说哲宗小皇帝自己，能不嫌程颐啰嗦说教么？孔文仲又说，程颐常在陛下面前以圣贤自居，妄自尊大，倡言"虽使孔子复生，为陛下陈说，不过如此"。孔文仲甚至把程颐比作唐顺宗时期所谓"永贞之乱"里的王伾、王叔文等人，危言耸听地扯到唐文宗时宦官翻盘，屠戮文官的甘露之祸。言下之意就是将大奸大恶四个字贴程颐脑门上了。孔文仲又弹劾程颐奔走权贵之门，屡屡造访台谏，企图遥控御史、言官，以他的意志来论事劾人，且已有党羽朱光庭、杜纯、贾易等。不仅如此，还到自己跟前，意图让孔文仲按照他的意思，攻讦吕陶，帮助贾易留在台谏系统……总之"颐乃鼓腾利口，间谍群臣，使之相争斗于下。纷纷扰扰，无有定日，如是者弥年矣"。因此孔文仲请求"论正颐罪，傥未诛戮，且当放还田里，以示典刑"。

程颐自身也确实不谙高层的政治生态。一次小皇帝发疮疹，已多日不临朝听政。程颐这不过七品的官职，居然当着宰辅大臣，指责说："二圣临朝，上不御殿，太皇太后不当独坐。且上疾而宰相不知，可为寒心。"一句话既抨击了太皇太后不能独自临朝；又质问宰相不关心皇帝圣体安康——这就等于是把太皇太后和宰臣们都给得罪了。是以不仅孔文仲弹劾他，御史中丞胡宗愈也认为程颐"不宜使在朝廷"。因此程颐就给灰溜溜地赶到洛阳去做西京国子监大学的校级领导了，和原先"帝师"身份常得接近皇帝的官位比，不啻天差地别。

然而苏轼的胜利亦只是暂时的。因为不仅是苏轼，实际上苏辙也喜好弹劾他人，这就又得罪了一批人。于是在此后的几年中，始终有着一大批官员弹劾二苏，厌倦了党争的苏轼屡屡上章请求去外郡为官。太皇太后一直欣赏苏轼之才，以故不许。东坡只得一方面与黄庭坚、张耒、晁补之等人诗词唱和排遣烦闷，另一方面一再请求补外出京，以求安静。终于，在元祐四年三月，以龙图阁学士充浙西路兵马钤辖知杭州军州事的身份，获准离开汴京，这一段汴梁岁月就将告一段落了。

其九

党争阴霾

东坡刚刚在元祐四年（1089）三月获准以龙图阁学士知杭州，还未及动身离开汴京，大宋首都就开始笼罩在一片波谲云诡的党争阴云之中。那时的他，想必不曾料到这次的事件又将对今后的他影响甚大，甚至几乎可以说决定了他晚年的境遇。

前首相蔡确当时正以观文殿学士知邓州。蔡确早年受王安石提拔，在王韶熙河开边的时候巧妙地迎合介甫相公维护王韶的需要，从而开始逐步在新党中崭露头角。后来窥知神宗与王安石逐渐产生裂痕，又上疏弹劾宰相王安石骑马入宣德门和值班卫士起冲突，有失大臣体统，以彰显自己忠直耿介。其后三司使沈括和宰相吴充讨论免役法事宜，蔡确又劾沈括见朝廷法令之利弊，不正大光明地公开讨论而私底下和执政大臣密会，这是看王安石罢相，他想动摇陛下的新法，致令沈括因此贬官出外，知宣州。此后他一路高升，由知制诰而御史中丞，乃至参知政事，但是其中大多都是因弹劾大臣而获升迁，因此厌恶他的大臣不计其数，多暗中恨之入骨。

蔡确在元丰五年（1082）拜为尚书右仆射兼中书侍郎，即次相。当时王珪为首相，然而蔡确作为当时的新党旗帜，在神宗皇帝有意支持下实际上掌控了大权。元祐初年拜为左仆射兼门下侍郎，成为了首相，但很快因为旧党连章弹劾，加之要给司马光让路而被罢相，以观文殿学士出知陈州。此后又因其弟蔡硕贪墨不法之事，徙知安州、邓州。

到了元祐四年，旧党开始酝酿一场大案，准备给予已经失势的新党以致命的沉重打击。

当时，知汉阳军吴处厚从蔡确贬官出外时写的几首诗里抓出毛病，在弹章里详尽剖析，宣称蔡确罪大恶极，谤讪太皇太后，怨怼朝廷，心怀不轨之谋。

原来，蔡确在知安州时曾经写下十首七绝，皆为游车盖亭所作。其中两首被吴处厚大加发挥。一首是："矫矫名臣郝甄（zèng）山，忠言直节上元间。钓台芜没知何处？叹息思公俯碧湾。"另一首是："喧豗（huī）六月浩无津，行见沙洲束两滨。如带溪流何足道，沈沈（chén）沧海会扬尘。"

郝甄山者，唐郝处俊也。高宗上元年间以病弱，曾欲逊位武后。郝处俊进谏说："天下者，高祖、太宗之天下，非陛下之天下，正应谨守宗庙，传之子孙，不宜持国与人，以丧厥（jué）家。"因此武则天后来对郝处俊一家有咬牙切齿之恨。吴处厚说蔡确用这个典故是大逆不道，为何呢，这等于说把圣明慈爱的高太皇太后比作了谋朝篡位、窃夺皇权的武则天啊！

他又说，"沈沈沧海会扬尘"是用了葛洪《神仙传》里的典故，多是写沧海桑田，时运大变之意，根本不是寻常为人臣子敢用之语句，恐怕是心怀叵测。

之后左谏议大夫梁焘、右正言刘安世等官员先后以此弹劾蔡确诗涉讥讪，说他"人神之所共怒，覆载之所不容"，宜早正典刑，不可

宽宥。

在这样一种墙倒众人推，交口攒毁的情况下，被视为旧党一员的苏轼却以自己身为公卿大臣的良知，上书为新党曾经的首相蔡确说情。苏轼说：

臣近蒙圣恩，哀臣疾病，特许补外。臣窃自维受恩深重，不敢以出入之故，便同众人，有所闻见而不尽言。窃闻臣僚有缴进蔡确诗，言涉谤讟（dú）（怨恨、诽谤）者。臣与确元非知旧，实自恶其为人，今来非敢为确开说，但以此事所系国体至重，天下观望二圣所为，若行遣失当，所损不小。臣为侍从，合具论奏。若朝廷薄确之罪，则天下必谓皇帝陛下见人毁谤圣母，不加怨嫉，其于孝治，所害不浅；若深罪之，则议者亦或以谓太皇太后陛下圣量宽大，与天地等，而不能容受一小人怨谤之言，亦于仁政不为无累。臣欲望皇帝陛下降敕，令有司置狱，追确根勘，然后太皇太后内出手诏云：'吾之不德，常欲闻谤以自儆（jǐng），今若罪确，何以来天下异同之言？矧（shěn）确尝为辅臣，当知臣子大义，今所缴进，未必真是确诗，其一切勿问，仍牓（bǎng）朝堂。'如此处置，则二圣仁孝之道实为两得，天下有识，自然心服。臣不胜爱君忧国之心，出位僭（jiàn）言，谨俟（sì）诛殛（jí）。

这是说，臣苏轼近来蒙受圣恩眷爱怜悯，知道臣年老多病，特许出知州郡。臣私下思维，感到受恩深重，不敢因为即将离京就外，便与那些明哲守身的臣子一般，有所见闻却不肯对太皇太后陛下和君父、朝廷知无不言。臣听闻有大臣上缴蔡确诗作，说他诗歌用语多有涉及谤讪怨毒之处。臣和蔡确本来就不是旧识好友，实在也厌恶他的为人作风，现在并不是敢为蔡确开脱说情，只是因为这件事关系甚大，是国家朝廷的体面和制度所在，天下臣民都在仰望太皇太后陛下和皇帝陛下二圣的举动决定，如果举措不当，所损害之处实为不小。臣作为学士侍从之近臣，本就应该论奏天下之事。如果朝廷从轻处理蔡确的罪过，那么天下人必定认为皇帝陛下看到他人诋毁、诽谤圣祖母太皇太后陛下，却不加以愤怒嫉恨，对于孝治来说，危害不为浅矣；如果深究蔡确的罪过，那么臣民议论此事可能认为太皇太后陛下本该圣量宽大如同天地，却不能包容、忍受一个小人的怨恨、诽谤的话语，对于仁政也多少是存在牵累。臣希望皇帝陛下可以降下敕令，命大臣立案，彻查追究蔡确诗作谤讪一事，这样之后太皇太后从内廷出手诏，说："吾乏德行，常想要听闻批评甚至谤言来自我警醒，现在如果以此定罪蔡确，那还用什么方法才能让天下赞同或反对的意见来到我耳边呢？况且蔡确曾经是先帝的宰辅大臣，应当知道臣子的大义，现在所缴进的诗作，也未必真的是蔡确所写，那就一切不问，告之朝廷如此。"像这样处置，那么太皇太后陛下和皇帝陛下二圣的仁政孝治就实为一举两得，天下有识之士都自然而然会心悦诚服。臣不胜爱君忧国之心，出此僭越非分之言，恭谨地等候诛罚惩治。

在这个节骨眼上为蔡确说好话，实在是需要勇气的。因为蔡确作为当时神宗皇帝推到台前的新法首领，曾经打击了一大批旧党官员，旧党之人几乎无不对其恨之入骨。而如今高太皇太后垂帘听政，临朝称制，全面废除新法，恢复熙宁初年祖宗法度，正是旧党当权，新党狼狈下野，大家痛打落水狗的时候。此时除非是宰相执政，其他人出来为蔡确说话，极易招致旧党仇恨。然而苏轼并非不知道这一关节，只是他确乎一颗赤子之心，一心为国家朝廷考虑，想到自己曾经经历乌台诗案，他一定不想再有人因为语言文字而轻启大狱，更不想朝廷再陷入互相倾轧、互相弹劾的党争漩涡之中而空耗岁月，导致政事荒怠，黎民不幸。

读罢奏疏，高太皇太后虽以苏轼所说言之有理，却不能用。她甚至对四朝元老、太师、平章军国重事文彦博诉苦，说蔡确的事情都没人肯管，如果司马光还在，肯定不会这样。到了这一步，苏轼已经无法阻止事情的恶化了。此后中书舍人彭汝砺等官员又连章弹劾蔡确。高太皇太后见机在召见执政时说，朝廷中蔡确党羽很多。尚书右仆射兼中书侍郎范纯仁（范仲淹之子）说，蔡确无党啊。然而首相左仆射兼门下侍郎吕大防和副相中书侍郎刘挚都迎合上意，说蔡确确实有党羽在朝廷中。一场大狱眼看即将兴起。

元祐四年五月，诏观文殿学士、知邓州蔡确责授左中散大夫（从五品）、守光禄卿、分司南京（北宋南京应天府，即现在河南商丘，是赵匡胤归德军节度使所在，时称宋州）。

这个处罚并不算重，仍然保全了蔡确的体面，南京也并非偏远军州。果不其然，左谏议大夫梁焘、右司谏吴安诗、右正言刘安世以为责轻，御史中丞傅尧俞、侍御史朱光庭相继连章论说。

宰相执政们在觐见太皇太后时讨论此事，这些宰辅大臣哪个不是人精？都看出高太皇太后怨恨蔡确甚深，便纷纷赞同言官们从重处罚蔡确的建议。当此时，只有次相范纯仁和副相尚书左丞王存认为不可如此。范纯仁说："方今圣朝，宜务宽厚，不可以语言文字之间，暧昧不明之过，诛窜大臣。今日举动宜与将来为法式，此事甚不可开端也。"

但范纯仁诚恳的言辞，以党争危害详细分说的劝谏并没有起到作用。

在之后的讨论中，太皇太后突然从帝幕后面口出天宪："蔡确可英州别驾、新州安置。"这一句石破天惊的话语彻底震惊了宰辅们。在当时流传着这样一句官场谚语：春、循、梅、新，与死为邻；高、窦、雷、化，说着也怕。这说的是八个偏远的军州，大多处在岭南烟瘴之地，被贬谪而去的大臣基本上都死在了那里，再也回不来了。于是连此前赞同从重处罚蔡确的吕大防、刘挚等也说："蔡确母亲年龄很大了，跟着去恐怕……"因此请求念在蔡确是先帝宰辅大臣，还是改选一个近一些的州郡安置。帝幕后面忽然传出一声冷冰冰的话语："山可移，此州不可移也！"范纯仁和王存见状甚至为此留下来向小皇帝哲宗求情，希望他能劝太皇太后。哲宗面无表情，一言不发。范纯仁最后只得奉诏。

当日离开延和殿后，范纯仁拉住吕大防，长声叹息，道："此路荆棘七八十年矣，奈何开之？吾侪（chái）（我辈）正恐亦不免耳！"想来，哲宗小皇帝沉默阴郁的脸色大有深意。而范尧夫这句话没想到也一语成谶（chèn）！数年后，不仅仅是现在的当朝宰执，连苏轼也被卷进新的风暴中。

东坡在元祐四年七月到达湖光山色、美丽怡人的杭州。他在《杭州谢执政启》中说："小器易盈，宜处不争之地；大恩难报，终为有愧之人。"这是苏轼在明确告诉朝廷里的宰辅大臣们，我东坡不和你们争权夺利，我就想在外面清静清静，求放过，好吧？然而这一年的杭州先闹洪灾，后现旱灾，粮食歉收，疫病流行。苏轼只得一面向朝廷求得诏令准许，减免杭州一部分税赋并赐予度牒（度牒者，僧尼出家之许可和凭证也。宋元丰时度牒价约在一百三十贯左右。因僧尼可不纳税，不服徭役，故多有购而避税役者），另一方面组织人员施粥送药，极大地减轻了灾情对杭州百姓的危害。据南宋周辉（huī）《清波别志》记载："苏文忠公知杭州，以私帑（tǎng）金五十两助官缗（mín），于城中置病坊一所，名安乐。"也就是说，苏轼拿出了自己的五十两黄金，和一部分公款，在杭州城中建了一座医院，叫安乐坊。苏轼对百姓的这种赤忱的关爱，可谓尽显无疑。

灾情之外，苏轼又忙于改善杭州百姓的生活环境，他和十八年前通判杭州时一样忙于为当地百姓疏通六井；又治理西湖和杭州的河道，令人间天堂之美誉的钱塘杭州焕然一新。杭州人民把西湖边新筑的长堤命名为苏堤，就像过去唐代人们纪念白居易一样（亦有说乃后杭州太守林希命名为苏堤）。

杭州的百姓因此发自内心地敬爱他们的这位学士知州，然而刚刚从洛蜀党争中脱身，又见证了蔡确的车盖亭诗案的苏轼还是对仕宦生涯产生了深深的倦息。一次病愈之后，东坡登上当地的望湖楼，有感

而作一首《临江仙》:

多病休文都瘦损,不堪金带垂腰。望湖楼上暗香飘。和风春弄袖,
明月夜闻箫。

酒醒梦回清漏永,隐床无限更潮。佳人不见董娇饶。徘徊花上月,
空度可怜宵。

休文是南北朝时期历经宋、齐、梁三朝的文学领袖沈约之字,据
说其体弱多病,任宰相时又多次请求出外。在这首临江仙里,苏轼把
自己比作了沈约,说自己"不堪金带垂腰",同样是鲜明地表达了自己
倦于仕途的想法。清漏者,漏刻也,古代计时的工具。下阕写了东坡
酒醉入睡之后梦中惊醒,听着漏壶长长的滴水声,躺在床上竟然觉得
寒湿逼人。董娇娆是东汉宋子侯所作乐府诗歌之名,娇娆者,妍媚貌,
言美丽也,可泛指美人。详看《董娇娆》诗意(洛阳城东路,桃李生
路旁。花花自相对,叶叶自相当。春风东北起,花叶正低昂。不知谁
家子,提笼行采桑。纤手折其枝,花落何飘扬。请谢彼姝子,何为见
损伤。高秋八九月,白露变为霜。终年会飘堕,安得久馨香。秋时自
零落,春月复芬芳。何如盛年去,欢爱永相忘。吾欲竟此曲,此曲愁
人肠。归来酌美酒,挟瑟上高堂),可知是言春光易逝,好景难再,吟
咏人生悲欢的诗歌。因此在《临江仙》里东坡用此典,也多是表达这
一意境。字面来看,是说侍酒的美人已经悄然不见,东坡自己只能注
视着树梢上的月亮,感慨自己空度良宵。实则不必一定确有侍酒美人
云云,因《董娇娆》一诗作为典故,人生苦短,盛年不再的意境已经
十分清晰,足可表达东坡倦怠仕途,渴慕泉林的心境。

在这样的一种心境下,东坡和当时的著名僧人之间交往更加频繁
起来,他自己也沉浸在佛学中,时有所悟。然而他俏皮风趣的性格仍
然不曾变过分毫。一日,他居然带着歌伎直入净慈寺大通法师的禅堂,
大通禅师当即露出愠怒之色。明人田汝成所作《西湖游览志余》卷
一四记载:"大通禅师者,操律高洁,人非斋沐,不敢登堂。东坡一日

挟妙姬谒之，大通愠形于色。公乃作《南歌子》一首，令妙姬歌之，大通亦为之解颐。公曰：'今日参破老禅矣。'"

原来大通禅师是一位非常注重戒律的大德高僧，寻常人如果不是斋戒沐浴，都不敢去净慈寺里求见大师。因此苏东坡非但带着女色前来，而且带着的是歌姬，大通禅师当然要不高兴了。东坡才思敏捷，有若文曲星下凡，当即写了一首《南歌子》，让随行而来的歌姬唱起来，结果大通禅师也被苏轼的词逗乐了，不禁开怀一笑。东坡便道，"今日参破老和尚的禅机啦！"

《南歌子》：

师唱谁家曲，宗风嗣阿谁。借君拍板与门槌。我也逢场作戏、莫相疑。

溪女方偷眼，山僧莫眨眉。却愁弥勒下生迟。不见老婆三五、少年时。

前两句"师唱谁家曲，宗风嗣阿谁"出自真宗时僧人释道原所作《景德传灯录》，是当时常见的客问僧人的话语，意思是大师你念的是谁家的经，继承的衣钵又是哪一个宗派的呢？拍板和门槌是用梁武帝时著名居士傅大士以拍板讲唱佛经的典故。"逢场作戏"一词也出自《传灯录》和《五灯会元》，有世间有为法不可执着，随机应对的意思。因苏轼一行从西湖边而来，大约因此将带来的歌伎称之为"溪女"。这是说溪女一边唱一边悄悄地看一看宝相庄严的大师，大师你应该彻悟诸法皆空的义理，所以就别因为着相而皱眉了吧！弥勒佛要五十六亿年之后才降诞到我们这个世界，恐怕那时候就看不到你我当年的模样了吧！（大约有修佛不可向外求，须向内求，须自度的意思）"不见老婆三五、少年时"用唐末五代人王定保所撰《唐摭言》卷三："薛逢晚年厄于宦途，常策羸赴朝，值新进士榜下，缀行而出。时士团司所由辈数十人，见逢行李萧条，前导曰：'回避新郎君。'逄辗（chǎn）然，即遣一介语之曰：'报道莫贫相，阿婆三五少年时，也曾东涂西抹

来。'"（唐人自称阿婆，婆，即仆字转音也。翚然，笑的样子。一介，一仆役也。报道，告之也）

苏轼是喜爱西湖的。据南宋费衮《梁溪漫志》卷四载：

东坡镇余杭，遇游西湖，多令旌旗导从出钱塘门，坡则自涌金门从一二老兵，泛舟绝湖而来。饭于普安院，徜徉灵隐、天竺间。以吏牍自随，至冷泉亭则据案剖决，落笔如风雨，分争辩讼，谈笑而办。已，乃与僚吏剧饮。薄晚则乘马以归。夹道灯火，纵观太守。

于中可见苏轼平素无重要公务时，甚至可以在游览西湖和寻山访寺的逍遥里就把政事都给办了，且才思过人，"落笔如风雨"，与僚吏、宾客等谈笑间就能判状平刑。公事毕，且要与僚吏一同豪饮，傍晚才乘马而归。老百姓们夹道而立，在灯火中情不自禁地恣意围观他们的太守苏学士的倜傥风采。这就不仅显出苏东坡在当时的民间犹如一个大明星一般，更可见得苏轼为政地方之得民心了。

第二次为官杭州的生活，在醉心山水与处理庶政的过程中很快到了元祐六年。二月，朝廷诏令又下：龙图阁学士、御史中丞苏辙为中大夫、守尚书右丞；龙图阁学士、吏部尚书苏轼为翰林学士承旨。也就是说，苏轼远离朝廷纷争的希求又事与愿违，朝廷再次令其重回中央。值得注意的是，苏辙此时已经成为副相，位列执政，犹在苏轼之上。对此尤感不安的苏轼上书请辞，要求避嫌，说弟弟今为执政，自己又要回去担任翰林学士，恐怕又要招致事端。事实上，也确如苏轼所想，苏辙为副相的诏令是在二月辛卯，结果只过了一天，此月癸巳日右司谏杨康国便上奏反对苏辙为尚书右丞，只不过高太后不许。但苏轼请求继续外知州郡的愿望也没有得到朝廷准许。

离开杭州之日苏轼写下一首《八声甘州》赠给好友参寥子（道潜）。

有情风万里卷潮来，无情送潮归。问钱塘江上，西兴浦口，几度斜晖。不用思量今古，俯仰昔人非。谁似东坡老，白首忘机。

记取西湖西畔，正暮山好处，空翠烟霏。算诗人相得，如我与君稀。约他年、东还海道，愿谢公、雅志莫相违。西州路，不应回首，为我沾衣。

春风十里，来时有若多情儿女，万里之外亦挟卷浪潮而来。去时却终究无情，送潮起潮落。天地之间，日月流转，问一问这钱塘江上、西兴渡口，日升月落乃有几回？我们啊，不用在脑海里追索古人的踪迹，因为世间万物都在俯仰之间转瞬成非。谁像我苏东坡老呢？老则老矣，虽白发而勘破人世浮沉，早已荣辱不挂于心。

犹记西湖西畔，暮霭之中，山翠烟缭，你我二人曾结伴同游。算来我们诗词相得，性格相投，这等深厚的友情也是难能可贵啊。我与你约定，会实现谢公（东晋谢安）未尽之梦想，自长江西来，东往大海之滨，终过上隐居逍遥的日子，再与你畅游林泉，但愿我这雅志且莫事与愿违啊！当年谢公外甥羊昙路过西州之门，念及谢公辞世而未能归隐的夙愿，泪如雨下。但愿此后没有遗憾，但愿你也无须为我哭湿衣裳。

词中情意拳拳，又豪情豁达，甚至东坡居士的形象也变得颇有一些仙风道骨起来，让人想见他竹杖芒鞋，步于山林之间，登东皋以舒啸，临清流而赋诗。

回到汴梁的苏轼与弟弟苏辙团聚在一起，当此时，东坡位列禁林，子由荣登东府，兄弟二人犹如朝堂上的一双宝玉，光华照人，众多年轻才俊争相归于其门下，这其中就包括以苏轼学生自居的秦观。

秦观是苏轼在知徐州期间即结识的后辈，当时秦观便在诗歌中写道，"我独不愿万户侯，惟愿一识苏徐州"，自此便对苏轼执弟子礼，以苏轼门下学生自居。秦观在词上达到极高的造诣，从如今传世的词作来看，有许多耳熟能详的名句名作，如《鹊桥仙》里的"金风玉露一相逢，便胜却人间无数""两情若是久长时，又岂在朝朝暮暮"；又如《踏莎行》"雾失楼台，月迷津渡，桃源望断无寻处。可堪孤馆闭春寒，杜鹃声里斜阳暮。驿寄梅花，鱼传尺素，砌成此恨无重数。

郴（chēn）江幸自绕郴山，为谁流下潇湘去？"；《满庭芳》"山抹微云，天连衰草，画角声断谯门。暂停征棹，聊共引离樽。多少蓬莱旧事，空回首、烟霭纷纷。斜阳外，寒鸦万点，流水绕孤村。销魂。当此际，香囊暗解，罗带轻分。谩赢得、青楼薄幸名存。此去何时见也，襟袖上、空惹啼痕。伤情处，高城望断，灯火已黄昏"。从这些词作来看，秦观实在是一位文学奇才。

苏轼十分欣赏秦观的才华，此时秦观也在朝中为官，担任的是秘书省正字，约九品之京官，没有想到他就成为了一根向苏轼和苏辙两兄弟开炮的导火索。

元祐六年的朝局又发生了一定的变化。此时次相范纯仁已经出外，原先的副相刘挚由中书侍郎升为了右仆射次相，他作为司马光的亲信和朔党领袖，在当时权威颇重，程颐的门生许多都投入其门下。刘挚始终没有忘记苏轼当年与司马温公在免役法上大起争执的龃龉——他意识到东坡此人是一个极难控制的人，连司马相公都不能收为己用，何况自己！他也十分清楚苏轼帘眷甚隆，心中或多或少恐惧着苏轼宣麻拜相进入东府的那一天，届时东坡与子由俱在政事堂为相，那还有刘挚和他门下爪牙立锥之地嘛！而程颐的门生们更不会忘记东坡对他们至为崇敬的恩师程颐的百般戏弄，于是就在苏轼刚刚回到东京不久，一场针对两兄弟的风暴又平地而起。

程颐的门生侍御史贾易早已投靠刘挚，他窥知宰相之意，又挟私愤，精心准备了一套组合拳对付苏轼、苏辙。他亦知晓太皇太后宠信东坡，因此他采用了历朝历代惯用的政治斗争伎俩，既先从政敌的外围小弟开始攻击。贾易便瞄准了苏门四学士之一的秦观，上章弹劾秦观行为不检。

苏轼自然要救自己的爱徒秦观。东坡一想，不要紧，如今的御史台长官御史中丞赵君锡与自己为善，是神交已久的吾辈知己啊，托人带句话叫他替少游说说情便可。原来苏轼还记得自己在元祐四年请求外知州郡，朝廷已经准许苏轼出知杭州的情况下，时任给事中的赵君锡上奏说："轼之文追攀六经，蹑藉班、马，自成一家之言，国家以来，惟杨亿、欧阳修及轼数人而已。……知无不言，言之可行，所补非一。故壬人畏惮，为之消缩，公论倚重，隐如长城，诚国家雄俊之宝臣也。……轼领远藩，承流牧民，亦足发其所存，但设施有限，所利未广。岂若使之在朝，用其善言，则天下蒙福；听其说（dǎng）论，则圣心开益；行其诏令，则四方风动，奸邪寝谋，善类益进。伏望收还轼所除新命，复留禁林，仍侍经幄，以成就太平之基。"

赵君锡的意思是说，苏轼的文章水平之高，远可以如《诗》《书》《礼》《乐》《易》《春秋》之六经，微言大义；近可以践踏班固、司马相如，已经自成一派宗师。自有宋以来，只有西昆体的杨亿、一代文宗欧阳文忠公和苏轼区区数人才有这种高度。他苏轼正直直言，对朝廷和君父从无隐瞒，所建言建策都有值得施行之处，所补益于朝廷天下的事情不是一件两件。因此奸邪小人畏惧害怕他，为之退缩不敢现形，苏轼亦为公众舆论所推崇，他稳如长城，实在是国家雄俊杰出的宝贵大臣啊！现在苏轼牧领远方州郡，管理地方百姓，当然也可以发挥他的才能，但是毕竟让他展布拳脚的地方有限，所能利益到的方面并不为广泛。哪里像使苏轼在中央，用其善言善策，就会令天下蒙受其福；听取他的正直之言，就会令太皇太后陛下和皇帝陛下圣心开明受益；颁布他撰写的诏令，就会令四方响应，奸邪之谋因此失败，正直用事之大臣就会盈满于朝廷。伏望朝廷收还苏轼新授知州的诏令，仍然把他任职于翰林，执掌经纶辞令，用以成就太平！

也就是说，在元祐四年苏轼被程颐门下朱光庭等人攻讦，不厌其烦请求出外获准的情况下，赵君锡敢于站出来为苏轼说话，甚至把苏轼捧上了天，因此东坡自然把他引为知己，认为是一位真正了解自己的忠贞大臣。

于是苏轼派了门下的王遹（yù）去见赵君锡，请他为秦观说说好话，保全其官职，又论及两浙灾情，请求他在台谏中支持东坡的赈灾意见。不料，赵君锡反而将此事作为罪证，在奏章中弹劾苏轼！

起初贾易弹劾秦观时，赵君锡也在同一日跟着上章，说"臣前荐观，以其有文学，今始知其薄于行，愿寝前荐，罢观新命。臣妄荐观罪，不敢逃也"。意思说之前举荐秦观，是因为他有文章诗词的学问，现在才知道他言行浮薄，愿废止之前的举荐，罢免他的任命。

王通见过他之后，赵君锡在奏疏中说："二十七日，观来见臣，言：'贾御史之章云，邪人在位，引其党类。此意是倾中丞也。今贾之遗行如观者甚多，中丞何不急作一章论贾，则事可解。'观之倾险如此，乞下观吏究治之。缘臣与贾易二十六日弹观，才一夕而观尽得疏中意，此必有告之者。朝廷之上不密如此。观访臣既去，是日晚有王通来，苏轼之亲也，自言轼遣见臣有二事，其一则言观者，公之所荐也，今反如此；其一则两浙灾伤如此，而贾易、杨畏乃言传者过当，欲令朝廷考虚实，朝廷从其奏。于是给事、两谏官论驳，以谓当听其赈恤，不可先以覈（hé）（检验、查核）实之旨恐之。夫台谏之言不同如此，中丞岂可不为一言？臣以为观与通皆挟轼之威势，逼臣言事，欲离间风宪。臣僚皆云奸恶，乞属吏施行。"

这封弹章说得绘声绘色。里面写道，二十七日，秦观来见臣，对我说："贾御史的奏章说，奸邪之人在位，多提携其朋党。这是意图要倾轧中丞，向中丞夺权啊。现在贾易好攻讦他人，这种不检点的行为太多了，有许多人像我秦观一样与他因此有仇隙，中丞为什么不立刻写一封奏章弹劾贾易，那么一呼百应，事情必然可以解决。"秦观的奸邪就是如此这般明目张胆，乞请将他移送法办，由官员审查！此前因臣和贾易二十六日弹劾秦观，才一个晚上的时间秦观居然就全知道自己被弹劾，这必定是有人密告他的原因啊。朝廷内外机密不严如此！秦观从臣寒舍拜访离去之后，这一天晚上有王通前来，王通是苏轼的亲信，自称苏轼派他来有两件事和臣分说。一件就是秦观的事情，意思是秦观过去是臣所推荐，还须臣加以回护，现在反而弹劾他，应该吗？另一件事是说两浙灾情，贾易、杨畏说是传言夸大了，希望令朝廷考察虚实，知晓实际情况，朝廷准许了他们的奏议。在这时给事、两谏官又议论、反驳起来，认为应该准许地方赈灾抚恤，不能够先用核查虚实的旨意惊吓到地方（苏轼是想要我赞同先行赈恤）。御史台、谏院的观点如此不同，我作为御史中丞难道可以不发一言么？臣认为秦观和王通都是挟苏轼的威权势力，逼迫臣听从他们的话语来发表意见，这是想要离间台谏官员啊！臣僚们都说苏轼一党奸恶不法，乞请朝廷派遣官吏审查法办！

从上述两封两年间的奏章来看，赵君锡前后对苏轼的评价和好恶似乎有了一百八十度的转变，从一个极端到了另一个极端。这是什么原因呢？难道果然在元祐四年苏轼还是"国家雄俊之宝臣"，偏偏到了元祐六年再回中央就是大奸大恶、结党营私之权臣了？

实际上刚回到东京不久，在七月时苏轼已经又上表乞求出外，从未表现过贪恋权位之意。

翰林学士承旨、兼侍读苏轼言："臣闻朝廷以安静为福，人臣以和睦为忠。若喜怒爱憎，互相攻击，其初为朋党之患，而其末乃治乱之机，甚可惧也。臣自被命入觐，屡以血恳，频干一郡，非独顾衰命为保全之计，实深为朝廷求安静之理，而事有难尽言者。臣与贾易本无嫌怨，只因臣素病程颐之奸，形于言色，此臣刚褊（biǎn）之罪也。而贾易，颐之死党，专欲与颐报怨，因颐教诱孔文仲，令以其私意论事，为文仲所奏。颐既得罪，易亦坐去。而易乃于谢表中诬臣弟辙漏泄密命，缘此再贬知广德军，故怨臣兄弟最深。臣多难早衰，无心进取，岂复有意记忆小怨，而易志在必报，未尝一日忘臣。其后召为台官，又论臣不合刺配杭州凶人颜章等。以此见易于臣，不报不已。今既擢贰风宪，付以雄权，升沉进退，在其口吻，臣之绵劣，岂劳排击？观其意趣，不久必须言臣并及弟辙。辙既备位执政，进退之间，事关国体，则易必须扇结党与，再三论奏，烦渎圣听。朝廷无由安静，皆臣愚昧，不早回避所致。若不早赐施行，使臣终不免被人言而去，则臣虽自顾无罪，中无所愧，而于二圣眷待奖与之意，则似不终。窃惟天地父母之爱，亦必悔之。伏乞检会前奏，速除一郡，此疏即乞留中，庶以保全臣子。"

奏章里说，臣听闻朝廷以大臣安静无争斗为福，为人臣子以和睦团结为忠。如果因为彼此喜怒爱憎的区别，互相攻击，这种祸事起初只是朋党之忧患，但到了最后就会是国家安定与动乱的根本原因，非常值得警惧。臣自从受命觐见，屡次以极其诚挚的恳求，频繁地求知一州郡，这并不只是考虑自己年老而明哲保身的想法，实在是深思以后为朝廷求安静太平的办法，个中曲折，一言难尽。臣和贾易本来没有什么仇怨，只是因为臣平日一直厌恶程颐的奸诈，就常表露在言行脸色上，这是臣刚直褊促之罪啊。贾易此人，是程颐之死党，专门想要给程颐报仇。过去由于程颐想要教唆诱使谏官孔文仲（苏轼好友），令他按照程颐的私人意志来论奏事情，结果反被孔文仲所弹劾（颐人品纤污，天资憸（xiān）巧，贪黩请求，元无乡曲之行。奔走交结，常在公卿之门）。程颐已经因此得到处分，被罢免崇正殿说书，贾易也被罢出知外州。而贾易又于谢表中诬陷臣弟苏辙泄露禁中机密诏令，朝廷知其构陷，就把他再贬知广德军，所以他怨恨臣兄弟二人最深。臣一生多难，早早衰老，无心进取权位，又怎么会记着这种小怨小仇呢？但是贾易志在必报仇隙，一天都不曾忘记臣。后来他担任御史，又论臣不应该将杭州凶徒颜章刺配军州。因此足见贾易对臣，不报仇隙，绝不停止。现在他已经擢升至御史台副长官，朝廷交给他监察大权，许多官员的升降进退，就在其口吻的褒贬之间，臣才能薄弱、智慧低下，又哪里需要劳烦他抨击弹劾？看他的意思和图谋，不久之后必定会弹劾臣和臣弟苏辙。苏辙现在已经成为执政副相，他的进退关乎国家体面，因此贾易必定会勾结党羽，再三上奏弹劾，烦扰亵渎太皇太后和陛下之圣听。朝廷之不能安静，都是因为臣愚昧，不能及早回避所导致。如果不能早赐诏令让臣出外，使臣最终不免被人弹劾而离开京师，那么虽然臣自我反省也无罪无愧，但对于太皇太后和陛下眷爱优待、奖掖赏赐之意，恐怕有所不能善终。臣私以为天地父母之爱，也必定会后悔这样的情况发生。伏乞检览之前上奏之疏，早日任命臣外知州郡，这一疏就乞求留中不发，或许可以保全臣子。

贴黄（宋代奏札意有未尽，摘要另书于后，叫做"贴黄"）里苏轼反反复复强调乞求朝廷准许自己离开中央，去地方上做知州的想法，足见我们的诗人苏东坡早已洞察朝中党争之险恶，也已厌烦了这种尔虞我诈的漩涡纷争，对于权位，他并无任何留恋。因此两相比较，我们或许只能认为御史中丞赵君锡恐怕当年任职给事中时赞扬苏轼也未必是出于实心，而是窥测到苏轼帝眷甚重，想以此向高太皇太后邀宠；而在两年后自己执掌御史台之时，又知晓宰相右仆射刘挚之朔党与程颐洛党合流，谋黜苏氏二兄弟，为了自己的政治前途，他不愿得罪宰相。苏轼把这样左右逢源的人当成了好友，足见他识人之天真了。

很快如苏轼所预料，贾易的组合拳第二招来了。他在奏疏中弹劾道：

谨按尚书右丞苏辙，厚貌深情，险于山川，诐（bì）言殄（tiǎn）行，甚于蛇豕……善为诡谲，以谄交固党，至于用巧，得为御史中丞。于是肆其祸心，无所忌惮。所毁者，皆睚眦之怨；所誉者，皆朋比之私。……陕西地界，识者皆知不与为是，辙则助其蜀党赵𪩘（xiè），徼幸私己之邪议，力非忧国经远之公言。

谨察尚书右丞苏辙，深藏不露，貌似忠厚，险恶甚于山川，奸邪言辞，罪恶行止，甚于毒蛇猛兽。……他善于狡猾诡诈，用谄媚的言行交结、牢固党羽之间的联系，通过投机取巧，成为御史中丞。到了那时便放纵其险恶用心，无所忌惮畏惧。他所弹劾别人的原因，都是一些微不足道的私怨；而称赞别人的原因，都是朋党私恩。……陕西地界（指元祐六年苏辙主张应该弃地予西夏事），有识之士都认为不弃地予西夏才是对的，苏辙却助其蜀党党羽赵高，侥幸地想要促成自己的邪说意见，着力反对真正的忧国忧民、眼光远大的公论。

又着重弹劾苏轼：

其兄轼，昔既立异以背先帝，尚蒙恩宥（yòu），全其首领，聊从窜斥，以厌众心。轼不自省循，益加放傲。暨先帝厌代，轼则作诗自庆曰："山寺归来闻好语，野花啼鸟亦欣然。此生已觉都无事，今岁仍逢大有年。"书于扬州上方僧寺，自后播于四方。轼内不自安，则又增以别诗二首，换诗板于彼，复倒其先后之句，题以元丰八年五月一日，从而语诸人曰："我托人置田，书报已成，故作此诗。"且置田极小事，何至"野花啼鸟亦欣然"哉！又先帝山陵未毕，人臣泣血号慕正剧，轼以买田而欣踊如此，其义安在？谓此生无事，以年逢大有，亦有何说乎？是可谓痛心疾首而莫之堪忍者也。后于策题，又形讥毁，言者固常论之。及作吕大防左仆射麻制，尤更悖慢，其辞曰："民亦劳止，庶臻康靖之期。"识者闻之，为之股栗。夫以熙宁、元丰之政，百官修职，庶事兴起。其间不幸，兴利之臣希冀功赏，不无揞刻，是乃治世之失，何至比于周厉王之时《民劳》《板》《荡》之诗，刺其乱也？

他的兄长苏轼，过去已经树立反对意见来背弃先帝，尚且蒙受先帝洪恩宽宥，保全了他的性命，只是贬斥到黄州来平息群臣对他的愤怒罢了。苏轼却不自己加以反复省察，更加放纵傲慢。到先帝登遐，与世长辞，苏轼却写诗为之庆贺："山寺归来闻好语，野花啼鸟亦欣然。此生已觉都无事，今岁仍逢大有年。"当时写在扬州上方僧寺，自此之后传播于海内四方。苏轼因此有所心虚不安，就又增添了两首其他的诗，在山寺里换了块题了他诗的木板，又颠倒其中先后，题写了元丰八年五月一日为日期，从而告诉大家说："我托人购置田宅，后来他来信告之我已经办好了这事，所以我写了这首诗。"况且购买田宅乃是极小的事情，何至于说"野花啼鸟亦欣然"呢！又先帝长眠山陵之礼还未结束，为人臣子者正应当泪如血涌、痛哭追慕，直至悲恸无以复加，就算苏轼是因为购置田宅而欣喜踊跃，那么他的忠义又何在呢？又说此生无事，今年是个大有的丰收好年，（现在先帝是于这一年登遐）也能有这种说法吗！这可以说是正道人士所痛心疾首而没有人能够忍受的对先帝的亵渎、侮辱！此后苏轼在策论题目中，又对先帝加以讥谤诬毁，是言官们本来就经常谈及的事情。等到苏轼撰写吕大防宣麻拜相的诏令时，还更加特别的狂悖傲慢，他撰写的辞令里有"民亦劳止，庶臻康靖之期"（"民亦劳止"出自《诗经·大雅·民劳》，相传为西周大臣召穆公所作，旨在铺陈百姓极其惨烈之苦，规劝周厉王体恤民情，改过从善。康靖，安宁、安康也），有识之士听闻，为之气愤惊异，以至双腿战栗。正是凭着熙宁、元丰年间的先帝施政，百官尽心职守，才有诸多政事兴办成功。期间一些不幸之处，也完全是兴利的奸臣邪党，希冀贪图功劳和赏赐，因此存在一定的聚敛、盘剥百姓之处，这不过是太平之世的一点小小不足，何至于要如周厉王时期一样，用写百姓疾苦，国家动荡的诗来批评其乱象呢？

对于苏轼之前以龙图阁学士出知杭州时的地方政务，他又颠倒黑白：

其在杭州，务以暴横立威，故决配税户颜章兄弟，皆无罪之人，今则渐蒙贷免矣。既而专为姑息，以邀小人之誉；兼设欺弊，以窃忠荩 jìn 之名。如累年灾伤不过一二分，轼则张大其言，以甚于熙宁七八年之患。彼年饥馑疾疫，人之死亡者十有五六，岂有更甚于此者？又尝建言以兴修水利者，皆为虚妄无实。而自为奏请浚治西湖，乞赐度牒，卖钱雇役，闻亦不免科借居民什器畚（běn）插之类，虐使捍江厢卒，筑为长堤于湖中，以事游观，于公私并无利害。监司畏其强，无敢触其锋者，况敢检按其不法耶！

他说苏轼元祐四年出知杭州时，专门以暴虐蛮横的施政来立威，因此判了纳税良民颜章兄弟流放的重刑，可他们都是无罪之人啊，现在已经逐渐蒙受朝廷宽恕减免了。此后他又专做纵容之事，借此来邀取一干小人对他的夸誉；同时对朝廷又巧加欺诈蒙骗，借此窃取忠诚为民的好名声。如过去历年灾情平均下来不过当地十之一二的损失，苏轼却夸大其词，说比熙宁七八年的灾患还厉害。那一年饥荒瘟疫，灾情严重的地方百姓死亡的达到了十之五六，哪里会有比这更严重的呢？苏轼又曾经建议在杭州兴修水利，却都是虚妄无实际作用的一些工程。他自己奏请疏通治理西湖，向朝廷乞求赐予了度牒，卖了钱雇来工人，听说其中也不免强行征收百姓各种挖土工具之类的事，又粗鲁暴虐地使唤钱塘地方厢军士卒，在西湖上建了条长堤，用来游览之用！于公于私都毫无任何好处！地方监司大员都害怕苏轼的权威之大，没有敢触怒他的锋芒的，更别说敢检举审查他的诸多不法行为的了！

又说苏轼结党营私，觊觎首相权位，言辞危言耸听之至：

今既召还，则盛引贪利小人，相与倡言圣眷隆厚，必求外补，非首相不可留也。原轼、辙之心，必欲兄弟专国，尽纳蜀人，分据要路，复聚群小，俾（bǐ）害忠良，不亦怀险诐（bì），覆邦家之渐乎！

他说现在朝廷把苏轼召回了中央，他苏轼便极力提携贪利小人，和他们狼狈为奸、沆瀣一气，在一起时扬言说自己圣眷隆厚，果真求外知州郡的话，不是以首相的职位相留就不要也罢。推究苏轼、苏辙的险恶用心，必定是想要他们二兄弟擅权专国，尽纳蜀人为党羽，令其爪牙鹰犬分别占据朝廷中的重要职位，又聚集众多小人，使他们祸害忠良，这不就是他们心怀奸诈卑劣之图谋，而颠覆朝廷国家的开端吗！

又编造苏轼拉拢他的谎言：

臣自被命以来，数使人以甘言诱臣者，或云轼深叹美，恨相知之晚。或云今之除授辙有力焉。

贾易说自从自己受命任侍御史担任御史台副长官以来，苏轼屡次派人用甜言蜜语来诱惑哄骗他，有的人说苏轼深深叹许、赞美贾易的才华和为人，只恨相知太晚。有的人则说苏辙拜副相他贾易也与有力焉。

这两套组合拳我们不妨来粗略分析一番。第一步弹劾秦观，这是攻东坡之必救，因为贾易他知道苏轼重情重义，决不会坐视秦少游被罢官而必为之走动营救，这样就留下了把柄可以作为结党营私、提携小人的所谓证据。第二步是直接攻击苏辙、苏轼二兄弟，这已经是亮明了车马，明刀明枪地直捣黄龙。他抓住苏辙主张弃地予西夏的污点作为第一攻，然后吹毛求疵、牵强附会地曲解苏轼的诗句和撰写的拜相诏令从而给他扣上亵渎先帝、大奸不忠的高帽子作为第二攻，又将苏轼为政杭州的种种施政举动说成是暴虐良民、虚报灾情、劳民伤财——总之一无是处，全是不法行为，以此作为第三攻，最后则是诬蔑苏轼企图擅权乱政，多方勾结党羽，甚至还想拉拢自己，说得以假乱真。

真不知伊川先生程颐，如何就教出这样的学生，这样的阴谋家。无怪乎喜程颢者多有，而恶程颐者亦不为鲜矣。

苏轼的内心定然因此而疲惫不堪，自乌台诗案以来，除贬谪地方之时，其余时间皆谤言随身，这些恶意中伤的无聊攻击，究竟何时是个头呢？他在内心里把赵君锡当成知己，谁料赵君锡如此对他？

不久，首相左仆射吕大防和次相右仆射刘挚向太皇太后禀报了贾易弹劾苏轼兄弟的奏疏。太皇太后直截了当地回答："贾易抨击苏轼的那些话也太过分了，须给予贬官降职的处置。"

吕大防实际上不失为一个党争的高手，轻易从不表露倾向，除了在整蔡确时候立场坚定以外，此次他又恢复了深藏不露和稀泥的老习惯，说："这件事上，贾易确实有些不恰当的地方。但是如果立刻对他贬官降职，那么台谏言官们不知道这样做的原因，又必定会议论纷纷。现在如果要让朝廷早点安定下来，不如把贾易和苏轼都一起罢知外州，最为方便。"

太皇太后的表情隐藏在帘幕后面，过了一会儿才点了点头，顿了顿，又补充说，"但是贾易的处置不能太优待了！"

吕大防和刘挚退出延和殿后，刘挚又说："贾易是位刚直果敢、勇于言事的好侍御史啊。前些年台谏颓靡，自从贾易来了后，大为改观。现在要离开御史台可惜了。苏轼才高八斗，如果肯稍微遵循点步骤，又有谁能超过他呢？哎，知道自贵自重，不可轻浮孟浪，这是有大智慧的人才能做到的啊，确实也是许多古人都办不到的，呵呵。"

吕大防知道这是刘挚在打压东坡，却说："为了朝廷安宁，且如此吧。"

刘挚向首相拱了拱手："微仲（吕大防字）相公何必自责，贾易弹劾苏氏兄弟的事情，虽然大多是搜集昔年旧事，但也确实是台谏官员们曾经多有论及的不当内容。苏轼虽然没有什么大的问题，但却从赵君锡所奏可知，他让王通去给秦观说情，沟通台长而救门生，实有其事，所以才将二人都罢职出外啊。"

刘挚此刻的得意洋洋看在吕大防眼里，却是一阵冷笑。吕大防保全了苏辙，就是为了对付他刘挚。将苏轼赶出东京的刘挚并不知晓，不用过多久，他就会因为在给与蔡确关系紧密，且曾与蔡确一同叫嚣神宗不豫时有"定策大功"的邢恕之信中的话语，而最终被高太皇太后彻底厌恶，以致丢了相位。他指使御史言官寻摘苏轼字句来罗织罪名，最后也因为自己信中"以俟休复"一句给人定性为是"复子明辟"（出《尚书·洛诰》，谓还政或让位。即是指高太皇太后归政哲宗之意）而落了个罢知郓州的下场。这或许谈不上天道好还，但也足见元祐党争的波谲云诡了。

吕大防不救苏轼而态度暧昧地看似支持刘挚打压东坡，除了政治斗争上的隐忍和策略外，还有其他原因么？从一些笔记材料来看，或许亦有一些有趣的端倪和可能。

《苕溪渔隐丛话》卷二十六引《东皋杂录》云：

东坡善嘲谑，以吕微仲丰硕，每戏曰："公具有大臣体，坤六二所谓直方大也。"后拜相，东坡当制，有云："果艺以达，有孔门三子之风，直方而大，得坤爻六二之动。"又尝谒微仲，值其昼寝，久之方见，便坐昌阳盆畜一绿龟，坡指曰："此易得耳，唐庄宗时有进六目龟者，敬新磨献口号云：'不要闹，不要闹，听取龟儿口号，六只眼儿睡一觉，抵别人三觉。'"微仲不悦。

据此材料可知，苏轼因为吕大防长得胖，每每戏言说，"吕公您真是有大臣气度，心宽体胖啊，如坤卦六二所谓直、方、大啊。"后来吕大防宣麻拜相，正由苏轼撰写制词，他造段子的心居然把这种话写进了拜相的诏令里。又有一次东坡曾到吕大防府邸上拜谒，正遇上吕大防白天睡午觉，等了很久才见到。东坡早等得不耐烦了，看到座位旁的昌阳盆里养着只绿毛龟，他便指着这只龟对吕大防说，"这种绿龟很容易得到啊，不像唐庄宗时候有人进献了一只六眼龟，殊为难得，当时的伶人敬新磨在殿下进口号说：'不要闹，不要闹，听取龟儿口号，六只眼儿睡一觉，抵别人三觉。'"这显然是在调侃吕相公白天打盹睡得如此久，让客人久候，就好比那六眼乌龟，睡一觉，仿佛抵得上别人睡三觉。材料最后告诉我们，吕大防不太高兴。你苏学士级别虽高，但我吕微仲是你上司啊，级别更高，年龄上还长你十岁呢！你居然说我是个六只眼睛的乌龟！这若说吕大防有点不开心，也是完全可以理解的。

不过据《贵耳集》上云：

东坡因访吕微仲，偶在书屋坐久，因见盆中养一龟，有六目。微仲出与东坡言："偶昼寝久坐。"东坡云盆中之龟，作得一口号奉白："莫要闹，莫要闹，听取龟儿口号。六只眼儿睡一觉，却比他人三觉。"吕大笑。

则吕大防的反应是"大笑"，似乎不以为意，反而给东坡的幽默诙谐逗乐了。但我们如果仔细回味，并参详吕大防此人为官的城府和政争的手段，这层大笑究竟是被逗得开怀之笑还是笑面虎之笑，心里呵呵着准备以后给东坡下绊子、穿小鞋，那就颇值得玩味了。

当然，实际上苏轼有没有真的在这样的调侃和玩笑里得罪贵为首相的吕大防，很可能并不是他在被刘挚排挤时候，首相不救之的主要因素，甚至可能根本谈不上一个有分量的因素。因为吕大防作为一个宰辅级别的政坛大佬，他的考量更多都是出于权力斗争，苏轼是他丢给刘挚的一块肉，一个可以牺牲的棋子，好麻痹刘挚，让他以为自己颠顸可欺，而吕大防不动声色，轻轻摘出来的苏辙，才是他要用来对付刘挚的后招。但从这两则材料里，我们也不难看到苏轼好言惹事的性格，在我们而言，觉其可爱，若于东坡自身之仕途来说，乃又是一种不幸了。

于是，在吕大防并不反对、刘挚又坚定支持贾易的情况下，诏令公布：翰林学士承旨兼侍读苏轼为龙图阁学士、知颍州，侍御史贾易本官知庐州。给出的理由是："轼累乞外任，可依所奏。易言事失当，可与外任也。"

赵君锡依旧不依不饶，连上两章弹劾，其中说：

盖蔡确无礼于太皇，与轼无礼于先帝，其罪一也。岂可确则流窜遐荒（边远荒僻之地），轼则一切不问？太皇不行此事，将何以教天下之为母者也？皇帝不行此事，将何以教天下之为子者也？有臣怀悖逆之心，形容于言辞如此，而朝廷不能亟正其罪，将何以教天下之为臣者也？伏望二圣质以近事，早赐睿断，以解释天下之非议。

赵君锡之意，乃是说苏轼当与蔡确同罪，非流放远州不可，用心之毒，令人咋舌。

元祐六年八月，苏轼赋词《满江红·怀子由作》一首，离开了东京这是非之地。

清颍东流，愁目断、孤帆明灭。宦游处、青山白浪、万重千叠。辜负当年林下意，对床夜雨听萧瑟。恨此生、长向别离中，添华发。

一尊酒，黄河侧。无限事，从头说。相看恍如昨，许多年月。衣上旧痕余苦泪，眉间喜气添黄色。便与君、池上觅残春，花如雪。

清澈的颍水向东流逝而去，望着河面孤帆远影忽明忽灭，心中暗生怅惘。仕途中为官于四方，走过万水千山，有多少艰难险阻啊！只可惜辜负了与弟弟你当年约定要早早地一起优游林泉、隐居山野的心愿，尚忆否？你我曾经对床夜语，道人生之百态，听风雨之萧瑟，这不就是韦应物"那知风雨夜，复此对床眠"的意境嘛！此生遗憾，你我兄弟二人总是生生离别，空长年齿，徒添白发。

黄河之畔，我且举杯遥祝，弟弟你一切安好。你我一路走来，卷入多少悲欢离合人间事，无限感慨，一言难尽。细细思维，恍如昨日。衣裳虽旧，留有往日凄苦之泪，但你我也已不再壮年，或许致仕之日不远矣，离开险恶的东京，我眉目间又不禁有一丝喜气可寻。待到你我终于能够归隐，便与你一同，在人生暮年，山花池畔，寻觅残春之芳踪，看那落英缤纷，似如雪花万千。

对于险恶的仕宦之途，苏轼倦了。

这一年，东坡五十六岁矣。

东坡终焉

　　苏轼在颖州的时间至多半年，离开了东京这个是非之地，他的心情倒又陶醉在颖州的"西湖"胜景中。《苕溪渔隐丛话》引王直方《诗话》云：

　　杭有西湖，而颖亦有西湖，皆为游赏之胜，而东坡连守二州，其初得颖也，有颖人在坐云："内翰但只消游湖中，便可以了郡事。"盖言其讼简也，秦少章因作一绝献之，云："十里荷花菡萏初，我公初置有西湖，欲将公事湖中了，见说官闲事已无。"后东坡到颖，有《谢执政启》，亦云："入参两禁，每玷北扉之荣；出典二邦，辄为西湖之长。"

　　看来，我们的大文豪东坡到了颖州和为政杭州时一样，也是喜好"西湖办公"。他甚至把这种心境写进《颖州到任谢执政启》中，说自己两入禁林，为翰林学士，每每都有所玷污学士院的荣耀；此后出来牧守两州，就都成了西湖的长官。这话得亏是在元祐年间，旧党当政，若是元丰时期，怕又要给穿凿附会，小则参苏轼一个懒政不作为的苟且之罪，大则劾其心怀怨怼，出语讥讽朝廷——但正是这种性格脾气，正是如此说话风格的苏轼，才是我们那个熟悉的，喜爱的苏轼。

元祐七年（1092）二月，新的诏令又调任他前往扬州，以龙图阁学士充淮南东路兵马钤辖知扬州军州事。东坡带着家人一路乘船走水路，于三月中旬抵达扬州任上。

东坡在一路上见到农田阡陌之间异常萧条，于是他白龙鱼服、微服私访，向田舍间的老农咨询问讯，这才得知百姓们正苦于无力还清历年积欠的税赋。于是苏轼毅然写成《论积欠六事并乞检会应诏四事一处行下状》奏议，上报于朝廷，其中写道：

> 臣顷知杭州，又知颍州，今知扬州，亲见两浙、京西、淮南三路之民，皆为积欠所压，日就穷蹙（cù），死亡过半。而欠籍（记录欠负的簿籍）不除，以至亏欠两税，走陷课利（定额的赋税），农末皆病，公私并困。以此推之，天下大率皆然矣。臣自颍移扬州，过濠（háo）、寿、楚、泗等州，所至麻麦如云。臣每屏去吏卒，亲入村落，访问父老，皆有忧色。云："丰年不如凶年。天灾流行，民虽乏食，缩衣节口，犹可以生。若丰年举催积欠，胥徒（泛指官府衙役）在门，枷棒在身，则人户求死不得。"言讫，泪下。臣亦不觉流涕。又所至城邑，多有流民。官吏皆云："以夏麦既熟，举催积欠，故流民不敢归乡。"臣闻之孔子曰："苛政猛于虎。"昔常不信其言，以今观之，殆有甚者。水旱杀人，百倍于虎，而人畏催欠，乃甚于水旱。臣窃度之，每州催欠吏卒不下五百人，以天下言之，是常有二十余万虎狼，散在民间，百姓何由安生，朝廷仁政何由得成乎？

这份奏议所用辞句是颇为大胆的。苏轼说，臣不久之前牧守杭州，又知颍州，现在又调任扬州，亲眼所见两浙、京西、淮南三路（路，宋代行政区域划分，常设转运使、提点刑狱公事、提举常平广惠仓等官职，即监司也；因军事需要则临时设置宣抚使、安抚使掌一路或数路军政大权）的老百姓，都被积欠所压迫，一天比一天更窘迫困苦，死亡之数甚至过半。但是在记录积欠的簿子上，他们的名字却仍然没有被消除，以至于亏欠夏秋两税，无可避免地陷入税赋无力上缴的恶性循环中，导致农业商业都因此衰弱不振，朝廷民间均以是困窘不兴。以此推断，天下大多都是如此啊！臣从颍州移知扬州，经过濠、寿、楚、泗等州，所到之处，粮食丰收。然而臣每次撤开左右随从，亲自进入村中寻访父老，百姓们却都面露忧虑不堪的脸色，说："丰年反而不如凶年好。凶年天灾流行，（因为朝廷会有减免税赋和其他赈恤）老百姓虽然缺少粮食，但缩衣节食，还可以活得下去。如果遇上了丰年，朝廷就会催缴积欠，衙役们堵在家门口，官服的枷棒锁打在身上，那么要纳税的贫户百姓们便是求死不能啊！"说完，村里百姓们便老泪纵横。臣也不由地潸然泪下。到了城门口，又见到很多流民。地方官吏都告诉臣："因为夏麦已经熟了，现在正在催缴积欠，所以流民们不敢回到家乡里。"臣从孔子的理论里听闻说"苛政猛于虎"。过去我常常不相信他的这句话，而以现在的情况来看，大概比这还要严重吧！水旱之灾杀人，数目之大百倍于山间猛虎，但百姓畏惧催缴积欠，竟然更胜过水旱天灾！臣私下里揣度思量，每州催欠的差役不少于五百人，以全天下而论，那就是常有着二十余万虎狼，散在民间恐惧逼迫着百姓啊！老百姓们还怎么能安生太平，朝廷的仁政还怎么能够有成效呢！

这些话是有分量和担当的，在屡次被构陷谤讪朝廷之后仍然敢用这种激烈而直率的口吻写奏议，可见东坡是真正不同于那些狗苟蝇营、见风使舵的传统政客式官僚的。他是一个敏锐而感性的人，对受苦的百姓有着一种民胞物与的关怀，为他们的悲喜落泪出涕。然而另一方面，东坡确实没有办法从全天下的高度上去足够系统地思考如何改善民生、如何富强国家，关于这一方面的认识，除却制科策论之时，此后他在仕途中基本停留在儒家和黄老之术传统的语境里，诸如仁政，诸如轻徭薄赋等层面。但对于一位千年一遇的伟大诗人，这毕竟是一种完全不必要的苛责了。

苏轼的奏议很快得到朝廷批复准许，当地的百姓们欢呼雀跃，而东坡在扬州的为官生涯又在匆匆春色的告别中即将结束。这一年八月，新的诏令再次下达，由于年轻的哲宗皇帝已经到了可以亲政的年龄，朝廷将举行皇帝陛下第一次主持的郊祀大礼（**古代于郊外祭祀天地，南郊祭天，北郊祭地**），并任命苏轼为南郊卤簿使，本官也升迁到从二品的兵部尚书，负责皇帝出行祭祀的众多事务。

这便由不得苏轼推辞了，他只好一面请求郊祀之后仍乞补外，一面离开扬州返回东京。在这当口，苏轼又送别了一位好友，并为之赋《青玉案》一首：

三年枕上吴中路，遣黄耳，随君去。若到松江呼小渡，莫惊鸥鹭，四桥尽是，老子经行处。

辋川图上看春暮，常记高人右丞句。作个归期天已许。春衫犹是，小蛮针线，曾湿西湖雨。

苏轼即将北归东京，他的好友苏坚（字伯固）也要回到吴中。依依不舍之情，且遣一黄犬随君而去，作为念想。东坡不忘幽默，说到了松江岸边呼唤舟船摆渡之际，且莫惊扰一滩鸥鹭，因为这四桥盛景之处，都是我苏轼曾流连忘返的地方啊，花木鸟兽都是我的朋友呢。

想到友人能够回到吴中，自己却仍然官差在身，若要品味林泉高致之美意，或许只能念叨两句王维的诗句和他所作的《辋川图》来欣赏暮春之色了。你为自己定下了这个归期，上天已恩许。你身上春天的衣裳三年来不曾舍弃，犹是你的爱姬一针一线所作的那件，你我曾共淋西湖之雨，如今却要分别两地了。

词意中依稀可见东坡对友人归去故园的羡慕之情。

郊祀大礼结束，苏轼升迁为礼部尚书、端明殿学士、翰林学士，可谓荣宠甚深，离宰辅执政只有一步之遥。

然而苏轼已经对仕宦之途产生了深深的倦怠。

　　元祐八年（1093）八月，妻子王闰之病逝。这是苏轼一生中第二次丧妻之痛，但是噩耗接连传来。

　　原来此时的高太皇太后也已病入膏肓，当时的宰相和执政们如吕大防、范纯仁（已于七月复尚书右仆射兼中书侍郎）、苏辙等人都进入到崇庆殿问圣体安康，太皇太后令范纯仁单独留对，哲宗见状便令除吕大防、范纯仁两位宰相外全部告退。奏对间吕大防说着场面话："近来听闻太皇太后陛下圣体好转，乞请陛下稍宽圣虑，安心服药。"高太皇太后说："好不了了。正想对官家（指此时在场的哲宗皇帝。宋时内廷多呼皇帝为官家）说破，老身病殁之后，必定多有巧言令色欺弄官家的小人出现，官家切不可听信！至于相公们……你们也且早些求退，方便官家另用宰臣。"

　　高太皇太后也已知晓，亲政后的一场风暴恐怕在所难免。

　　九月，太皇太后驾崩。

　　此前已经请求外知越州（今浙江绍兴一带）的苏轼此时被准许以端明殿学士、翰林侍读学士、礼部尚书知定州，并兼任河北西路安抚使。然而不同寻常的是，作为两制以上的近臣高官，出为边帅，哲宗居然没有令苏轼在离开东京前陛见（臣下谒见皇帝），这其中的信号令苏轼十分不安。

　　但是他非但没有选择明哲保身，而是又上了一封奏议，即《朝辞起定州论事状》。其中写道：

　　《易》曰"天地交，泰。"其词曰"上下交而其志同"。又曰"天地不交，否（pǐ）"。其词曰"上下不交，而天下无邦。"夫无邦者，亡国之谓也。上下不交，则虽有朝廷君臣，而亡国之形已具矣，可不畏哉！臣不敢复引衰世昏主之事，只如唐明皇，中兴刑措（置刑法而不用）之君也。而天宝之末，小人在位，下情不通，则鲜于仲通以二十万人全军陷没于泸南，明皇不知，驯致（逐渐达到、招致）其事。至安禄山反，兵已过河，而明皇犹以为忠臣。此无他，下情不通，耳目壅（yōng）蔽（隔绝蒙蔽），则其渐至于此也。

《易经》里说，天地之间小大沟通，则平安和气。其卦辞说，君民上下交通则国家能够团结统一思想。又说，天地之间小大不通，那么就会陷入困厄多灾的情况。其卦辞说，若一个国家君民上下之间无法交流沟通，那么天下就不存在邦国了。所谓"无邦"，就是亡国的意思。上下之间不相交通，那么就算有朝廷君臣的制度存在，但是亡国的形势已经存在了，难道不值得畏惧吗！臣不敢再引用衰亡之朝、昏庸之主的事例，只说唐玄宗好了，他乃是一位中兴之主，缔造人民安居、刑罚锐减的帝皇。但是天宝末年，小人在位，民间和地方的情况不能通达于他的耳中，就有鲜于仲通以二十万大军征讨南诏，结果全军覆没于泸南，玄宗却不知道的荒唐事情，（这种上下壅蔽的情况）是逐渐到这一程度的。等到安禄山造反，叛军已经过了黄河，但玄宗还把他当成忠臣。这没有其他什么奇怪的原因，不过是因为下面的情况不通达于上，君王耳目被小人所隔绝蒙蔽，便逐渐到了这种不可挽回的地步。

臣在经筵（汉唐以来帝王为讲论经史而特设的御前讲席。宋代始称经筵，置讲官以翰林学士或其他官员充任或兼任），数论此事。陛下为政九年，除执政、台谏外，未尝与群臣接。然天下不以为非者，以为垂帘之际，不得不尔也。今者祥除（本指父母去世后，服丧期满，不再穿孝服）之后，听政之初，当以通下情除壅蔽为急务。臣虽不肖，蒙陛下擢（zhuó）为河北西路安抚使，沿边重地，以此为首冠，臣当悉心论奏，陛下亦当垂意听纳。祖宗之法，边帅当上殿面辞，而陛下独以本任阙（古同缺）官，迎接人众为辞，降旨拒臣，不令上殿，此何意也？臣若伺候上殿，不过更留十日，本任阙官，自有转运使权摄，无所阙事，迎接人众，不过更支十日粮，有何不可？而使听政之初，将帅不得一面天颜而去，有识之士，皆谓陛下厌闻人言，意轻边事，其兆见于此矣。

　　臣在经筵上曾几次论及此事。陛下即位以来，九年之中，在拜除宰相执政和台谏官员之外，不曾和群臣有过什么接触。但是天下不认为如此是不恰当的，因为大家都认为这是太皇太后垂帘听政之际，不得不如此。现在太皇太后的大祥期满，也已除服，正是陛下亲自听政的开端，应当把使下情通达于上，而革除壅蔽作为紧要事务。臣虽然不肖，蒙陛下擢拔为河北西路安抚使，在边境重地中，以此路最为重要，臣应当悉心论奏，陛下也应该留意听取，或可接纳臣的意见。圣朝祖宗制度，边帅赴任前应当上殿陛见，当面向皇帝辞行。但陛下独独以河北西路安抚使正缺官，迎接帅臣的人数众多，降下旨意拒绝见臣，不令臣上殿，这是在做什么呢？臣如果上殿奏对，不过再多留东京十天，河北西路安抚使空缺，那么自有此路转运使暂时代理，不会有什么失误的事情。至于迎接人众多，不过再支取十日之粮，有何不可？却使得现在陛下听政之初，将帅离京赴任之际都不能一睹天颜，有识之士，都说陛下是不喜欢听人说意见，甚至从这一点看出有不重视边境军事大局的兆头。

　　臣备位（**居官的自谦之词。谓愧居其位，不过聊以充数**）讲读，日侍帷幄，前后五年，可谓亲近。方当戍边，不得一见而行，况疏远小臣，欲求自通亦难矣……今陛下听政之初，不行乘乾（**登极为帝**）出震见离（**亦有登极为帝之义**）之道，废祖宗临遣将帅故事，而袭（**沿袭**）行垂帘不得已之政，此朝廷有识所以惊疑而忧虑也。臣不得上殿，于臣之私，别无利害，而于听政之始，天下属目之际，所损圣德不小。

　　臣又闻为政如用药方，今天下虽未大治，实无大病。古人云："有病不治，常得中医（**符合医道**）。"虽未能尽除小疾，然贤于误服恶药、觊 jì（**希望得到**）万一之利而得不救之祸者远矣。臣恐急进好利之臣，辄 zhé 劝陛下轻有改变，故辄进此说，敢望陛下深信古语，且守中医安稳万全之策，勿为恶药所误，实社稷宗庙之利，天下幸甚。

臣忝任充数翰林侍读学士，常侍候陛下读书于左右，前后五年，可以称得上亲近于陛下。方今值戍边统军之重任，却不能见陛下一面而起行，何况那些与陛下疏远的小臣，就算想要亲自把某些情况通达于陛下也难上加难啊。……现在陛下听政之初，不施行初登大宝的种种合理制度，又废除祖宗派遣将帅的惯例规矩，反而承袭施行垂帘时期不得已的政治模式，这就是朝廷里有识之士惊讶、疑惑而忧虑的原因啊！臣不能够上殿陛见，对于臣个人来说，并没有什么利害关系，但是对于陛下听政之初，天下瞩目之际，对于陛下的圣德损害不小！

臣又听闻治理天下如同使用药方。现在天下虽然仍未达到繁荣盛世、人民丰乐的大治局面，但实在也没有什么大毛病。古人说："有小病不去乱治，这才常符合真正的医道。"即便没有能完全除去小毛病，但仍然比误服恶药，觊觎希望渺茫的利益而得到致命之灾祸要好多了。臣担心那些急于升官求进、贪图利益的臣僚，很快就会劝说陛下轻易地改变元祐以来的大政方针，所以臣就进上这一奏议，希望陛下深信古人之说，且守符合医道的安稳万全的策略，不要被恶药所误害，这实在是天下社稷、宗庙祖宗们所希求的好事，是天下人之幸啊！

这篇奏议里的口吻又显得有些骇人听闻了，好几处似乎是长辈在教育小辈，而且直言不讳地点出了新旧党争的问题。当然，以苏轼曾经长期担任翰林侍读学士一职来说，确乎对于年轻的哲宗皇帝而言，有半个老师的身份，然而在新皇亲政的当口，上这种奏议仍然是极需要勇气的。

另外，苏轼说："今天下虽未大治，实无大病。"这一观点亦足以反映，苏轼在政治上如果不是为了维护自己作为"旧党"的执政理念，那么一定是出于对天下局势的幼稚认识了。大宋的问题，由来已久，简要言之，太祖赵匡胤代周而立，从根本上无法解决勋贵土地兼并和佃户（租种地主土地的农民）众多而税收减少的问题，对于勋贵和文臣他只能一味在经济上纵容，以换来对其统治的支持。这一祖宗家法是导致三冗问题的重大因素之一。若说天下无大病，纵不去论旧党多指为奸邪的王安石和熙宁变法，难道范文正公庆历年间也属于庸人自扰？

苏轼是一个好地方官，但是实在缺乏经纶天下的宏大视野和政治才干——然而这无可厚非，因为绝大多数官僚都没有这样的大才干，甚至根本不是一个好官，而苏轼能够做到把百姓放在心中，已是难能可贵。

已经隐隐感受到一丝国是将变之兆的苏轼在抵达定州后更是沉浸在一种大梦似幻、人生可叹的郁郁寡欢情绪之中，他不得不在出世间的智慧中去寻求解脱，寻求排遣胸中块垒。

他接连写下两首《行香子》：

三入承明。四至九卿。问书生、何辱何荣。金张七叶，纨绮貂缨。无汗马事，不献赋，不明经。

成都卜肆，寂寞君平。郑子真、岩谷躬耕。寒灰炙手，人重人轻。除竺乾（天竺，此指佛学）学，得无念，得无名。

这一首是说，自己曾三次出入禁林，位列近臣侍从（承明殿，汉宫室之名。边上建有供值宿侍臣所居之处，曰承明庐），四次官至九卿级别高官。然而对我这样一介书生而言，又有什么荣辱之分？汉代的金日磾（mì dī）和张安世子孙后代七世为近臣高官，华服贵冠，又如何呢？像我这样无汗马功劳，不会写歌功颂德的辞赋，不通济世安邦之儒术的人，难怪君王不喜啊。

不如效仿那成都闹市里，算卦占卜却只求勉强温饱而不慕富贵的严君平吧；又或者可以学学在岩谷亲自耕种的郑子真。世间万物，岂有长久盛昌？炭烧成灰，虽已变冷仍可暖手，人亦有轻重贵贱。我不如钻入佛学的大海之中，修得无念无名的出世间智慧吧！

严君平和郑子真皆是西汉晚期著名高士，隐逸不出，不愿仕宦。东坡在词中以此二人自况，足见他此时疲倦畏惧，心中思退，渴慕林泉的志向了。

又一首云：

清夜无尘。月色如银。酒斟时、须满十分。浮名浮利，虚苦劳神。叹隙中驹，石中火，梦中身。

虽抱文章，开口谁亲。且陶陶、乐尽天真。几时归去，作个闲人。对一张琴，一壶酒，一溪云。

在一个清风朗月的夜晚，东坡斟满杯中苦酒，他厌倦了世间浮名浮利，只感觉人生如寄，如白驹过隙，如石中火焰，如一枕黄粱。他虽然文章盖世，独步天下，然而招致的诽谤、诋毁又何其多呢？不如姑且陶然自乐，随性天真，找个时机归隐田园吧！琢磨一曲《广陵散》，细品一壶林间酒，仰讯高云，俯托轻波！

苏轼在定州一面整顿军队纪律，一面修缮营房，时间很快来到了元祐九年（1094）。这一年四月，对东坡来说，一个可怕的信号终于到来：哲宗皇帝改元绍圣。新的年号意思不言自明，即是继承神宗皇考的文治武功，要继续变法！

此前，殿中侍御史来之邵上疏乞请罢黜首相吕大防，以破大臣朋党相庇之风，又在奏疏里提议起用先帝神宗所简选的新党大臣，如章惇、安焘、吕惠卿等。吕大防也自知其中关节，自求出外。哲宗皇帝很快便准许其所请。

三月，尚书左仆射兼门下侍郎吕大防为观文殿大学士、知颍昌府，后二日，改知永兴军。

同月，哲宗皇帝至集英殿试进士策论，复试时尽取肯定熙宁元丰新法之人。这一显著信号令门下侍郎苏辙十分不安，他当即上疏将汉武帝的穷兵黩武、用桑弘羊敛财等行为比拟神宗熙宁元丰时期之施政，引起哲宗皇帝勃然大怒，几乎在召对时就要下旨罢黜，得范纯仁说情而免。苏辙回到府中后惊惧不已，自求出外，于是以端明殿学士出知汝州。

四月，新党重新掌权的态势更加明朗起来，龙图阁学士曾布除翰林学士、知制诰；正式改元为绍圣，布告天下；诏故观文殿学士、集禧观使、守司空、荆国公、赠太傅王安石配享神宗皇帝庙；通议大夫、提举洞霄宫章惇为正议大夫、守尚书左仆射兼门下侍郎（即拜为首相）……

大约与此同时，侍御史虞策、殿中侍御史来之邵又旧事重提，说苏轼曾多次谤讪先帝。来之邵说："轼在先朝，久以罢废，至元丰擢为中书舍人、翰林学士。轼凡作文字，讥斥先朝，援古况今，多引衰世之事，以快忿怨之私。行吕惠卿制词，则曰'始建青苗，次行助役、均输之政，自同商贾，手实之祸，下及鸡豚，苟可蠹（dù）国而害民，率皆攘臂而称首'；行吕大防制词，则曰'民亦劳止，愿闻休息之期'；撰司马光神道碑，则曰其'退于洛，如屈原之在陂泽'。凡此之类，播在人口者非一，当原其所犯，明正典刑。"

这些恶毒言辞的意思是："苏轼在先帝（指神宗）时，被罢官贬职很久，到了元丰年间擢拔为中书舍人、翰林学士这样的两制高官。然而苏轼凡有诏令制词，都是些讥讽抨击先帝施政的悖逆话语，援引古代之事，穿凿附会我皇宋圣朝，又多引征衰亡败落朝代之事例，以满足自己久被废黜的私愤私恨。他撰写贬谪吕惠卿的制词，就在里面写'（吕惠卿）起初施行青苗法，之后施行助役、均输之法，使得朝廷体面扫地，有如商贾作风。手实法导致民间互相检举甚至贪财诬告的乱象之祸，遍及地方小民。只要可以危害国家百姓的乱政，他吕惠卿都撸起袖子卖力得不得了，这股起劲的丑态堪称第一'；撰写吕大防制词，就说'老百姓困苦不堪，希望听到有可以与民休的日子'；撰写司马光的神道碑，又说司马光'（熙宁新法时期）退居洛阳，就如同屈原受谗讥而处湖泽之中'。凡是类同这些的反动话语，传播在朝野士大夫和百姓间的数不胜数，应当追究他所犯的罪责，明正典刑！"

很快，由中书舍人蔡卞（王安石之婿、徽宗朝宰相蔡京之弟）所撰写的诏书下达，制词中说：

轼行污而丑正，学僻而欺愚。顷在先朝，自取疏斥，肆（发语词）予纂（zuǎn）服（继承），开以自新，弗说尔心，覆出为恶，辄于书命之职，公肆诬实之辞。凡此立法造令之大经，皆曰蠹国害民之弊政。顾威灵之如在，岂神理之可容！深惟厥（代词。其，他的）辜（罪），宜窜远服（京城以外的地方），只夺近职，尚临一邦。

这份圣旨对苏轼的指责看起来颇为触目惊心。其中说，苏轼此人行为奸恶而又嫉恨正直大臣；学问邪险而喜欺诈愚蒙憨直。过去在先帝之朝，咎由自取被贬斥地方，等到朕即位，擢拔起复苏轼令他重登重臣之列，却不能令其满意，又多做奸恶之事。在翰林学士知制诰任上，公然放肆地撰写诬蔑实情的制词。凡过去神考创立之法度、颁布的诏令等国家大政，苏轼此人把这些都说成是害国害民的弊政。看苍天在上，神灵所在，这样的言行岂是神灵天理所能容忍！深思苏轼的罪过，应贬斥远州，现只褫夺殿阁馆职清贵近臣之职，尚且仍给予其牧守地方的官职。

对苏轼的处分也下来了：落端明殿学士兼翰林侍读学士，依前左朝奉郎（正七品）知英州（广东英德）。

侍御史虞策又继续落井下石："苏轼既坐讥斥之罪，犹得知州，罪罚未当。"诏轼降充左承议郎（从七品）。在当时，范纯仁曾直言相救，认为不应贬黜东坡。他明确指出，如今台谏中仿佛众口一词地弹劾苏轼的这些言官御史，大多为元祐年间，太皇太后垂帘时所进用之人，既然他们说苏轼在翰林学士任上，于诏令制词中多行诋诬之事，如何当时不察不谏不劾，今日却似乎上下观望，首鼠两端，始有弹奏？范纯仁不仅揭穿了这些自命刚正的台谏官员之嘴脸，并且劝诫哲宗皇帝，如此大面积贬黜元祐用事大臣，恐怕将"玷垂帘之圣明，妨陛下纯孝之德"，他乞请对苏轼"特加容贷，不惟可全国体，亦可稍正浇风"。范纯仁出自公心的建言，认为宽贷苏轼可以全朝廷国家之体面，且能正言路浮薄邀宠之歪风，但他或许不能深知，或许不愿认识到的是，越提醒哲宗皇帝要顾及已故的太皇太后元祐更化之"垂帘圣明"，也就必然越发激怒到亲政的皇帝，是以皇帝不听。

元丰八年（1085）时，贬官汝州团练副使的苏轼被起复为朝奉郎、知登州。此前东坡本官已经贵为礼部尚书，殿阁之职贵为端明殿学士，又身列禁林，为翰林侍读学士，位高权重——然而如今，他竟然再次以当年被起复的本官品级，贬谪出外。

十年，由朝奉郎起复，又由朝奉郎出外。二品到七品，这完全可说是断崖式降级了。

与其说哲宗厌恶苏轼，毋宁说皇帝厌恶整个旧党，厌恶垂帘听政的高太皇太后。对苏轼的打击不过是大面积罢黜旧党的一个开端，只是苏轼的灾厄远没有结束，仅仅刚刚开始。

四月中还发生了许多大事，章惇拜相的同时，范纯仁也和吕大防一样不再担任宰相了；蔡确车盖亭诗案被平反，追赠左正议大夫（从三品），并以此品级给予子孙恩荫赏赐；出面贬谪苏轼的来之邵升官侍御史……

一系列信号都表现出哲宗皇帝打击旧党，重新变法的坚定信心。

台谏的官员们窥知上意，更加不肯放过苏轼。

监察御史刘拯言："工部侍郎李之纯前为御史中丞，阿附苏轼为其用。御史王庆基言轼诋诬先帝，董敦逸言辙以国家名器，私与所厚。之纯遂以庆基等诬罔忠良，乞行窜逐，庆基等再被降谪。之纯朋邪苟容，望赐黜责。"

诏令，李之纯宝文阁直学士降授宝文阁待制，差知单州。

刘拯见一击命中，遂图穷匕见，直接攻击苏轼："前端明殿学士、知定州苏轼落职知英州。按轼敢以私忿形于制诰中，厚诬詀（zhān）（多言、戏谑）诋，轼于先帝不臣甚矣。王得君愤其诋诬之甚，上书言之，旋被谴斥以死。秦观浮薄小人，影附于轼，请正轼之罪，褫（chǐ）

（剥夺）观职任，以示天下后世。"

皇帝的诏令又下达了：苏轼合叙复日未得与叙复，秦观落馆阁校勘，添差监处州茶盐酒税。这意味着苏轼的政治生命遭受到了致命的打击。叙复是指官员贬谪后到一定时间可以重新考察政绩，若有功劳，仍可升迁。而这道诏令的意思是说，苏轼到了叙复日时也不能被升迁，不管立下多大功劳，这等于说东坡的政治生命被判了死刑。而秦观，不过是一个跟着倒霉的可怜小棋子罢了。

苏轼只好拖着年届花甲的身子往岭南烟瘴之地而去，数年前蔡确被贬英州别驾、新州安置，如今东坡则被贬知英州。当年是新党哭，如今是旧党泣。

四月间，苏轼渡过黄河，并赋诗一首。即《黄河》：

> 活活何人见混茫，昆仑气脉本来黄。
>
> 浊流若解污清济，惊浪应须动太行。
>
> 帝假一源神禹迹，世流三患梗尧乡。
>
> 灵槎果有仙家事，试问青天路短长。

玩诗意，颔联似是谓党争险恶，污清纷争混杂，岂有停歇之日？倒是惨烈不堪，如浊浪之动太行。人世三患，何其之多，何其之剧，不知尧乡所在何方，恐已被这无边烦恼所阻塞，去之不得了！尾联云"灵槎果有仙家事，试问青天路短长"，意甚明了，人生在世行路难，宦海浮沉，虽有灵筏济水又如何？果能御而登天，达于仙府吗？青天之路凶险难测，难道只是喻指修仙学道吗？恐怕也是对自己侍读多载，尽心国事却得了个排云叫阍之不能的结果深感悲怆，这是对无法获信于哲宗的郁愤不平吧。

六月，新一轮的贬谪诏令又来了：曾任次相的观文殿学士、太中大夫、知青州刘挚落观文殿学士，降授左朝奉大夫、知黄州。

曾任副宰相的太中大夫、知汝州苏辙降授左朝议大夫、知袁州。

资政殿学士、知郓（yùn）州梁焘落资政殿学士，降授左中散大夫、知鄂州；左承议郎充宝文阁待制、知成德军刘安世落宝文阁待制，降授左承议郎、知南安军；左朝奉大夫、直集贤院、管勾西山崇福宫吴安诗落直集贤院，降授朝请郎，监光州盐酒税；左朝散郎充龙图阁待制、知虢（guó）州韩川落龙图阁待制，依前左朝请郎知坊州；左朝请郎充集贤学士、权知应天府孙升落集贤院学士，依前左朝散郎知房州。

而对于东坡，皇帝和执政们更不会忘，诏左承议郎、新知英州苏轼责授建昌军司马、惠州安置、不得签书公事。——这就是说，苏轼从一个知州变成了不能参与地方政务的罪臣，失去了一切权力。不久，新的打压苏轼的诏令再次下达，追贬为宁远军节度副使，仍惠州安置。

《苏轼散官惠州安置制》云：

左承议郎新差知英州苏轼。元丰间，有司奏苏轼罪恶甚众，论法当死，先皇帝特赦而不诛，于轼恩德厚矣。朕初嗣位，政出权臣，引轼兄弟，以为己助，自谓得计，罔有悛心。忘国大恩，敢以怨报。若讥朕过失，何所不容；仍代予言，诬诋圣考。乖父子之恩，害君臣之义。在于行路，犹不戴天；顾视士民，复何面目。乃至交通阉寺，矜诧夸耀，倖恩恩宠，市井不为，搢绅所耻，尚届典章，但从降黜。今言者谓轼指斥宗庙，罪大罚轻，国有常刑，非朕可赦，宥尔万死，窜之遐服荒远之地。虽轼辩足惑众，文足饰非，自绝君亲，又将奚怼。保尔余息，毋重后悔。可特责授宁远军节度副使、惠州安置。

这份以哲宗名义颁布的制词可谓更加诛心而骇人。先是旧事重提，说苏轼元丰年间诗文谤讪君父朝廷，已经是该当死罪，被先皇神宗赦免，大恩难述。后来朕初即位，权臣（当是指司马光为首的元祐大臣）专政，擢拔二苏，于是你苏轼就自以为奸谋得逞，毫无悔改之心。居禁林内制之尊，专致力于种种途径，如策题、制词等诋毁朕之圣考。可谓离间朕与神考父子之恩，又大害尔与君父君臣之义。简直不配走在光天化日之下，亦无脸面见士林同僚、天下百姓！尔甚至交通禁中阉寺宦官，夸耀自己帝眷无匹，此等无耻恶行，乃市井贩夫走卒所不为，亦朱门搢绅官吏所深以为耻。于是在将苏轼说得十恶不赦之后，表示朕宽宏大量，赦免你万死难赎之诸条大罪，只是贬谪远恶军州而已，还不痛改前非，涕零谢恩？

值得一提的是，制词中所谓"交通阉寺"倒也不是新党完全凭空捏造，确有一内侍宦官与二苏交好。此人即是陈衍。若算上陈衍之同党，则又有梁惟简、张士良等（此二人亦已于六月遭贬黜，梁惟简罢入内押班，差提举亳州明道宫；皇城使张士良添差监颍州盐酒税）。同年七月丁巳日，"诏陈衍追毁出身已来文字，除名勒停，送白州编管"。这一处罚可谓极重，所谓"追毁出身已来文字"即是因罪而开除一切官、职、差遣，从官籍中除去，废黜为庶民百姓的意思。据《宋史》本纪第十八可知，哲宗于元符元年（1098）三月杀朱崖流人陈衍。具体罪名大致是说他阿附吕大防、二苏等人，助其伺探宫禁密旨，相为表里，猎取高位，尽变先帝成法。在处罚陈衍的严旨下达的同一日，亦牵涉及子由，诏苏辙降朝议大夫、试少府监，分司南京，筠州居住。

同时，范纯仁、吕大防等前宰辅都受到不同程度的贬谪，已经去世的司马光和吕公著甚至追夺谥号，毁弃诸人之神道碑（立于帝王大臣墓道前记载死者生平事迹的石碑）……当时政事堂甚至说："司马光、吕公著唱为奸谋，诋毁先帝，变更法度，及当时同恶之人偶缘已死，不及明正典刑"。到了这一步，旧党全面的落败了。

东坡此时的内心究竟在想些什么呢？皇帝厌恶自己，他已经在外知定州兼河北西路安抚使时感觉到；而昔年曾在乌台诗案时仗义执言救助苏轼并于东坡困窘时给予药石、金钱资助的好友章惇，如今贵为独相，却对自己痛下杀手，拜相后诏令五下，把自己贬谪到两广岭南之地，由二品大员成了七品的罪臣。

不仅仅是二苏兄弟和旧党高级官员被大面积贬谪，东坡门下的"苏门四学士"亦先后连遭左迁贬黜。据《宋会要辑稿》职官六七：集贤校理、管勾亳州明道宫黄庭坚责授涪州别驾，黔州安置；秦观落馆阁校勘，添差监处州茶盐；承议郎、直龙图阁、管勾亳州明道宫张耒落直龙图阁，依前官添差监黄州酒税；承议郎、充秘阁校理、通判亳州晁补之落秘阁校理，依前官添差监处州盐酒税务。

甚至苏轼的"敌人"也因为被目为旧党而遭到贬官的沉重打击，如知齐州贾易添差监海州酒税务；通直郎程颐追毁出身文字，放归田里……

苏轼甚至不愿再牵连更多的家人，于是他带着年龄最小的儿子苏过和爱妾朝云、两个女仆赶往惠州，穿过极其危险的黄公滩，东坡犹能乐观自嘲地赋诗："便合与官充水手，此生何止略知津。"他这是自嘲自己此生命运多舛，不知经过多少渡口啊。

东坡一面感慨"许国心犹在，康时术已虚"，无奈地承认自己报国已无门，匡济天下亦是不能，然而又在翻过大庾岭的时候倔强地说："一念失垢污，身心洞清净。浩然天地间，惟我独也正。"这种自许大人先生、傲然独立的性格，某种方面正和盛唐的李太白一脉相承，所不同的是，东坡的经历远更复杂，他的领悟也更深刻一些。

绍圣元年（1094）十月，东坡抵达贬所惠州。宦海的荣辱浮沉并没有击垮他，他反而写出了许多豁达而境界非凡的诗词。

如《蝶恋花》：

花褪残红青杏小。燕子飞时，绿水人家绕。枝上柳绵吹又少。天涯何处无芳草。

墙里秋千墙外道。墙外行人，墙里佳人笑。笑渐不闻声渐悄。多情却被无情恼。

这首词除了显而易见的乐观豁达之外，别有一种神秘的意境和韵味，墙外行人、墙里佳人仿佛处于两个不同的世界，构成了一种时空交错的艺术美，引人深思。此非天才如东坡，则难作如此语耳。

绍圣三年，苏轼已在惠州住得颇有些习惯起来，曾写诗说："日啖荔枝三百颗，不辞长作岭南人。"然而在这一年，他的爱妾朝云病逝了，虽仅仅享年三十有四，但两人已相处二十年有余，感情十分深挚。

朝云在苏轼的心中分量甚重，她曾戏说东坡肚子里不是学富五车，而是一肚子不合时宜，引得东坡开怀大笑。在颇为艰难的贬谪生活中，朝云始终陪伴、照顾着年老的诗人，她更是苏轼思想上的知音，是真正的红颜知己。

因此东坡在朝云病逝之后曾写诗悼念，说他自己白发苍颜，"正是维摩境界"，把朝云比作维摩诘大士说法时自天上而来散花供养的天女——对女子如此高度的赞扬，在苏轼的诗中是不多见的。

绍圣三年，一贯与苏轼交好，情谊甚笃的参寥和尚居然也遭了灾厄。据《墨庄漫录》卷一云：

吕温卿为浙漕，既起钱济明狱，又发廖明略事，二人皆废斥。复欲网罗参寥，未有以中之。会有僧与参寥有隙，言参寥度牒冒名。盖参寥本名昙潜，因子瞻改曰道潜。温卿索牒验之，信然。竟坐刑之，归俗，编管兖州。

这是说，当时吕温卿为两浙西路转运使，他窥伺上意，意图邀宠，居然连与苏轼为友的僧人亦要想方设法加害之。他苦于一直没有合适的罪名，正逢当时有僧人与参寥有过节，此僧告之吕温卿，说参寥度牒之上名称并非道潜，乃属于冒名，此为一罪也。原来参寥本名昙潜，因东坡故而改名道潜。吕温卿喜不自胜，如获至宝，派人索拿参寥度牒查验，果然如那僧人所说。于是将道潜捉拿问罪，没收度牒，勒令还俗，并押送兖州编管。可见，当时对苏轼的迫害已经到了何种程度，居然连与他交好的世外比丘，也要令人想尽办法加以迫害而后快，使其遭受无妄之灾。兖州地属京东西路，得亏苏轼修书一封，予京东西路转运使黄寔，让他对参寥多加照顾。想必苏轼心中亦是充满了对诸多好友和门人的愧疚和无力感。

但噩运并没有就此远离苏轼。

绍圣四年，更丧心病狂的诏令下达了：责授苏轼琼州别驾，昌化军安置。

昌化军治所在当时的儋（dān）州，亦即位于现在之海南岛，当时是烟瘴蛮荒之地，猛兽毒虫出没，东坡六十有二，不得不凄然渡海。

有一种说法认为，这是因为东坡在惠州时所写的《纵笔》一诗其中的诗句："报道先生春睡美，道人轻打五更钟。"传到了东京首相章惇的耳朵里，据说章惇冷笑着说："苏子瞻尚尔快活！"便将其贬谪到更远更蛮荒的儋州。

陆游的《老学庵笔记》卷四里有一条又记载，说："绍圣中，贬元祐人苏子瞻儋州，子由（苏辙）雷州，刘莘老（刘挚）新州，皆戏取其字之偏旁也。时相之忍忮（zhì）（刻毒忌恨）如此。"这是说，当时首相章惇刻毒阴狠，按照元祐大臣的名字来决定他们贬谪的处所，以此彰显自己大权在握。

不过仔细想来，以上两种说法都未免不可靠，属于民间的稗官野史之传闻。章惇虽然性格睚眦必报，但断不会仅仅因为一句诗句就贬谪昔日的好友。他作为一个政治人物，贬谪苏轼、苏辙二兄弟，更多是因为他们俩的旧党身份；另一方面，据《曲洧旧闻》卷七："盖当时台谏论列，多子由章疏，而谪词东坡当笔故也。"这一条是说，元祐年间苏辙在台谏系统中任职时，曾多次弹劾新党大臣；而贬谪新党的制词不少又是当时任翰林学士的苏轼所草撰。换言之，新党之人，完全有理由愤恨苏轼二兄弟。作为绍圣新党当仁不让的旗帜人物，章惇必须打压二人，这只是一种残酷的政治考量，可能夹杂的私人情感之处并不多。若说有，那么苏辙确实曾经在弹劾韩缜的奏疏里说"夫缜与蔡确、章惇均是奸邪，皆能虐民乱国"（《乞责降韩缜第八状》）。这种人身攻击的言辞，确乎会被章惇记恨在心。

况且，苏辙也确实直接弹劾过章惇。元祐元年闰二月十八日，苏辙即曾上《乞罢章惇知枢密院状》。其中云："臣窃见知枢密院章惇，始与三省同议司马光论差役事，明知光所言事节有疏略差误，而不推公心，即加详议，待修完成法然后施行，而乃雷同众人，连书札子，一切依奏。及其既已行下，然后论列可否，至纷争殿上，无复君臣之礼。……（章惇）今乃不候修完，便乞再行指挥，使诸路一依前件札子施行，却令被差人户具利害实封（指将奏折密封）闻奏。臣不知陛下谓惇此举其意安在？惇不过欲使被差之人有所不便，人人与司马光为敌，但得光言不效，则朝廷利害更不复顾。用心如此，而陛下置之枢府，臣窃惑矣。……且差役之利，天下所愿，贤愚共知，行未逾月，四方鼓舞，惇犹巧加智数，力欲破坏。臣窃恐朝廷缓急有边防之事，战守之机，人命所存，社稷所系。使惇用心一一如此，岂不深误国计。故臣乞陛下，早赐裁断，特行罢免，无使惇得行巧智以害国事。谨录奏闻，伏候敕旨。"按照苏辙所说，则在司马光为相要罢废免役法，重新恢复差役法的时候，章惇明知司马光奏疏里有前后矛盾等疏略错误之处，却不明说，等到已经实施，又在太皇太后陛下的帘前咆哮争执，狂悖无礼。苏辙指出，章惇这种做法完全就是要让不喜差役法的人憎恨司马光，只要能让司马光出丑，朝廷大事利害成败，他根本不放在心上。这是事实吗？实际上苏辙在这里完全颠倒了黑白。章惇起初就公开强烈反对废除免役法，在这一点上，苏轼也是与章惇持相同意见的。后来他更是与司马光在御前辩论役法问题，司马光的固执也是出了名的，两个人你来我往，大战数百回合，直把高太皇太后都给听瞌睡了。章惇的声音越来越响，惊到了太皇太后，是为殿前失仪，于是旧党们纷纷以这一理由弹劾他跋扈非常，无君臣之礼。苏辙又说差役法是天下人所愿，这也是不符合事实的说法，甚至恐怕连苏轼也不能违心赞同。章惇贵为枢府执政，苏辙如此弹劾他，而当此之时，帘眷深厚的苏轼却并没有劝阻弟弟苏辙，更没有只言片语相救，或许这正是结怨之处。

于是，我们的大诗人东坡不得不离开刚刚费心费力建成的"白鹤新居",五月,与被贬雷州的弟弟苏辙会于藤州。苏轼在诗中写道:"莫嫌琼雷隔云海,圣恩尚许遥相望。"与亲生兄弟生不能长此相聚相依,却仍不得不口称皇帝圣恩,悲哉!

不过据《老学庵笔记》卷一所载,我们亦可以看到二苏性格之差异。其中云:

吕周辅言:东坡先生与黄门公南迁,相遇于梧、藤间。道旁有鬻汤饼者,共买食之,粗恶不可食。黄门置箸而叹,东坡已尽之矣。徐谓黄门曰:"九三郎,尔尚欲咀嚼耶?"大笑而起。秦少游闻之曰:"此先生饮酒,但饮湿法已。"

这是说,苏轼和苏辙贬官南迁,相遇于梧州、藤州一带。两人同行时,路旁有卖汤面的商贩,于是兄弟俩一同买了吃起来,结果大约是在岭南蛮荒之地吧,这汤面的味道粗恶不堪,简直难以下咽。苏辙元祐年间贵为御史中丞,后来甚至做到副宰相,如何吃得下这样的东西,便放下筷子长声叹息。没想到东坡已经吃得精光了,当哥哥的便拖长着声调取笑弟弟道:"九三郎,你难道还准备细嚼慢咽了再吃下去吗?"东坡说完也不顾苏辙,大笑而起。后来秦观听说此事,便说这是先生饮酒的秘诀啊,只管喝,从不管味道。于中不难见苏轼之旷达乐观,随遇而安的潇洒气度,是不是颇有些颜回一箪食,一瓢饮,在陋巷,不改其乐的味道呢?

兄弟别后,东坡渡海来到儋州。蛮荒瘴疠的环境令他困病不堪,他在《到昌化军谢表》中对皇帝说:"而臣孤老无托,瘴疠交攻。子孙恸哭于江边,已为死别;魑魅逢迎于海上,宁许生还。"个中惨烈,令后人不忍卒读。此时的东坡亦不自知,他与弟弟子由,已再不能相见。

七月,苏轼抵达了极其荒凉萧条的海南岛儋州。他仍要固执地自嘲说,"鴃(jué)舌倘可学,化为黎母(谓黎人之祖先)民。"鴃舌,出自孟子之言。孟子曾说:"南蛮鴃舌之人,非先王之道。"本是孟子骂农家许行的话,意思说许行南方的楚国方言像鸟语,土得不行。东坡到了儋州，一时之间还能以此自我宽慰，然而到了中秋之日，思及远方的亲友，他就是另一种感受了。

世事一场大梦，人生几度秋凉？夜来风叶已鸣廊。看取眉头鬓上。

酒贱常愁客少，月明多被云妨。中秋谁与共孤光？把酒凄然北望。

这首《西江月·中秋和子由》里，苏轼在儋州北望雷州苏辙的那种悲恸之情，跃然纸上，令人扼腕。我们不禁为这样一位天才的晚景凄凉而郁结哀悯，为什么时代要如此折磨这样璀璨夺目、这样光芒万丈的一颗明星？

绍圣五年（后改元元符元年），东坡被巡察岭南的官员董必派人赶出所居住的官屋。原来，按照当时的规定，左迁贬谪之官，不可居于官舍，或是占用公家资源。此前董必先是巡察至苏辙贬官之所，他察知地方官员如雷州知州张逢、海康县令陈谔善待子由后，立即弹劾，导致苏辙被移循州安置，张逢勒停，陈谔贬官。对于这样一个带着"使命"来的不速之客，东坡有什么办法呢？无奈之下，他只能重新费尽心血又盖了一间茅屋聊以遮风避雨，作为栖身之所。这事情甚至并未就此结束，次年元符二年四月，因董必奏疏弹劾，朝散大夫、直秘阁、权知桂州程节降授朝奉大夫；户部员外郎谭揽降授承议郎；朝散郎、提点湖南路刑狱梁子美降授朝奉郎，皆是坐犯不察东坡贬所昌化军使张中体恤苏轼，为他安排住所之罪名，而张中本人被贬雷州监司。朝廷的当权大臣，已经狠戾到了谁照顾苏轼，就让谁降级处分，倒霉挨罚的地步，政争的残酷性已经到了一个极其可怕的程度。

但是这样恶劣的气候、环境和执政大臣对其的迫害都没有击倒苏轼，他反而在儋州做了不少利于民生的事情，如劝导海南的黎民们重视农业耕种，将内陆先进的生产方式教给黎民的百姓们，又时不时讲学明道，弦歌播于化外之地，黎民得听圣贤之言。

时间一晃而过，两年后的元符三年（1100）正月，没有儿子的哲宗皇帝驾崩，幸运的赵佶兄终弟及，继承了皇帝位，这也就是《水浒传》里的宋徽宗。倾向旧党的向太后垂帘听政，这一年五月，苏轼被诏移廉州（今属广西）安置。

七月间抵达廉州，八月又改舒州团练副使，永州（今湖南境内）安置。这说明苏轼已经要被逐步起复了，至少北归是肯定的了。果然，十一月，诏令又下，以朝奉郎起复，提举成都府玉局观，且可以任便居住。

第二年，徽宗改元建中靖国。苏轼重新到了大庾岭以北，终于不再是岭南之人了。此时苏轼的政治生命实际上已经近乎复活过来，当时的大臣颇认为朝廷很可能重新大用东坡。此前章惇由于以"端王轻佻，不可以君天下"反对赵佶继位，已经被贬雷州。章惇之子章援甚至因此写信给苏轼，颇惧怕苏轼起复之后报复父亲。苏轼在回信中明确地告诉章援，自己和子厚相交四十年，交情并未因些许变故而有损益。这真是君子之风啊。

东坡一路抵达常州，六月上表请求致仕，不管朝廷是不是有意要重新重用自己，他实在已经厌倦了宦海浮沉里险象环生的种种尔虞我诈、你争我夺。就在他期待着朝廷恩许，悠游林下、吟诗作赋的时候，年事已高加上岭南恶劣的生活条件带给身体的伤害，他一病不起了。这一年七月，东坡居士与世长辞，享年六十有六岁。

在东坡仙去之前，他甚至留下了一个赠屋老妪的动人故事。据《梁溪漫志》卷四：

建中靖国元年，东坡自儋北归，卜居阳羡，阳羡士大夫犹畏而不敢与之游，独士人邵民瞻从学于坡，坡亦喜其人，时时相与杖策过长桥，访山水为乐。邵为坡买一宅，为钱五百缗，坡倾囊仅能偿之。卜吉入新第。既得日矣，夜与邵步月，偶至一村落，闻妇人哭声极哀，坡徙倚听之，曰："异哉，何其悲也！岂有大难割之爱触于其心欤？吾将问之。"遂与邵推扉而入，则一老姬，见坡泣自若，坡问姬何为哀伤至是，姬曰："吾家有一居，相传百年，保守不敢动，以至于我。而吾子不肖，遂举以售诸人，吾今日迁徙来此，百年旧居一旦诀别，宁不痛心？此吾之所以泣也。"坡亦为之怆然，问其故居所在，则坡以五百缗所得者也。坡因再三慰抚，徐谓之曰：姬之旧居乃吾所售也，不必深悲，今当以是屋还姬。即命取屋券，对姬焚之。呼其子，命翌日迎母还旧第，竟不索其值。坡自是遂还毗陵，不复买宅，而借顾塘桥孙氏居暂憩焉。是岁七月坡竟殁于借居。

这是说，苏轼曾花了五百贯在阳羡买了个宅子，已是用光了几乎所有的积蓄。一夜他与邵民瞻踏月散步，至一村落中听闻妇人大哭之声。东坡听其声甚哀，出于同情，认为或许是有什么极难割舍的生死爱怨才让这妇人如此悲痛欲绝。他和邵民瞻推门而入，问了原因，不意邵民瞻替东坡买来的这宅子居然就是老妇人家中不肖子所卖出的百年祖宅。苏轼反复安慰老妇，告以实情，最后居然拿出了宅子买卖的券契，在老妇面前烧毁了，又叫来她的儿子，令他次日带母亲回祖宅中安居，却分文不取，没有要回那五百贯。这之后东坡便不再购置田宅，而是在常州找了户人家借房子暂住下来。最终亦是寿终于孙氏宅中。

读罢此事，苏轼那爱民如子、疾百姓之苦如病于己身的儒士仁心又陡然在人眼前鲜亮起来，且大放光明，仿佛遍照霄壤之间。他在人生的最后时刻，粪土钱财田宅等身外之物，仅因她人之痛苦即赠还屋宅，此布施可谓不凡了！

东坡身上甚至有一些传说。如《瑞桂堂暇录》云：

东坡自谪海南归，人有问其迁谪艰苦者。坡答曰："此乃骨相所招，少时入京师，有相者云：'一双学士眼，半个配军头。异日文章虽当知名，然有迁徙不测之祸。'今日悉符其语。"

人或言苏轼好似文曲星下凡，一双学士眼自然是有过目不忘之能；他元丰、绍圣两次贬谪，半个配军头却是说他此生左迁走过之路，如那流配千山万水之长。观李公麟所画苏轼像，大约东坡面相是颇有些臞瘦而长的，故有半个配军头之谓吧。

又如宋张邦基之《墨庄漫录》云：

东坡知徐州，作黄楼，未几黄州安置，为定帅，作《松醪赋》，有云："遂从此而入海，渺翻天之云涛。"俄贬惠州，移儋耳，竟入海矣。在京师，送人入蜀云："莫欺老病未归身，玉局他年第几人。"比归，果得提举成都玉局观。三事皆谶也。

他列举三事，说苏轼作黄楼，结果贬官黄州团练副史；出为定州边帅、河北西路安抚使，写诗云入海之事，结果绍圣年间果然由惠州再贬儋州，真是入了大海了；在东京时曾作送别诗云"莫欺老病未归身，玉局他年第几人"，后来果真自岭外北归，提举玉局观。看来我们的东坡，似乎是有些大预言术的法门了。这自然是玩笑话，但也可见他一生境遇之坎坷了。

纵观苏轼差不多四十余年的为官生涯，他并不是一个成功的官僚，也谈不上大有建树的政治家，然而他却不仅仅是一个文学奇才，更是一位天真、正直、可爱的人，他吟啸徐行的身影和宠辱不惊的风骨都与他留下的华章诗赋一起，永远哺育着后来之人。甚至可以说，他那些快意恩仇的笑骂戏谑，都是历史和文学里美妙的佳话，使东坡其人更真实丰满，更如一个有血有肉、颇有脾气的文人出现在我们眼前。

男儿到死心如铁——辛弃疾

白马长枪谁能敌

公元 1127 年，靖康之役以东京沦陷，徽宗、钦宗二帝北狩，国破家亡而告终。说是北狩自然是春秋笔法，为尊者讳了，实际上是给女真人俘虏了。不仅如此，无数王公贵族和皇宫内外的财货珍宝都被掳掠到了金人的大营之中。靖康之耻惨烈之甚，令人扼腕叹息，徽宗、钦宗受尽种种侮辱之能事，在金人领地内被剥去龙袍帝服，甚至与皇室妃嫔、子女一同身披羊裘，在完颜阿骨打的宗庙中行献俘仪式"牵羊礼"；徽宗女儿中最美貌者茂德帝姬赵福金更是被女真贵族侮辱折磨致死……兵荒马乱之下，百姓流离转徙，哀鸿遍野。

无怪乎张孝祥曾在《六州歌头》里这样写道：

长淮望断，关塞莽然平。征尘暗，霜风劲，悄边声。黯销凝。追想当年事，殆天数，非人力，洙泗上，弦歌地，亦膻（shān）腥。隔水毡乡，落日牛羊下，区（ōu）脱纵横。看名王宵猎，骑火一川明。笳鼓悲鸣。遣人惊。

念腰间箭，匣中剑，空埃蠹（dù），竟何成。时易失，心徒壮，岁

男儿到死心如铁——辛弃疾

将零。渺神京。干羽方怀远，静烽燧（suì），且休兵。冠盖使，纷驰骛（wù），若为情。闻道中原遗老，常南望、翠葆霓旌。使行人到此，忠愤气填膺（yīng）。有泪如倾。

靖康之难后，淮河以北就不再为大宋所有，以至于千年来儒家礼乐浸润的土地上也充斥着女真人野蛮的膻腥味。金人把良田沃土都当作了驰骋游猎的乐园，留在淮北的老百姓在他们眼中不过是牛羊一般的牲畜和财产，仅此而已。可以说，淮北中原的人民日夜盼望着王师北伐，期待着看到大宋的旗号。

当是时，徽宗第九子康王赵构在南渡文臣武将的支持下称帝，延续了宋朝的国祚，他便是后来杀死了岳飞的宋高宗。

辛弃疾出生的时候，靖康之难已经过去了十二年。

当时的宋金形式实际上是大有可为的，岳飞的军队在正面战场上多次打败金军主帅完颜宗弼（即兀术）的军队，甚至收复了西京洛阳，而河北河东两地的民间起义军也对金人起着牵制、破坏的作用，为宋军的北伐摇旗呐喊、与有力焉。然而随后即发生了古今皆知的风波亭惨案，岳飞被以莫须有罪名杀害。辛弃疾时年三岁。

宋绍兴三十一年（1161），辛弃疾业已二十二岁。南宋王朝即将迎来或许是生死存亡的巨大危机。十二年前，绍兴十九年（金皇统九年）女真政权的平章政事完颜亮谋逆弑君，杀死了金熙宗后登基称帝。而今，他对外号称率领六十万（亦有说号称百万的）大军南征，更叫嚣"万里车书一混同，江南岂有别疆封？提兵百万西湖上，立马吴山第一峰"，言下之意要一举荡平南朝——山雨欲来，高宗赵构色厉内荏之下又想故技重施，欲巡幸海上避难。

在这种民族覆亡的危机如黑云压顶的情况下，年轻的辛弃疾在山东济南聚集起两千余人起义抗金。当时山东境内有一支声势较大的起义军，其首领本是济南府平民，名唤耿京。据《三朝北盟会编》记载，耿京起初得李铁枪等六人，入东山起事，很快就有了数十万之众归附。

耿京自号"天平军节度使""节制山东河北忠义军马",辛弃疾果断率自己所部两千余人投奔于他,希图能够推翻金人统治,恢复大宋河山。后来在带湖闲居时回忆起这段经历,他仍不忘自己当年神武非凡的身影:"少年横槊,气凭陵,酒圣诗豪余事。"(《念奴娇·双陆和陈仁和韵》)

当完颜亮于此年秋季大举来侵南宋之时,不止有耿京于济南起兵,更有王友起于大名府,陈俊起于太行山,乘势而起的义军令金国陷入后院起火的危险中。女真人镇压起叛乱可谓凶残到极点。据《三朝北盟会编》卷二四二载:

> 冬十月,王友起于大名,耿京起于济南,陈俊起于太行,乘时而啸聚者处处有之。亮首知大名之乱,拊髀(bì)而叹曰:"朕兵未行,辄挠其后!虽匹夫匹妇不可留!"即遣都监斜也将兵万人于大名,无少长尽洗之。大名之众闻风而自溃焉,斜也杀居民三十万口,灭族者一千七百余家。

这则史料表明,金主完颜亮得知大名府出现人民起义之后,愤怒已极。他猛拍自己的大腿,狰狞地叹道:"朕的大军还没走多远,就在后方阻挠坏事!大名府里即便是平民百姓都不可留!"他派遣都监斜也统兵万人前往大名府镇压起义,令他不分年龄老少尽皆屠杀之。大名府的义军听闻金人大兵来剿,都四散而逃。斜也遂将怒火出在大名府百姓身上,竟然杀害了三十万人,有一千七百余户被灭族。像这样屠城的惨案在淮河以北绝不是个案。

女真人的酷虐残暴辛弃疾恐怕已经见过多次,也许正是这种同胞沦为犬羊,被肆意屠杀的惨剧始终在给予他抗金的精神力量,令他立志要光复祖国的大好河山。为了实现这一志愿,他十分注意结交江湖豪杰。当时山东有一僧人曰义端,喜好谈论兵法,辛弃疾早先与他不时往来,或游于山林之间,颇为投机。辛弃疾初入耿京军之际,义端竟也凭着个人魅力等原因聚集了一支千余人的队伍。辛弃疾自然深明抗金事业须广结天下英豪，于是便亲往游说义端，令义端也率众投奔耿京，一时之间宾主尽欢。

然而不知何故，恐怕是因为觑见金国毕竟强大，而南朝偏安，义军终归弱小等多方面因素，义端竟然在某一天夜晚利用自己被耿京、辛弃疾信任和自身义军将领的身份，将耿京的"节度使印"偷走了！

辛弃疾在耿京军中担任的是掌书记一职，除负责全军的文书工作之外自然也保管着调兵遣将的印信。而大印失窃发生在辛弃疾引荐入军的义端身上，耿京不由地勃然大怒，当下便命左右，将辛弃疾"推出营帐砍了！"

眼看主帅要以军法将自己斩首示众，辛弃疾在这千钧一发之际却并不慌乱，他一双虎目直直地锁住耿京的双眸，道："乞请节帅给我三天时间，如果不能抓获此獠，再处死我也为时不晚。"

耿京被眼前年轻而真诚的眼神所打动了，他虽是农民出身，但对英雄豪杰的气概具有高度的敏锐感，他知道，此刻营帐内的少年决非贪生怕死之人，相反乃是一员真正的虎将。

得到宽限的允许后，辛弃疾料定义端必是窃得大印而欲往金人所在，为的是将义军兵马驻扎、粮草辎重等各种情报出卖给女真人。因此他快马加鞭，拼命追赶，果然追上了义端。或许经过了一番刀剑交锋，义端败下阵来；或许他见到辛弃疾猝然而至便吓得一时之间不能动弹。

总而言之，他妄图凭往日交情蛊惑辛弃疾，又装神弄鬼地说："我知晓你的本来面目，乃是威灵无匹的神兽青兕，力大无穷能轻易杀人，只是求求你别杀我这个老朋友啊！"

辛弃疾丝毫不为所动，在他的一生中，对家国这种大是大非的问题上向来是容不得一点点越线的。他斩下义端的首级，重新取回了失窃的印信，自此，耿京便愈发信重起他来。

绍兴三十一年十一月，中书舍人虞允文奉命至前线参谋军事（督

视江淮军马参谋军事）。一个月前，淮东将领刘锜逃回扬州，淮西将领
王权丢下庐州，两淮尽失。朝廷匆忙令李显忠到前线代替王权指挥军
队，且命令虞允文至芜湖督促李显忠来交接王权所部军队，同时先至
采石负责犒劳大军，鼓舞士气的任务。而虞允文抵达采石之际，正处
在一个非常尴尬和危险的境地——王权已经畏战而逃，李显忠作为将
帅却还没到达前线。

当时采石一带的宋军几乎已经毫无战斗勇气，零零星星地散坐在
营地内外，甚至马鞍盔甲都脱下来丢在一旁。虞允文当机立断，许了
一大堆升官发财的话，说得天花乱坠，竟终于稳定住散乱的军心。细
作探知金兵凡四十万众，虞允文审时度势之后，采取了以己之长，攻
彼之短的策略部署军队。针对女真人缺乏大船又急于渡江的情况，虞
允文决定利用宋军坚船利炮的优势在水面上阻截金人，予以痛击。然
而金军毕竟数量占据绝对优势，数百艘小舟渡江而来，遮天蔽日，顷
刻间就有七十艘登岸成功，直冲宋军陆地防线，宋军当下就很是露怯，
有所退避不敢力战。虞允文以文官之身入军阵中奔走呼号，鼓舞将士
士气，终于令宋军稳住阵脚，拼死抵抗。宋军中流水师也用海鳅船冲
向金人渡江的船队中，金军的小舟大多不过是强拆沿岸民居木板所制
或强征渔户之小舸，经宋军大船一撞，都翻船而沉，不少女真人都淹
死在水中，这样鏖战到日暮时分，虞允文竟是以手下一万八千人守住
了采石，守住了长江。恰逢又有一只溃逃的军队从光州而至，虞允文
便多予旗帜战鼓，令这小股败军远远地从山后冒出，作为疑军吓唬金
人。金军初战不利，渡江受阻，又以为宋军大队援军已至，便开始撤
退。宋军劲弓强弩一番追射，又杀伤了数千人。

虞允文深知金主完颜亮必欲渡江南征，是夜，他继续部署军队，
令水师堵住上流，又派遣兵将在杨林口堵截。次日金军再次大举渡江，
遭宋军夹击，烧毁了三百艘舟舸，又一次保卫住了长江！金主完颜亮
不得不移师瓜洲，不久死于部下叛乱。而当时任金国东京留守（辽阳

府）的完颜雍［即葛王完颜褎（xiù）］已于十月政变称帝，随后又占据燕京，获悉完颜亮死于前线军队哗变后，他便派人与南宋议和。

采石大捷令许多人大为感动振奋，时张孝祥即写过"我欲乘风归去，击楫誓中流"的词句，这一切自然也传到了耿京和辛弃疾的耳中。

辛弃疾便献策说，如今金贼新败，女真人内部争权夺利、动荡不安；而大宋经此胜利正是大有为之时机，我们应当派人南下积极联络朝廷，主动归附，则一方面可以在大宋北伐时为国家之偏师，互相配合；另一方面万一女真人稳固了国内形势后大举征剿于南方，也可以且战且退，率二十万众归于淮南，做到进退有据。

众人在营帐内商议后，耿京决计南下联络大宋朝廷，作归附的打算。他令辛弃疾草拟了章表，并联络了山东另一些义军首领如王世隆、张安国等，共约归附之事。耿京属意由军中二把手诸军都提领贾瑞作为代表出使朝廷。贾瑞并无甚文化，对于如何接触体制内的高级官僚一头雾水，老实坦白说，"如到朝廷，宰相以下有所诘问，恐不能对，请一文人同往。"于是，副使这一重任就责无旁贷地落到了辛弃疾身上。

绍兴三十二年正月，贾瑞、辛弃疾带着归附的使命奉表南下，至楚州，由淮南转运副使杨抗遣人送往高宗行在，也就是建康。

高宗召见贾瑞、辛弃疾等人时，义军一行北来之人大多不善文辞，又初见天颜，木讷恐惧，只能唯唯诺诺，总算辛弃疾学问深厚，对答如流，把耿京义军的忠肝义胆分说明白，表达了归附朝廷，受大宋统领，抗击金人的强烈意愿。

赵构自然十分高兴，正式授予耿京天平军节度使的官职，令他名正言顺地节制山东义军兵马；贾瑞授敦武郎阁（gé）门祗（zhī）候（隶属阁门司，仅为迁转之阶而不任事，为武臣清要之选，从八品）；辛弃疾授右承务郎（从九品）、天平节度掌书记，并且一口气给了耿京和他节制的山东义军两百余个官员告身——也就是俗称的任命状，等于说解决了两百多个官员编制，送出去两百多个乌纱帽。

辛弃疾此行的任务可谓大获成功，不仅使得耿京与山东义军成为朝廷所部，又令义军大大小小的将领们几乎都得到了官员身份。然而就在形势甚好的当口，惊天变故已经发生。

原来，当时新登基的金世宗完颜雍本着巩固统治的需要，一方面与宋议和，另一方面宣布大赦，声称"在山者为盗贼，下山者为良民。"不少参加义军的农民因此纷纷逃归田舍之中，在这种情况下，义军将领张安国贪图金人赏格，心生歹念，将耿京杀害了！金人果然重赏他，任命他为济州知州。

辛弃疾从建康一路返回，抵达海州时方知晓这一噩耗，大约也获悉到耿京纠集的二十余万义军已经因此重大变故大部分都溃散了，剩下的也被迫跟着张安国投降了女真人。

局势可谓急转直下，本已在大宋天子面前道明山东忠义兵马情势，如今居然变生肘腋，朝廷承认并授予耿京天平军节度使的文书官告都还在辛弃疾身上，可山东的抗金事业实质上已经失败了。辛弃疾在痛恨大好局势被奸佞破坏的同时，也明白自己陷入了既无法在山东有置锥之地，又无法向天子交代的两难困境，究竟该何去何从呢？

辛弃疾和众人推诚布公地说："我等因节帅之令而归附朝廷，没想到骤然生变，现如今拿什么去向朝廷复命呢？"

愁云惨淡决没有出路，他该如何破这必死之局呢？一番商议之后，辛弃疾做出了决定。

他要闯进有着数万敌军的营地中，设法活捉叛徒张安国，唯有如此，才能警示天下人，卖国求荣不会有好下场！也只有如此才能鼓舞天下群氓士子的勇气，也正向女真表明，中原并非任尔欺凌！

一经决定，辛弃疾更无迟疑，他联络了王世隆，两人共率五十骑，直奔金营。此刻，他已将生死置之度外。

到得济州金人军营外，或许辛弃疾已经遥闻其中饮酒歌舞之声，知晓张安国疏于防备；或许辛弃疾一行人诈称哨骑归来而混入营中；亦或许他白马长枪，刺翻了守营的兵卒……这些细节，我们如今完全无法确切知晓。

可以明确的是，当其时，张安国正与金人将领大碗喝酒，大块吃肉——刚刚投靠金人，张安国不得不对前来接收的女真将领阿谀奉承，小心伺候。

可以料想，就在他与金将酣饮作乐的时候，辛弃疾推开帷幕，闯了进来。张安国几乎不敢相信自己的眼睛。

"你不是正在南朝吗？怎么回到了这里？"张安国已是颇有醉意，双腿却仍是控制不住地打颤，大脑全无法做出更多反应。

辛弃疾怒目圆睁，双眸仿佛爆射出两道电光，雷霆和火焰在其间升腾，看着他手中之刀，座中众人不论汉人女真，一时之间竟然莫敢动弹。王世隆等人也纷纷拿着武器进入大帐，辛弃疾快步上前，一把擒住了张安国，冲出营帐高喊："大宋王师十万大军即刻便到！"

他将张安国绑缚在一匹马上，自己也跨上战马，夜色下，他的身姿说不出的威武，有若一尊战神矗立在大营中。

周围反应过来的敌军向辛弃疾等人包围过来，如果陷入苦战，任你三头六臂又如何在数万人的敌营中逃出生还？

辛弃疾深知不可久战，带领着队伍在夜色里奋勇冲杀，一杆长槊在他手里如龙腾虎跃，哪里有人能近得他的周遭，敌军都为他的气势所震慑，月华映照下他好似天神下凡，睥睨众生。

辛弃疾看到营地中并非皆是金人，不少仍是过去耿京义军的战士，他便再次高喊，"王师十万至矣！何不随我反正杀贼！"他的勇武气概深深震撼到营内耿京旧部的士卒们，顷刻间居然有不少人高喊起"杀贼"，他们响应辛弃疾的号召，反正了。

英雄创造了不可思议的奇迹。

正所谓：壮岁旌旗拥万夫！

于是辛弃疾在万军丛中，带着反正的一批战士们一同破营南下。

一夜间，辛弃疾一行几乎马不解鞍，人无休息，为的就是不让金军追赶上，这样，终于在渡过淮河后顺利抵达建康，将叛徒张安国压送到了天子行在。如此传奇的个人英雄主义，令得闻者无不击掌叫好，他做了多少人甚至不敢想象，更不敢以命尝试的事情。

高宗赵构在建康召见了辛弃疾，他不由想起三十多年前，靖康之难时，天崩地坼，父皇和皇兄被屈辱地带回北方，自己也狼狈不堪地南下逃亡，金人的恐怖可惧，他自认比任何人都清楚。看着眼前的辛弃疾，他或许想到了岳飞，或许想到了这九州大地。此次方才细细审视殿内魁梧不凡的少年，赵构几乎是情不自禁地连声叹息。

没有人知晓，这究竟是赞叹的成分更多一些，抑或是惋惜的成分更多。

"卿忠武于板荡之际，耀威于逆夷腹心，良可嘉勉。朕心甚慰。"

辛弃疾再拜："臣赖陛下神睿明哲，民心之望我皇宋，未敢言尺寸之功。"

然而终究，之后新下的诏令里，辛弃疾并未得到加官，只是改了差遣，让他到江阴去做签判。所谓签判，即是签书判官厅公事之省耳。苏轼早年也做过签判，签判的职务主要是协助州郡长官处理政务及文书案牍。不过江阴因为军州地小的缘故，以签判行使通判的职权。那种如韩信一般登坛拜将的际遇自然已经不是这个时代可能会发生的奇迹，辛弃疾也赶不上苗刘兵变能够在里面赢得高宗的信任。他只能打点行李，前往江阴赴任。不过对于如此年轻的辛弃疾而言，军州签判一职作为起步也不算十分低微，或许在当时的左相陈康伯之外，赵构也确乎是对其颇有欣赏的。

以上可据《宋史·辛弃疾传》知：

绍兴三十二年，京令弃疾奉表归宋，高宗劳师建康，召见，嘉纳之，授承务郎、天平节度掌书记，并以节使印告召京。会张安国、邵

男儿到死心如铁——辛弃疾

203

进已杀京降金，弃疾还至海州，与众谋曰："我缘主帅来归朝，不期事变，何以复命？"乃约统制王世隆及忠义人马全福等径趋金营，安国方与金将酣饮，即众中缚之以归，金将追之不及。献俘行在，斩安国于市。仍授前官，改差江阴金判。弃疾时年二十三。

又南宋时人洪迈《稼轩记》：

齐虏（指张安国）巧负国，赤手领五十骑，缚取于五万众中，如挟獯（chán）兔（即狡兔），束马衔枚，间（jiàn）关西奏（通"走"）淮，至通昼夜不粒食。壮声英概，懦士为之兴起！圣天子一见三叹息，用是简深知（因此被皇帝察知，简在帝心）。

大约在江阴任职期间，辛弃疾已早有家室。妻子为江阴赵氏。关于辛弃疾的出生本末，赵构在听闻他于五万人的敌营中如入无人之境后必然也已探知，作为一个后来南宋所颇为蔑称的"归正人"，实际上他的出身大约是有一些尴尬的。

辛弃疾的祖父名辛赞。辛赞在金人占领淮河以北广大中原地区时接受了金人的官职，任朝散大夫、陇西郡开国男、亳州谯县令、知开封府。以宋元丰改制之后的官制来看，朝散大夫属从六品寄禄官阶，开国男属从五品爵位。由此来看大约属于金国的中下层官员。晚年比较重要的是知开封府一职，此大约可算仕宦有一些谈得上显赫的色彩了。辛弃疾父亲名辛文郁，史料中但云"赠中散大夫"，大约生前没有官职，未能享年长久即离世。

辛赞任谯县令时，辛弃疾便随其在谯县读书受学。当地有一位颇有文名的先生叫刘瞻，辛赞便安排孙子在他那里读书。十一岁时，辛弃疾随祖父去往北宋曾经的首都东京汴梁，他也因此目睹了一年前弑杀金熙宗而称帝的完颜亮在汴京杀戮权贵、兴起大狱的种种金国高层权力斗争之惨烈。当时金行台左丞相、左副元帅撒离喝被完颜亮所杀一案想必在年幼的辛弃疾心中已经掀起巨浪，令他在总角之年就明白了女真人之间"吃人"的权力游戏，只是他那时还不知道，有关权力游戏，南边的大宋比女真还厉害。

十四岁这年，辛弃疾领乡荐，也就是通过了府试（据《金史》卷五十一：凡诸进士举人，由乡至府，由府至省，及殿廷，凡四试皆中选，则官之。至廷试五被黜，则赐之第，谓之恩例。又有特命及第者，谓之特恩。此有别于明清县试府试：童生→院试：生员，即所谓秀才→乡试：举人→会试：贡士→殿试：进士）。因完颜亮迁都燕京之故，辛弃疾于次年动身前往金国新都。

绍兴二十七年，年已十八的辛弃疾再次启程去往燕京。辛赞嘱咐孙子注意沿途观察窥探金人种种军情，牢牢记住自己汉人身份，以待来日。大约在这期间，辛弃疾又向降金的蔡松年请教诗词章句之学。蔡松年颇得完颜亮重用，据《金史》记载，乃是"右丞相，加仪同三司，封卫国公"。

大约就在次年，祖父辛赞病逝，一年后，蔡松年亦薨。

值得注意的是，据史料记载，辛弃疾求学时有一位同学，叫党怀英。有说是二人曾共受业于刘瞻，亦有说是共受业于蔡松年的。《宋史·辛弃疾传》中说：

少师蔡伯坚，与党怀英同学，号"辛党"。始筮仕，决以蓍，怀英遇"坎"，因留事金，弃疾得"离"，遂决意南归。

这是说辛弃疾和党怀英二人同学时曾经卜筮将来仕宦之事，结果党怀英占得坎卦，辛弃疾占得离卦。唐王绩有《建德破后入长安咏秋蓬示辛学士》一诗："遇坎聊知止，逢风或未归。"党怀英和辛弃疾完全是两种人，后来他果然留在北方，仕宦于金国，做到翰林学士承旨，而辛弃疾却坚决南下，不做亡国之奴，气节不同，可见一斑。

然而这一切对于南宋朝廷来说，却并非如此。辛弃疾不仅祖父是金国之官员，师承受业如此看起来也颇有些"异类"，似乎是非吾辈父兄子弟。只是此时辛弃疾还不知道他"归正人"的身份会在今后带给他多少或明或暗的麻烦。

隆兴北伐

绍兴三十二年（1162）六月，宋高宗赵构禅位给了他的养子——太祖赵匡胤一脉的皇太子赵昚（shèn），即宋孝宗。

大约同年夏天，辛弃疾亦抵达了江阴任上。签判的文书案牍之事根本难不倒他，工作之余，他总是思虑南北军情，想谋划一些能利用金人新败和内部权力斗争而北伐的计策。

恰在这年夏天，辛弃疾日思夜想的谋略终于有机会向朝廷里的大人物传达。

一日，七月方任江淮宣抚使的张浚（宣抚使：宋时高级职事官衔，不常置，掌宣布威灵、抚绥边境及统护将帅、督视军旅之事，以二府大臣充）来到江阴巡视。《宋史》其本传中说：三十二年，车驾幸建康，浚迎拜道左，卫士见浚，无不以手加额。时浚起废复用，风采隐然，军民皆倚以为重。可见当时张浚的人望之高。因此曾任同平章事和知枢密院等宰辅职务而身份贵崇的张浚的到来，令江阴军上下都如履薄冰。

在招待张浚的宴席上，江阴军的官员们大多忙于阿谀奉承，偶有谈到军州兵士、粮秣等情况，率皆颟顸应对，泛泛而谈。

辛弃疾在座中几次想要说话，却终是觉得不合时宜，便自坐在席间只顾吃酒。

到得这日晚间，方窥得一机会，求见而蒙许。

出将入相的张浚端坐在太师椅上道："你便是生擒了张安国的辛弃疾？"

辛弃疾颔首："正是在下。今日冒昧求见相公，乃是为南北之大事！"

张浚一生自建炎年间苗刘兵变以来不知经历过多少风浪，如何会为这种话动心，只是瞥了一眼，抿了口茶说："如今金人议和，南北有何大事？"

辛弃疾并非不知晓张浚此人当年在富平丧师败绩、淮西又致四万大军叛变的一系列公开黑历史，但他不得不珍惜这一次面对朝廷高层直抒胸臆的机会，"北虏虽是新败，如今议和，不过是贼酋甫立，朝野纷扰，又闻契丹作乱，此其无暇南顾于一时也。待得庙堂定，契丹平，则必伺机南向，观如今形势，正是用兵之时"。

张浚听闻此言，心中已是颇有不快，这南归的所谓英勇义士恐怕也只是夸夸其谈，本想送客，但碍于身份和修养，便只不冷不热地说了句场面话："某愿闻其详。"

辛弃疾知道这是得来不易的机会，南归以来他早已深思熟虑了无数次。

"北虏以寡凌众，四境之内多不归心，诚四分五裂之国，以是其调发大军极为困难。此前逆亮大举来犯，前后整整两年才兵马粮草集结完毕。金人虽然号令简洁，没有我大宋这边许多制度复杂阻拦，但他们对境内各族逼迫压榨得太急切厉害了，也很容易生变，这就是他们调发如此之难的原因所在。实际上，金人也只不过在淮河沿岸布置了不少防御的军队。以我之见，不如分派几支疑兵做出往关陕方向（指陕西地区）进攻之态，金人就必定拥兵于关陕；再分派几支疑兵向西京（洛阳），金人又必定拥兵于西京；再分派几支疑兵趋往淮北，金人必只能于淮北也拥兵屯守，其他地方的防御力量就必然空洞虚弱了。我们可以再派遣水师搅扰金人沿海重镇，则其又必定拥兵防卫海上。而我大宋实际上秘密拣选数万精锐，窥测其兵力已经分散，在这时候趁机攻打金人防御虚弱处，径直攻取山东！北虏首尾接应不及，等他们再调发军队来救援，其援军未聚集，而我们已经收复了山东。一旦克复了山东，中原及燕京就自然不用再花费巨大的代价，因为大宋精锐之师已经能够集结于山东，而北虏势力被我们截成两段。同时，攻取山东前，可先请朝廷下发明诏，号召中原豪杰英雄们起义响应！如此，何愁大事不成？"

张浚一边听一边思考，他颇有些被眼前这位年轻人的见识所震惊，但或许是不喜欢辛弃疾这种指点江山的口吻，便应付说："你的想法可能有些道理，但我如今只是江淮方面之任，像这种程度的调兵遣将，我是做不了主的。"

以上见于《朱子语类》卷一百十《论兵》：

某向见张魏公，说以分兵杀虏之势。只缘虏人调发极难，元颜要犯江南，整整两年，方调发得聚。彼中虽是号令简，无此间许多周遮，但彼中人才逼迫得太急，亦易变，所以要调发甚难。只有沿淮有许多捍御之兵。为吾之计，莫若分几军趋关陕，他必拥兵于关陕；又分几军向西京，他必拥兵于西京；又分几军望淮北，他必拥兵于淮北，其他去处必空弱。又使海道兵挠海上，他又著拥兵捍海上。吾密拣精锐几万在此，度其势力既分，于是乘其稍弱处，一直收山东。虏人首尾相应不及，再调发来添助，彼卒未聚，而吾已据山东。才据山东，中原及燕京自不消得大段用力，盖精锐萃于山东而虏势已截成两段去。又先下明诏，使中原豪杰自为响应。是时魏公答以"某只受一方之命，此事恐不能主之"。

可以想见，辛弃疾满腔热情地建言献策被张浚冷漠对待之后，他的心情是如何的。在这一年十二月立春，他写下了大约是有史可查的第一首词。

《汉宫春·立春日》

春已归来，看美人头上，袅袅春幡。无端风雨，未肯收尽余寒。年时燕子，料今宵梦到西园。浑未办黄柑荐酒，更传青韭堆盘。

却笑东风从此，便薰梅染柳，更没些闲。闲时又来镜里，转变朱颜。清愁不断，问何人会解连环。生怕见花开花落，朝来塞雁先还。

又到一年立春日，辛弃疾望着春色初生，看着江阴家家户户的女子头上都装点起了春幡（**古时立春之际剪彩绸或以金银饰片悬于发簪之上**），朝野间已是一片辞旧迎新的欢乐气象。只是春寒料峭，风雨里仍然透着冷意，更冷的是南北分裂、国土沦丧的时局。不经意间瞧见屋檐上去年秋天飞来过冬的燕子，她们开春后便要回到北方，恐怕今晚辗转反侧，梦中才能到得北方吧。立春的诸种节令吃食，有何心情置办呢？

天若有情天亦老啊。这春风十里自是不解辛弃疾的愁绪，从今日起便忙着唤醒人间的红梅绿柳。可这风吹雨打，悄然间不知有多少朱颜辞镜花辞树的流光易老之悲！故国未复，位卑言轻，忧从中来，不可断绝，这孤寂的愁情恰如连环难解难分。念及此，辛弃疾抬头又望见了几只飞雁。此生最怕的就是像现在这般花开花落，一年过去，却是北来的大雁先我回到北方！

这一时期的辛弃疾是惆怅苦闷的，一方面江阴签判任上的文书工作想必枯燥繁琐，另一方面自己的满腔抱负全得不到回应。"层楼望，春山叠。家何在，烟波隔。把古今遗恨，向他谁说。蝴蝶不传千里梦，子规叫断三更月。听声声、枕上劝人归，归难得。"（《满江红》，大约亦作于这一时期）从他的词句中完全可以洞见这种故国难回，大志难酬的痛苦。

说来讽刺的是，张浚表面上说自己只是一方之帅臣，不能决定朝廷大计，私下里又觉得辛弃疾的策略是完全可行的。绍兴三十二年十一月，张浚举荐陈俊卿为其江淮东西路宣抚司判官，孝宗因此召见陈俊卿及张浚之子张栻。张栻便带着父亲的奏议，请求用兵淮河沿岸，进取山东。不料遭到右仆射兼枢密使史浩激烈反对。

原来史浩在绍兴三十二年孝宗登极之初升任翰林学士、知制诰时曾经主张对金人之防守策略应该着力于长江瓜州、采石两渡口布防，结果张浚讥讽说不好好守御两淮却把防线往南放在长江沿岸，这是示敌以弱，会伤害到前线守军士气，认为应该守泗州。因此史浩大约是怀恨在心。然而他在孝宗即位之后官运亨通，很快升任参知政事，张浚所建言之策，史浩几乎必定会阻止。隆兴元年，史浩拜右仆射兼枢密使，他立刻上疏明确否定张浚进取山东的谋划。

以上事见《宋史·卷三百六十一 列传第一百二十》张浚本传：

翰林学士史浩议欲城瓜州、采石。浚谓不守两淮而守江干，是示敌以削弱，息战守之气，不若先城泗州。及浩参知政事，浚所规画，浩必沮之。浚荐陈俊卿为宣抚判官，孝宗召俊卿及浚子栻赴行在。浚附奏请上临幸建康，以动中原之心，用师淮壖（ruán）（河边的空地或田地），进舟山东，以为吴璘声援。

据《鄮（mào）峰真隐漫录》卷七，史浩在《论未可用兵山东札子》中说：

窃以传闻之言，多谓虏兵困于西北，不复顾山东。加之苛虐相承，民不堪命，王师若至，可不劳而取。……万一未至尽如所闻，虏人尚敢旅拒（聚众抗拒），遗民未能自拔，则我师虽众，功亦难必。而宿师于外，守备先虚。我犹知出兵山东以牵制川陕，彼独不知警动两淮、荆襄以解山东之急耶？为今之计，莫若戒敕宣抚司，以大兵及舟师固守江淮，控制要害，为不可动之计……盖山东去虏巢万里，彼虽不能守，未害其强。两淮近在畿甸（指京城地区），一城被寇，尺地陷没，则朝廷之忧，复如去岁。

　　史浩的意思是说，臣私下里认为传言的说法，大多是说北虏军队被困于西北，没有余暇再顾及山东。加上金人施政苛暴残虐，老百姓不堪忍受，我大宋王师如果抵达，就可以不费多大力气就拿下山东。……但是万一没有完全到传闻所说的那种程度呢？万一北虏还敢于集结军队抵抗，而沦陷于山东的百姓们又还不能揭竿自救，反正归义呢？那么即便我们派往山东的军队人数众多，恐怕也很难一定成功。况且令数目不小的军队滞留在国门外，则我边境上的守备先就空虚了。我们尚且知道出兵山东来牵制川陕，他们难道不知道出兵使两淮、荆襄震动，以解除山东的危机吗？为今之计，不如下达敕令告诫边境有关宣抚司（宋代路一级军区称谓），用大军和水师舟船固守住江淮，控制军事险要，作为不可被敌人撼动的部署策略……山东距离北虏巢穴根基万里之遥，（假如我们克服了山东，那么）他们虽然不能守住，却并没有损害到他们的强大。而两淮近在我大宋京师不远，哪怕两淮流域一座城池被侵略入寇，尺寸土地沦陷敌手，就都是朝廷的心腹大患，又会向去年一样（实际指的是绍兴三十一年完颜亮大举南侵。因为如果金人攻克两淮防线，就可以直面长江天堑，一旦渡过长江，临安就十分危险了）。

　　详看史浩的奏议，可以得知他首先从战略角度便对金人存在莫大的恐慌心理，认为金人调拨军队如臂使指，整个势力范围内很难有弱点被大宋利用到。他看似谨慎持重，实际上他提出的策略就是消极固守，接近于偏安一隅。而所谓两淮近、山东远；前者主、后者次的言论，也完全是一种缺乏进取心的保守苟安逻辑。

史浩此人之于当时宋金形势的见解，大抵都是保守的。据《宋史·卷三百八十三　列传第一百四十二》虞允文传中记载：

孝宗受禅，朝臣有言西事者，谓官军进讨，东不可过宝鸡，北不可过德顺，且欲用忠义人守新复州郡，官军退守蜀口。允文争之不得，吴璘遂归河池，盖用参知政事史浩议，欲尽弃陕西，台谏袁季、任古附和其说。允文再上疏，大略言："恢复莫先于陕西，陕西五路新复州县又系于德顺之存亡，一旦弃之，则窥蜀之路愈多……"

又：

隆兴元年入对，史浩既素主弃地，及拜相，亟行之，且亲为诏，有曰："弃鸡肋之无多，免狼心之未已。"允文入对言："今日有八可战。"上问及弃地，允文以笏（hù）（古代大臣上朝拿着的手板，用玉、象牙或竹片制成，上面可以记事）画地，陈其利害。上曰："此史浩误朕。"

原来，在绍兴三十二年时，四川宣抚使吴璘（后又兼任陕西、河东路宣抚招讨使）统帅大宋西军多路反攻金人，几路将领有胜有负，但在吴璘亲临前线、智勇兼备地指挥下，宋军先后收复了秦凤、熙河、永兴三路，并在德顺成功抵御住金将完颜悉烈十余万大军的猛攻，因此总体在西线战场上处于一定的优势。然而六月孝宗受禅登极之后，史浩为代表的一批大臣就认为"兵宿于外，去川口远，恐敌袭之，欲弃三路"。他们担心大军在外不利，反把四川给丢了，不如退守蜀口，把新收复的三路十三州都抛弃得了。史浩甚至在为孝宗皇帝起草的诏令中说："弃鸡肋之无多，免狼心之未已。"言下之意是，秦凤、熙河、永兴三路对于现在偏安一隅的大宋来说属于鸡肋，丢了也不算多，倒可以避免金人狼子野心的贪婪不止之势。对这种看法，虞允文极力反对，并且在召对的时候以今日形势有八项利于作战的因素向孝宗说明分析，当孝宗问及弃地影响，虞允文以笏板在地上描画，指陈利害得失。孝宗皇帝当即大为懊恼道："这是史浩误朕啊！"

据《续资治通鉴》卷一百三十八记载，隆兴元年（1163）正月，吴璘被迫班师撤退，导致金人追击，史浩的建议致使宋军伤亡凡三万三千人，部将数十名之多。到手的城池和胜利果实拱手送人，又在被迫撤退时折损如许多袍泽，宋军阵营内痛哭声震动原野。

辛弃疾分兵惑敌，先取山东的策略尽管实质上被张浚攫取后到得御前，但因为史浩从中作梗，终究没能付诸实践。年轻的他，此时实在是官位低微，远离中枢，任他有多大的才干也于事无补。

大约亦是看到了吴璘被迫弃地之后的恶果和深感"史浩误朕"的懊恼，孝宗皇帝的内心在这时开始倒向主战的大臣。

这年四月，此前已经于正月进枢密使、都督江淮东西路军马，在建康开府建牙的张浚受命入对。御前议论南北军情时，张浚与史浩又针锋相对起来。张浚一看苗头不对，生怕孝宗皇帝又犯他耳根子软的老毛病，事后趁入内殿单独入对之际，反复劝说孝宗机不可失，并说金人于秋天必然南侵，不如先发制人。

孝宗皇帝此时亦慨然有光复河山的大志，居然绕过政事堂和枢密院，瞒着宰相和执政们，直接给了张浚和前线将领密旨，令他们向金人领地进攻。

隆兴北伐开始了。张浚此时得到了孝宗皇帝极大的信重，可是他把曾向他提议出兵山东的辛弃疾完全抛在了脑后，根本没有想过把辛弃疾调拨到北伐的军队中发挥才干——以张浚当时受到的宠信来看，一个小小的江阴签判的差遣调动，完全是他在奏议或是御前一句话的事情。

辛弃疾只能置身事外地等待着北伐的消息传到自己的耳中。

不仅仅是主战的张浚忘了他，既使没忘记他的人，又对辛弃疾的身份充满了怀疑、不信任。

《续资治通鉴》卷一百三十八记载：

（五月）浩见邵宏渊出兵状，始知不由三省，径檄诸将，语陈康伯曰："吾属俱兼右府，而出兵不预闻，焉用相为哉！不去何待！"因奏言："陈康伯欲纳归正人，臣恐他日必为陛下子孙忧。张浚锐意用兵，若一失之后，恐陛下不得复望中原。"

这是说史浩到了隆兴元年五月方知晓了前线邵宏渊所部出兵北伐的情形，这才知道皇帝绕过政府，直接下密诏给将领们。他便对左相陈康伯说，"我们都兼着枢密使，但出兵北伐这种大事居然事先不知道也没和我们商量，哪里还用得着我们做宰相呢！不求去还更待何时！"史浩于是进奏说，陈康伯想接纳归正人，臣恐怕这些归正人他日如果得势，必定成为陛下子孙们的祸患。而张浚一意孤行、坚决用兵，如果有所差池失败，恐怕陛下以后都不能够再望恢复中原了！

注意史浩提到了"归正人"这一说法。这大约是南宋第一次有人提及这种身份。所谓归正人指的是从淮北沦陷于金人领土中南下投奔而来的人，这种提法实际上是一种带有歧视的蔑称。史浩的言下之意显然是认为所谓归正人如辛弃疾等，绝对不可予以重用，更不能给予兵权，免得他们阵前倒戈，倾覆社稷，危害大宋江山。

另一方面，北伐仍在进行着。宋军主要分为两个集团军，一部由李显忠统领自濠州往灵璧进军；另一部由邵宏渊统领，自泗州向虹县挺进。大约由于时值夏日多雨，金人仰仗的骑射受到一定影响，起初北伐可以说是节节胜利的。

李显忠初战告捷，败金右翼军都统萧琦而收复灵璧；邵宏渊攻克虹县，令金知泗州蒲察徒穆及同知泗州大周仁降。在这种情形下，张浚喜出望外，渡江视师。不久，二人所部又在宿州击败金军，克复宿州。史浩罢相，孝宗手书劳军："近日边报，中外鼓舞，十年来无此克捷。"此后，金纥（hé）石烈志宁自睢阳引兵至宿州，李显忠又击退了金军的反扑。

然而就在形势有利于大宋的情况下，李显忠与邵宏渊的矛盾却完全爆发出来。有说邵宏渊手下抢走了投降李显忠的金军千户之宝刀，李显忠为了安抚降将，也不和邵宏渊商量就斩了其部下；亦有说克服宿州后邵宏渊提议开府库犒赏士卒，李显忠不许，将士多不悦；也还可能因朝廷以功升李显忠为淮南、京东、河北招讨使，宏渊为副使一事，后者深以为耻……

在诸种矛盾之下，张浚作为北伐主帅，被给予如此大的临战处置之权，明明已经看到邵宏渊不甘心听从李显忠节制，他不加以戒斥处罚从而严明军纪，居然采取和稀泥的方式，改令李、邵二人共同统领、节制北伐宋军。这势必造成军事指挥混乱不堪，直至瘫痪。

邵宏渊甚至在金人增兵欲夺回宿州时按兵不动，对帐内诸将说："当此盛夏，摇扇于清凉之下，且犹不堪，况烈日被甲苦战乎？"人心遂摇，士气大受影响，致使宋军失利。

后来到了晚上，建康中军统制周宏及邵宏渊之子世雄、殿前司统制官左士渊率部逃跑。这一来跟风开溜的人立刻多了起来，《宋史·孝宗本纪》里记载："殿前司统制官张训通等七人、统领官十二人，以二将不叶而遁。甲寅，李显忠、邵宏渊军大溃于符离。"不叶即是不协、不和协、不团结和睦之义。换言之，当时诸将见到前线两位大将彼此不和，金军又援军陆续抵达，已经不愿再战，都想着苟且偷生，保存实力，手下有兵，肩膀上有首级才有官做，何必留下来决生死呢？

宋军溃逃后在符离又被金军追上，北伐的种种军需物资弃之一空，死伤、溺毙难以尽数。据南宋人周密所撰《齐东野语》卷二"符离之

男儿到死心如铁——辛弃疾

师"记载：于是显忠、宏渊大军并丁夫等十三万众，一夕大溃，器甲资粮，委弃殆尽。士卒皆奋空拳，掉臂南奔，蹂践饥困而死者，不可胜计。二将逃窜，莫知所在。又据《四库全书总目》卷一五八《汉滨集》提要记载：三挫于符离，而丧师又十三万。则可知符离之溃宋军加转运民夫的伤亡总也在十万上下。在前期占据主动的形势下不战即溃，实在是令人扼腕的。

轰轰烈烈的隆兴北伐便这样极其仓促地就告失败了。

或许当辛弃疾得知张浚北伐不多布疑兵，声东击西地攻取山东而是直接从两淮发起攻势，从某种程度上而言，他应该可以预料到结果，但内心他必然期待着有奇迹发生。然而等来的却是噩耗。

在这种精神打击下，辛弃疾无奈又悲愤地写下了一首《满江红》：

家住江南，又过了清明寒食。花径里一番风雨，一番狼籍。红粉暗随流水去，园林渐觉清阴密。算年年落尽刺桐花，寒无力。

庭院静，空相忆。无说处，闲愁极。怕流莺乳燕，得知消息。尺素始今何处也，彩云依旧无踪迹。谩教人羞去上层楼，平芜碧。

他看着园子里落英缤纷，却全不是旖旎景象，反倒觉着一片狼藉。这兵败如山倒的北伐可不就是如此狼狈不堪么！这些红粉之物随流水杳然逝于远方，园林里树阴清凉，枝繁叶茂，只是想来这预示丰年的刺桐花如今却年年早早凋零，初夏亦未至，对这时局，直令人感到凄寒无力！

庭院里阒寂无声，在山东时起义抗金的峥嵘岁月又暗涌心头，但这却有何用？在这江阴，无人懂，无人可说，只有闲愁而已。倒要提防那些奴颜的主和官吏，像流莺乳燕一样把我的愤恨不满和抗金决心说得不合时宜。古人诗云："客从远方来，遗（wèi）我双鲤鱼。呼童烹鲤鱼，中有尺素书。"尺素者，书信也。也许他想到了太平宰相晏殊和他的儿子晏几道吧。承平岁月，繁花似锦，晏殊可以唱一阕"欲寄彩笺兼尺素，山长水阔知何处"；其子可以吟一句"当时明月在，曾照彩云归"，然而如今社稷倾覆、宗庙隳顿，便有字字千金的平戎策略，又说与谁听，寄给谁看呢？知音难寻，伯乐无觅，晏几道可以思念美人如云，我辛弃疾的知己依旧了无踪迹。且还是勿去登高望远吧，徒上层楼，看到的也只是平原荒草，一片凄凉！

孝宗即位后为岳飞平反，起用张浚等主战大臣，锐意恢复，这些相信辛弃疾都看在眼里，也满怀希望。然而位卑言轻的他只能无奈旁观宋军在符离的大溃败，个中失望唏嘘，是不难想见的。

美芹十论

符离之溃令辛弃疾一度悲愤交加，他既叹恨张浚不能慧眼识珠，简拔他于文书案牍之中；亦愤慨前线大将不和，宋军在关键时刻居然不战而逃。但是辛弃疾并没有就此消沉沮丧下去，而是重新审视天下之势，希冀为朝廷定一番大计。

可以想见，他便时常在签判的工作之余，一面仔细查看宋金舆图，一面反复推算南北形势。在家中的灯烛前，他终于将自己的满腔壮志和深谋远虑化作了文字，写成了十篇长长的奏议。这便是著名的《美芹十论》。

辛弃疾还写了《进美芹十论》阐述自己家室渊源和所以献策的原因。此篇奏议文采不逊于以往的古文大家，今附于下：

臣闻事未至而预图，则处之常有余；事既至而后计，则应之常不足。虏人凭陵中夏，臣子思酬国耻，普天率土，此心未尝一日忘。

臣之家世，受廛（chán）（接受居地而为民）济南，代膺阃（kǔn）寄（委以重任），荷国厚恩。大父臣赞，以族众，拙于脱身，被污虏官，留京师，历宿、亳，涉沂、海，非其志也。每退食，辄引臣辈，登高望远，指画山河，思投衅（指可乘之机）而起，以纾（解除、排除）君父所不共戴天之愤。常令臣两随计吏（古代州郡掌簿籍并负责上计的官员。其须将州郡种种治理成效等情况上报）抵燕山，谛观形势。谋未及遂，大父臣赞下世。粤（助词。用于句首或句中）辛巳岁，逆亮南寇，中原之民屯聚蜂起，臣常鸠众二千，隶耿京为掌书记，与图恢复，共籍兵二十五万，纳款于朝。不幸变生肘腋，事乃大谬。负抱愚忠，填郁肠肺。

官闲心定，窃伏思念：今日之事，朝廷一于持重，以为成谋，虏人利于尝试，以为得计。故和战之权常出于敌，而我特从而应之。是以燕山之和未几，而京城之围急，城下之盟方成，而两宫之狩远。秦桧之和，反以滋逆亮之狂。彼利则战，倦则和，诡谲狙诈，我实何有。惟是张浚符离之师粗有生气，虽胜不虑败，事非十全，然计其所丧，方（比拟）诸既和之后，投闲蹂躏，犹未若是之酷。而不识兵者，徒见胜之不可保之为害，而不悟夫和而不可恃为膏肓之大病，亟遂龂（zé）舌（表示不说话，或不敢说话），以为深戒。臣窃谓，恢复自有定谋，非符离小胜负之可惩，而朝廷公卿过虑，不言兵之可惜也。古人言："不以小挫而沮吾大计"，正以此耳。

恭维皇帝陛下，聪明神武，灼见事几，虽光武明谟（mó），宪宗果断，所难比拟。一介丑虏，尚劳宵旰，此正天下之士献谋效命之秋。臣虽至愚且陋，何能有知，徒以忠愤所激，不能自已，以为今日虏人，实有弊之可乘，而朝廷上策，惟预备乃为无患。故罄（本义为器中空，引申为尽，用尽）竭精恳，不自忖量，撰成《御戎十论》，名曰《美芹》。其三言虏人之弊，其七言朝廷之所当行。先审其势，次察其情，复观其衅，则敌人之虚实，吾既详之矣；然后以其七说次第而用之，虏故在吾目中。惟陛下留乙夜之神〔乙夜，二更。典出唐文宗乙夜观书。唐苏鹗《杜阳杂编》"（唐文宗）谓左右曰：'若不甲夜视事，乙夜

男儿到死心如铁——辛弃疾

观书，何以为人君耶？'"]，沉先物之机，志在必行，无惑群议，庶乎
"雪耻酬百王，除凶报千古"之烈，无逊于唐太宗。典冠举衣以复韩侯
［典出《韩非子·二柄》：昔者韩昭侯醉而寝，典冠者见君之寒也，故
加衣于君之上。觉寝而说，问左右曰："谁加衣者？"左右对曰："典
冠。"君因兼罪典衣与典冠。其罪典衣，以为失其事也；其罪典冠，以
为越其职也。非不恶寒也，以为侵官之害甚于寒。故明主之畜臣，臣
不得越官而有功，不得陈言而不当。越官则死，不当则罪］，虽越职
之罪难逃；野人美芹［典出《列子·杨朱》：昔人有美戎菽，甘枲（xǐ）
茎芹萍子者，对乡豪称之。乡豪取而尝之，蜇于口，惨于腹，众哂而
怨之］而献于君，亦爱主之诚可取。惟陛下赦其狂僭而怜其愚忠，斧
锧余生，实不胜万幸万幸之至。

　　这是说，臣听说：事未发生而预先图谋妥当，那么处置结果必然
有所余裕；事情已经发生之后才去计量思索，则应对效果常有不足。
北房侵扰我中原华夏，臣子殚精竭虑要一雪国耻，可以说四海八表，
无论在哪里，臣的忠心一天都不曾或忘。

　　臣的家世，乃是祖上便住在山东济南，几代人都被朝廷委以重任，
成为官员，蒙受深厚的国恩。祖父名赞，因为族人众多的牵绊，很难
顺利脱身，遭受了担任房人伪官的耻辱，留在京师也罢，历任宿州、
亳州（在今安徽宿州与亳州），乃至沂州、海州（在今山东临沂和江苏
连云港）也好，都不是他的志向。每每从公衙回来吃完饭，就带着臣
等家中小辈，登高望远，指点江山，想着等待金人内部动乱、有机可
乘的时候起兵反正，以此报君父不共戴天的愤怒仇恨。他曾让我两次
随着郡县的计吏，抵达燕京，审视北房形势。祖父起兵抗金的计划还
没能实施，他便辞世了。绍兴三十一年，敌酋完颜亮大举南侵，中原
忠义勇武的百姓们纷纷像蜜蜂一样聚集起来。臣曾经也纠集了两千人，
隶属于耿京，忝任军中掌书记一职，与耿京一同商议恢复祖国河山的
大业。我们共聚集兵马凡二十五万，（准备）归顺朝廷。不幸的是变生

肘腋，事情大大地失败了。臣只能怀着一腔愚笨的忠心，把郁愤之情填塞进肠肺之内。

如今签判的差遣已经任满，即将离任，正是有所闲暇而能心定的时期，因此臣暗自思索：方今南北之间的形势，朝廷可以说一直都偏向保守持重，认为是成算，是既定的方针；北虏挑衅屡屡得利，他们便认为是奸计得逞。所以过去和平与战争的权力常常出在敌人一方，而我大宋只不过被迫应对。因此过去宣和年间割让赎买燕山的盟约订下没多久，东京汴梁就被团团包围；靖康元年正月被迫割让太原、中山、河间的城下之盟刚刚达成，八月徽宗钦宗二帝便不得不远狩北方。秦桧主持的屈辱和议，如今看来反而是滋生了完颜亮这类敌虏的猖獗狂妄。金人是有利可图就侵扰我们，打得将士疲惫、人困马乏了就假惺惺和谈，狡猾多变、奸诈无耻，而我们实际上又从和谈中得到过什么真正的好处吗？近来只有张浚北伐，打到了符离，稍微有些鼓舞人心的生气。虽然他们初胜了之后没有思虑好防备紧随而来会导致战败的种种纰漏，事情没做到十全十美，但是核计符离之败的损失，把结果和秦桧主持的绍兴和议以来，将将帅、精兵投闲置散、摧残蹂躏的损失两相比较，就会发现前者尚未能像后者造成的损失那么惨烈巨大。但是不懂军事的人，却只看到不可保持住的胜利会造成危害，却不领悟不能真正依靠的假和议才是膏肓肺腑的要害大患！他们急着闭口不谈，认为对北虏用兵深可为戒。臣私底下认为，恢复我大宋故土的大业自有一定的谋略计划能够办到，并不是符离之战局部的小小胜败所可以起绝对影响的，但是朝廷的公卿大臣们却过于疑虑，不敢正视和谈论对北虏用兵，这实在是可惜！古人曾说："不因为小小的挫折而阻止我自己的大计。"正是因为这一点啊。

恭维我大皇帝陛下，聪明神武，洞察万事。即便是汉光武帝那样英明深谋，唐宪宗那般果断奋发，也难以和陛下比拟。现在金人不过是一介小丑北虏，尚且劳动陛下宵衣旰食，这正是天下之人为陛下献

男儿到死心如铁——辛弃疾

策效命的时候啊。臣虽然极其愚笨见识浅陋，哪里能有什么智慧呢？只不过是因为忠愤之情激荡臣心，不能自已，认为现在的北虏，的的确确对我们来说有机可乘，而朝廷的上策，应该是要做到有备无患。所以臣竭尽精忠诚恳，不自量力，撰写成《御戎十论》，命名为《美芹》。其中三篇谈北虏的弊病劣势，七篇谈朝廷所应当采取的行动。先审查北虏的形势，其次考察其具体情况，再窥测其内部矛盾和可乘之机，那么敌人的虚实，我方已经翔实掌握了，这样以后再用七篇奏议里的观点按部就班地一一付诸实践，北虏就等于在我们眼前一下无所遁形了。敬望陛下留唐文宗二更观书之精神，沉深机谋而以先见之明洞察于万事之先，恢复故疆的志向望陛下坚定不移，付诸实践，不要被保守的群臣意见所迷惑，这样就与唐太宗"雪耻酬百王，除凶报千古"的英武威烈相差仿佛，毫不逊色了。臣妄议军国大事，冒昧建言献策，就如典冠举衣盖在韩昭侯身上的行为一样，实属越职言事，虽然此罪难逃；但是臣的肺腑之言也像野人献美芹一样是一片忠诚献于君父，亦是有些许爱主之诚心可取。敬望陛下宽赦臣的狂妄僭越，怜悯臣之愚顽忠贞，赦臣斧钺加身的死罪，臣实在不胜万幸万幸至于极点！

这篇奏议里辛弃疾首先是表忠心，然后是交代家里祖上成分，表明过去一直是根正苗红的，靖康之难后因为祖父要照顾一大家子人，没办法才被迫接受伪职，而且时刻不敢或忘收复中原，想着要投衅而起——因此如果有人拿这一点说事，陛下别偏听偏信啊。说完这些他开始进入正题，指出一味的保守和消极防御是无用的，他含蓄地没说这是偏安一隅，并且抨击了历史上秦桧等人对主战将士们的迫害，说这些苟安者做的事情比符离之溃的损失大多了。他明确指出战与和之主动权，不能操纵在女真人手中，被人牵着鼻子走。最后，他提出了希望孝宗考虑并接受他的建议的想法。

那么位卑言轻的辛弃疾究竟在《美芹十论》中提了哪些计策呢？

曰审势，曰察情，曰观衅，曰自治，曰守淮，曰屯田，曰致勇，曰防微，曰久任，曰详战。

在**审势**中，辛弃疾从小大为形，虚实为势两个角度去分析对比了宋金之间的强弱情况。他指出，北虏有三不足虑。

第一，金人表面上领土广大，实际上是潜藏着四分五裂的致命不足的。因为女真本是辽国内部一个受奴役的少数人口之部落，现在纯粹依靠强大的武力凌驾在各族之上，一有可乘之机，领土内的各种势力就纷纷割据起兵。这在绍兴三十一年完颜亮南侵时内有政变，外有起义，可谓众叛亲离，金人之四分五裂已经完全得到了验证。

第二，北虏表面上聚敛了许多财货，其实不足为恃。因为每年从我大宋这里得到的岁币他们只能用来赏赐，却不足以真正用来网罗和培养天下贤才。其占据的中原仓廪，虽然可以解决一部分问题，但不能保证其万无一失。原因在于金人地方上官吏剖克聚敛之甚，百姓不堪忍受，终必揭竿起义，则人财两空，不可得矣。

第三，金人之军力，表明上似乎很多，实际难以调动集结，又易于崩溃哗变。金人军制，战时除了少数本族女真武士作为真正的王牌，其他不过是临时征发的民兵作为仆从军充数。如中原地区发签征调之民兵，彼所谓"大汉军"者，都是其父祖辈残害于女真之手、田宅土地为北虏抢夺而怨愤已极的百姓。沙漠所征调的，远在万里之外，行军到两淮要一年左右。譬如逆酋完颜亮南寇之时，都是靠着诛杀威胁他族酋长、破灭资产等手段，才纠集起异族的人马相从，不多久半路逃窜的就已经不可遏制。

最后，他又重点分析了北虏目前的统治层不似过去粘罕（完颜宗翰）、兀术（完颜宗弼）之团结，而是夹杂着契丹、中原、江南人士，因而上下猜忌防范，大臣将领间多意见相左，并且最高层骨肉相残，极其残酷。因此辛弃疾得出一个结论，说古来国家灭亡，最主要的两大原因就是百姓怨恨不已、不堪忍受和储君嫡庶不定而争斗不已。如

今北虏兼而有之，能不走向衰亡吗？

在**察情**中，辛弃疾又慧眼如炬地洞察分析了金人有"三不敢必战""二必欲尝试。"

不敢必战有三。其一，虏主完颜亮南侵新败，举国之师而征伐的教训，对在政变中得位的完颜雍来说是十分深刻的，可以说是殷鉴不远，就算用兵侵扰，只不过是调集边境守卫之兵而已，再不肯冒险了。戍卫之卒，能够必胜？（背后的原因也在于女真人过去是几乎一无所有的被奴役部落，敢打敢拼，悍不畏死，现在却是坐拥中原和北方大片领土的统治者了，再不是光脚不怕穿鞋的了）

其二，海、泗、唐、邓等州，我大宋在绍兴三十一年逆亮南寇前后收复，到如今整整三年，北虏动用军队而不能侵占夺回，可见我朝也是有足以攻守的将士的，而北虏已不是当年"女真不满万，满万不可敌"的那种实力。

其三，女真人北方的领土自契丹手中夺来，契丹等诸北方异族都侧目窥探在北虏身后，我中原子民则扼腕于金人身前，虽然其签发征调的命令下来，契丹诸族、中原子民迫于淫威不得不从军，但是从军了也未必不反，一旦溃逃甚至哗变，后果都是对方不敢设想的。

必欲尝试有二。一者，正因为北虏色厉内荏，所以怕我们断绝岁币，便更加虚张声势要挟恐吓我们，这是他们必定调拨军队做样子的原因。二者，其豺狼本性贪得无厌，总是心存侥幸，不暇谋于完全就要行动，这是必欲尝试之二。

在**观衅**中，辛弃疾进一步重申中原之民对金人暴虐统治的憎恨，认为民心可用。他指出金人对中原的统治可谓是："分布州县，半是胡奴；分朋植党，仇灭中华。"并告诉孝宗，金人之酷烈，不过是"特为陛下驱民而已"。在此章中，他亦表达了对于大宋没有能够利用好完颜亮惨败、中原义军蜂起的宝贵机会的巨大遗憾。因此他提出，要重视民心，令中原之民知晓朝廷有收复河山之心，则一旦举大事，王师北伐之际，必定能群起响应。

在**自治**中，辛弃疾首先驳斥了"南北有定势，吴楚之脆弱不足以争衡于中原"这种投降保守的谬论。他指出过往南多不能胜北主要是有其自身主观上的原因，而不是南北客观的因素造成，如孙吴之割据，本身就又有刘备占据巴蜀汉中，力量上就不可能抗衡整个北方；东晋之不能再取中原，一方面是当时夷狄亦豪杰倍出之时代，同时东晋内部又权臣迭出，可谓自顾不暇；宋齐梁陈又几乎都是权臣、将领篡逆称帝，都侥幸于偏安，即便是进攻北方也不过是为了自保。反观项羽以吴楚子弟救巨鹿、破章邯，焚咸阳、杀子婴，这难道是南北有定势，南方不能战胜北方吗？辛弃疾一针见血地批评怯懦投降的观点，说：

> 今之议者皆痛惩往者之事，而劫于积威之后，不推项籍之亡秦，而戚以蔡谟之论晋者以藉口，是犹怀千金之璧，不能斡营低昂（**转圜而争高下之义**），而摇尾于贩夫；惩蝮蛇之毒，不能详核真伪，而褫魄于雕弓。亦已过矣。故臣愿陛下，姑以光复旧物而自期，不以六朝之势而自卑，精心强力，日与二三大臣，讲求古今南北之势，知其不侔（**谋取；求**）而不为之惑，则臣固当为陛下言自治之策。

蔡谟是东晋时人，曾说观时无英雄，必不能恢复旧疆。而南宋时许多主张求和苟安的大臣正是如此，没有项羽亡秦的胆识甚至对此也避而不谈，专以蔡谟的逻辑或此类事例为借口——在辛弃疾看来，这就好比有千金珍宝，有实力却不敢和人转圜周旋，一争高下，反而向贩夫走卒摇尾乞怜；又好比杯弓蛇影，不去审查所谓的毒蛇是否真实，就吓得魂魄都给雕弓吓跑了。言下之意便是讥刺投降派大臣的胆小如鼠了（当然要看到，这种观点之所以有市场，自然是因为能够得到最高层的响应）。辛弃疾又极其恳切地对孝宗皇帝提出期望，希望他以光复河山为目标，不要把六朝之颓唐消极加诸于对时局的判断上而自卑自艾。

辛弃疾提出两个具体的办法：一曰绝岁币；二曰都金陵。宋金之间，每年送给金人的岁币物资等总计约在二百余万缗（按绍兴和议，宋须每年向金纳贡 25 万两、匹之银绢。隆兴二年，一两白银约三千文，则大致略少于四贯钱；绢价可据绍兴二十六年知约在 4000～5500 文，则一匹绢率为 5 到 6 贯。故 25 万两、匹大致折合为二百余万缗。），其费用自然不算大到国家财政所无法承受；另一方面迁都金陵当然是比目前的临安更接近宋金前线，但本身并不因此而有强弱之别。但是辛弃疾高瞻远瞩地指出，如果不绝岁币，又偏安于离两淮较远的临安府，那么这便是所谓："待敌则恃欢好于金帛之间，立国则借形势于山湖之险，望实俱丧，莫此为甚。使吾内之三军习知其上之人畏怯退避之如此，以为夷狄必不可敌，战守必不可恃，虽有刚心勇气亦销铄委靡而不振，臣不知缓急将谁使之战哉！借使战，其能必胜乎？外之中原民心以为朝廷置我于度外，谓吾无事则知自备而已，有事则将自救之不暇，向之袒臂疾呼而促逆亮之毙、为吾响应者，它日必无若是之捷也。"

这段话真可谓是高屋建瓴、振聋发聩。他说拿币帛去结好金人，偏安于长江之南，这完全是面子里子都丢光了。一方面使我们的军队知道朝廷獐头鼠目，没胆子跟金人交战，将士们就会觉得女真人是无敌的，这就导致战也好、守也罢最后都靠不住了，即使将士再有锐勇之气也消失殆尽最后萎靡不振了。直接就导致危急时刻，没有能拉出来真跟女真人打的军队。另一方面，现在的做法也会让中原的百姓以为朝廷抛弃了他们，他们便只能在平时安于自保，一旦发生南北大战，他们就自顾不暇，再想要像之前逆酋完颜亮南侵毙命前后那样"星星之火可以燎原"，掀起百姓揭竿为助的汪洋大海，响应我们以后的北伐，那是想也不要了。

更了不起的是，辛弃疾还说现在不应急于实施这两个策略。因为他料定金人一二年内必然还欲再启局部之战来要挟我皇宋，不如等到那时候，我们趁机断绝岁币，这样就连外交上的道义也有了。

辛弃疾又进一步痛斥说：且今日之势，议者固以东晋自卑矣。求之于晋，彼亦何尝退金陵、输岁币乎？

在自治的最后，辛弃疾还不忘鼓励孝宗，说："古人云：'谋及卿士，谋及庶人。'又曰：'作屋道边，三年不成。'盖谋贵众、断贵独，惟陛下深察之。"他提醒孝宗皇帝，既要善于广开言路，从善如流，更要做到能够坚定恢复河山的信念，乾纲独断，不要被保守投降的言论动摇。

此一篇奏议读来尤其令人肺腑激昂，不得不感慨于他卓尔不凡的才识和口若悬河的辩才。

在**守淮**中，辛弃疾从军事角度分析了应当集中精锐部队屯守淮河沿岸要害的重要作用，而不应该愚昧地谋求在整个淮河沿线建立一条"无所不备"的所谓坚固防线。他引用孙子兵法中的理论，指出希望把淮河防线处处都防御到，经营得铁桶一般固若金汤，这种策略从一开始就是违背兵家常识的。因为若要处处驻军戍守，就等于处处虚弱，兵力分散，反而造成无法抵挡北虏渡淮南侵的恶果。辛弃疾认为，应当避免"兵分势弱"的这种局面，而是要"聚兵为屯，以守为战"。他进一步提出，可以选精锐步骑十万之军，"分屯于山阳、濠梁、襄阳三处，而于扬或和置一大府以督之"（山阳，楚州县名。濠梁，即濠州。扬，扬州。和，和州，今安徽和县）。如此一来，当北虏来时，既可以迅速集结精锐部队，统一指挥，或绝金人粮饷辎重转运之道，或阻遏其撤军必经之处，则淮河方为金人所不可窥探之天堑！

在**屯田**中，辛弃疾首先指出绍兴三十二年以来再次开始实施的淮甸（淮河流域）屯田，确实是"利未十百，而害已千万矣"。不仅好处没捞着，甚至可以说是"名为屯田，其实重费以敛怨也"。他进一步分析，何以朝廷投入了不少经费，结果古来都说甚有成效的屯田之策却适得其反。原因就在于"所以驱而使之耕者非其人，所以为之任其责者非其吏"。原来当时屯田所用之兵卒，大多是游手好闲、偷惰成性而为混一口饭吃才参军的市井无赖，是以根本不肯好好耕种稼穑（sè）（春耕为稼，秋收为穑，即播种与收获，泛指农业劳动）。而具体负责督察屯田的官吏也是苟且应付，因此把好事做成了坏事。

辛弃疾提出一个办法，即："籍归正军民，厘为保伍（古代民人五家为伍，又立保相统摄，因以"保伍"泛称基层户籍编制），择归正不厘务官，擢为长贰，使之专董其事。"也就是说，把自淮北归正而来的军民登记造册，整编为保伍，从中选择归正后授予虚职而实际不管事的官员，擢拔为此事的正副手，让他们专门监督主持屯田之事。这些归正军民，大多熟悉稼穑，又多是同乡比邻，互相熟悉也好沟通，可以做到上令下从，不至于出什么乱子。具体操作上，可以每家给予淮甸百亩之地，其中从军者，田产尽入其家；为普通百姓者，田产十分税其一。并且"无事则长贰为劝农之官，有事则长贰为主兵之将，许其理为资考，久于其任，使得悉心于教劝"。如此则有战事时，淮甸屯田之归正军民，又能作为一支民兵力量，哪怕是负责就近转运粮草也是好的，且应许诺负责劝农的归正官员可以按年资进行磨勘（宋代官员考绩升迁的制度。宋初，文臣五年，武臣七年，无赃私罪始得迁秩。后逐渐变成文臣三年，武臣五年）升迁，让他们久任于督察屯田的劝农之职上，既然有了升官的盼头，必然也会全心办事。况且如今的归正军民，大多因为在地方上多受不公平对待和种种歧视，处境不堪，必然乐于从事屯田，自力更生，改善生活。

辛弃疾把朝中绝对会出现的反对声音也预先想到了。他们会说"归正之人常怀异心，群而聚之，虑复生变"。辛弃疾认为，过去绍兴十一年秦桧主持绍兴和议后曾经遣返过归正之人，极大地伤害了他们的感情，而如今一方面高宗赵构在不久前，绍兴三十一年十月，下诏云"昨被发遣归国者，盖为权臣所误，追悔无及。今虽用事，并许来归，当优加爵赏，勿复疑虑。朕言不食，有如皎日"；另一方面来讲，如果归正军民能够去屯田，那么"人有常产，而上无重敛，彼何苦叛去，以甘虏人横暴之诛求哉！"也就是说，人只要有了固定的物产收入，朝廷又没有苛捐杂税的横征暴敛，他们何苦来哉，至于那么卑贱地又跑回去甘受北虏酷虐的统治吗？辛弃疾想，也许朝廷里使绊子的人还会说"恐其窃发"。意思是说恐怕他们暗中做些什么违法乱纪的事情。辛弃疾给这种人也准备好了一记耳光，"且人惟不自聊赖，乃攘夺以苟生，诚丰饫（yù）矣，何苦如是？"人大多只有自己活不下去，没有依靠了，才去抢夺强盗而苟且偷生，如果能有点钱、吃得饱，谁会故意干犯王法，做杀人放火、抢劫偷盗等事？何苦这样做啊！在辛弃疾的设想里，屯田既缓解了他日北伐时军事上粮草的问题，转运的问题，也解决了潜在的社会不稳定的因素，是一举多得的。辛弃疾对这类惯会阻挠的大臣，有一句评价十分深刻，"且天下之事，逆虑（预想）其害而不敢求其利，亦不可言智矣"。

辛弃疾甚至还进一步提出一个办法遏制上述所说归正军民动乱一事。大约在绍兴三十一年，朝廷曾从地方厢军中抽调一部分相对强壮劲勇的人，成立一军。结果造成地方上民怨沸腾，弄得鸡飞狗跳，州郡要花钱调拨，军户家庭不乐意儿子、丈夫背井离乡，到了军中，这些厢军出身的士卒又多受歧视，被当成奴隶般差使。因此，不如"辈徙此军，视归正军民之数，倍而发之，使阡陌相连，庐舍相望，并耕乎两淮之间。彼其名素贱，必不敢倨视归正军民而媒怨；而归正军民视之，犹江南之兵也，亦必有所忌而不敢遑"。亦即是说，干脆成批次地调拨此军将士，按照归正军民数量，每一地方以双倍于归正军民的人数安排驻扎，使田间道路相连，军民们屋舍相望，一起在淮甸耕种屯田，实施民屯、军屯混合的形式。而这些士卒们相对于御前诸军来说向来是地位低下的，也就必定不敢傲慢自大地对待归正军民而招致怨恨；另一方面，归正军民总觉得他们是江南来的军队，好像是天子的嫡系部队一般，也就总有所忌惮而不敢生事。

统而言之，如此安排，既可以避免归正军民生乱，集中管理监督后又可以几乎完全发挥出军民屯田的好处——二十五岁的辛弃疾可以把问题想得如此周到全面，如此老辣，这真的是天纵之智，说是王佐之才恐怕也不为过。

在**致勇**中，辛弃疾指出"行阵无死命之士""边陲无死事之将"，那么军事上要克敌制胜完全是空中楼阁，无从谈起的。因此就要做到令将士知勇、有勇而不畏死惜命，如此才能将军队打造成胜利之师，而不是临阵溃逃的懦夫、无赖的丧家之军。他提出的办法如下："致将帅之勇，在于均任而投其所忌，贵爵而激其所慕；致士卒之勇，在于寡使而纾其不平，速赏而恤其已亡。"这是说，若要让将帅有勇，就要调整他们的任职之权力，而让他们有所忌惮，同时提高官爵的珍贵程度，激发他们渴慕的欲求；若要令士卒有勇，则要少支使他们做与军事活动无关的杂役苦活，从而舒缓其愤懑不平之气，同时论功行赏必须要从速从快，对阵亡兵卒的家属一定要善加抚恤。

辛弃疾还直言不讳地说："今之天下，其弊在于儒臣不知兵，而武臣有以要其上，故阃（kǔn）外（指京城或朝廷以外，亦指外任将吏驻守管辖的地域或国境之外）之事，朝廷所知者，胜与负而已；所谓当进而退，可攻而守者，则朝廷有不及知也。"也就是说，文臣不懂兵法，前线的将领借此要挟欺瞒朝廷，以至于朝廷往往对于庙堂之外、国境内外的战事只知道一个结果，里面弯弯绕绕的奥妙，就一笔糊涂账了。

因此，为了做到"均任而投其所忌"，辛弃疾在奏议里提出一个办法，即"朝廷于文臣中，择其廉重通敏者，每军置参谋一员，使之得以陪计议，观形势，而不相统摄，非如唐所谓监军之比。彼为将者心有所忌，而文臣亦因之识行阵，谙战守，缓急均可以备边城之寄。而将帅临敌，有可进而攻之便，彼知搢绅之士亦识兵家利害，必不敢依违养贼以自封，而遗国家之患。"辛弃疾的方法乃是在每支军队中设一名参谋，专以文臣任职，又与军中将领互不统摄节制，这样既避免了唐代宦官监军掣肘节度使而指挥混乱的情况，又令将领有所忌惮，不敢临战迟疑、养寇自重，而文臣则能够在其中渐识军阵兵事，熟悉战守之略，危机时便可以在边境挂帅御敌。

为了做到"贵爵而激其所慕"，则须"朝廷靳重爵命，齐量其功，等第而予之。非谓无予之，谓徐以予之，且欲使之常亹亹（wěi）（勤勉不倦貌）然有歆慕未足之意，以要其后效。而戒谕文吏，非有节制相临者，必以资级为礼，与左选人均……彼被介胄者，知一爵一命之可重，而朝廷无左右选贵贱之别（《宋史》卷一六三《职官三》：曰尚书左选，文臣京朝官以上及职任非中书首除授者悉掌之。曰尚书右选，武臣升朝官以上及职任非枢密院除授者悉掌之。自初任至幕职州县官，侍郎左选掌之。自副尉以上至从义郎，侍郎右选掌之），则亦矜持奋励、尽心于朝廷，而希尊容之宠。此之谓贵爵而激其所慕。"亦即是说，朝廷应该做到不滥赏官爵，而是要谨慎吝重地给予赏赐升官，按照将帅之功劳，以规定的等第次序给予。这样慢慢地给予官爵之赏，令将帅常常勤勉于事，对升官又有渴慕未足的欲望，从而便可观其后效。同时应当告诫晓谕吏部如尚书右选、侍郎右选之文书官吏，除非有陛下之命令送达，否则在考核武臣时必然凭年资、品级为礼法制度，与文臣之考核一样，做到公平无二……那么这些盔甲在身的武臣们，也就知道官爵、诰命之隆重珍贵，并且朝廷不再有左右选重文轻武的区别了。辛弃疾明确指出了问题的一大症结所在，必须要尊重、重视武臣，一味的重文轻武只会带来战败的恶果，直指宋朝的祖宗家法，这实在是需要勇气的。

对于"致士卒之勇"，为了做到"寡使而纾其不平"，辛弃疾提出应当"朝廷明敕将帅，自教阅外，非修营、治栅名公家事者，不得私有役使，以收士卒之心。"决不能"营幕之间，饱暖有不充，而主将歌舞无休时……平时又不与之休息，以养其力，至使之舁（yú）（抬）土运甓（pì）（砖），以营私室，而肆鞭箠。"这是说，为了鼓舞士气，令底层士兵知勇，应由朝廷明发敕令，戒谕将帅，除军队日常训练外，非修理军营、修筑栅栏等公事，一概不允许私下里驱使士卒做这做那，用以收取士卒拥戴之心。相反，必须要禁止士卒忍饥受饿、将帅歌舞升平；平时不让兵士们训练等公事之余好好休息、养精蓄锐，而让他们扛土运瓦，建造将帅私人处所，尽干些私事，又肆意鞭笞滥打士卒的行为。

要做到"速赏而恤其已亡"，辛弃疾认为应当是"朝廷遇有赏命，特与差官携至军中，呼名给付；而死事之家，申敕主将，曲加抚劳，以结士卒之欢。"避免"赏定而付之于军，则胥吏轧之、主将邀之，不得利不与。"辛弃疾看到了军中对于底层官兵的赏赐抚恤工作的种种漏洞。他指出，往往赏赐至于军中，则有关小吏倾轧刁难，军中主将截留阻挠，下面的士卒不想办法给他们点好处，让他们捞足油水，就不给兵士们发放赏赐。因此，朝廷遇到有赏赐下发，可以专门派遣官员护送至军中，直接一个个呼叫兵士姓名来分发赏赐；对于士卒牺牲的家庭，则命令该部主将，周到地加以抚恤慰劳，以此来交好底层官兵们，令其欢喜无怨。

于是，"如此则骄者化而为锐，惰者化而为力。有不守矣，守之而无不固。有不攻矣，攻之而无不克。"

在**防微**中，辛弃疾指出自古以来就有叛逃之臣民教敌国以种种技术，或泄露军国机密之事，远如楚公子巫臣教吴国乘车射御，汉中行说叛汉而助匈奴；近如完颜亮南侵之际，平江之匠人倪询、应简献策及造船之术，甚至宋军劲弩克敌弓之制造技术也泄露到金人耳中。因此，辛弃疾向孝宗皇帝建议："愿陛下广舍弘之量，开言事之路，许之陈说利害，官其可采，以收拾江南之士；明昭有司，时散俸廪，以优恤归明归正之人。外而敕州县吏，使之蠲（juān）（除去，免除）除苛敛，平亭（研究斟酌，使得其平）狱讼，以纾其逃死蓄愤，无所伸愬（同"诉"）之心。"这是说，辛弃疾认为朝廷应当本着上国大邦的宽容风度，广开言路，允许地方上的布衣黔首建言献策，对于其中确有才干可取的人则赏赐官衔，以此来招徕、安抚江南的各界子民；同时明发诏令给有关部门的官吏，命其按时发放俸金与禄米，以此优待照顾归正之人。对外则敕令州县官吏，命其减免对归正人苛重的税赋，对其所涉之案件详加审查，以此来缓解他们逃死求生、艰苦困窘而积蓄的愤恨不平之情和无所申诉之心。

他也并不主张对归正君民无原则地盲目宽纵，辛弃疾说："其归正军民，或有再索而犹言愿行者，此必阴通伪地，情不可测。朝廷既无负于此辈，而犹反复若是，陛下赫然诛其一二，亦可以绝其奸望。"也就是说，如果归正之人中，有贪得无厌，又扬言要再回北方的，此类疑似暗通虏人、反复无常的，陛下可以诛杀一二典型，令侥幸之人不能得逞奸谋。

而如果"纵之而不加制，玩之而不加恤"，那么就"或能驯致边陲意外之扰"了。辛弃疾的见解无疑是深刻的。

在**久任**中，辛弃疾针对宋朝宰相、执政大多难以长久任职这一现象，提出建议。他认为："故古之人君，其信任大臣也，不间于谗说；其图回大功也，不恤于小节；所以能责难能不可为之事于能为必可成之人，而收其效也。"这是说，古代之贤君，知用人不疑之术，不被谗言所离间猜忌，令用事大臣运筹帷幄、图谋运转而得以成大功，不因为小事而掣肘、替换他。这便是古之贤君能够将难以办成的大事交托给必定可以办成的人，最终坐收其效的原因。

他又分析当今南北形势，说："且御戎有二道，惟和与战。……今日之事，以和为可以安，而臣不敢必其盟之可保；以为战为不可讲，而臣亦不敢必其兵之可休。惟陛下推至诚，疏谗慝，以天下之事尽付之宰相，使得以优游无疑以悉力于图回，则可和与战之机，宰相其任之矣。"辛弃疾一方面指出一味苟安求和是荒唐的，因为与北虏之和议不可能长久依仗，战事也不可能永远消止。另一方面他顺势向孝宗建

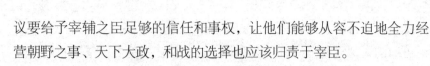

议要给予宰辅之臣足够的信任和事权，让他们能够从容不迫地全力经营朝野之事、天下大政，和战的选择也应该归责于宰臣。

辛弃疾不仅看到了宋朝立国以来两府大臣大多更调频繁、异论相搅，缺乏信任重用、相权不足等问题，他还进一步看到了从整个中央政府到地方上的官员调任之密集，使得许多人都满足于三年五年的磨勘，以不生事即升迁的混日子方式任职的现象。这便造成办事效率低下，许多事情得不到真正的开展和解决。因此辛弃疾又建议，"非特此也，内而户部出纳之源，外而泉曹（泉司也。即都大提点坑冶铸钱司。掌铸币及山泽金银铜铁等所产）总司（总领所，南宋总领财赋、军马钱粮官均置司于重镇，其治所即为总领所。又称总司、计台等。分淮东、淮西、湖广、四川四总领所）之计，与夫边郡守臣、屯戍守将，皆非朝夕可以责其成功者。臣愿陛下要成功于宰相，而使宰相责成功于计臣、守将，俾其各得专于职治，而以禄秩旌其劳绩，不必轻移遽迁，则人无苟且之心，乐于奋激以自见其才。"

他说，不论是朝廷中央主管财政支出的户部，还是地方上的负责铸币、总管财赋、军马钱粮的泉司和总司，以及边境上的郡守、将领，他们的工作都不是可以短期内就责其成功的。他建议孝宗皇帝责国家大政于宰臣，令宰辅们责成财政大臣们和地方太守、将领，使他们各自得以专于职守，尽心尽力而无掣肘地办事，然后朝廷用利禄、官职表彰其功劳成绩，不必轻易草率或频繁地调动其职务差遣，那么官员们就会因为久任于职守，而无苟且因循之心，并以奋发有为而彰显自己之才干为乐了。

可以说，辛弃疾有关官员久任的问题之见解，正中宋朝政治制度问题的核心症结所在。能够以未及而立之年，地方低级官职，毫无大政经验的种种不利条件，拨云见雾地分析出朝政的关键问题，这是具有非凡洞察力的体现。

在**详战**中，辛弃疾认为北虏夷狄也，豺狼之性难驯，毕竟仍要挑衅生事，终不免一战，因此不如选择合适时机，出兵战于敌人之地。此次的谋划与向张浚提议出兵山东的策略基本一致。辛弃疾从兵法的角度，指出："今日中原之地，其形易、其势重者，果安在哉？曰：山东是也。不得山东则河北不可取，不得河北则中原不可复。"山东作为对于恢复中原如此重要的战略要地，恰巧北虏在这里的兵力和军备相对都是薄弱的。而山东百姓又民风彪悍劲勇，是一股可以利用的辅助力量。

他分析金人在淮阳以西至于汧（qiān）、陇（约在今陕西、甘肃），不过十万之军。因此他主张出四路疑兵，混淆北虏视听，令其以为宋军要直接光复对于大宋来说意义重大的三京。一路举兵于川蜀方向，做出进攻关陇地区，收复长安的态势；一路举兵于襄阳，做出窥探洛阳，收复西京的姿态；另一路举兵淮西，表现出要克复东京的模样。则其淮阳以西至汧、陇一线之十万军队必然分聚三地；对于我们发动全面战争的姿态，北虏势必从燕山老巢、山东、中原调来援军。随后，"吾乃以形耸之，使不得遽去，以势留之，使不得遂休，则山东之地固虚邑也"。既已经用疑兵暂时牵制住虏人，那么山东就几乎谈不上有多少防御力量了。为了进一步令山东境内青、密、沂、海四州数千之兵亦成为摆设，还可派遣水师战舰，往来驰于登、莱、沂、密、淄、潍诸州，令这数千兵力也疲于奔命，分守各地。在这种宋金开战，境内空虚的情况下，山东必定盗贼蜂起，这又成为我们可以利用的因素。而陛下令一员骁勇善战之将，拣选精兵五万，步骑相半，直趋山东，则拿下这一战略要地就几乎易如反掌。

"山东已定，则休士秣马，号召忠义，教以战守，然后传檄 xí 河朔诸郡，徐以兵蹑其后，此乃韩信所以破赵而举燕也。"对于收复山东之后的策略，辛弃疾并不主张立刻四下出击，而是一方面固守住山东，召集民间武装力量，教以战守之法；另一方面则广发檄文给河朔州郡，令其反正归降，并辅以出兵恐吓于其左近，河朔州郡会如韩信破赵举燕一样望风而降。而北虏境内的异族也会见机起事，金人三路与我对峙之军进退失据，又后院起火，军心已乱，筑城而迫降可也；驱虎吞狼，渔翁得利可也；纵其撤退，追击其于半路亦可也。

相反，如果不知道避实击虚，在北伐的时候希望数路并进，在正面战场上与金人大军寸土必争，以为万全，那么就多半会失败。因为"吾兵为虏弱久矣，骤而用之，未尝不败"。即便不是如符离之战一般失败了，设使顺利收复了东京、洛阳和关陕地区，那么金人最精锐的本族女真武士势必从燕、蓟（jì）大举南下而来，东渡泗水，以山东之粮为依托，与我大宋周旋。辛弃疾不客气地质问，"陛下之将帅，谁与守此？"因为过去三京就曾在绍兴十年完颜宗弼（兀术）率军南侵时得而复失。辛弃疾进一步分析，说即便能守住，但是仍然没能动摇到金人在河北之地的统治，那么克复中原就仍然任重而道远。

最后，他不忘重申要重视各地潜在的义军力量，要把他们笼络到朝廷这一边，作为恢复旧疆的助力。辛弃疾认为应当在大宋王师进据山东的时候，以"得民而可以使之将，得城而可以使之守"的态度对待义军中的领头人物们，这样的做法无疑会令中原各地的豪杰知晓朝廷恩义，更加望风来投。这都会令北伐的大业事半功倍。

诸葛亮隆中对的时候在二十七八岁之间，辛弃疾此时犹要小孔明两三岁，但他以自己卑微的官职、有限的信息却对天下形势谋划到如此精细深刻、条理分明的程度。其中有知彼知己的洞若观火，有务实的战略准备过程，我们站在后来者的高度上，不难看出其中充满着对时局敏锐的洞察和独到的战略天才，如果孝宗皇帝能够采纳辛弃疾的建议，甚至不拘一格降人才，大胆擢用辛弃疾，或许便能做成张浚之流所不能之事了。

那么朝廷究竟对《美芹十论》是何反应，辛弃疾有没有得到帝王重视，就此平步青云，一展宏图呢？这就是后话了。

两任通判赋雄词，召对金殿见天子

辛弃疾满腔热血，上洋洋万言之《美芹十论》，不难想象，他曾在多少个日夜里盼望孝宗皇帝会重视他的建议。然而非但决没有先秦楚汉之时那般骤登卿相的一条青云大道出现在他面前，甚至连一丝积极回应都不曾传来，石沉大海的最后，辛弃疾等到的居然是宋金议和达成的消息。

隆兴二年（1164）十二月，宋金约为叔侄之国。岁贡易名为岁币，减十万之数。边界划分基本如绍兴之时。

辛弃疾在江阴军签判任上即将任满，眼看着和议达成，前途未卜，悲愤激切之下，大约他在这一时期写下了一首《满江红》：

倦客新丰，貂裘敝征尘满目。弹短铗、青蛇三尺，浩歌谁续。不念英雄江左老，用之可以尊中国。叹诗书、万卷致君人，番沉陆。

休感叹，浇醽醁（líng lù）。人易老，欢难足。有玉人怜我，为簪黄菊。且置请缨封万户，竟须卖剑酬黄犊。甚当年寂寞贾长沙，伤时哭。

岁暮阴阳催短景，寒风刺骨，萧瑟伶俜。当此际，他想到了初唐时的马周曾羁旅困厄于新丰，借酒消愁，无人知他胸中韬略；想到了苏秦将吞并六国之策游说秦惠王而书十上却无果，黑貂之裘已破旧不堪，漫漫归途唯有尘土漫天；想到了孟尝君的门客冯谖曾弹铗（剑柄）而歌，感叹以高才而处贫贱。英雄悲歌，如今有谁来唱，何人能懂呢？为什么不去想想英雄就此空老于江东，明明倘若用我便可以令四夷宾服，恢复中原，再兴华夏！可恨可叹，我诗书万卷，满腹经纶，空有雄心欲致君尧舜，却譬如无水而陆沉，埋没倥偬之中！

然而马周尚有经中郎将常何举荐而为唐太宗擢拔重用的际遇；苏秦且有以合纵之策佩六国相印而令秦不敢东出的功业；冯谖不也有"狡兔三窟"之计，孟尝君言听计从而高枕无忧的得意之事吗？辛弃疾不由地想到了自己，他不知自己有否这样的一天。且莫再感叹，不如借美酒浇胸中块垒吧。人生本就是白驹过隙，光阴催人老去，欢乐之事，终是少而难足。看佳丽美人，因我怜惜，为我发间插一朵黄菊为簪，玩味渊明隐居，采菊东篱的意境吧。姑且放下西汉武帝时少年终军那般为国请缨，臣服南越的雄心吧，建功立业而获万户之封也淡忘吧，只须如西汉龚遂治下的渤海百姓一样，卖了刀剑，买回耕牛，做个乡野村夫吧！何必像才具无与伦比的贾谊那样，寂寞孤独，伤梁王之死，悲己身之不吾知而悲恸痛苦呢！

这首《满江红》确切作于何年，较难考证，有说作于淳熙六七年间的。详词意来看，可知较符合隆兴二年岁末之事，因此词唯可知作年甚早，姑置于隆兴二年岁末至乾道元年年初。

大约即在隆兴二年岁末，朝廷新的调任命令送抵江阴。辛弃疾改任广德军通判。广德军与江阴军行政级别基本一致，看似差遣由签判升为通判，实际上并没有什么太大区别。

在广德军任职时，妻子仍然留在江阴，思念之下，辛弃疾又写下一首《满江红·中秋寄远》：

快上西楼，怕天放浮云遮月。但唤取玉纤横管，一声吹裂。谁做冰壶凉世界，最怜玉斧修时节。问嫦娥孤令有愁无。应华发。

云液满，琼杯滑。长袖起，清歌咽。叹十常八九，欲磨还缺。但愿长圆如此夜，人情未必看承别。把从前离恨总成欢，归时说。

中秋时节，辛弃疾与妻子相隔两地，在广德军通判任上依然是位卑言轻，无甚作为。他登上西面的城楼，虽与妻子人各一方，却也可共一轮明月之色，只是怕夜空里浮云蔽月，赏皓月而不得啊。只愿佳人在侧，玉手按笛，相思情浓，一声吹裂。谁能开天辟地，造一烦恼永断之清凉世界呢？传说这秋月浑圆，正是天上八万二千户玉匠所修凿，冰清玉洁，最令人怜爱。但不知譬如嫦娥这般孤寂，高处不胜寒，试问她可有愁绪？恐怕也是白发难匿吧。

且借美酒了慰别离之苦。辛弃疾或许看着席间的歌伎长袖善舞，却觉其清歌悲咽，心中更是感叹人生不如意事十常八九，有若月圆还缺。但他英雄少年，何曾久陷儿女情长的愁苦中，便豁达地想到，人世间的离合就愿如此中秋之夜一般多是团圆吧，未必总是分别！待重逢时分，且把往昔离愁别绪化为欢声笑语，细细分说。

另一首《绿头鸭》可能也作于广德军通判时期，其中有谓："叹飘零，离多会少堪惊。又争如天人有信？不同浮世难凭。……谁念监州，萧条官舍，烛摇秋扇坐中庭。……敧高枕梧桐听雨，如是天明。"

词借牛郎织女尚能有会面之定期，感叹人世离别之无常。更是将通判广德军之无所事事，寂寞惆怅之景刻画得入木三分。

三年通判任期很快在蹉跎中度过，约在乾道三年，朝廷调辛弃疾赴建康府任通判。从级别上来看虽然都是通判，但建康府曾为高宗驻跸行在，相当于直辖市或者省会城市，这样看来辛弃疾似乎是由副处级跳跃到了副省级——其实大为不然。建康作为六朝古都和南宋江南东路首府，官衙僚属极多，朱紫大员云集。有行宫留守、军马钱粮总领所、江东路转运监司等重要官署。而建康府按例有通判二人，于绍兴三十二年始增设一"添差通判"。所谓"添差"者，即为不具体负责事物的"不厘务官"，甚至不能参与签署公文。因南宋时《景定建康志》有关建康通判之记载中无辛弃疾之名，且此时期添差通判名表缺失，可知他担任的很可能就是这样一个添差通判的职务，只不过此表已失流传。既然是添差通判，则恐怕至多只能算是副厅级虚衔了。

当时的建康府有史正志为行宫留守；叶衡为"总领淮西江东军马钱粮兼提领措置营田"；赵彦端为江南东路计度转运副使；韩元吉为江南东路转运判官；严焕为建康府通判；丘崈（chóng）为建康府观察推官。辛弃疾在其中可谓人微言轻，在建康的这几年，他做得最多的事情恐怕便是参与官员们诗酒唱和的宴会派对，在其间亦免不了要作一些酬唱应和的诗词。但在这些诗词中，却也极易见辛弃疾的雄心抱负。

如《满江红·建康史帅致道席上赋》：

鹏翼垂空，笑人世苍然无物。又还向九重深处，玉阶山立。袖里珍奇光五色，他年要补天西北。且归来谈笑护长江，波澄碧。

佳丽地，文章伯。金缕唱，红牙拍。看尊前飞下，日边消息。料想宝香黄阁梦，依然画舫青溪笛。待如今端的约钟山，长相识。

词作里比史正志为翱翔万里的大鹏，美誉他有女娲补天之能，堪为光复河山的雄杰人物。说他而今只是暂帅长江之滨，文采冠绝江南，想必早晚便有禁中诏令，一朝宣麻拜相。秦淮河畔，画舫歌舞，辛弃疾又言史正志必不会忘记旧友。

在《水调歌头·寿赵漕介庵》中，又有词为："闻道清都帝所，要挽银河仙浪，西北洗胡沙。回首日边去，云里认飞车。"词是为赵彦端贺寿所作，但词末却写到在乾道四年秋日，孝宗反悔和金人议和，又欲兴兵的事情。辛弃疾的心仍然牵挂着恢复河山的大事业。

值得注意的是，辛弃疾在这一时期有不少写给史正志的词。这是因为，史正志作为建康的行宫留守，乃是当地的一把手，又素以论抗金恢复为名，辛弃疾渴望着和这样的主战大臣结下情谊，以为日后得用之基。

如《念奴娇·登建康赏心亭，呈史留守致道》：

我来吊古，上危楼赢得闲愁千斛。虎踞龙蟠何处是，只有兴亡满目。柳外斜阳，水边归鸟，陇上吹乔木。片帆西去，一声谁喷霜竹。

却忆安石风流，东山岁晚，泪落哀筝曲。儿辈功名都付与，长日惟消棋局。宝镜难寻，碧云将暮，谁劝杯中绿。江头风怒，朝来波浪翻屋。

辛弃疾是豪迈的，亦是自信的。一句"我来吊古"宛若阮籍的大人先生，又如天地间一伟岸的巨人横空而出，卓尔不凡。千年之后，犹能揣摩出一股舍我其谁，剑气纵横的男儿英武飒爽之气概。登高望远，凭栏久伫，可往昔所谓虎踞龙盘的建康，在他看来尽是六朝偏安衰亡、不堪回首之惨剧，徒增今人万千愁绪！斜阳归鸟，帆影笛声，皆是人间惆怅见证。

君不见，谢安运筹帷幄，风流倜傥，然而有迫隐东山、谗讥主忌的晚年落泪之悲？他济世之志，匡扶天下的功业都欲践行而不得，只能交付儿孙小辈，自己唯可下棋度日。譬如宝镜难觅，知己何在？眼看彩云染斜阳之暮，人生寄沧海之粟，光阴荏苒，年华飞逝，届时谁共我杯酒消愁？只怕明朝江头风浪滔天，屋船翻覆啊！

又如《千秋岁·为金陵史致道留守寿》：

塞垣秋草，又报平安好。尊俎上，英雄表。金汤生气象，珠玉霏谭笑。春近也，梅花得似人难老。

莫惜金尊倒。凤诏看看到。留不住，江东小。从容帷幄去，整顿乾坤了。千百岁，从今尽是中书考。

这则是一首祝寿的词。词中赞叹史正志器宇轩昂，英雄非凡，其治理下的建康固若金汤，谈吐又字字珠玑。辛弃疾夸赞他说，入主政事堂的诏书一定不久就会下达，江东之地屈公大才，从此将运筹帷幄之中，整顿河山恢复的大计，再造乾坤，成流芳百世之名相。

这并非是说辛弃疾变得惯于溜须拍马，而是南归以来，他报国心切，急于尽量融入士大夫的群体中，急于与主战的大臣们建立一定的交情。另一方面，年轻的辛弃疾此时还大约不能完全看穿一些所谓主战派官员以主战口号邀名的真实嘴脸。因此他总是乐意于在诗词中歌颂号召恢复河山的同僚。

乾道六年（1170），辛弃疾在建康忽然接到了令他赴临安的诏令。他约在五六月间抵达临安。原来，此前已经对和议极为反悔的孝宗皇帝想要召见辛弃疾！

乾道六年之际，业已是虞允文独相的时期。之前不愿北伐的蒋芾fú和主张持重的陈俊卿都已经被罢相，虞允文力主谋划北伐，并且派遣使节往金国以奉祀祖宗陵寝为名，要求归还河南之地。孝宗皇帝很可能是在虞允文以及已经回京任枢密都承旨的叶衡推荐下，想到了召见曾"壮声英概"，五十骑入五万敌军大营中生擒叛徒的辛弃疾。

辛弃疾望着延和殿的飞檐，竟生出一股晕眩的幻觉。日思夜想欲陈军国大事的渴望，今朝或许能够实现吗？天子就在这眼前的殿内，辛弃疾按捺着内心的阵阵波动，整了整衣冠，连鸦雀从头顶飞过也不曾注意。

终于，他在内侍的带领下进入了临安的延和殿。

跪拜之后，孝宗赐辛弃疾平身。

孝宗道："卿自金陵而来，亦舟车劳顿。昔时风采，朕未亲睹。今时得见，真英伟佳士也。未详卿年齿几何？"

"臣甫过而立。惟臣驽劣之资，未堪陛下盛赞。"辛弃疾听着自己说出的每一个字，都是如此平静而镇定。心绪已经平复下来。

孝宗捋须微笑，"甚好，甚好。正是英雄当其时也。卿可知朕痛心祖宗陵寝辱于虏人膻腥，中原赤子戮于夷狄酷虐，无一日不思恢复之事乎？"

辛弃疾在建康时就听闻了天子锐意恢复的消息，如何不知？"陛下克承大统，顺天应人，运鸿猷远略于无穷，文臣武将拥戴于内外，况淮北之民盼王师如大旱之望云霓。恢复大计，自当有成功之时，扫北虏而定中原，此陛下之功业也。"

孝宗大喜："朕知卿有雄心复故土者也。今虞卿用事，议论恢复。以卿之见，南北如何而定？"

辛弃疾知道真正的考验来了，他心中早已预想过无数次这样的场景，君臣召对，自己畅所欲言，为天子、为国家出谋划策，指点江山。他深吸一口气，道："陛下，南北之间，非有定势，如所谓南不能胜北。金人四分五裂之国，以至寡而凌沙漠诸胡、中原万民，无事时似君臣上下，苟其有事，则义民蜂起于中原，夷狄挠阻于腹背。彼虽欲久安，岂可得乎？"

孝宗微微颔首，他还记得完颜亮大举南侵时完颜雍政变于北方，而各地百姓起义之事。

"故臣以为，北虏之亡，必有其时。以要言之，昔时逆亮南寇，殁命瓜洲，完颜雍甫立于辽阳，彼夷狄文武之心亦且狐疑而观望，正可疑兵四出，直定山东以举河北耳。惜乎未趁其时，而隆兴乃有符离之蹉跌，痛失良机。"

孝宗见辛弃疾提及符离之溃，面子上有些挂不住，开口说："虽然，正当知耻后勇，克复中原，卿可有方略？"

"臣有愚策以陈！臣鲁钝，以为恢复事业，北伐之计，其莫过于先定山东，虽时势有所殊易，此策仍乃安天下之必由！"辛弃疾偷偷窥视着孝宗的神色，他无从知晓过去石沉大海的《美芹十论》眼前的天子是否曾拨冗赐览，他只能在有限的召对时间里尽量挑最重要的说，"所以者何？譬如蜀汉葛氏之出祁山，其不走子午谷以博长安而反取陇右者，非长安小邑，无足轻重，亦非关中不及陇右，实关中虽伏尸十万未易取焉，而得陇右有若反掌，且可得良马而为屯田久战之计。

此武侯之深知大势虚实，而有轻重缓急者也。又如刘宋武帝臣事晋室之际，其北伐亦首灭慕容（**南燕**），而非直驱河北，博生死于拓跋（**北魏**），则燕之地，乃在山东也。定山东而后克秦（**后秦**）以取关中。此二人北伐之不成，非人谋，殆天数耳。今女真凶顽，犹甚拓跋。以宋武不可一世之雄，尚欲徐徐而图之，期以北与黄龙（**北燕。其都城名龙城，故称**），西和凉国（**西凉**），提百万之军，三路并进，方谓可定河北而复中原。今若不取山东，乃欲以力搏力，以首争首，寸攘尺取以与北虏精锐鏖战于两淮、关中，臣窃为陛下权衡，御前诸将，可得而与葛氏、宋武并论者，乃有几何？恐譬如驱群羊而当饿虎之冲，其败可立待也。苟定山东，则中原震动，首鼠两端者可传檄而降也。然后可徐图幽燕，虏人之亡，不过必然之势，唯须时日而已。所取山东之策，殆与前所谓疑兵四出同耳。臣方来，闻近日禁中欲遣泛使索祖宗陵寝地，此诚陛下恻孝之心而有欲以进取中原者也。他日北伐，朝廷可设宣抚使于荆襄，大张旗鼓，对外倡言'洒扫陵寝'，则北虏必招山东之兵俱西以备我；又可置帅臣于川蜀，亦如此为之，曰'收复关陕'；后二月，于淮西设宣抚使，亦如此为之，曰'御营宿卫'；且令舟师战舰，遵海而行。则我疑兵四出，虏人势分而不能备于山东，则不过三万步骑可旬日而定也！"

孝宗闻言虽面不改色，但心想这与自己的宰辅大臣虞允文所说的出兵河南，夺回东京，以定中原人心而天下响应的策略完全是背离的，看着眼前如此年轻的辛弃疾，便开口道："卿言甚佳，只是不知卿以为北伐而定中原，当何时也？"

辛弃疾听到天子如此言语，当下一惊。他没想到自己从三国、两晋的故实中几乎说破了嘴，皇帝仍然没看到山东的重要性，仍然急着问何时克复中原。或许孝宗急于想建立一番超越太上皇的功业吧？辛弃疾想到了近来被罢官免职的不少官员，但他把心一横，仍然开口说，

"陛下定中原之事业，必有功成而书于青史之日。虽然，臣请为陛

下略言今日南北形势。昔时逆亮之亡，虏人百万贼军狼奔豕突，诚克复之良机。而今完颜雍立于北方，内抚女真贵戚大臣，外平契丹、中原起义，巧饰恩慈，伪定既成。我皇宋数年前有符离之溃，南北重定和议，臣恐天下未具知战之将帅，敢战之士卒，朝廷未有能审先后之方略，能任败之准备！臣鲁钝无状，乃欲为陛下、社稷、万民而战，虽万死不惜。然战则须其时，必战，则臣请陛下无欲速，审先后，能任败！今朝野谈南北之势者，颇有言和而欲终世讳兵，论战而欲明日亟斗，此和战之所以均无功而俱有败也！"

孝宗微不可察地蹙了下眉，这归正人恁地轻狂！似他这般疯言，自己与虞允文商定的策略岂非时机不当、全盘错误？他不但要说如今主战的大臣们的是非，也更要说主和的不可取。倒仿佛满朝文武皆非，就他辛弃疾洞若观火？

辛弃疾知晓话已至此，全不能停了，飞快地说："国朝以西府（枢密院）掌兵机，此艺祖（指宋太祖赵匡胤）圣睿渊谟，以绝五代之弊。惟今日儒臣或有不甚知兵者，则枢使执政，倚之而为恢复大计，可得无咎乎？臣窃谓莫如延访豪杰，无问南北，择其识虚实兵势者十余人，置为枢密院属官，有大事则群议是正而后闻。又今日号为恢复事业，臣计之自朝廷规恢远略以来，凡三年矣。其见于施设者，费不知其几也，而于恢复之功非有万一。臣请惜费用，宽民力，期以三年，积三千万缗，共帑藏合五千万缗，加之陛下宏谋远略，指挥宰辅擘画于庙堂，令将士知勇奋战于阃外，届时可以一战！"

孝宗心里想的是尽快夺回河南，尽快克复中原，偏生御前召对，这年轻人又说至少也要再三年之准备，且指摘朝廷方略无数，心已不喜，但仍假意抚慰，说："卿公忠体国，建言甚善，容朕三思。"

辛弃疾却知道这种套路话出来，意味着召对已经结束了（以上召对据《宋史·列传第一百六》辛弃疾本传："六年，孝宗召对延和殿。时虞允文当国，帝锐意恢复，弃疾因论南北形势及三国、晋、汉人才，

男儿到死心如铁——辛弃疾

持论劲直，不为迎合。"及其所撰《九议》之意见所设计，因召对内容已佚，无从稽考）。

辛弃疾没能曲意逢迎天子，反说了许多切中时弊，却令孝宗颇有些许不快的话。但他忧心国事，很快又写成两篇奏疏上呈孝宗。一篇为《论阻江为险须借两淮疏》，另一篇为《议练民兵守淮疏》。

由于已经察觉到自己的建议不为皇帝所喜，出于为国忧虑的用心，辛弃疾在这两篇奏疏中强调了淮河防线的重要性和如何以守为攻，经营两淮的方略。

在《论阻江为险须借两淮疏》中，辛弃疾说："然江之为险，须藉两淮。自古南北分离之际，盖未有无淮而能保江者。"因此他如同自己在美芹十论"守淮"一条中所提的那样，进一步建议："以臣愚见，当取淮之地而三分之，建为三大镇，择沉鸷（zhì）有谋、文武兼具之人，假以岁月，宽其绳墨以守之，而居中者得节制东西二镇。缓急之际，虏攻淮东，中镇救之，而西镇出兵淮北，临陈（**陈州，今河南淮阳**）、蔡（**蔡州，今河南汝阳**）以挠之。虏攻淮西，中镇救之，而东镇出兵淮北，临海、泗以挠之。虏攻中镇，则建康悉兵以救之，而东西镇俱出兵淮北以挠之。东西镇俱受兵，则彼兵分力寡，中镇悉兵淮北，临宿、亳以挠之。"亦即是说，辛弃疾建议在淮河构筑灵活机动的立体防线。以三镇作为防御中心布置重兵守御，做到互相支援的同时，以守为攻，在金人来犯时还可以做到出兵淮北扰乱其侵略计划，阻遏其归途，这一防御策略无疑是较高明的。

在《议练民兵守淮疏》中，辛弃疾说：

> 往时虏人南寇，两淮之民常望风奔走，流离道路，无所归宿，饥寒困苦，不兵而死者十之四五。……窃计两淮户口不减二十万，聚之使来，法当半至，犹不减十万。以十万之民供十万之兵，全力以守三镇，虏虽善攻，自非扫境而来，乌能以岁月拔三镇哉？况三镇之势，左提右挈，横连纵出，且战且守，以制其后，臣以谓虽有兀术之智，

逆亮之力，亦将无如之何，况其下者乎？……无事之时，使各居其上，营治生业，无异平日。缓急之际，令三镇之将各檄所部州郡，管拘本土民兵户口，赴本镇保守。老弱妻子，牛畜资粮，聚之城内。其丁壮则授以器甲，令于本镇附近险要去处，分据寨栅，与虏骑互相出没，彼进吾退，彼退吾进，不与之战，务在夺其心而耗其气。而大兵堂堂整整，全力以伺其后，有余则战，不足则守，虏虽劲，亦不能为吾患矣。且使两淮之民，仓促之际，不致流离奔窜，徒转徙沟壑就毙而已也。

从这份奏疏中不难看出，辛弃疾既是一位关心黎民疾苦的官员，甚至是一个认识到"发动人民战争"的汪洋大海来挫败侵略者的高瞻远瞩的军事天才。他认为与其让两淮百姓在战时流离失所而死之近半，不如以淮南东路二十余万百姓隶属于三镇。平时仍听任其各自谋生，或农或商，不加干涉；战时则聚于三镇戍守。并且也并不是要让民兵力量和金军正面交战，而是敌进我退，敌退我进，令敌人心烦意乱、士气损耗，而后以正规军精锐步骑，窥伺机会，守御有余就与敌军野战，否则就稳重守城，那么既可以做到令两淮固若金汤，又不至于令百姓罹受兵祸转徙之难。

然而这两份可谓殚精竭虑、呕心沥血的奏疏并没有让孝宗对辛弃疾的印象有所改观，不久，诏命调任辛弃疾为司农寺主簿。按司农寺主簿在熙宁元丰年间与寺丞轮差按察诸路常平等事，南渡后，主簿亦签书公事。寺丞元丰新制定为正八品，则辛弃疾此次之差遣也可知官位之卑微了。且辛弃疾南归后本官既为"承务郎"，乃是京官，而司农寺主簿一职还时以选人充任，又可见高层对他的好恶竟是如此。

朝廷里的这种门道，绝顶聪明的辛弃疾又如何不知？怀着再造乾坤的抱负，却只能沉沦下僚，时间一转眼又到了新的一年。

乾道七年正月十五，临安城笼罩在一片元宵佳节的气氛中。灯火通明的狂欢自正月十四日夜便开始，连续三天皇宫内外、大臣百姓都沉浸在璀璨的灯火和欢快的百戏之中,金吾不禁,君民同乐。当然实际上无论是北宋的东京,还是南宋的临安府,大抵都是没有宵禁的,与唐迥异。言"金吾不禁",只是文辞而已。不论是高门富户亦或贫家乞儿,也无论男女老少,都在元宵灯会的热闹、绚烂中如痴如醉,忘乎所以。人世间的极乐,大约在当时也不过是就在元夕的临安了。

或许只有辛弃疾独自落寞地在一片欢乐的景象之中倍感凄凉。他在正月十五的夜晚写下了《青玉案·元夕》:

东风夜放花千树。更吹落,星如雨。宝马雕车香满路。凤箫声动,玉壶光转,一夜鱼龙舞。

蛾儿雪柳黄金缕,笑语盈盈暗香去。众里寻他千百度。蓦然回首,那人却在,灯火阑珊处。

辛弃疾的笔力简直是巨匠之斫山石,他分分明明地刻画了临安元夕的这一场举世皆醉的狂欢。东风自海上而来,到了临安已变得轻柔婉约、顺服人意,成千上万的观灯游客们看着火树银花不夜天,千里灯球落星辰的奇景。豪门大户的马车香氛满路,空气中箫瑟悦耳,举目尽是灯火五彩争胜、光怪陆离的灿烂景象,各种鱼龙杂技直令得游人目不暇接。

女眷们敷粉金饰,娉娉婷婷,在临安的狂欢里言笑晏晏,裹挟着迷人的香气走过周遭。她们是不夜的临安城灯火绚丽之外的另一道风景,摄人心魄,使登徒子垂涎。

然而有一个人不这样想,不这样看,也不这样感受。他便是辛弃疾。他冷漠地注视着眼前的一切,这场狂欢可以属于任何人,从衮衮诸公到升斗小民,但独不能属于他辛弃疾。蓦然回首,在灯火阑珊、无人问津的角落看到的那个人,不是别人,正是孑然独立的自己。

元宵的狂欢,于他,竟是这样的索然无味。

这一年,辛弃疾三十二岁。

上《九议》再论天下势，治滁州又迁安抚司

在司农寺主簿的任上，辛弃疾并没有就此放弃自己为民族、国家恢复河山的壮伟理想，相反，他仍然对曾经在采石矶大捷中力挽狂澜的右相虞允文寄予一定希望。大约在此时，辛弃疾还是选择相信虞允文有相当的度量，也应当是一个有才干的宰辅大臣，因此，他又写下《九议》进呈给后者，希望他能够采纳其中的宝贵意见，对恢复大计有所助力。

他在《九议》的总序最后说："苟从其说而不胜，与不从其说而胜，其请就诛殛，以谢天下之妄言者。"辛弃疾对自己军事政治策略方面的自信，真是倜傥不凡，更显示出他对祖国恢复事业的殚精竭虑、日夜思索到了何种程度。《九议》中的一些观点，在《美芹十论》中也已经出现过，是其进一步的发展和补充。凡九篇，一曰当擢拔选用智勇之人，参谋于枢府；二曰他日北伐之际当要做到"无欲速，审先后，能任败"；三曰金人虽强而可败之；四曰以谋略令北虏骄狂不备或疲于应对；五曰用间，"上则攻其腹心之大臣，下则间其州府之兵卒，使

之内变外乱";六曰恢复之先,要在山东;七曰富国强兵,"除戎器,练军实,修军政,习骑射,造海舰……"以及"惜费""宽民力";八曰迁都须缓,临战方可迁都;九曰团结一心,无论南北。

值得注意的是,九议中有几条建议都是针对虞允文拜相以来执政策略的否定,如第二条对虞允文迎合上意,急于用兵的举措态度明确提出了反对意见;第四条则对虞允文主持的派遣泛使向金求河南所谓祖宗陵寝地一事又提出批驳,说:"日者,兵用未举而泛使行,计失之早也……吾之胜在于攻无备,出不意,吾则捐金以告之:'吾将与汝战也。'可乎?……里人有报父之仇者,力未足以杀也,则市酒肉以欢之,及其可杀也,悬千金于市,求匕首,又从而辱之。意曰:'汝詈(lì)我则斗。'曾不知父之仇则可杀,以酒肉之懽则可图,又何以詈为哉?计虏人之罪,诈之不为不信,侮之不为无礼,袭取之不为不义,特患力不给耳。区区之盟,曾何足云?故凡求用兵之名,而泄用兵之机者,是里人之报仇也。"直接将虞允文派遣泛使使金之事比为闾里无知蠢氓欲报父仇而拙劣可笑之行径,这种批评是颇为尖锐的。辛弃疾认为对于虏走徽、钦二帝、侵占中原的女真夷狄,根本用不着讲究外交礼仪,在军事上使用一些兵不厌诈的手段完全无可厚非,因此他对于派遣泛使索求河南地而令金人警惕戒备一事极其反对,并坚持这一策略是有害无益的。

辛弃疾的《九议》全出于公心,并没有任何针对虞允文的意思,否则也不会写成后上呈给他,属于对事不对人,本着希望大丞相能够从善如流的愿望。那么,曾经在采石之后得到士大夫交口称赞,甚至被认为有扭转乾坤之功的右相虞允文究竟如何看待《九议》乃至辛弃疾呢?

读《宋史》虞允文本传,则只见其英杰磊落,诚匡时之伟人也。但如果细看相关史料,则虞允文亦有其伟光正之外的多面性。

据《续资治通鉴》卷一百四十二所载:

己卯，以知阁（gé）门事张说签书枢密院事。

说，妻太上后女弟也，说攀援擢拜枢府。时起复刘珙（gǒng）同知枢密院事，珙力辞不拜。命下，朝论哗然，未有敢讼言攻之者，左司员外郎兼侍讲张栻上疏切谏，且诣朝堂责虞允文曰："宦官执政，自京、黼（fǔ）始；近习执政，自相公始。"允文惭愤不堪。栻复奏曰："文武诚不可偏。然今欲右武以均二柄，而所用乃得如此之人，非惟不足以服文吏之心，正恐反激武臣之怒。"

又据《宋史·列传第一百八十八》张栻本传：

知阁门事张说除签书枢密院事，栻夜草疏极谏其不可，旦诣朝堂，质责宰相虞允文曰："宦官执政，自京、黼始，近习执政，自相公始。"允文惭愤不堪。栻复奏："文武诚不可偏，然今欲右武以均二柄，而所用乃得如此之人，非惟不足以服文吏之心，正恐反激武臣之怒。"孝宗感悟，命得中寝。然宰相实阴附说，明年出栻知袁州，申说前命，中外喧哗，说竟以谪死。

栻在朝未期岁，而召对至六七，所言大抵皆修身务学，畏天恤民，抑侥幸，屏谗谀，于是宰相益惮之，而近习尤不悦。

两则材料所说的第一件事是张栻反对张说为"签书枢密院事"，事在乾道七年。签书枢密院事是西府枢密院的执政官职名称，是枢密院的副贰长官，位次同知枢密院事，可认为是从二品之朱紫大员。而所谓"知阁门事"，南宋绍兴五年以来以代右武大夫（正六品）品阶之武臣充任，不过是职掌朝会、宴集、行香、临奠等相关吉凶礼仪之事。张说乃是太上皇后妹妹之丈夫，以此成为孝宗皇帝的所谓"近习"，也就是帝王宠信之便嬖了。得知孝宗要除授张说枢府执政的官位，张栻不仅连夜写奏疏劝谏反对，甚至一大早就质问宰相虞允文，说："宦官进西府执政的恶例，是从蔡京、王黼开始的，近习入枢院执政，乃是从相公你这里开始！"当着群臣的面这样斥责宰相，虞允文可以说是非常尴尬难堪的。张栻又进一步对孝宗说，"文武大臣确实不可以有

男儿到死心如铁——辛弃疾

所偏私，但是现在要提高武臣地位来平衡文武之权，却任用这样（无德无才）的人，不只是不能令文臣干吏所心悦诚服，也正恐怕激起武臣（认为升迁不公）的愤怒！"则可知在这件事情上，张栻得罪虞允文甚深。

值得注意的是，本传中载："然宰相实阴附说，明年出栻知袁州"，又说"栻在朝未期岁，而召对至六七，所言大抵皆修身务学，畏天恤民，抑侥幸，屏谗谀，于是宰相益惮之，而近习尤不悦。"按此时正值虞允文独相时期，则所言宰相暗中亲近姑息近习如张说之流，又忌惮张栻论恢复持重之见得用，皆是指虞允文而言。其中"明年出栻知袁州"表明将张栻排挤出外，恐怕是出于虞允文和近习的勾结。"于是宰相益惮之，而近习尤不悦。"则是指虞允文和近习们对于张栻向孝宗皇帝提出的抑制侥幸、屏退谗谀感到忌惮和憎恨。

实际上，虞允文以采石大功得高宗、孝宗青睐，而后一直以议论恢复得孝宗信任重用。君王对其信用之专，不可谓不厚，然而无论是遣泛使还是设都大发运司做均输理财，抑或是倡言用兵河南，最终都适得其反或者全无成效。以至于后来孝宗对虞允文由信重而变得恨其"欺君"了。

虞允文在乾道八年二月为左丞相（时孝宗改左右仆射为左右丞相。进梁克家为右丞相），结束了三年不到的独相时期。到这一年九月时，罢相任四川宣抚使，并拜武安军节度使。《宋史》其本传中说：

允文力求去，授少保、武安军节度使、四川宣抚使，进封雍国公。陛辞，上谕以进取之方，期以某日会河南。允文言："异时戒内外不相应。"上曰："若西师出而朕迟回（迟疑，犹豫），即朕负卿；若朕已动而卿迟回，即卿负朕。"上御正衙，酌酒赋诗以遣之，且赐家庙祭器。

……

上尝谓允文曰："丙午之耻（即靖康之耻），当与丞相共雪之。"又曰："朕惟功业不如唐太宗，富庶不如汉文、景。"故允文许上以恢复。

使蜀一岁，无进兵期，上赐密诏趣之，允文言军需未备，上不乐。

《续资治通鉴》也有云：

己丑，赐虞允文家庙祭器。允文入辞，帝谕以进取之方，刻日会师河南……帝用李纲故事，御正衙，酌卮酒赐之；即殿门乘马持节而出。

即是说，虽则罢相出外，孝宗在此时仍对虞允文寄予厚望，君臣约以日后北伐分兵会师之策，并且给予了虞允文极高的规格离开中枢。然而作为边疆上军权极重的宣抚使的虞允文最后又迟迟不出师北伐了，《建炎以来朝野杂记》乙集卷八载：

虞雍公入相，始以恢复自任。上厚眷之，独相且二年，乃乞抚西师为入关之计。上亲作诗送之，恩礼尤盛。虞公抵汉中未逾年而没。上以屡趣师期而不应，甚衔（怀恨）之。凡宣抚使饰终（谓人死时给予尊荣）之典一切不用。

这是说孝宗因为屡次催促出师而虞允文辞以军备未可等诸原因，致使孝宗觉得虞允文深深辜负了自己，所以对他既失望又心怀忿恨，连虞允文作为宣抚使卒于任上理应享受的各种死后殊荣也不用了。一直要到四年后虞允文之门人赵雄入相屡次为其分说，孝宗才对其改观。

由此可见，虞允文虽则曾在采石之役挺身而出，力挽天倾——但这份伟大亦不应该掩盖他虚言恢复、迎合上意；以及勾结近习，排挤异己的种种行为和其中流露出的胸襟颇为不广的问题。

辛弃疾的《九议》上呈给他之后，果然，虞允文一条都没采纳，至于究竟是完全置之不理还是有过书信往返，如今已无法得知。其不采纳的原因，实际上当然不是辛弃疾夸夸其谈，建议无所可取之处，而恐怕是因为《九议》持论劲直，批评了很多虞允文拜相以来的举措，大大地得罪到他。

于是，在这一年，也就是乾道七年行将结束之际，辛弃疾被出外任滁州知州。从级别上来看，辛弃疾由曾经的通判而知州，自然是升迁了，但离开了中央，接近孝宗的机会就大大减少了，这对于辛弃疾志在恢复大业的雄心来说是极其不利的，更何况大约过去召对时就给孝宗留下了不好的印象，如今出外，再要改变这种印象就更难了。显然这种调其外任的举动和虞允文对付辛弃疾在临安时结识的好友张栻的动作是如出一辙的，大宰相的眼睛里显然也容不下他这样狂傲的异己分子。

实际上当我们审视辛弃疾自南渡以来至今的仕途，表面来看并无甚坎坷，基本符合文臣京朝官三年磨勘的规律，也熬到了出知州府的级别。然而，如果考虑到孝宗朝政治的特点，则不可如此轻率以为了。《建炎以来朝野杂记》乙集卷八又载：

孝宗初政，命相多不以次。史文惠（即史浩）自宗正少卿再阅月（经一月）而执政，又五阅月而为相，相四阅月而罢。洪文惠（即洪适）自太常少卿九阅月而执政，又五阅月而相，相三阅月而罢。魏文节（即魏杞）自宗正少卿期年而执政，又九阅月而相，相未一年而罢。

可见孝宗任命宰相，并不以祖宗法度遵循官员资历，而常不次擢拔一些中层官员。但辛弃疾空有满腹韬略，文辞盖世，却不能入孝宗青眼，莫说拜相这种空想，就是侍讲、侍从亦不可得！

滁州作为当时宋金边境之州郡，战略位置十分重要，也正因此，在短短十年间就遭遇两次战火的摧残。绍兴三十一年完颜亮南寇时其城池、民众不能幸免；隆兴二年符离之溃后纥石烈志宁又曾南下陷滁，震慑江淮，致使战火纷飞，田宅破败。加之数年来水旱相仍，辛弃疾于乾道八年正月抵达滁州时所看到的完全是一派民不聊生之景。滁州百姓多半屋舍不全，茅草而居，风雨不能避，酷暑不能挡，米价飞涨，人人面黄肌瘦，有饿殍之相。户无鸡犬豚豕，市无商旅贩夫，城郭颓然而为废墟，人共斜阳而难度日。

而正因为滁州凋敝偏僻，颇有一种朝廷官僚不愿来此为官的风气。辛弃疾却无一字埋怨，欣然而往，见到滁州百姓的惨状后又把州郡的生民温饱富足的责任都一力担之。

经过仔细的调研，辛弃疾发现滁州百姓在贫苦困窘中消极度日的很大原因是因为他们背负着大约十年来五百八十万缗积欠的官钱税赋的重担。如此重担在身，则几乎家家户户都有对于布衣百姓而言不啻巨额的欠缴，便没有人再愿意努力营生，莫如浑浑噩噩，苟且偷生。辛弃疾当机立断，上奏请求将这五百八十余万缗积欠统统免除，并且又在获准之后再次请求减免本年的上供钱。滁州的百姓无疑在得知这两个消息后是欢喜踊跃，感激涕零的，挣扎在温饱生死线上的穷困百姓，他们的情感实际上是非常朴素单纯的——谁对他们好，他们便爱戴谁；过去的太守懒政不作为，他们也消极待死，现在减免了积欠，生活的热情又被点燃起来。

因此辛弃疾又着手修建居民住宅的问题，他召集鼓舞民众们一起烧制砖瓦，发动人民群众的力量解决民生问题，加之他"招流散、教民兵、议屯田"（据《宋史》辛弃疾本传），大量招徕流亡周边或南逃归宋的民众，给予一定的钱粮、土地、农具等资助，很快使得滁州的户口数量又增加起来。

作为地方一把手，辛弃疾也自然深明招商引资的重要性。因此为了振兴百废待兴的滁州经济，他首先宣布在滁州实施商业税降低七成的重大利好消息，吸引南来北往的商贩重新愿意到滁州经商和交易。另一方面，辛弃疾又知道做生意谈事情总离不开娱乐场所、酒楼饭店，便又利用吸引而来的大量商业税收去修建一应场所，甚至盖了一座主要供商人们入住的豪华宾馆，曰"繁雄馆"。这样一来，滁州的经济状况就大为好转了，商业上的巨大优惠政策强有力地吸引到各地的商人，而新修建的馆舍、酒楼等又让商人们看到了滁州充满生机的前景。

看着人民重新安居乐业的辛弃疾是欣慰的。他便又在滁州建了一座"奠枕楼"，取百姓泰然自乐、安枕无忧的寓意。在奠枕楼建成以后的酒宴上，他动情地说，

"今疆事清理，年谷顺成。连甍（méng）（屋脊）比屋之民，各复其业。吾与父老登楼以娱乐，东望瓦梁、清流关，山川增气，郁乎葱葱，前瞻丰山，玩林壑之美，想醉翁之遗风，岂不休（吉庆，美善）哉！"（《宫教集》卷六《代严子文滁州奠枕楼记》）

辛弃疾和滁州的父老们在奠枕楼上一同为这半年来的奇迹由衷庆贺，辛弃疾看到眼下州郡大治，夏麦丰收，左邻右舍、家家户户的百姓都各安其业，他不禁想起了过去欧阳修曾在滁州为官的经历，心中或许也涌起一股追效先贤的感慨。

然而在滁州地方上虽能惠及百姓，但辛弃疾心中仍然存着壮志难酬的抑郁苦闷。

在一首与友人唱和的《声声慢》中，这种情感便显露无遗。

《声声慢·滁州旅次，登奠枕楼作，和李清宇韵》：

征埃成阵，行客相逢，都道幻出层楼。指点檐牙高处，浪涌云浮。今年太平万里，罢长淮、千骑临秋。凭栏望，有东南佳气，西北神州。

千古怀嵩人去，还笑我，身在楚尾吴头。看取弓刀陌上，车马如流。从今赏心乐事，剩安排酒令诗筹。华胥梦，愿年年人似旧游。

李清宇乃是辛弃疾之友人，而滁州也已大为改观，值此登楼望远时节，本应是欢快事，但辛弃疾却在欢快中独自怅惘。滁州在过去的知州牧守时荒凉残破，商旅绝迹，盗贼横行，人民困窘不堪，而今安居乐业，市肆鼎沸，这份功绩和成就感放在他人身上可能已沾沾自喜，辛弃疾却有着更高更远的抱负。

他看着奠枕楼下行人摩肩接踵，征尘弥漫，商贩和民众们指点着高耸的奠枕楼之飞檐瓦当，百姓们熙熙而乐，辛弃疾想到临安的小朝廷里，如今也因为泛使索河南之地自取其辱而又怯了恢复的胆略，乾道改元以来，朝廷何曾敢在淮南宋金边境布陈重兵！朝廷在恢复大业上的举措自隆兴来便是这样乖张失措，要么动辄便欲即刻北伐；要么受挫则只字不敢言兵事……神州陆沉，南北分裂，这种痛时刻炙烤着辛弃疾的心。

昔日唐时宰相李德裕在滁州为官时曾建了座怀嵩楼，他怀念嵩山洛水的风华，而辛弃疾此时却身在江左，千军万马光复中原的雄心之实现遥遥无期。便只能看着如弓刀般的田间小路上，把车水马龙都认作铁骑戎阵吧！从今以后能赏心悦目的事情，恐怕多半只能是诗词觞筹了。上古时节轩辕黄帝梦游无上下尊卑、民风淳淳的华胥国，大约现在自己也只有在梦中才能如少年时那般去到东京汴梁，愿能似，少年游啊。

大致在同一时期，他的同僚，滁州通判范昂被调任回临安，辛弃疾又作词一首为其送别，其中愁情未减，也正是为了自己怀才不遇，投闲置散的处境。

《木兰花慢·滁州送范倅（cuì）》（倅，副也。范昂时为辛幼安之佐贰）：

老来情味减，对别酒、怯流年。况屈指中秋，十分好月，不照人圆。无情水、都不管，共西风、只管送归船。秋晚莼鲈江上，夜深儿女灯前。

征衫，便好去朝天。玉殿正思贤。想夜半承明，留教视草，却遣筹边。长安故人问我，道愁肠殢（tì）酒只依然。目断秋霄落雁，醉来时响空弦。

事实上辛弃疾不过三十三岁，但早年成长于沦陷区的经历让他少年老成，又经历了募兵起义、金戈铁马和无奈坐观隆兴成败的诸多经历，到得此时，他的内心已经因壮志难酬而焦虑疲惫，寻常喜好的东西，此时节居然都颇有些索然无味起来。他在送别范昂时杯酒劝饮，愁绪盈怀，这流年光景如此飞快，只怕匆匆一事无成！何况中秋将至，这天上皓月，却不照人团圆。西风微凉，津渡流水总无情，辛弃疾不忘宽慰即将登船回临安的范昂，此去只管如西晋张翰莼鲈之思那般（《晋书·列传第六十二》翰因见秋风起，乃思吴中菰菜、莼羹、鲈鱼脍，曰："人生贵得适志，何能羁宦数千里以要名爵乎！"遂命驾而归），家中夜来享天伦之乐。

辛弃疾又鼓励同僚到得行在要好生振作，语带夸张地说，征衫旅衣不暇更换也无妨，尽快去朝见天子。朝廷毕竟还是渴慕贤才的，想来不久同僚便可待诏禁林，检正诏文。京师的旧友们如果问起，便说我辛弃疾依然只是酒入愁肠难自已啊。远望秋色之长天，孤雁倏忽而逝，醉意朦胧里也不知是何处传来的空弦。

或许，在独自沉醉的时分，当辛弃疾也放下了人前的气宇昂藏，他就像一只卓尔不群的大雁，寻觅着展布英姿的树枝，却不肯轻易栖止。

辛弃疾在滁州看着酒肆市集里人头攒动，欣欣向荣，田地陇亩间耕夫盈野，禾麦丰熟，他想到自己终要离开此地，为免继任的州牧又像过去一样尸位素餐，他上疏请求将滁州视为"极边"。这样，到任的官员不须三年磨勘，到任减少一年磨勘，任满减两年，则官员至滁州为太守的积极性也就会相对提高不少了。

乾道九年（1173），辛弃疾受过去的旧友叶衡举荐调任江东安抚司参议官。这年冬天，他告病回到京口，可能即在此时续弦范氏。原配赵氏夫人大约已于乾道三年或之后辞世。

叶衡在次年淳熙元年由敷文阁学士左朝散大夫知建康府，成为建康留守。而辛弃疾担任的江东安抚司参议官，其任所正在建康，属叶衡帅府之高级幕僚。平时可参与帅府谋议，参领军中机务，位次参谋官。

对于能到叶衡麾下任职，辛弃疾自然是满心欢喜的。他与叶衡过去在乾道四年时即相识相知，颇为深交。当时辛弃疾不过为建康府一"添差通判"，身份又是尴尬的归正人，在一群帅府大员中终不免为些许人所轻贱刁难。但身为总领淮西江东军马钱粮的叶衡始终对他多有照顾，并且对辛弃疾青睐有加。

然而未料到的是，叶衡到任未及一月，就被召回临安任户部尚书（按户部尚书一职，宋前期仅为阶官名，户部尚书职能实际由"计相"三司使执掌。元丰改制后，户部尚书执掌户部事，总军国用度、州县废置升降。元丰新制后为从二品）。辛弃疾一方面自然为友人的高升而欢喜，另一方面又为无法在叶衡帅府中一展所长而失望不已。

　　因此，他抵达建康之后，游蒋山（即钟山）纾解愁情，写下一首《一剪梅》：

　　独立苍茫醉不归。日暮天寒，归去来兮。探梅踏雪几何时。今我来思，杨柳依依。

　　白石冈头曲岸西。一片闲愁，芳草萋萋。多情山鸟不须啼。桃李无言，下自成蹊。

　　词中情意款款，别后思念友人而不能如愿的遗憾和深挚的友谊都跃然纸上。二度来到建康的辛弃疾是落寞的。

　　在这种愁情忧思的困扰下，辛弃疾登上建康赏心亭，写下千古名篇《水龙吟·登建康赏心亭》：

　　楚天千里清秋，水随天去秋无际。遥岑远目，献愁供恨，玉簪（zān）螺髻。落日楼头，断鸿声里，江南游子。把吴钩看了，栏杆拍遍，无人会，登临意。

　　休说鲈鱼堪脍，尽西风，季鹰归未？求田问舍，怕应羞见，刘郎才气。可惜流年，忧愁风雨，树犹如此！倩何人唤取，红巾翠袖，揾（wèn）英雄泪？

　　本是秋高气爽的时节，南国的苍穹伴着长江东流正秋色无边。遥望北国秀丽山峦，但见其若碧玉之发簪，若螺形之发髻，却非是赏人心目，偏能牵扯愁恨万端！斜阳薄暮，落日楼头，辛弃疾听着孤雁啼鸣，他是自北归南的游子，他是尴尬的归正人！纵然他将吴钩抚摩把玩，拍遍栏杆长吁短叹，可在此刻的建康，又有谁能真正懂得他登临远眺背后的壮志雄心呢！

　　且莫说鲈鱼味美正当其时，任秋风西来，不知张翰可曾回到故乡？许汜求田问舍，在刘备面前不正是无地自容么！（典出《三国志·魏书卷七》：陈登者，字元龙，在广陵有威名。又掎角吕布有功，加伏波将军，年三十九卒。后许汜与刘备并在荆州牧刘表坐，表与备共论天下人，汜曰："陈元龙湖海之士，豪气不除。"备谓表曰："许君论是非？"表曰："欲言非，此君为善士，不宜虚言；欲言是，元龙名重天下。"备问汜："君言豪，宁有事邪？"汜曰："昔遭乱过下邳，见元龙。元龙无客主之意，久不相与语，自上大床卧，使客卧下床。"备曰："君有国士之名，今天下大乱，帝主失所，望君忧国忘家，有救世之意，而君求田问舍，言无可采，是元龙所讳也，何缘当与君语？如小人，欲卧百尺楼上，卧君于地，何但上下床之间邪？"表大笑。备因言曰："若元龙文武胆志，当求之于古耳，造次难得比也。"）家在北方然而归乡无计，无所作为、求田问舍又非所愿，但他担心这在将来或许会成为现实。这种担忧折磨着而立之年的他，令他想到东晋时的桓温曾感叹光阴飞逝，树犹如此，人何以堪！（《世说新语·言语》：桓公北征经金城，见前为琅琊时种柳，皆已十围，慨然曰："木犹如此，人何以堪！"攀枝执条，泫然流泪）他在断鸿声里，立尽斜阳，望着建康城里画舫相衔的秦淮河，不由地愤恨神伤。红颜易得，知己难寻。不知请何方佳人，方可为英雄抹去双眸泪水，抚平失意之痛。

　　辛弃疾在建康对自己的壮志能否实现，在心中已经存了极大的疑问。

司庾甫任解钱忧，宪将自请赴江右

就在辛弃疾忧愤困厄于建康之时，他的仕途又迎来了转机。旧友叶衡入朝任户部尚书，这只是孝宗欲大用叶衡的一个开始。淳熙元年（1174），叶衡以极快的速度升迁，四月任签书枢密院事，成为执政；六月参知政事，成为副相；十一月拜右相兼枢密使。辛弃疾当年初次在建康为官时结下的这段友谊终于给到他以实质的帮助。叶衡在与孝宗皇帝议论人才进退时，多次夸赞辛弃疾谋略远大，志节非凡，大约出于对宰相的信重，孝宗同意将辛弃疾调任回临安。

辛弃疾也对叶衡十分敬重推崇，写《洞仙歌》为其祝寿：

江头父老，说新来朝野。都道今年太平也。见朱颜绿鬓，玉带金鱼，相公是，旧日中朝司马。

遥知宣劝处，东阁华灯，别赐仙韶接元夜。问天上、几多春，只似人间，但长见、精神如画。好都取、山河献君王，看父子貂蝉，玉京迎驾。

在词中，辛弃疾比叶衡为元丰八年入东京时造成交通堵塞、万民

男儿到死心如铁——辛弃疾

拥戴，军民期待他拜相的司马光；又将恢复河山的大事业寄托在他身上，称许其能"山河献君王"。貂蝉者，非是后来罗贯中所谓之貂蝉，乃是指侍从贵臣冠帽之饰，这是说叶衡拜相，他日平定中原，必能功业辉赫，荫及子孙，收复东京，迎候皇帝车驾。虽说寿词必然花团锦簇，多是赞美之言，但其中亦可见辛弃疾确乎对叶衡的提携深感庆幸，他既看到了自己施展才能的一线机会，也对叶衡入相寄予相当的期望。

大约在淳熙二年初，辛弃疾被召回中央担任仓部司员外郎，不久又升迁为仓部司郎中。仓部，始于北齐尚书省之所谓仓部曹，改"司"之名，在隋"尚书省二十四司"时。宋前期仓部之事，多归于三司，有名而无实。元丰新制后，成为司掌国家仓库场务储存之政令及出纳之事的部门。仓部郎中为其长官，员外郎为副。而仓部郎中品级于元丰改制后在从六品。

孝宗调任辛弃疾为仓部司之长官，也并不是随意给他一个安排，而大约是因为想起辛弃疾也曾论及理财，又得叶衡推荐。更重要的是，当时南宋朝廷正遇到颇为严重的货币危机。

靖康以前，北宋作为占据中原的大国，在经济上基本使用铜钱。据《文献通考·卷九钱币考二》可知，铜钱凡一十三路行使：开封府界、京东路、京西路、河北路、淮南路、两浙路、福建路、江南东路、江南西路、荆湖南路、荆湖北路、广南东路、广南西路；铜铁钱两路行使：陕府西路、河东路；铁钱四路行使：成都府路、梓州路、利州路、夔（kuí）州路。

川蜀地区由于历史原因通行铁钱，然而铁钱极重，购买力又不如铜钱，则因此无论随身携带、运输行商若完全依赖铁钱就极其不便。于是聪明的四川商人从唐宪宗时的"飞钱"这一民间发明中得到了启发，在川蜀地区开始私下发行"会子"。宋真宗景德二年（1005）的记载中已经出现会子，朝廷看到民间豪右的钱庄可以通过暗中多印会子而获得巨额利润，加上宋朝本身铜钱的流通量和铸造量都不足，于是皇帝经过思考决定让国家队入场，把民间私自发行的会子抢夺过来，改为官办发行。仁宗天圣元年（1023）十一月，成立了益州交子务，也就是相当于益州交子发行办公室或者皇宋益州交子银行，开始由国家发行交子，据《宋史·卷一百八十一食货志　会子》可知，起初"大凡旧岁造一界，备本钱三十六万缗，新旧相因"。也就是说，最初发行交子，是有准备金的，每一界的准备金在三十六万贯，而发行量则控制在一百二十五万六千三百四十贯。发行之初，朝廷规定会子只能在四川地区使用，且三年一易，新的一界发行就收回旧的一界，不使会子流通总量超过定额。

然而到了十五年后，党项人独立称帝，宋夏战争开始令政府的财政恶化。会子便开始打破发行初制定的诸多规矩，如多印额数，通行于川蜀之外等等。到了神宗熙宁年间，甚至出现过两界交子一同流通的情况，等于说一下子便把会子贬值了一半，大量的民间财富被掠夺了。后来到了蔡京秉国的时候，交子滥发甚至到了一印就是五百万、一千万贯的地步，崇宁四年改称"钱引"后，发行额数为26556340贯，其他变滥盐钞、茶引等金融手段掠夺民间财富的政策更是不一而足。巨大的通货膨胀最后摧毁了整个北宋帝国的经济。

南宋以后，铜铁钱的铸造量进一步减少，加之铜钱外流金国、民间盗铸私钱等原因，铜钱数量又达到了不足以支撑经济活动的所谓"钱荒"。在官方做出反应之前，民间已经先有了自己的应对，绍兴初年的临安百姓，就私下使用"便钱会子"。终于在高宗绍兴三十年，朝廷开始发行在东南地区通用的会子，以铜钱为储备。

到孝宗时期，全国实际上形成了几个金融区域。除了最大的东南区使用会子，其他地区也有其特殊的纸币。如四川继续使用钱引，称之为"川引"；两淮地区使用"淮交"，湖北使用"湖会"，此二者并以铁钱为储备。

客观上，会子在南宋的大面积使用不仅仅是铜钱本身的缺少和商品流通的经济需要；亦因为北方的金国也在执行保护铜钱，避免外流的金融政策。当时的女真统治者见到宋国在沿边地区颇通行铁钱，为免其领内铜钱外流，就规定其沿边地区亦通行铁钱；见到宋国发行淮交、湖会，则其在汴京便也发行所谓"交钞"——因此可以看到，围绕着铜钱作为硬通货的金融战争，也是会子发行的一个重要原因。

然而会子这一纸币在东南的发行，势必涉及通货膨胀的问题，蔡京集团当年干的"好事"，南宋的大佬们不会看不到，这是所谓"殷鉴不远，在夏后之世"的攸关国家兴衰存亡的大事。洪迈《容斋三笔》卷十四官会折阅中说："商贾入纳，外郡纲运，悉同见钱。无欠数陪偿及脚乘之费，公私便之。既而印造益多，而实钱浸少，至于十而损一，未及十年，不胜其弊。寿皇念其弗便，出内库银二百万两售于市，以钱易楮焚弃之，仅解一时之急，时乾道三年也。淳熙十二年，迈自婺召还，见临安人揭小帖，以七百五十钱兑一楮，因入对言之，喜其复行。天语云：'此事惟卿知之，朕以会子之故，几乎十年睡不着。'"由此可知会子贬值和信用度降低导致民间颇有不甚认同、流通有限的情况，令孝宗皇帝忧愁到寝食难安的程度，虽帝王之语，多有一定夸张，但也足见当时问题的严重了。

辛弃疾的友人叶衡拜为右相之后，所要面对的便是兑换旧会子，稳定金融秩序的这一任务。

针对会子问题，辛弃疾上了一道《论行用会子疏》：

臣窃见朝廷行用会子以来，民间争言物货不通，军伍亦谓请给（薪给；俸禄）损减，以臣观之，是大不然。盖会子本以便民，其弊之所以至此者，盖由朝廷用之自轻故耳。

何谓"本以便民"？世俗徒见铜可贵而楮（chǔ）（即楮券，会子别名）可贱，不知其寒不可衣，饥不可食，铜楮其实一也。今有人持见钱（即现钱）百千以市物货，见钱有般载（《东京梦华录》云："东京般载车，大者曰'太平'……其次有'平头车'，亦如'太平车'而小。")之劳，物货有低昂之弊，至会子，卷藏提携，不劳而运，百千之数亦无亏折，以是较之，岂不便于民哉？

何谓"朝廷用之自轻"？往时应民间输纳，则令见钱多而会子少；官司支散，则见钱少而会子多。以故民间会子一贯，换六百一二十足，军民嗷嗷，道路嗟怨。此无他，轻之故也。近年以来，民间输纳，用会子见钱中半，比之向来，则会子自贵，盖换钱七百有奇矣（**江阴军换钱七百四十足，建康府换钱七百一十足**）。此无他，稍重之故也。古谓"将欲取之，必固予之"，岂不信哉。

臣以谓：今诸军请给微薄，不可复令亏折，故愿陛下重会子，使之贵于见钱。若平居得会子一贯，可以变转一贯有余，所得虽微，物情自喜，缓急之际，不过多印造会子，以助支散，百万财赋可一朝而办也。

臣尝深求其弊：夫会子之所以轻者，良以印造之数多，而行使之地不广。今所谓行使会子之地，不过大军之所屯驻，与畿甸之内数郡尔，至于村镇乡落、稍远城郭之处，已不行使，其他僻远州郡又可知也。

臣愚欲乞姑住印造，止以见在数泄之诸路。先明降指挥，自淳熙二年以后，应福建、江、湖等路，民间上三等户租赋，并用七分会子，三分见钱输纳（**僻远州郡未有会子，先令上三等户输纳，免致中下户受弊**）。民间买卖田产价钱，悉以钱、会中半，仍明载于契；或有违戾，许两交易，并牙人陈诉，官司以准折（**变卖；折价；抵偿**）受理。僧道输纳免丁钱，亦以钱会中半。以臣计之，各路所入会之数，虽不知其多寡，姑以十万为率论之，其已输于官者十万，藏之于家，以备来年输纳者又十万，商贾因而以会子兴贩（**经商；贩卖**）、往来于路者又十万，是因远方十万之数，而泄畿内会子三十余万之数也，况其数不止于此哉？

会子之数有限，而求会子者无穷，其势必求买于屯驻大军去处，如此则会子之价势必踊贵，军中所得会子，比之见钱反有赢余，顾会子岂不重哉？行一二年，诸路之民，虽于军伍、市井收买，亦且不给，然后多行印造，令诸路置务给卖，平其价值，务得见钱而已，则民间见钱将安归哉？此所谓"将欲取之，必固予之"之术也。

然臣所患者：法行之初，僻远州郡会子尚少，高其会子之价，纽作（折算）见钱，令人户准折输纳，及其解发，却以见钱于近里州郡收买，取其赢余，以资安费，徒使民间有增赋之名，而会子无流通之理。臣愚欲乞责之诸道总领、转运，立为条目，以察内部之不法者，俟得其人，严置典宪，以示惩戒。如此，则无事之时，军民无会子之弊，缓急之际，朝廷无乏兴（缺乏军兴，即缺乏军用财物）之忧，其利甚大。

辛弃疾的观点不仅仅先进而高明，他提出解决会子问题的办法也切中时弊，可解燃眉之急。

他首先开门见山地指出认为会子这种"纸币"本身不是一个好制度的观点是完全错误的。他说，臣私下见到朝廷使用会子以来，民间百姓争相声言其导致物货不通，军中也说俸禄实际减少了。据臣观察，则完全不是这样。会子的发行，本是用来便民的，造成今日弊端的原因在于，朝廷对会子本身就有所轻贱。——亦即是说，朝廷没有维护好会子作为流通货币的信用度和购买力，这才导致出了问题，并非会子本身不好。

为什么说"本以便民"呢？世俗之辈只看到铜钱贵而楮券（会子）价贱，却不知道就其寒冷时不能当衣服穿；饥饿时不能拿来当食物吃来说，铜钱与楮券它们的本质实际是一样的。现在有人拿着现钱百千用来购买货物，现钱数量一多就有车运的麻烦，物货的价格又有高低之弊（准备的现钱少了，买卖就不得不再费一番周折）。至于会子，卷起来拿着就行，根本费不着运输，百千上万的数目也不会在运输途中有所损耗，以此两相比较，难道不是便民吗？——能够看到铜钱也好，会子也好，都只是一种以朝廷信用为担保的，约定俗成的充当流通职能的货币，这种观点在当时已然是十分先进的，尤其是在较轻视所谓聚敛理财的儒家文化的传统语境里。此所以桑弘羊为后世儒臣轻贱也。

为什么说"朝廷用之自轻"呢？过去遇到民间缴纳税赋，就责令必须要现钱大半而会子小半；朝廷或地方官府发放时，则现钱少而会子居多。因此民间一贯会子，只能换大约六百一二十文铜钱（按：一贯本应为一千文。但宋时输纳大多以七百七十文铜钱为一贯。据《宋史·卷一百八食货 钱币》：自唐天祐中，兵乱窘乏，以八十五钱为百。后唐天成中，减五钱，汉乾祐初，复减三钱。宋初，凡输官者亦用八十或八十五为百，然诸州私用则各随其俗，至有以四十八钱为百者。至是，诏所在用七十七钱为百）。军民哀怨号呼，道路上都是嗟叹怨恨之声。这并没有什么其他原因，不过是朝廷自身轻贱造成的。近年来，民间缴纳税赋时，朝廷允许会子现钱各占应缴总数的一半，比起过往，那么会子自然就价高起来，能够换铜钱大约七百文多一点了。这也没有其他原因，不过是朝廷稍重视会子的价值造成的。古人所谓"将欲取之，必故与之"，难道不真吗？——这是指出朝廷在发行使用会子的过程中，必须给予会子大致等同于铜钱的价值地位，否则就容易造成金融混乱；而不能玩双向标准，盘剥、榨取民间财富，那样只会造成会子不断贬值。

辛弃疾接着说，他认为，现在诸军的俸禄已经较为微薄，不可以再令他们应得的俸禄有所亏损打折。所以希望皇帝陛下可以使用政策进行宏观调控，抬高会子的流通价值，使会子比现钱更值钱。如果平日有一贯会子，可以用来兑换一贯有余的钱币，即便所得到的并不算很多，情理上来说人也绝对会高兴。遇到紧急时刻，需要支出大量费用，也不过是多印一些会子，用来缓解支出的压力，百万贯财赋的难题，也能够一朝解决。

臣曾经深入考察会子有今日之弊端的原因，会子流通价值所以发生贬值这种问题，很大程度上是因为印造的数额太大，而通行的地域不广。现在通行会子的地方，不过是大军屯守、驻扎的地方，以及京城和附近的州郡罢了。至于村镇乡落，稍远城市的地方，就已经不怎么流通使用会子了，其他更偏僻遥远的州郡就可想而知了。——实际上辛弃疾既然担任了仓部郎中，自然知道南宋发行会子时的种种情况，但是事已至此，因此他主张把使用会子的区域大幅增加，那么也就分摊了会子和钱币兑换之间的压力，等于是把饼做大，把金融风险分摊得更小。

分析了以上诸个方面之后，辛弃疾提出解决目前会子问题的方法。他说，臣愚笨地想乞请陛下允许暂停印造会子，只以现在的会子数额散发诸路。先明发诏令，规定自淳熙二年以后，福建、江、湖诸路，民间上三等户之租税，以七分会子、三分现钱的比例缴纳。民间买卖田产的价格，则全部按照现钱会子各占一半的形式，仍明确地写于契书上。有人违背的话，允许再次交易，同时由中介陈诉事实，官府按照田产折算的实际价格受理此类事件。僧人和道士缴纳免丁钱，也按照钱会各半的比例。按照臣的计算，各路所入的会子数额，虽然不知道具体多少，姑且以十万贯为标准来大致论说，那么就一路而言，其已经缴纳给官府的会子一年有十万，在民间百姓家中用来准备明年缴纳税赋的还有十万，商贾用会子行商贩卖于路内的又有十万。这便等于是以远方十万的数额，而散发使用到临安及附近地区三十余万的数额，何况数额不止这些的呢？——这是指出分两步走的策略，一边暂停印钞，一边在各项国家税收和民间买卖中提高会子比重，等于说一方面紧缩银根，另一方面扩大市场对货币的流通需求，以逆转货币贬值的趋势，使货币增值。

因此辛弃疾进一步说，会子发行的总数有限，但这样一来需求会子的人却是近乎无穷的，其情势必定造成他们向地方屯驻的军队求买会子，如此，那么会子的兑换价值必然上涨，而军中所得到的会子，比起等量的现钱，价值上反而有所多余，那么会子难道还能不变得贵重吗？这样施行一两年，诸路的百姓，即使向军营、市井之中收买会子，也将不能满足流通使用的需求，如此之后朝廷再多加印制发行，令诸路设立专门的官署向外兑换会子，平抑其价值，而官署就因此得到了现钱，那么民间的现钱将归于何方呢？这就是所谓"将欲取之，必固与之"的方法了。

辛弃疾也想到了可能产生的弊端。因此他说，法令颁行之初，偏僻遥远的州郡所拥有、流通的会子数额还处于较少的状态，这些地方官署就有可能借此抬高会子的价格，折算成现钱，命令百姓缴纳租赋时折价交大量现钱。等到要把收上来的租赋等起解发送给上级部门，地方官们就又用收缴来的大量现钱从附近州郡收买会子，赚取其中多余的差价，以获取不法收入，徒然使民间有赋税增加的恶名，会子却没有达到流通的效果。辛弃疾指出，可责成诸道兵马钱粮的总领官、转运副使，立下规章制度，以此检察州郡内部不守法令之人。一旦等到这类人罪迹昭彰，就移交法办，重加处罚，以示惩戒。如此，那么太平无事之时，军民就不会受到会子贬值所带来的种种弊端影响，紧急之时，朝廷也不会有缺乏军费的忧患，利益甚大。

辛弃疾看待会子问题就当时来说是较有深度，提出的解决方法也切中时弊，从后来朝廷的举措来看，大约在叶衡的主导下，采纳了辛弃疾的这些建议，也基本在孝宗朝时期，使会子流通趋于稳定，不再有大幅度的贬值危机。这又说明辛弃疾对于经济事务，也是有着一定的才具的。

就在淳熙二年，正当宋廷忙于处理会子贬值的棘手问题时，茶商所组成的民间武装公然袭破州郡，辗转两湖江赣的势头到了一个顶峰，令朝野震动，甚至束手无策起来。

原来自北宋以来，国家与民间在茶叶的利益上即存在一定矛盾。宋代的茶园大多属于私人，拥有茶园的民户，则是为园户。而茶商则从园户手中买茶，行贩于四方。唐宋之时，品茗吃茶已经成为社会各界极其喜爱的雅事，因此茶利也进入到政府的注意中。唐代已经开始针对茶叶征税，宋初（宋太祖乾德二年）则实行国家垄断的榷（què）茶法，亦即是由国家向园户以一定价格（通常是较低贱的价格）购买茶叶，再由国家统一出售的形式实行统购统销的国家专营。太宗时短暂实行过一段时间的贴射通商法，也就是商人向朝廷购买专门的券证，拿着这个券证就获得了去茶山、茶园买茶行商的资格，这实际上也颇类似后来的所谓茶引法。由于太宗时对辽军事的需要，还实行过交引法，即商人向西北二边输送粮草钱货等，获取一份"感谢你为皇宋作出了贡献"的凭证（交引）后，就可以回到汴京的国家专营事务局（榷货务），得到一定数量的茶叶报酬，通常是三分之一折算成茶叶，其余折现钱和杂货等。

仁宗朝经历了天圣年间交引榷茶法和贴射通商法的更替后，到了景祐、嘉祐年间，终于确立了以征收茶税为主要形式的通商法。《文献通考·征榷考五》中说："园户之种茶者，官收租钱，商贾之贩茶者，官收征算而尽罢禁榷，谓之通商。"这种通商法毕竟是要比榷茶法更有利于茶叶生产的。到了蔡京当权的徽宗朝崇宁、政和年间，蔡京为了敛聚民脂民膏，进一步实行茶引法，由商人向有关部门购买长引、短引，进而得以向园户买茶销售。宋室南渡后继续实行蔡京政和年间的茶引法，并且又多了许多聚敛的手段，以至于到了孝宗皇帝淳熙初年，茶引法仅在东南地区所带给朝廷的直接收入就达到了四百二十万贯，远超过真宗仁宗时期榷茶和通商的获利，甚至超过宋初乾德二年到太平兴国年间和徽宗政和年间四百万贯左右的收入。孝宗时淳熙末年朝廷的赋税收入总额大致是六千五百三十万贯（《建炎以来朝野杂记》甲集卷十四：渡江之初，东南岁入不满千万，逮淳熙末，遂增六千五百三十余万焉），则可知孝宗朝茶引法收入已占国家东南地区财政的百分之七有余，不可谓不重。然而这种巨额利益的背后是朝廷对民间盘剥剖克的加重，加之私贩茶叶利润巨大，许多商人和园户互相勾结，铤而走险，甚至将茶贩卖到金国势力范围内。

宋朝对于私贩茶叶的处罚是很重的，据《宋史·卷一八三食货志》："凡结徒持杖贩易私茶、遇官司擒捕抵拒者，皆死。太平兴国四年，诏鬻伪茶一斤杖一百，二十斤以上弃市。"但是这样重的处罚仍然不能令私贩的行为禁绝，宋初"茶之为利甚博，商贾转致于西北，利尝至数倍"，就说明了这个问题。私贩的利益还要更过于此，因此极难禁绝。为了应对朝廷官府的缉查严打，走私茶商们开始集结成武装集团，多的势力有数千人之众，严重威胁两湖及江西地区之安全。

淳熙二年四月，一名叫赖文政的商人成为当时一支茶商军的首领。他率军进入湖南后居然将湖南安抚使王炎麾下的军队轻易击败，湖南地方军队与其交战时甚至近乎全军覆没。随后茶商军入江西又大败安抚使汪大猷麾下贾和仲所部，连将官都伤亡数十人之多。

消息传到行在临安，南宋朝廷里孝宗和群臣几乎无不震惊。何以官军大多数倍于赖文政之茶商军却如此不堪一击呢？如果不加以迅速的镇压，两湖、江赣真不知要陷入何种板荡局面之中！孝宗在震怒之下将两地许多高级官员贬谪免职，甚至包括湖南安抚使这样的一把手也未能幸免。

孝宗看着殿内的群臣，道："今茶寇肆虐，两湖江右帅宪失职，卿等可有良策平贼？"

在这孝宗震怒的当口，没有谁敢拍胸脯保证说接下这个烫手山芋后能够完美地解决茶商军之问题，因此一时间大家都缄默不言，眼观鼻，鼻观心。

忽听得一人出列高声言道："臣举荐仓部郎中辛弃疾，其数语臣，言愿往江右剿贼，期一月而荡平！"

孝宗眼眸一亮，朝声音所在望去，他分明瞧见，出列举荐的乃是右丞相叶衡。

叶衡接着说:"辛弃疾尝帅义军于山东,知兵事虚实,通水文地理,可往办此差遣。"

孝宗捋须颔首,算是同意了此事。

不久,诏令下发,辛弃疾由仓部郎中迁江西提点刑狱,节制诸军,全权专司讨捕茶寇。按徽宗朝大观三年定文臣知州资序朝臣可任提刑,因此这标志着辛弃疾已经取得了知州级别方面大员的资格了。此次差遣,姑可认为类似江西省公安厅厅长兼省政法委书记和地方军区政委,朝廷将讨平赖文政茶商军的棘手难题完全交付到了辛弃疾手上。

大约在离开临安赴任前,辛弃疾于观潮之后赋词一首寄右相叶衡,即《摸鱼儿·观潮上叶丞相》:

望飞来、半空鸥鹭。须臾动地鼙鼓。截江组练(组甲,漆甲成组文。被练,练袍)驱山去,鏖(áo)战未收貔(pí)虎。朝又暮,悄惯得、吴儿不怕蛟龙怒。风波平步。看红旆(pèi)惊飞,跳鱼直上,蹙(cù)踏浪花舞。

凭谁问,万里长鲸吞吐,人间儿戏千弩。滔天力倦知何事,白马素车东去。堪恨处,人道是、属镂(shǔ lòu)冤愤终千古。功名自误。谩教得陶朱,五湖西子,一舸弄烟雨。

钱塘大潮自古以来浩浩荡荡,蔚为壮观。辛弃疾在临安观潮,心里更是别有一番滋味。映入眼帘的,是半空中飞过的鸥鹭。他或许想到,如自己和叶衡这样真正志在恢复的人恐怕终究是孤独的,到最后免不了"此心吾与白鸥盟"吧。看着眼前顷刻间便如战鼓轰鸣、地动山摇的钱塘大潮,就像组甲、被练在身的百胜之师,排山倒海,鏖战不休——辛幼安大约是在这其中想到项羽,想到祖逖,想到刘裕的。这江南吴越的男儿们啊,都早已习惯了鲸波滔天、蛟龙出没的大风大浪,看他们风浪里如履平地,红旗翻飞,如锦鲤之跃龙门,如起舞之踏浪花。无怪乎杜牧要说江东子弟多才俊,江左男儿,难道不足以争锋于中原吗?

然而这南共北，正分裂的局面，又岂可仓促恢复？过往五代十国的时候，吴越国的钱武肃王钱镠（liú）令将士张弓弩千万射向海潮，以为可阻遏巨涛，岂非儿戏？但江水东流，纵然是白浪滔天也有力倦之时，而人力也有时穷，波涛里分明看见白马素车的伍子胥含恨愤怒的面容。人间遗恨，正是如伍子胥这般自刎于属镂剑下含冤而死，千古难瞑！到底是功名误了他，还是功名背后的君王，负了伍子胥呢？白白地让范蠡带着西施泛舟五湖，烟雨烂漫，成了富可敌国的陶朱公。

按说此时辛弃疾毛遂自荐，得到叶衡支持后终于被寄以一定的重用，任以方面之宪臣绣使，而离开临安观潮之际却触景生情，发如此之感想，不能不认为是他已经在临安的宫廷中感受到那些大言恢复和一力主和的臣僚的敌视，并且这种敌视里也绝对有射向叶衡的明枪暗箭。孝宗朝宰辅更迭甚频，恐怕这也是辛弃疾对友人的一番警示吧。

带着这份复杂的心情，辛幼安大约在七月初起身赶赴江西。

其⑦

亲入阵绣使旋平茶寇，惊耳闻友人忽贬郴州

　　江西提刑的治所在赣州，辛弃疾抵达时，茶商军竟然因为假意接受招安而愚弄了败军之将贾和仲，不知转移到何处去了。面对士气低落、敌情不明等种种不利情况，辛弃疾并没有慌乱乖张，而是极其冷静地召集当地各级官员了解地方情形，并且分析讨论、集思广益。经过审慎的研究，辛弃疾得出这样一个结论：地方官军已经屡次被茶商军击败，兵卒们也并非边境上久战之精锐，恐怕已经心生怯意，再要令其勇武无畏地剿贼，多半是不能，甚至会临阵溃逃。茶寇多隐蔽在山林之中，当此时，莫如启用、拣选当地熟知地形的民兵、弓手等，而令官兵分屯进出江西的通衢要道，形成一个可以不断缩小的包围圈，直至瓮中捉鳖。

　　但辛弃疾又深知这赖文政所率领的茶寇能够数次大败官军，非惟朝廷地方将领轻敌冒进，也不仅仅是赖文政奸猾诡诈，其所部之贼寇，必定有悍不畏死、勇猛非常之辈。即便如今采取了步步为营的稳妥战略，最终讨捕之际，难免一场厮杀，如果没有能够正面冲破其防线，

击溃茶寇的一支勇锐人马，仍然可能在最后关头致使赖文政带着亲信间道而走，从江西的茫茫山林中逸出升天，继续伺机为患，而令辛弃疾的平寇计划功亏一篑。

因此辛弃疾决定从地方民兵中挑选勇武强壮之人，组成一支战时一往无前的突击部队，颇有种组建特警或是特种部队、敢死队的意味。

辛弃疾看着眼前由自己命令而召集来的千名乡野民兵，心里却只能一个劲地摇头。他原先预想的选拔标准是很严苛的，准备挑选能够以一当十的猛士组建成一只冲锋部队，哪知道目下一眼望去几乎全是老弱不堪用之辈！

然而他又明白，比起那些泰半只能平居欺压恐吓布衣黔首，临战又惯会望风而逃的老兵油子们，这些来自乡野农村的民兵们或许尚有淳朴憨实而可堪一用之处。

辛弃疾迈着方步，反剪双手，来回于民兵的阵列前方，他一身文官服饰，头戴平脚幞头，身着绯色官袍，脚蹬一双乌皮靴，儒雅之余却又有一股刚毅英武之气。只见他蓦地停下脚步，朗声喊话说：

"诸位好儿郎们！我此番也不在这里说甚虚话，召集尔等前来，正是为了剿灭茶寇！贼人凶悍，数败官军，但须问过我们江右男儿是不是在贼前认了怂！官军几次折了威风，将士俱有阵亡，尔等届时也免不得有死有伤。然而官家圣明，已经颁布了赏格，捕杀茶寇，尽皆有赏，伤亡男儿，曲加抚恤！好儿郎们，茶寇凶顽，劫州掠县，今若不除，我江右所害，尽在尔父母乡里也！认了怂，遭殃的到头来还是自家底事；砍得一二贼人，便吃上圣人的恩赏！走了运时，捉杀得茶寇里小头目者，便可脱了短褐补官，永享俸禄！"

辛弃疾沉默了片刻，扫视着眼前乡兵弓手们的表情，复又说："愿意身先士卒，不惧贼人，亲冒矢石的与某站将出来！"

话音落下，居然只有一个人从队伍里出列，"某唤张忠，愿效死力！"

这样又等了片刻，最后只有十八人受到张忠的鼓舞又响应了辛弃疾的号召，打算再增募一名敢死之士都难以办到。

（以上内容据《朱子语类》卷一百十《论兵》：辛弃疾颇谙晓兵事。云："兵老弱不汰可虑。向在湖南收茶寇，令统领拣人，要一可当十者，押得来便看不得，尽是老弱！问何故如此？云：只拣得如此，间有稍壮者，诸处借事去。"及南宋人曹彦约《昌谷集》卷十三《上荆湖宣谕薛侍郎札子》：淳熙之初，江西收捕茶寇，召敢死之士，举亲兵千人之众，应募者张忠一名而已。一名应募，十八人从而和之，欲增募一名竟不可得）

辛弃疾没有就此放弃，他以这十九人为核心，开始对江西路的民兵进行训练，同时将官军正规部队分派到各个交通要冲屯扎驻守起来。但巧的是，在这大军扎口袋还将成未成的时候，茶商军却离开了江西，进入广南东路（今广东大部）。广南东路有一支地方军队曰"摧锋军"，其前身可以追溯到绍兴四年以湖南安抚司后军统制韩京任广东兵马钤辖后，带进广州屯守的部队。此前赖文政统领的近乎战无不胜的茶商军在广东受到重创，大约原本亦不足千人的茶寇人数就更加损兵折将了。

茶商军遇挫后又要伺机回到江西，在这过程中曾与鄂州军统制解彦祥所部官军发生小规模的遭遇战，大约因为此时茶商军的目标并非两湖而是江西，因此茶商军并不恋战，稍有伤亡后即继续往江西撤退。

到得这年闰九月，已经探明茶寇敌情的辛弃疾率领兵马围追堵截，终于在瑞金县包围了茶商军。此时的茶寇已经到了穷途末路的地步，辛弃疾决定不给其以喘息之机，必须给予其雷霆之击，务要重挫其负隅顽抗的凶顽勇锐之气。

于是辛弃疾率领十九名敢死士为核心的乡军民兵，向被围困在瑞金山林间的茶寇发起了进攻。

他白马长枪，身先士卒，一身戎装，威风凛凛。奔雷般的蹄声踏过林地间的落叶，惊起树梢栖息的乌鹊，转瞬之间，辛弃疾便刺翻了茶寇的几名斥候，将他们挑落马下，他看也不看一眼便纵马继续向前。敢死士和民兵都跟在辛弃疾身后，握紧了手中的戈矛弓刀。

不多时，道路两旁的树林里便冲出数十名狰狞吼叫的贼寇，他们高举着刀剑，悍不畏死地冲向一骑当先的辛弃疾，更可怕的是，两边同时均有数十枚箭矢射向了他和身后的队伍。正是靠着这种在山林间的伏击，茶商军们击败了一支又一支士气低落的大宋官军。

辛弃疾目露寒光，毫不迟疑，从马背上纵身跃入贼寇阵中，甫一落地，便抢圆了长枪，将身边数名悍匪打翻在地。但见他甚至一手持枪，一手舞剑，沾着枪的就倒，碰着剑的便死，出手之间几乎都是见血封喉，招招取人要害，顷刻之间，他周遭竟无一个茶寇站着，活着的人都退避在十步之外！

另一边民兵们早已训练多时，在箭矢破空飞来的刹那举起了手中简易的木制圆盾，大部分偷袭的冷箭都没有造成多少杀伤，十九名敢死士们也分成几组，有的冲进两边树林缠斗住茶寇的弓手，有的冲向前支援主帅辛弃疾，其他民兵便也鼓噪向前，声势便扭转过来。

远处更多的茶寇嘶喊着冲杀过来，辛弃疾高声命令，"弓手准备——放！"

民兵操持着弓箭纷纷射向气势汹汹，冲锋而来的茶商军。箭如雨下，毕竟茶寇们也颇有一些人仰马翻的狼狈和伤亡，但茶寇们被围困于此，已经知道没有退路，听得其中有头目喊道，"杀将过去，射不得箭时，叫他们有来无回！"于是茶商军们更加凶悍地冲杀过来，手中的兵器泛着光芒映射在辛弃疾双眸之中。

辛弃疾有过"壮岁旌旗拥万夫"的过去，有过自己杀敌于淮北的沸腾热血，他大吼一声，如虎兕之出柙，凶兽之嗜杀，将手中长枪奋力一掷，但听声波作响，长枪飞过之处，竟是洞穿了冲锋而来的数名茶寇方才落地。

辛弃疾提着三尺之剑，带着敢死士们迎面撞入茶寇阵中，他剑若游龙，仿佛睥睨千军，身边甚至没有一合之敌。之前首位应募的敢死士张忠也勇猛非常，已经砍杀了多名贼寇。茶商军们的士气在这样残酷而处于劣势的正面战斗中开始急剧减弱了。

随着茶寇们且战且退，辛弃疾率领着民兵们已经追击到半山腰。他见日薄西山，天色将暗，便下令收兵，继续围困贼寇，待明日再攻，以防夜色中有所不测，且令茶寇的恐惧在夜色中可以充分发酵。

到得第二天，辛弃疾认为已经到了可以用计招降茶商军的时候，这样既可以避免罪魁赖文政脱身，也可以保证全部捉拿。于是他派遣了兴国县尉黄倬（zhuō）入山劝降。

赖文政走投无路，向辛弃疾投降了。然而这毕竟只是辛弃疾的诱降之策，他将赖文政押解到赣州后雷厉风行地处死了，而对于其他茶寇，辛弃疾又采取了只诛首恶，余皆不问的宽大处理原则，小部分被遣散回乡，大部分则被江州都统制皇甫倜招募入军中。至此，横行一时的赖文政茶商军之乱被辛弃疾迅速平定了。

（以上据曹彦约《昌谷集》卷十三《上荆湖宣谕薛侍郎札子》：首入敌阵以倡大军即前日应募张忠者也。及南宋罗大经《鹤林玉露》甲编卷二《盗贼脱身》：江湖茶商相挺为盗，推荆南茶驵赖文政为首。文政多智，年已六十……辛幼安为江西宪，亲提死士与之角。及《建炎以来朝野杂记》甲集卷十四《江茶》：淳熙二年，茶寇赖文政反于湖北，转入湖南、江西，侵犯广东，官军数为所败。辛弃疾幼安时为江西提刑，都诸军讨捕，命属吏黄倬、钱之望诱致，既而杀之。江州都统制皇甫倜因招降其党隶军中）

消息传回行在临安，孝宗皇帝十分高兴，曾对宰辅们说："辛弃疾已有成功，当优与职名，以示激劝。"四天后的闰九月二十八日，孝宗又说："辛弃疾捕寇有方，虽不无过当，然可谓有劳，宜优加旌赏。"（《宋会要·兵》一九之二六；一三之三二）

由于最高领导人两次定下调子，辛弃疾总算交上一回好运。不久，诏令下达，圣旨里授予了辛弃疾"秘阁修撰"的职名。秘阁修撰是宋代官制中的所谓"贴职"，为中层以上和高级官员所常带的一种清贵显要的荣誉官衔。其职名创置于徽宗政和六年，多加于秘书省资历较深者，已属于高等贴职，高于直龙图阁，位从六品。值得说明的是，这次孝宗皇帝直接授予辛弃疾秘阁修撰，使得他跳过了直秘阁、直显文阁、直宝章阁、直宝谟阁、直华文阁、直焕章阁、直敷文阁、直徽猷阁、直显谟阁、直宝文阁、直天章阁、直龙图阁十二级贴职，且直阁之贴职的获得就已经表明该官员具备任职地方方面大员的资格。《宋史·职官志》所谓："凡直阁为庶官任藩阃、监司者贴职，各随其高下而等差之。"更何况秘阁修撰尤高于直龙图阁，这标志着辛弃疾已经可以名正言顺地出外任帅臣宪漕，不似过去仅为小州知州，而不能带安抚使衔。

孝宗朝虽然任命宰相常不以祖宗法度，多不次擢拔，但对于贴职，皇帝却极少滥赏，必有功而后除授。因此这一次对辛弃疾的嘉奖，确实称得上颇为优待了。

然而实际上辛弃疾的好运并没有真正到来，相反，命运捉弄他的闹剧仍在继续。在闰九月辛弃疾平定赖文政茶商军之前的九月，南归后真正赏识他，且相交颇深的宰相叶衡出事了。

据《宋史·卷三百八十四》叶衡本传："上谕执政，选使求河南，衡奏：'司谏汤邦彦有口辨，宜使金。'邦彦请对，问所以遣，既知荐出于衡，恨衡挤己，闻衡对客有讪上语，奏之，上大怒。即日罢相，责授安德军节度副使，郴州安置。"

这是说，孝宗向宰辅执政们询问可以出使金国索求河南的人选时，叶衡举荐了汤邦彦，说他口才极好，去替君父和朝廷办事那是妥妥的，绝对适合出使金国。汤邦彦请求召对的时候留了层心眼，想是哪个人给我来这手，就问皇帝，什么人那么赏识他，到底是看中了自己什么呢？孝宗就把叶衡的举荐一事给告诉了他，汤邦彦觉得这是叶衡在排挤他，把一个危险又烫手的差使丢给自己，他就打听了点叶衡的黑材料，把叶相谤讪、讥讽皇帝的话给捅上去了，向孝宗打小报告。孝宗很生气，后果极其严重，当天就罢免了叶衡的右丞相兼枢密使职务，还贬官为安德军节度副使，令在郴州思过反省。

不过实际上宋史这段记载有些问题，很有可能有一些讹误。

首先不太可能是"即日罢相"，据南宋人刘时举《续宋编年资治通鉴》："八月汤邦彦使金请河南陵寝地。明年夏四月，邦彦使金至燕。金人拒不纳，旬余乃命引见。夹道皆控弦露刃之士，邦彦怖不能措一词而出。上大怒，诏流新州。自是河南之议遂息，不复泛遣使矣。"

则汤邦彦是在八月使金，而叶衡罢相事在九月。若因汤邦彦在孝宗面前使坏导致罢相，则时间上不可能有所谓"即日罢相"，当天就罢免宰相这种夸张的做法。并且，也不是直接贬为安德军节度副使，郴州安置，而是依前中奉大夫外知建宁府，结果进言弹劾他的人仍然不肯善罢甘休，于是才连知建宁府的差事也拿掉了。要到第二年，也就是淳熙三年四月，才责授散官，郴州安置。

何况，叶衡也是颇得孝宗信重的，本传中还说："拜右丞相兼枢密使。上锐意恢复，凡将帅、器械、山川、防守悉经思虑，奏对毕，从容赐坐，讲论机密，或不时召对。"现在就为了一句未知真假，也许子虚乌有的谤讪之语，就把宰相立刻撤职，真的可能吗？

《中兴两朝圣政》卷五十四："是月，叶衡罢相，以谏官汤邦彦论其奋身寒微，致位通显，未闻少有裨益，惟务险愎以为身谋也。初命知建宁府，言者不已，遂罢之。"

则此又是说因为汤邦彦弹劾叶衡平步青云，做了宰相尸位素餐，阴险贪婪、乖戾无耻地为自己谋划。因此罢免其右丞相等职务，让他知建宁府。——显然这种说法听着也靠不住脚，似乎纯属借口和托辞。

更何况，即便上述驳难都不成立，真是"衡对客有讪上语"，那么既然是如此敏感的谤讪君父的忌讳话，要对客人说，也是对较亲信的友朋宾客说，且必是在私室之内。所谓天知地知，你知我知，汤邦彦又从哪里打听来呢？可知以上说法站不住脚。

不过，若从"讪上"一说去追寻，叶衡之如何讪上，全无可寻，而同一时期被贬谪的另一名官员沈枢身上，倒有"讪上"的故事。南宋人张端义之笔记《贵耳集》卷上载："寿皇议遣汤鹏举使北，沈詹事枢在同列间发一语，操吴音曰：'官家好呆。'此语遂达于上，大怒，差四从官审责沈，曾与不曾有此语。对云：'臣有此语。'即日谪筠州。"

汤鹏举显然是汤邦彦之误，汤邦彦是前者之孙。这是说，当时孝宗皇帝议定派遣汤邦彦出使金国，太子詹事沈枢听闻此事后就觉得朝廷的举措太傻了，居然还没吸取过去虞允文为相时候派遣泛使自取其辱的教训，因此情不自禁地用家乡方言吴语说了句"官家好呆！"意思是陛下蠢极了。他以为没人听得懂他的家乡话，结果还是给有心人打小报告到了皇帝耳边。皇帝勃然大怒之下，派了人审问他是不是真说过这样大逆不道的话，沈枢不知是耿直老实还是经不住吓，招供说，臣说过这话。于是当天就给贬谪到筠州。

据《宋会要辑稿》职官七二记载，淳熙二年九月十八日，"太子詹事兼权吏部侍郎沈枢分析欺隐，可降三官放罢，送筠州居住。侍御史范仲芑（qǐ）论右丞相衡，因言及枢，故有是命。"则可知沈枢被贬筠州，确有其事，决非宋人笔记凭空杜撰。并且，御史台的二把手侍御史弹劾宰相，又波及沈枢，可见沈枢是作为叶衡同党被牵连的，则宋史叶衡本传将沈枢之"讪上"张冠李戴到叶衡头上，也就极有可能。

另一方面，若说质疑叶衡的罢相或许如汤邦彦、范仲芑所言涉及人格品性问题，又是缺乏更多旁证的。尽管《宋史》叶衡本传中说，"衡负才足智，理兵事甚悉，由小官不十年至宰相，进用之骤，人谓出于曾觌云";又曾觌本传亦有载,"觌始与龙大渊相朋,及大渊死,则与王抃(biàn)、甘昪(biàn)相蟠结,文武要职多出三人之门。叶衡自小官十年至宰相。徐本中由小使臣积阶至刺史、知阁门事,换文资为右文殿修撰、枢密都承旨、赐三品服,俄为浙西提刑,寻以集英殿修撰奉内祠。是二人者,皆觌所进也。"则似可认为,叶衡入相,其中竟有孝宗潜邸旧人,亲信近习曾觌的关节。但考察历史人物之问题,还须看其所处特定历史环境中行为的目的,叶衡在积极恢复和主战上是十分坚定的,并非如蒋芾等人虚言恢复以邀宠进阶,若拜相一事上有所依赖近习,只能说是得位不正,不能就此断定其品性有重大问题。

且即使是汤邦彦之人,可能完全不是叶衡被罢相的原因。辛弃疾后来与汤邦彦多有诗词酬和,甚至褒奖他是"活国手,封侯骨。腾汗漫,排阊阖。待十分做了,诗书勋业"。从诗词中态度来看,似乎不可能汤邦彦是促成叶衡罢相的罪魁祸首。

至于叶衡真正被贬的原因,可能是由于孝宗对相权的有意削弱。孝宗朝宰相更换频繁,任职较久的人很少。《宋会要辑稿》中说:"(淳熙三年)四月十五日,通奉大夫叶衡责授安德军节度副使,郴州居住。以衡昨任宰辅,不能正身竭诚,日唯沉湎于酒,轻听易发,徇私背公,妄引旧章,擅作三省同进呈批降指挥,故有是责。"则据此可知,关键在于所谓"妄引旧章,擅作三省同进呈批降指挥"。所谓旧章,大约即是说高宗时曾有"批降御笔处分",虽出自"朕意",但须"经由三省、枢密院",如若不当,允许大臣们"奏禀"的制度。而这里所说的,"三省同进呈批降指挥",其中三省乃是指中书门下和尚书省三省,宋初虚设,政务归政事堂,元丰改制后中书分权归三省,实际上三省就是指宰相所在的"东府"。批降当是指"内降"和"御批"。内降即所谓"中旨",如果一道旨意直接由宫中下达,交付有司施行,而绕过中书门下,便是中旨,便是内降,按制知制诰可以封还词头,有司可以拒不执行。御批是皇帝批示的意思，也是一种直接绕过三省下达命令的非常规举动。因此佞幸便嬖往往希冀通过类似形式得除授美官。故而叶衡的罪责，大约是说他援引旧章，擅自妄图定下三省坚决封还内降、御批的制度。高宗朝权相的出现是孝宗皇帝十分忌讳的，现在叶衡要相对提高三省的权力，提高政府对皇权的制约，自然是触及天子的逆鳞了。何况遍观孝宗一朝，中旨除授近习以制约外朝之士大夫乃是他一贯的得意手段，如何肯放弃内降御批的权力？毕竟有骨气、讲原则的士大夫不少，但削尖脑袋要媚上取宠执行中旨的也大有人在。涉及权力问题，这就是何以即便确实存在交结近习曾觌的可能，但是罢相时，与曾觌的交情也不能挽回此事。

自古以来，所谓朝中有人好做官，这几乎是绝对真理。如果叶衡为相的时间长一些，或者不以这样一种狼狈的方式罢相，又或者后来能二次拜相，则对辛弃疾的助力都将是很大的。因此这样一位赏识他、深知他，与他友谊深厚的宰相被罢免，是辛弃疾极大的不幸和损失。

辛弃疾得知这一消息的时候，自然也能明白这其中的意味，他的心情也就可想而知了。

对于孝宗寄希望于派汤邦彦出使金国激怒女真，趁机北伐的仓促幼稚之想法和叶衡罢相的噩耗，辛弃疾在平定茶商军后又沉郁惆怅起来。这一时期，他写下两首词，抒写胸中愁绪。

一首是《满江红·赣州席上呈太守陈季陵侍郎》：

落日苍茫，风才定、片帆无力。还记得、眉来眼去，水光山色。倦客不知身近远，佳人已卜归消息。便归来、只是赋行云，襄王客。

些个事，如何得。知有恨，休重忆。但楚天特地，暮云凝碧。过眼不如人意事，十常八九今头白。笑江州、司马太多情，青衫湿。

此首《满江红》是辛弃疾为友人陈天麟饯别所作，季陵是其字。当时陈天麟在赣州知州任上，将要离任，辛弃疾由江右景色起兴，然词句中为友人送行之余，亦感慨到自身的际遇之坎壈（lǎn）。陈天麟的离任属于罢职，而倦客之称似除了指其之外，又有自比之意。人生中不知有多少与良朋挚友的别离，若寄托于卜筮占卦，纵占卜之谓当有归期，恐怕也只是像襄王、神女一般遇于幻梦之中，岂可得之！这里面的深意，恐怕又有由别陈天麟而念及叶衡处。

下阕里辛弃疾又用羊祜与白乐天之典，极写光阴易逝，命运多舛之磨难。楚天凝碧，偏不能令人欢愉。譬如西晋羊祜（hù）之镇荆襄，其欲平吴而一天下，然终为朝臣议论所沮。因此他叹息："天下不如意，恒十居七八，故有当断不断。天与不取，岂非更事者恨于后时哉！"李太白襄阳歌亦有"君不见晋朝羊公一片石，龟头剥落生莓苔"，孟浩然有"羊公碑尚在，读罢泪沾襟"，多少人曾借羊祜含恨身殁，壮志未遂来感自身之不遇，辛幼安怀驱逐北虏，吞吐中原的雄心，自然也不能免于此。中晚唐之白居易贬为江州司马时，为歌伎赋《琵琶行》，曾自嘲泪湿青衫。辛弃疾以此劝勉友人且莫伤感，但这种劝勉大约是席间的场面话罢了，因为他自己内心深处，亦是苦闷的。

又一首为《菩萨蛮·书江西造口壁》：

郁孤台下清江水，中间多少行人泪？西北望长安，可怜无数山。

青山遮不住，毕竟东流去。江晚正愁余，山深闻鹧鸪。

此一首艺术成就尤为高妙。菩萨蛮为一小令，本多写小儿女情态之事，却在辛弃疾笔下如万流奔海，以奇崛的笔法摹写以身许国而难可为之，却不言放弃的精神。郁孤台为赣州一地名，辛弃疾游于此处，郁孤二字一定触动到他。凭高远眺，江水清澈，不舍昼夜。傲立的辛弃疾不恰如一沉郁、孤单之巨人处乎天地间么？赣水虽清，其中尤不知多少北望中原的志士豪杰之浊泪！华夏的几座都城都沦陷虏手，欲尽望而乃有连绵起伏，无数重峦叠嶂竟相阻隔！

然而大江东流，岂可阻抑？纵然万山不许一溪之奔，到得山脚穷尽，堂堂江水就要向东入海！这是辛弃疾在给自己打气鼓舞啊，然而这正说明，他实际是明白时局的艰难和自己的处境的。因而他最后说：

暮色方至，鹧鸪声起，忧愁不能自抑！

约在次年，也就是淳熙三年秋冬，辛弃疾调任京西转运判官。所谓转运判官，乃是转运司之次长官，位次于转运副使和转运使。转运司负责一路之财赋租税，往往兼有监察地方官吏的职权。

在接到调令之前，还有一个颇堪玩味的插曲。当时知赣州陈天麟已经被罢免，新任太守为由左司谏而知州的施元之。然而不知因为何事，辛弃疾上章弹劾，导致施元之羞愤不已，以父母辈亲老为由主动请祠（自请充任宫观之祠禄官，以处闲散之地称请祠，或称乞祠、丐祠）去官。尽管现在已经无从确切知晓辛弃疾弹劾施元之所为何事，不过从旁人的记载中或可寻见一些端倪。刘克庄曾为当时担任过赣州观察推官（此观察推官，为赣州签书判官厅之官员，协助长吏治理州事，从八品，多以选人充）的杜颖写过一篇《杜郎中墓志铭》。其中说：

历赣州观察推官。太守施司谏元之绳（约束）吏急，一日，缄片纸来云："某吏方游饮，亟簿录其家。"公袖还之："罪由逻发，惧者众矣。"施公矍（jué）然（惊惧貌），为罢逻卒。……辛提刑弃疾以私意劾赣守，郡僚皆恐……施公扁舟先发，公徐护送其孥（nú）（妻子与儿女的统称），而归举牒（上书陈述）于辛公，辛有愧色，因屈入宪幕。

则据此材料，施元之到任后，对州府吏员僚属约束极严苛。某日，他送来一张条子给观察推官杜颖，纸片上写着：某吏上班时间游荡闲逛、喝酒取乐，急查抄其家（勘察有无不法罪证）。杜颖并没有按照领导的指示办，而是放在袖子里跑去找施元之，又还给了他，并且说，"罪由巡逻的兵卒发现，这样州府里惴惴不安的人就会很多了，大家都没法好好做事了。"施元之闻言惊醒，为此停止了派遣兵卒巡逻纠察州府僚属不法事的做法。

按说辛弃疾御下亦极严，甚至有过之而无不及。不知为何就上章弹劾施元之。太守和宪臣神仙打架，州郡里的小鱼小虾肯定是避之唯恐不及了，一时间大约人心惶惶。后来施元之面子薄，觉得被辛弃疾

男儿到死心如铁——辛弃疾

弹劾羞愤难当，自己向朝廷请祠，解官而去了。临行的时候，杜颖从容不迫地护送其妻儿，回来后向辛弃疾上书申言此事，辛弃疾面有愧色，因觉理亏而又颇赏识杜颖的气节，把他从判官厅延请入自己江西提刑的宪幕中。

辛弃疾何以有愧色呢？似乎施元之绳吏甚急和辛幼安上章弹劾之间似有某种联系。路之提点刑狱公事，还兼劝课农桑、举刺官吏，或可认为施元之之举，有所侵犯辛弃疾之职权？但知州管束自己衙署之僚属吏员，实属天经地义之事。则或许我们不妨大胆揣测，问题出在当时"方游饮"的这名吏员身上。或许这名吏员与辛弃疾有所交往，譬如酒友之类，而大约像辛弃疾这样豪迈英武之人，对于自己的朋友多是有些护短的，可能在他看来无聊的工作中得空于酒肆中喝杯酒无关大体，倒是知州的做法冒犯到自己，一点面子都不给。——当然以上完全只是笔者的揣测，实在没有其他材料能考证到底辛弃疾出于何种"私意"去弹劾施元之。时人罗愿有一首《送赣州施司谏奉祠归吴兴》云"到官一百日，啜（chuò）菽念所欣"，则施元之知赣州不过百日之期，其中竟与辛弃疾有所私事之龃龉，能有几何？而刘克庄不为别加记载，恐怕大约正是施元之绳吏急而有所触怒辛幼安之处。

不难想见，辛弃疾的个性因素，仍将在以后影响到他。

另一方面，辛弃疾在京西转运判官任上时间极短，次年淳熙四年二月，即被调任知江陵府，兼湖北安抚使。这标志着辛弃疾开始担任方面帅臣，应该说仕途进入到一个相对上升的时期，表明此前调任转运判官不过是资历上简单过渡下。

叶衡被罢相，而辛弃疾没有被孝宗视为其同党，反而在地方上给予一定的重用，或许这也给辛弃疾一定的鼓励，让他投入到地方封疆大吏的工作中去。

聚散匆匆不偶然，二年历遍楚山川

　　江陵府即唐代及以前之荆州，湖北路临边，茶寇暴动亦出于此，辛弃疾到任之初，领内治安情况是较为堪忧的。一方面不乏盗贼，另一方面民间将牛、马等军用物资走私入金国境内的现象层出不穷。

　　辛弃疾决定对此等为了利益而损害国家、民族的行为严惩不贷。他下令，凡胆敢借行商为名，"以耕牛并战马负茶过北界者并依军法"，且任何知情不报或为此类违法商贩带路、运送、窝藏者，无论军民，"并依兴贩军须物断罪"。为了进一步杜绝走私现象的发生，他还鼓励各色人等检举揭发，一经查实捕获，给予两千贯的重赏，甚至若为走私商贩所雇佣之人，或为其出力窝藏之辈，并许自首告发，一概免罪，仍享受同前者的两千贯奖赏。

　　在具体实施的过程中，也有一些稍谈得上严刑峻法的地方。据《嘉泰会稽志》卷十五《人物志》姚宪传之记载，这位后来接替辛弃疾知江陵府的帅臣，如此描述辛弃疾治理湖北的情况："故帅得贼辄杀，不复穷究，奸盗屏迹。自仆至，获盗必付之有司。在法当诛者初未尝辄贷一人，而群盗已稍出矣。"则可见辛弃疾为了迅速稳定湖北路的走私和治安问题，以军事化的管理用重典惩治犯法者，甚至不经过有司审理即处死——这种做法在儒家文化的语言里自然是苛暴酷虐，然而对于近边的湖北路来说，效果却出奇地好，奸猾走私者和大小盗贼都在他治下销声匿迹。

正当辛弃疾忙于绥靖地方的时候，江陵府的驻军与地方百姓之间发生了恶性的冲突事件。辛弃疾调查后得知，这是因为江陵统制官率逢原肆意纵容属下兵将殴打布衣平民，引发了剧烈的军民矛盾。在大是大非问题上一向嫉恶如仇的辛弃疾当即决定上疏弹劾率逢原。

有必要说明的是，通常我们印象中宋朝是一个以文制武的朝代，文官的地位远远高于武官，以至于韩琦面对狄青时有所谓"东华门外以状元唱出者乃好儿，此岂得为好儿耶！"的话语（出自北宋王铚《默记》二十六）。按说宋时安抚使权力非常大，总一路兵政，许便宜行事，但是南宋绍兴后，路设安抚使之制虽仍然存在，但军政事却都归属"都统制司"，民政、刑政各归转运、提刑等有司，安抚使也就颇有些算是大州太守所带的虚衔的意味。而所谓"都统制司"，是南宋地方统兵的官署之称。建炎元年时，设御营司都统制，绍兴十一年（1141），罢沿江三宣抚使司，其都统制官以下并以"某州（府）驻扎御前诸军"入衔。南宋前期，在军事上，显然都统制的地位犹在安抚使之上。

而辛弃疾治下的江陵府，当是鄂州、江陵府驻扎御前诸军之所在。不过实际上是两司，都统制驻扎在鄂州，副都统制驻扎在江陵府。而率逢原所任官职为"统制"，位次于都统制、副都统制，乃是军一级的统兵长官。若以都统制为今语之司令，则统制约相当于所谓军长。这样看来，辛弃疾是地方政府的一把手，率逢原是军区的军长，由于安抚使已经不能实际管束御前军队，虽然辛弃疾地位要高于率逢原，他仍然不能"便宜行事"，只能上疏给孝宗皇帝，让最高领导决定怎么办。

照理说，辛弃疾是一方帅臣，又带秘阁修撰的清贵贴职，朝廷应该以祖宗家法尊崇文官，何况辛弃疾站了个理字，错的是他率逢原，然而事情的结果却令人大吃一惊。孝宗诏令辛弃疾调任知隆兴府兼江西安抚使；率逢原官降两级，以本军副将处置（江陵府驻扎御前诸军都统制司常应有如下官阶：副都统制、统制、统领、正将、副将、准备将、部将、队将、押队、拥队等）。表面上看辛弃疾不过是平调，而率逢原被降了两级军职，算是处罚了，但实则不然。率逢原此后不久即继续升迁，且官运亨通，后来甚至做到了都统制。南宋时人楼钥所撰《攻媿集》卷九五中载："其甚难者莫如陈源与率逢原二者。……逢原粗暴，恃有奥援，所至凶横。其在池阳，几至军变，为总领郑湜（shí）所发，按其偏裨，上命枢臣镌戒，方待罪间，自副（都）统制升都统。"又据南宋陈傅良《止斋集》卷二四载："右臣将指湖湘，已闻率逢原之为人，且见其行事矣。其在江陵，其在襄阳，与今在池阳，监司帅守皆患苦之，屡有文字上烦朝廷。"又说，"至于逢原为帅无状事迹非一，前后臣寮屡有文字"。则据以上可知，率逢原首先是个宫里头有靠山的人，属于上面有人，所谓"恃有奥援"，因此不管在江陵还是襄阳、池州，都是肆无忌惮，做的乱七八糟的坏事不是一件两件，弄得地方上和他搭班子的政府帅臣、漕宪等监司官员都怨声载道，对他十分厌恶。

至于这上面的"奥援"是哪些人，恐怕或许就是曾觌等人为代表的孝宗潜邸之近习，或是宫中得宠之阉竖。大约无非是靠着赂以财货等手段依傍上了这些佞幸、宦官，所以才一路升迁，屡被奏劾却安然无恙。

反观辛弃疾由知江陵府兼湖北路安抚使调任知隆兴府兼江西安抚使一事，仔细玩味，孝宗的处理似乎把辛弃疾当成了好惹是非之人。若说有近习佞幸在其间以辛弃疾此前与知赣州施元之不和，如今又与

男儿到死心如铁——辛弃疾

289

率逢原不睦来说事，情理上是完全有可能的。且辛弃疾刚刚得到重镇方面帅臣的职务，不能大展拳脚，又被调任，这种挫败和无力的心情是可以想见的。

在湖北安抚任上，辛弃疾写下一首《水调歌头·和马叔度游月波楼》颇值得注意。词如下：

客子久不到，好景为君留。西楼著意吟赏，何必问更筹（古代夜间报时之工具）。唤起一天明月，照我满怀冰雪，浩荡百川流。鲸饮未吞海，剑气已横秋。

野光浮。天宇迥，物华幽。中州遗恨，不知今夜几人愁。谁念英雄老矣，不道功名蕞尔，决策尚悠悠。此事费分说，来日且扶头。

这首词是辛弃疾写给友人马叔度的。马叔度者，据《文献通考》卷三十三选举考六来看，或即为淳熙三年九月应贤良方正能直言极谏科试的亳州布衣马万顷。月波楼，当即在湖北黄冈。

与友人同游之诗词，本是极为寻常之事。然而辛弃疾却从寻常处摹写出极雄壮非凡的话语，若黄钟大吕，如万马奔雷。辛弃疾与马叔度想来于月波楼上兴致颇高，相谈甚欢，因此他说"何必问更筹"。不必管夜色四起，我辛幼安要令日落月升，呼唤漫天银光，好照出我满怀皓皓白雪，忠肝义胆！百川交汇，长江东流，他心中的壮志，好比杜甫所谓"饮如长鲸吸百川"，然而人间行路之难，究竟难酬啊！剑气直冲霄汉，充塞秋夜的苍穹。

这里我们不能十分清楚辛弃疾所谓的剑气横秋是不是另有含义，是有感叹岁月空老呢，抑或是谓自己气盛强横呢？或许都有一些吧。未及不惑，辛弃疾并不想服老，也还认为自己有整顿乾坤的能力和气魄，但他又无法完全说服自己。因此下阕里面对着天地间的景色，他迸发出了振聋发聩的呐喊。想来衮衮诸公不乏夜宴达旦的寻欢作乐，中原沦陷的遗恨，今夜又有几人忧愁辗转，难以入眠！英雄空老，事业上仍然无所大成，朝廷的恢复大计却因泛使受挫而心灰意冷，遥遥无期！这些事情又如何说得尽，道得明呢，不如来日接着饮酒图醉吧！

辛弃疾抵达江西安抚任上后并没有就此韬光养晦，仍然一方面为百姓兴修水利，另一方面又奏劾不法官员，然而没有想到的是，在知隆兴府和江西安抚使任上，他又只为官三个月。

同僚们为辛弃疾摆下宴席饯别，他即席赋词一首，

《水调歌头·淳熙丁酉，自江陵移帅隆兴，到官之三月被召，司马监、赵卿、王漕饯别。司马赋〈水调歌头〉，席间次韵。时王公明枢密薨，坐客终夕为兴门户之叹，故前章及之》：

我饮不须劝，正怕酒尊空。别离亦复何恨？此别恨匆匆。头上貂蝉贵客，苑外麒麟高冢，人世竟谁雄？一笑出门去，千里落花风。

孙刘辈，能使我，不为公。余发种种如是，此事付渠侬（宋时口语，他）。但觉平生湖海，除了醉吟风月，此外百无功。毫发皆帝力，更乞鉴湖东。

宴席上辛弃疾酒入愁肠，言语间更加毫无忌惮起来。他一句"此别恨匆匆"，其中不知多少酸楚！而念及曾贵为枢密使的王炎之去世，他又感叹这人世间，起起伏伏，何曾有人能长盛不衰，强梁无匹！他故作豁达，要仰天大笑出门去，只是这赴临安之路，此去千里，云山万重，清江晚渡吹拂落花之风，未知萧瑟未知祸福啊。

自序里辛弃疾说"时王公明枢密薨，坐客终夕为兴门户之叹"，王炎与虞允文不和，宣抚四川后又与当时的四川安抚制置使晁公武不睦，所谓门户之叹，即是指朝中大臣攻讦，党派纷争的情形。"孙刘辈"当是用三国魏晋时孙资刘放与辛毗之典。《三国志·魏志》卷二五辛毗传曰：时中书监刘放、令孙资见信于主，制断时政，大臣莫不交好，而毗不与往来。毗子敞谏曰："今刘、孙用事，众皆影附，大人宜小降意，和光同尘。不然必有谤言。"毗正色曰："主上虽未称聪明，不为暗劣。吾之立身，自有本末。就与刘、孙不平，不过令吾不作三公而

已，何危害之有？焉有大丈夫欲为公而毁其高节者邪？"孙资、刘放乃是魏明帝时之宠臣，明帝弥留之际，本想令燕王曹宇为大将军与领军将军夏侯献共同辅政，结果孙资刘放居然能扭转乾坤，令明帝改以曹爽为大将军与司马懿辅政，可见二人当时在朝廷中之能量。辛毗为文帝明帝时之重臣，颇有志节，不愿谄媚于二人，并说大丈夫不可为求三公美官而自毁名节。

辛弃疾这句话说的是非常露骨尖锐的。他知道自己从率逢原事件起就得罪到其背后的孝宗之近习内宦，因此他感叹，曾觌、王抃之流，能近惑圣聪，使他无法展布才干，实现抱负，非但不能"立登要路津"，反而是头发日短，已见衰老之貌！或许恢复大事就只能交付给在座的同僚们努力了，辛弃疾感慨自己"平生湖海，除了醉吟风月，此外百无功"，南归十六年，也许只能吟诗作赋，再无其他可为了吧！大如须弥，小如毫发，都是天子的意志和恩赏，不如哪天让我归隐镜湖之东，再勿操心了。

毫发皆帝力——辛弃疾对孝宗甚至也是不无怨怼的，这样轻易地听信佞幸之言，将自己频繁调动，不能久于任上，便连辛幼安都有些心灰意冷起来。

此一时期辛弃疾接连写下多首愁情万丈的诗词。如《鹧鸪天·离豫章，别司马汉章大监》：

聚散匆匆不偶然。二年历遍楚山川。但将痛饮酬风月，莫放离歌入管弦。

紫绿带，点青钱，东湖春水碧连天。明朝放我东归去，后夜相思月满船。

辛弃疾自淳熙三年以来由江西提刑而京西转运判官，旋又于淳熙四年调任知江陵府兼湖北安抚使，同年秋冬则迁知隆兴府兼江西安抚使，两年来在楚地兜兜转转，任调频繁，这背后的原因辛弃疾难道不明白？"聚散匆匆不偶然"乃正是因为近习佞幸的弄权。当此离别，但须痛饮美酒，莫要辜负眼前风月，离歌悲恸，勿入管弦啊！

　　东湖春水如绿带萦绕，点溪荷叶若青钱而叠，湖光接天，辛弃疾只能借眼前美景去尽力消解心中块垒，至于与同僚和友人别后相思，只能任其如月华之满舟舠一般，深深如许了。

　　又如《念奴娇·书东流村壁》：

　　野棠花落，又匆匆过了，清明时节。刬（chàn）地东风欺客梦，一夜云屏寒怯。曲岸持觞，垂杨系马，此地曾轻别。楼空人去，旧游飞燕能说。

　　闻道绮陌东头，行人曾见，帘底纤纤月。旧恨春江流不断，新恨云山千叠。料得明朝，尊前重见，镜里花难折。也应惊问，近来多少华发？

　　"刬地"乃宋时口语，在此处谓无端、只是、依然。或谓此首《念奴娇》当是辛幼安一段未有结果的风流韵事，确有一定道理。"帘底纤纤月"指佳人曾会，亦是诗词常用之法。不过，此时期之辛弃疾即便却有一二风流之事，恐怕心中愁绪更多仍在事功之不立、己身之不被重用上。若说偎红倚翠，由红巾翠袖而揾英雄之泪，更多也是为了冲淡内心的惆怅。因此一方面他感叹春江东流，长恨春水常东，又添云山千叠，阻隔难近的新愁；另一方面由华发几何和"镜里花难折"催生出一种佳人难再相逢之外的，对自身功业他日是否有成的残酷体认和追问。仔细读来，似乎确是不仅仅佳人易轻别，亦是世间之事，多是镜花水月，难堪执取！这大约是辛幼安离开江西赴临安时的一些所思所想吧！

　　又如另一首《鹧鸪天·送人》：

　　唱彻《阳关》泪未干，功名余事且加餐。浮天水送无穷树，带雨云埋一半山。

　　今古恨，几千般，只应离合是悲欢？江头未是风波恶，别有人间行路难！

《阳关》者，有琴曲《阳关三叠》，此当即王维所作之《渭城曲》也。"渭城朝雨浥轻尘，客舍青青柳色新。劝君更尽一杯酒，西出阳关无故人。"词中对事功难立的慨叹是十分清楚无疑的，"功名余事且加餐"，一句功名不可为，不如努力加餐饭的戏谑，其背后是巨大的无奈和痛愤不平之气。"今古恨，几千般，只应离合是悲欢？"更是道破古今，一语气盖千年来的儿女情长、缠绵悱恻之诗词——难道人世间的悲欢只有人与人之间的别离聚散吗？家国仇恨，中州沦陷，不正是人间的大遗憾嘛！然而人间又恰恰是行路难的。鲍照尝有言，"自古圣贤尽贫贱，何况我辈孤且直"，不亦谓此乎？

辛弃疾被召回临安后任大理少卿。大理寺颇有一些类似于今日国家之最高法院，然其对于案件的复审，也须送审刑院详议，若其断案有误，则又由御史台接管案件之审理，有诸如此类之别。大理寺少卿在南宋时约为正六品。然而辛弃疾在临安大理少卿任上也不能有所寸进，并没有因此得到机会取得孝宗的信重。倒是当时他的上司大理寺卿吴交如病故，可能由于极其清廉等一些原因，居然连棺椁等一应物事都无法置办，辛弃疾出于同僚之谊，解囊相助，又将此情形上奏执政。此事见《宋史》辛弃疾本传：为大理卿时，同僚吴交如死，无棺敛，弃疾叹曰："身为列卿而贫若此，是廉介之士也！"既厚赙（fù）（拿财物帮助人办丧事）之，复言于执政，诏赐银绢。

到这年秋天，也就是淳熙五年之秋，辛弃疾又被调离中央，任命为湖北转运副使。此次大理少卿之任，亦不过四五个月时间。转运司之长贰官员，俗称漕臣。辛弃疾由提刑（宪臣）而安抚使（帅臣），如今又任职漕台，可谓是把地方上的重要职务都经历了一遍。转运使在宋代总一路之财权，并可纠察郡县官吏，又具有一定的荐举贤能、劝课农业的职责。转运副使为转运司的佐贰长官，如路缺正使，而资浅官员任运司长官，则以副使行正使之职。

次年春三月，辛弃疾又如救火队长一般被从湖北调任湖南转运副使。原来，淳熙六年的正月，湖南溪峒蛮陈峒聚众造反，连破湖南数个郡县，逐渐聚集起了数千人的军马，声势颇大。此次农民暴动起义，大约是地方官府不顾民间疾苦，强征粮食所致。可以从辛弃疾频繁调任的履历中看到，南宋的高层对于他既不能真正信重，又看中他实干的能力，只是把他当作一个四处救火，办紧急差遣的可堪利用的工具，哪里有困难，就把他支往哪里。太平无事之时，则对他置之不问，投于地方上不加冷眼。

辛弃疾在离开湖北鄂州转运司治所的酒宴上又赋词一首，这首词成为了又一千古名篇。

《摸鱼儿·淳熙己亥，自湖北漕移湖南，同官王正之置酒小山亭，为赋》：

更能消、几番风雨，匆匆春又归去。惜春长怕花开早，何况落红无数。春且住，见说道、天涯芳草无归路。怨春不语。算只有殷勤，画檐蛛网，尽日惹飞絮。

长门事，准拟佳期又误。蛾眉曾有人妒。千金纵买相如赋，脉脉此情谁诉？君莫舞，君不见、玉环飞燕皆尘土！闲愁最苦！休去倚危栏，斜阳正在，烟柳断肠处。

词上阕看似寻常，仿佛不过是伤春之调。在暮春落英凋零的时分，感叹光阴荏苒，时光易逝，而有身世之悲，即所谓"天涯芳草无归路"。若说天公无情，春神不言，诗人偏把挽留春天的痴情着眼于一只在雕梁画栋的屋檐上一厢情愿编织蛛网的小虫身上，它不解四季的盈虚衰杀之变，要阻拦春天离开的脚步，却不过是"尽日惹飞絮"。或者，辛弃疾觉得，自己就是这只想要忤逆天地气运而无可奈何的渺小昆虫？

下阕用汉武帝刘彻之后陈阿娇与唐玄宗李隆基之贵妃杨玉环和汉成帝刘骜之后赵飞燕的典故。陈阿娇是武帝祖母窦太后的女儿馆陶长公主的千金宝贝，武帝之得为太子，长公主与有力焉。因此陈阿娇在刘彻登极之后被立为皇后，而《汉书》中言其恃功而骄，善妒失德云云，随着武帝宠幸卫子夫日深，她便被罢废居于长门冷宫。然而昭明太子之《文选》所载司马相如之《长门赋》，其序言幽居长门后，陈阿娇以黄金百斤向相如求诗赋，相如乃作《长门赋》以抒阿娇废居孤寂之苦，终令武帝重幸阿娇。但这大约全是不实之辞，陈阿娇既已打入冷宫，何来黄金百斤重贿相如之能力？又如何能于长门宫中私会司马相如、卓文君？且史书中不见武帝重新宠幸阿娇的记载。正是因此，辛弃疾才以《离骚》的美人香草自比之传统，将陈阿娇"准拟佳期又误"，以为能得到帝王信重的这种白日梦比拟于自身之不被大用。屈原《离骚》谓："众女嫉予之蛾眉兮，谣诼（zhuó）（造谣、毁谤）谓予以善淫。"李白也曾于《玉壶吟》中说："君王虽爱蛾眉好，无奈宫中妒杀人。"所谓妒忌蛾眉，词中指向的都是孝宗朝的近习佞幸。深知这一点，因此辛弃疾说"千金纵买相如赋，脉脉此情谁诉？"说白了就是他明白自己在御前没有人，朝内无人举荐，你再忠心，再有三头六臂之能力，孝宗也不知道啊。

然而辛弃疾又是不服输，不认输的偏执个性。香草美人的自比背后是咬牙切齿、杀气纵横的赌咒，"君莫舞，君不见、玉环飞燕皆尘土！"尔等近习佞幸且莫洋洋得意，似那谗妇长袖善舞，尔曹难道没看见，贵宠无匹的杨玉环、赵飞燕最终都作了尘土么！杨玉环本为玄宗皇帝之子寿王李瑁之妃，后玄宗竟行父夺子爱的闹剧，把她纳入宫中成了杨贵妃。一时间"后宫佳丽三千人，三千宠爱在一身"，杨贵妃的姐姐们都成了虢国夫人、秦国夫人、韩国夫人等声名显赫的贵戚，族兄杨钊（即杨国忠）甚至成了宰相，杨家富贵荣宠无比。然而安史之乱爆发，玄宗仓皇西狩，到了马嵬坡禁军哗变，杀死了杨国忠和他儿子户部侍郎杨暄及韩国、秦国夫人乃至于御史大夫魏方进，还要求玄宗皇帝处死杨贵妃。无奈之下，杨贵妃便黯然殒命了。赵飞燕者，汉成帝第二位皇后，与妹妹赵合德并受成帝刘骜宠幸。刘骜无子，赵飞燕助定陶王刘欣成为太子，在刘骜死后刘欣承继大统，成为汉哀帝，赵飞燕一时贵为太后。然而哀帝驾崩后，王莽以成帝母亲太皇太后王政君的名义，废黜了赵飞燕，把她贬为庶人，迫使她自尽而亡。

将杨玉环、赵飞燕比拟于孝宗左右的近习佞幸，这在有心人看来，等于说辛弃疾把孝宗皇帝比作了天宝年间昏聩糊涂的唐玄宗，比作了西汉荒淫无道的汉成帝！怒火宣泄之后，辛弃疾不得不承认"闲愁最苦"，空怀青云之志却不能展布才具，龙腾虎跃，何其悲哉！壮志难酬之人，且莫登高凭栏吧，因那斜阳烟柳，正催人断肠！

罗大经《鹤林玉露》甲编卷一《辛幼安词》云：

词意殊怨。"斜阳""烟柳"之句，其与"未须愁日暮，天际乍轻阴"者异矣！使在汉唐时，宁不贾种豆种桃之祸哉！愚闻寿皇见此词，颇不悦。然终不加罪，可谓至德也已。

这是说辛弃疾的这首《摸鱼儿》充满怨怼之语，里头有很多反动的牢骚话，令孝宗皇帝读后十分不高兴。罗大经认为，如果辛弃疾活在汉唐时候就整个玩完了，铁定也得个种豆种桃的下场。种豆之祸说的是汉宣帝时杨恽（yùn）口无遮拦，取笑、调侃皇帝和朝廷的反动话语说个没完，被贬为庶人后仍然在家里大开派对，呼朋引伴，他的朋友孙会宗就写信劝他，意思说老哥你长点心吧，陛下都饶了你一命，你就该低调点，好好闭门思过，怎么还夜夜笙歌，饮酒作乐呢！谁知杨恽就写了《报孙会宗书》回信给他，在信里说什么"田彼南山，芜秽不治。种一顷豆，落而为萁（qí）。"表面看是说在南山下种田，结果这田地杂草丛生，荒芜污秽，种一顷地的豆子，才堪堪得到几株光秃秃的秸秆。实际是讽刺汉宣帝治国无术，把朝野搞得一团糟，贤人去位，小人盈朝，这全是宣帝的锅。这封信最后被宣帝看到了，最高领导人勃然大怒，杨恽的下场可就是两个字：腰斩。

种桃之祸是刘禹锡之事。唐顺帝时刘禹锡、柳宗元参与王叔文集团主导的"永贞革新"，因反对派政变落败后，他被贬为朗州司马，开始了漫长的贬谪生涯，成为了所谓"二王八司马"的其中一员。宪宗元和十年，他转运被召回京师，结果去赏了次桃花后回来写一诗云："紫陌红尘拂面来，无人不道看花回。玄都观里桃千树，尽是刘郎去后栽。"（《元和十年自朗州至京戏赠看花诸君子》）这诗的意思是明明白白的，即是说，别看现在朝廷里的达官显贵，衮衮诸公，不过都是我老刘离开之后才钻营上来的后辈罢了，有啥了不起的！这下把宪宗朝的新贵大臣们给得罪到骨子里了，于是要把他重新贬离京城，赶到遥远的播州（约在今贵州遵义）去当刺史，得亏御史中丞裴度以刘禹锡上有八十老母为由说情，才改贬连州（约在今广东）。算上最后这一贬，前后有二十三年。刘禹锡回来后还要说"百亩庭中半是苔，桃花净尽菜花开。种桃道士归何处，前度刘郎今又来！"可见此人，端的是个战斗机。

仔细想来，如果孝宗确实后来读到过辛弃疾这首《摸鱼儿》，那么以唐太宗李世民自比的他的确会"颇不悦"，因此辛弃疾的个性问题，也是其不能得到孝宗信重的一大可能原因，并且尤值得我们注意。

漕臣任上论盗贼，安抚一方建虎军

在抵达湖南转运副使任上后，辛弃疾又和湖南的帅臣安抚使王佐有所龃龉起来。原来，王佐主张对起义的民众采取赶尽杀绝的策略，认为不如此就无法震慑到望风或欲投附的愚民。辛弃疾所掌的转运司却认为朝廷的兵马已经对陈峒起义军形成合围堵截的态势，不应继续大规模用兵，从而妨碍到农时。或许辛弃疾认为此时已到了招抚的合适时机，抑或者他认为可趁势令部分地方弓手、壮丁等回乡务农，然而王佐并没有采纳这些建议。

起义军战败后，大部皆为朝廷之官军杀戮，这在对农民之困苦已有较为深刻认识的辛弃疾看来，是不可接受的，也与他当年平定赖文政茶商军时所采取的智诛首恶，余皆不问的策略迥然相反。

然而王佐大兵进剿，杀戮无遗的主张显然得到孝宗皇帝的支持。王佐因此功劳得到擢拔超升，辛弃疾却在同僚庆贺的场面话中暗发讥讽之语。他写下一首《满江红·贺王帅宣子平湖南寇》，上阕看着颇为正常，用诸葛孔明五月渡泸，深入不毛而平定孟获之典故赞美王佐；

然而下阕却有一句"金印明年如斗大，貂蝉却自兜鍪（móu）出"。

按南宋周密所撰《齐东野语》卷七所载：

宣子乃以湛功闻于朝，于是湛以劳复元官，宣子增秩。辛幼安以词贺之，有云："三万卷，龙头客，浑未得文章力。把诗书马上，笑驱锋镝。金印明年如斗大，貂蝉元自兜鍪出。"宣子得之，疑为讽己，意颇衔之。

宣子为王佐之表字。据此，则平定陈峒后王佐所起用的谪居潭州之武将冯湛官复原职，王佐本官也得到擢升。而他读了辛弃疾写的贺词后，就心疑这里面有文章，是辛稼轩在打他耳光，于是心里很怨恨于此。

若我们详玩词句文义，确乎大约里面是有一些讥讽的意味。前半句"金印明年如斗大"字面看无问题，是恭祝王佐官运亨通，一路坐直升机，年年升官，然用语之直接又似有戏谑之味。这还不算什么，关键在后半句"貂蝉却自兜鍪出"。貂蝉者，前文已述，非是后世罗贯中所谓之貂蝉，乃是汉代达官显宦冠帽上的一种装饰物，即貂尾与蝉羽。兜鍪即是武将所戴头盔的意思。因此这句是说，王佐作为一名文官士大夫，升迁的功劳不料却是由战功而得来。看似只是在补叙王佐平寇之事，实际就颇有些讥讽王佐对湖南起义的穷苦百姓杀戮过甚的意思了。反过来想，这句诗词我们也可以这样理解，你王佐一文官，不好端端地为民父母，教化州郡，却把升官发达建立在杀得人头滚滚的血腥酷虐之上。

这种文人绕弯弯的夹枪带棒，若是一不通文墨的武夫，大约是看不太明白的。但王佐却并非寻常人，乃是绍兴十八年进士第一人，也就是所谓状元，貂蝉兜鍪云云，如何难得倒他呢？因此王佐忌恨上辛弃疾，也就极有可能和可信了。

大约在这一时期，辛弃疾又写下一首意境堪玩味的词，即《阮郎归·耒阳道中为张处父推官赋》：

山前灯火欲黄昏，山头来去云。鹧鸪声里数家村，潇湘逢故人。

挥羽扇，整纶巾，少年鞍马尘。如今憔悴赋招魂，儒冠多误身。

未阳即是在荆湖南路境内，张处父未知何人，我们只能知道他是辛稼轩的朋友，且有官身，为推官。在这首词里辛弃疾对于在湖南看到的种种官逼民反的惨剧，深为惆怅无奈。帅臣王佐大肆屠戮揭竿而起欲求活命的起义百姓，稼轩作为漕长没有能够阻止不必要的杀戮扩大化，他又深为自责。下阕羽扇纶巾，看似倜傥的形象却最后落实于"憔悴赋招魂，儒冠多误身"之上，可见令稼轩愤懑不平的不仅仅是起义百姓的殁命，也有对自己无法完全执掌地方之任，以图事功而成恢复大业的无奈。杜甫曾谓"纨绔不饿死，儒冠多误身"，或许在稼轩看来，善于逢迎上意的人就一路平步青云，而心中有所操节大志，不可随意妥协的，就只能坎坷不断了。他应该已经多少有了这种认识和觉悟。

对于民众的疾苦，思索再三，辛弃疾写成了一篇《论盗贼札子》上奏给孝宗皇帝。其中说：

……臣闻唐太宗与群臣论盗，或请重法以禁，太宗哂之曰："民之所以为盗者，由赋繁役重，官吏贪求，饥寒切身，故不暇顾廉耻尔。当轻徭薄赋，选用廉吏，使民衣食有余，则自不为盗，安用重法耶？"大哉斯言！……

臣姑以湖南一路言之。自臣到任之初，见百姓遮道，自言嗷嗷困苦之状。臣以谓斯民无所诉，不去为盗，将安之乎？臣一一按奏，所谓'诛之则不可胜诛'。臣试为陛下言其略：

陛下不许多取百姓斗面米，今有一岁所取，反数倍于前者；陛下不许将百姓租米折纳见钱，今有一石折纳至三倍者，并耗言之，横敛可知；陛下不许科罚人户钱贯，今则有旬日之间追二三千户而科罚者；又有已纳足租税而复科纳者，有已纳足、复纳足，又诬以违限而科罚者；……有以贱价抑买，贵价抑卖百姓之物，使之破荡家业，自缢而死者。有二三月间便催夏税钱者。其他暴征苛敛，不可胜数。

然此特官府聚敛之弊尔。流弊之极，又有甚者：

州以趣办财赋为急，县有残民害物之政而州不敢问；县以并缘科敛为急，吏有残民害物之政而县不敢问；吏以取乞货赂为急，豪民大姓有残民害物之罪而吏不敢问。故田野之民，郡以聚敛害之，县以科率害之，吏以取乞害之，豪民大姓以兼并害之，而又盗贼以剽杀攘夺害之。臣以谓'不去为盗，将安之乎'，正谓是耳。

且近年以来，年谷屡丰，粒米狼戾，而盗贼不禁乃如此，一有水旱乘之，臣知其弊有不可胜言者。

民者，国之根本，而贪浊之吏迫使为盗。今年剿除，明年扫荡，譬之木焉，日刻月削，不损则折。臣不胜忧国之心，实有私忧过计者。欲望陛下深思致盗之由，讲求弭盗之术，无恃其有平盗之兵也。

臣孤危一身久矣，荷陛下保全，事有可为，杀身不顾。况陛下付臣以按察之权，责臣以澄清之任，封部之内，吏有贪浊，职所当问，其敢瘝（guān）旷（旷废也，耽误，荒废），以负恩遇！自今贪浊之吏，臣当不畏强御，次第按奏，以俟明宪。……但臣生平刚拙自信，年来不为众人所容，顾恐言未脱口而祸不旋踵，使他日任陛下远方耳目之寄者，以臣为戒，不敢按吏，以养成盗贼之祸，为可虑耳。

伏望朝廷先以臣今所奏，申敕本路州县：自今以始，洗心革面，皆以惠养元元为意。有违弃法度，贪冒亡厌者，使诸司各扬其职，无徒取小吏按举，以应故事，且自为文过之地而已也。臣不胜幸甚。

辛弃疾从唐太宗贞观之治的角度入手，开始讲说自己的看法。他说，唐太宗和群臣们谈论百姓为盗的问题，有的大臣请求以严刑峻法的办法来禁遏犯罪。唐太宗就笑道，百姓为盗的原因在于税赋和徭役繁重，官僚和吏员又贪求无度，使得他们饥寒交迫，所以为了活命就没工夫去顾及礼义廉耻了。正因为如此，故应当减轻百姓们的徭役和税赋的负担，选用廉洁的官吏，使百姓们衣食有余，那么就自然不会去做杀人越货或是劫掠州县的贼寇了，哪里用得着严刑峻法呢？这些话说得真是好！

他又进一步以荆湖南路的实际情况来说明。稼轩说，自从他抵达湖南境内，看到百姓们拦路诉苦，纷纷哀号困窘贫苦的现状。他认为，荆湖南路的这些百姓像这样无处申诉，如果他们民不聊生的情况得不到改善，他们不抛弃田垄，沦为贼寇，还能去哪里活命呢？他一一按察上奏，又可谓是若行诛杀，却杀之不尽。

辛弃疾又分析如今官府聚敛到了何等触目惊心的地步。他说，陛下不允许地方多取百姓斗面米（南宋于夏秋两税之外，又常有"正耗""加耗""和籴米""斗面米"等赋税），现在有一年所征缴的数额，反而几倍于之前的情况；陛下不许地方将百姓的租米折纳成现钱，现在有将一石租米折价到三倍实际价格的情况，并且还要加上各种损耗的附加费用，他们的横征暴敛也就可想而知了！陛下不允许随意处罚纳税户钱贯，现在有十来日内便追迫两三千户人家而处罚他们，令其缴纳钱贯的；又有已经缴纳完全部租税而再次令其缴纳的，有已经缴纳完毕、又再缴纳过一遍，却又以超过规定时间为理由处罚的……有用低贱的价格强买，高价强卖给百姓的，使他们家业耗尽，不得不上吊而亡的情况。有在两三月的时候就催缴夏税的。其他横征暴敛的情况，就更加不可胜数了。

稼轩接着深入分析这背后的原因。他说，州郡把又快又急的办好财赋工作当成要紧的急务，因此下属的县里如果有残害百姓的苛政，州郡就置之不理，不予质问；同样的，县衙里官吏相互勾结，把搜刮民脂民膏当成急务，那么吏员有残害百姓的言行，县就置之不理，不予质问；小吏以拿到财货为急务，于是高门大户，富绅豪右有残害贫民的罪责，他们也置之不理，不予质问。所以田野之间的困苦百姓，州郡以税赋聚敛祸害他们，县以征收财物祸害他们，小吏以巧取豪夺祸害他们，大地主们用土地兼并祸害他们，而又有强盗贼寇以劫杀抢夺祸害他们。他表示，自己之前所说的"不去为盗，将安之乎"，正是基于此！

辛弃疾甚至直言不讳地说，近年以来，还算是五谷丰登，屡屡有丰收的好年，州县里往往粮米堆积甚多，但是盗贼频出的现象却像这样难以禁止，一旦有水旱之灾趁势而来，恐怕就有难以言尽的弊端灾祸！

稼轩遂提出他一针见血的犀利观点：百姓，是国家的根本，而贪污腐败的官吏迫使他们沦为盗寇。今年剿除，明年扫荡，就譬如一根木头，每天刻一点，每月削一些，最终不是损毁就是折断。他向孝宗提出殷切的期望，希望皇帝陛下可以深思"民去为盗"的原因，讲求消弭盗寇的办法，而不是去一味依仗有剿灭、平定盗寇的军队。

在札子的最后，辛弃疾表示自己早已经以身许国，只要能仰仗着陛下的支持保全，赴汤蹈火，在所不辞。并说自此凡察知贪污腐败的官吏，他便不畏强梁，会一一按察奏禀，以待国法惩治。这也是辛弃疾一直以来坚持的。稼轩还向孝宗提供了一个具体操作的方法，即由朝廷明令申敕荆湖南路州县，责成官吏自今以后，洗心革面，都把惠养百姓放在心上。有违法乱纪，不顾国家法度，贪渎无厌的，就令地方监司各自按职责弹劾，不要只检举一些小吏来应付了事，来文过饰非掩盖治下的腐败贪污之罪行。

实际上辛弃疾对于官府的横征暴敛之原因应该有更深刻的认识，但是囿于这是给皇帝的札子，不可能在其中言及更深层因素和归罪于最高统治者。然而我们仍然能很容易地从中看到一位文人士大夫的良心和洞若观火的敏锐以及直言不讳的勇气。

孝宗皇帝出于维护帝国统治的需要，览奏后作了一番批降指挥，并令各路帅臣监司遵守施行。但是他对以上问题的回答，全都避重就轻，只是把责任都推诿到地方官员身上，认为盗贼频现是官吏贪污而监司按察不力；盗贼横行是因为平日武备不修，将兵不练等，完全回避了南宋对百姓的盘剥科敛之甚。

不久之后，集英殿修撰湖南帅臣王佐除显谟阁待制，徙知扬州，辛弃疾接替王佐调离之后的空缺，知潭州兼湖南安抚使。重掌方面之任，抚帅一方的辛弃疾立刻展开了雷厉风行的各项施政举措。

淳熙七年（1180）春天，稼轩奏请用官米募集民众，浚筑陂塘，使官米遍及小民又得以兴修水利。又以桩积米赈粜（tiào）（售米赈救）永州、邵州、郴州，缓解当地的粮食紧缺和官民矛盾。此外，辛弃疾还大力整顿了豪民大户所统领的地方武装，也就是所谓"乡社"，使"大者不过五十家，小者减半"。这些富绅豪右之家，历来惯于抗拒朝廷法度，或阳奉阴违，或纠集蠢氓，因此整顿乡社，对于州郡政令及于闾里乡野，都是很有裨益的。鉴于此前峒民起义，辛弃疾奏请于郴州宜章县、桂阳军临武县开办学校，教化少数民族。能够认识到以文教手段同化少数民族，缓解峒汉矛盾，这又是稼轩棋高一筹的地方。另一方面，当他察觉到知桂阳军的官员赵善珏将百姓租赋折纳银两征缴，且赢余贪墨入私囊后，立刻上奏弹劾，使此贪官被罢职。在经济上，为了筹措费用，稼轩又不惧非议，将当地的税酒法变为榷酒法，即变民营而官府征税为官办专营，在当时的情况下增加了地方财政的收入。

但稼轩在湖南安抚使任上最重要的举措并非以上这些，而是一件颇为大胆的创举。

五代以来，武臣拥兵自重甚至窃夺神器自立的屡见不鲜，赵宋亦是因为得位不正，以武将而取国于孤儿寡妇之手，因此对于武臣的兵权，对于军队之多方束缚、掣肘尤为注意。因此有宋一代，除特殊时期外，多是兵卒乏练，将不知兵，禁军苟营，厢军供役，军队的战斗力极其堪忧。这就是何以赖文政、陈峒等人不过揭竿而起，人数有限的民夫成"军"，竟能打得官军损兵折将，颜面扫地，横行州县，帅守失措。

辛弃疾的最高理想毫无疑问是光复中原，北定幽燕。而要做成这些大事，都必须有强大的军队如臂使指才行。自古以来，未有军旅老弱而能平定天下的。但辛弃疾已经不是初入仕途的愣头青，他亦知道事情须一步一步的做。因此创编一支强军的想法经过酝酿后，他向孝宗上了一封奏疏。

其中说："……平居则奸民无所忌惮，缓急则卒伍不堪征行。至调大军，千里讨捕，胜负未决，伤威损重，为害非细。乞依广东摧锋、荆南神劲、福建左翼例，别创一军，以湖南飞虎为名，止拨属三牙、密院，专听帅臣节制调度，庶使夷獠知有军威，望风慑服。"

这是说，现在地方上的禁军厢军多是战力低下。平时甚至无法弹压奸民，危急时刻需要用他们时又派不上大用。等到调拨别处大军，千里行军讨捕围剿，胜负未决，已经使得朝廷和地方的威严体面都受到巨大损失，为害何止是一点点啊！辛弃疾请求依广东摧锋军、荆南神劲军、福建左翼军的体例，在湖南别创一支军队，命名为飞虎军，只隶属三衙（即殿前司、侍卫亲军马军司、侍卫亲军步军司，此三司合称三衙。这里当是指侍卫亲军步军司）和枢密院，在地方上专听帅臣节制和调度，大约就能使得溪峒蛮夷等知晓朝廷军威，望风慑服，不敢生事了。

从奏疏中可知，辛弃疾告诉孝宗的理由是"庶使夷獠知有军威，望风慑服"，但我们完全可以相信，他内心是渴望自己能够一步步练出一支足以与北虏周旋，直至最终克复中原，威势如汉水之东流，洗尽髭（zī）虏膏血的无敌王师的。

得到孝宗皇帝诏书准许之后，辛弃疾便开始了创立军队的各项工作。由于他早已在胸中打有腹稿，深思熟虑过多次，因此创建飞虎军的工作基本有条不紊地开展起来。他一面令人从广西境外购置五百马匹，又令飞虎军营寨所选地方之囚犯凿运石料，许其抵偿减罪，既保证了工程的进度，又减少了所需费用，可谓一举数得。

据《宋史》稼轩本传云：

诏委以规画，乃度马殷营垒故基，起盖寨栅，招步军二千人，马军五百人，傔（qiàn）人在外，战马铁甲皆备。先以缗钱五万于广西买马五百匹，诏广西安抚司岁带买三十匹。时枢府有不乐之者，数沮挠之……

从此条可知一些有关飞虎军的基本信息，如营寨选于五代十国时期南楚开国之君马殷之故垒处。规模约为步军两千，骑兵五百，尚不包含将校骑兵的侍从在内，且战马亦备铠甲。关键是其中说，当时枢密院内有对辛弃疾创建飞虎军感到不高兴，不乐意，不爽快的人，屡次阻挠、掣肘，那么这个人或者这些人可能是谁呢？

按淳熙七年之际，朝廷中枢密院内乃有枢密使王淮、签书枢密院事谢廓然、枢密都承旨王抃、枢密院编修王蔺等。

据《宋史》列传一百四十四《龚茂良传》：

时曾觌欲以文资禄其孙，茂良以文武官各随本色荫补格法缴进。觌因茂良入堂道间，俾直省官贾光祖等当道不避。街司叱之，曰："参政能几时！"茂良奏："臣固不足道，所惜者朝廷大体。"上谕觌往谢，茂良正色曰："参知政事者，朝廷参知政事也。"觌惭退。上谕茂良先遣人于觌，冲替（贬降官职）而后施行。茂良批旨，取贾光祖辈下临安府挞之。手诏宣问施行太遽，茂良待罪。上使人宣谕委曲，令缴进手诏，且谓："卿去虽得美名，置朕何地？"茂良即奉诏。

谢廓然赐出身，除殿中侍御史，廓然附曾觌者也。中书舍人林光辅缴奏，不书黄，遂补外。茂良力求去，上谕曰："朕极知卿，不敢忘，欲保全卿去，俟议恢复，卿当再来。"是日，除职与郡，令内殿奏事，乃手疏恢复六事，上曰："卿五年不说恢复，何故今日及此？"退朝甚怒，曰："福建子不可信如此！"谢廓然因劾之，乃落职放罢；寻又论茂良擅权不公，矫传上旨，辄断贾光祖等罪，遂责降，安置英州。父子卒于贬所。

　　这是说，孝宗宠信的近习曾觌想要按照文官年资来荫补其子孙，且估计这事情曾觌老早在最高领导人那里通过了。然而当时行使宰相职权的参知政事龚茂良却毫不通融，要曾觌完全按照朝廷制度，文武官员各按文武年资荫补子嗣，不允许隶属武官的曾觌开后门。曾觌自然大发其火，就指使自己的小弟贾光祖找了个机会在入宫的路上堵住了龚茂良的车驾。按宋朝制度，宰相应该是礼绝百僚的，低级官员自然应该为高级官员让路，现在居然敢当街阻拦，传出去是很令宰辅丢脸的事情。街司的小吏斥责着叫贾光祖别挡道，哪知道他反而对着龚茂良叫嚣：“看你参知政事能做到几时！”事后龚茂良自然不肯罢休，上奏弹劾，并表示自己不算什么，但事关朝廷制度和体面。孝宗皇帝看这事上升到这高度了，就告诉曾觌服个软算了，让他去道歉。但孝宗到底是个拉偏架的，他又不忘告诉在这件事情里并无过错的龚茂良，让他先派个人支会下曾觌以示友好，然后再贬降贾光祖。结果龚茂良立刻由政事堂下达命令，把贾光祖抓起来揍了一顿。孝宗一看龚茂良这火暴脾气，就下手诏问他，卿你怎么和朕告诉你的不一样，办得这么急，这么凶呢？龚茂良干脆以退为进，在家里表示待罪请辞。孝宗只好派内侍去传口谕抚慰他，又收回手诏，说：“卿撂挑子不干了，虽然博得一个美名，但把朕放在了哪？”意思是你可别让朕当背锅侠啊。龚茂良这才算奉诏了，不辞职了。

　　谢廓然由孝宗赐进士出身，因为依附曾觌而得授殿中侍御史的美官。中书舍人林光辅一看这是近习干政，于是封还大内的皇帝敕令，表示不能草诏办理，因而被外放。龚茂良见状又乞求去职出外，孝宗抚慰说：“朕是很了解你的，你的忠心，朕不敢忘记啊，还是想要保全卿，让卿得以如愿去职的。等到朝廷他日议论恢复中原的大事时，还要卿再入中书的。”于是当天就授予职务差遣，出外就州郡，陛辞之际令他内殿奏事，龚茂良便写了六条有关恢复大业的观点。孝宗览奏后怒不可遏，说：“卿五年来都不说恢复之事，为何今日偏说了如许多?"皇帝退朝后还没消气，认为龚茂良愚弄君父，奸猾恋权，想靠议论恢复骗取久居相位。孝宗甚至因为龚茂良是福建莆田人而想到了王安石骂吕惠卿的事，开口骂道："福建子不可信到了如此地步！"本传中又说：或谓觌密令人詶（xù）（引诱、诱骗）之云："若论恢复，必再留。"茂良信之。即是说当时有说法是曾觌暗中令人诱骗龚茂良，告诉他说如果议论恢复北伐之类的迎合陛下的事情，必定能被再次留在相位上。总之这里面必然有曾觌的阴谋弄权成分，之后谢廓然便以此为理由弹劾龚茂良，龚茂良即被免除前授州郡差遣等职，不久又弹劾他擅权枉法，矫传陛下旨意，武断轻率而不符合法律程序地给贾光祖断了罪。于是龚茂良再被贬官，安置于英州，最后父子俩死于贬所。

龚茂良本身是个战斗起来角度颇刁钻的人，常以"水至阴也，其占为女宠，为嬖（bì）佞，为小人专制。""荧惑（即火星）入斗，正当吴分（吴之分野。指吴地。此即指南宋也），天意若有所怒而未释。"这类耸人听闻却惯能恐吓到统治者的天文玄学来主张斥逐近习佞幸。然而即便是所谓"荧惑入南斗，天子下殿走"的谚语也不能吓到孝宗。孝宗不是梁武帝，他只会护短说，都是朕潜邸旧臣，不是一般的近习啊，何况他们文学好，敢提意见，从不干政啊！龚茂良斥逐是淳熙一大事，也是理解孝宗朝政治的关键所在。

则据以上材料可知，在孝宗淳熙年间罢斥参知政事龚茂良的大风波中，充当爪牙和先锋的正是谢廓然，此人也是近习曾觌的党羽，于中又可见孝宗朝诸近习能量之大，干政之甚。谢廓然签书枢密院事在淳熙七年五月，即就在辛弃疾开始创设飞虎军工作展开的前后。因此，进入枢府后想要多方破坏辛弃疾成军计划的，很有可能就有此人之手脚。

其二，据《宋史》列传第二百二十九《佞幸列传》中王抃之本传云：时抃与曾觌、甘昪相结，恃恩专恣，其门如市。则又可知，此时枢密院中之枢密都承旨王抃亦是与曾觌一丘之貉。至于此时任枢密院

编修的王蔺，其对稼轩之观感，自为无需多言。

于是，枢密院便以湖南帅臣辛弃疾剖克聚敛，民不堪命为由在孝宗皇帝面前打起了黑枪。孝宗到底是个耳根软的领导者，他一方面想做克复中原的中兴雄主，一方面又怕自己在青史上留下个盘剥酷虐的恶名，当下令枢密院发金字牌至潭州，即命令辛弃疾停止一切建军工作和场所营造等等。所谓金字牌即宋朝速度最快的驿传公文手段，又名金字牌急脚递，快于步递、马递，按《梦溪笔谈》之记载，可日行五百里。当年岳飞被勒令班师所用之物，亦是此金字牌。

到了这一步，辛弃疾建设飞虎军的努力也许可以说已经成为泡影了，收到金牌后他按照法度来说只能尊奉上意，别无他法。

然而辛弃疾端详着手里的金牌，脑海中飞速转过无数个念头，他决不肯飞虎军的建设中途破产，他要学一学"将在外，君命有所不受"。

据《宋史》辛弃疾本传：议者以聚敛闻，降御前金字牌，俾日下住罢。弃疾受而藏之，出责监办者，期一月飞虎营栅成，违坐军制。如期落成，开陈本末，绘图缴进，上遂释然，时秋霖几月，所司言造瓦不易，问："须瓦几何？"曰："二十万。"弃疾曰："勿忧。"令厢官自官舍、神祠外，应居民家取沟檐瓦二，不二日皆具，僚属叹伏。军成，雄镇一方，为江上诸军之冠。

稼轩将金牌藏匿起来，不令湖南地方监司官吏知晓，同时下令加快工程进度，限期一月完成，如逾期未成，则军法处置。当时正值雨季，监工的僚属答以烧瓦不易。辛弃疾得知仍需二十万片瓦后，当机立断，令潭州厢官向民间除官舍、神祠外，每户民居家取两片檐前瓦，两天内就收集到了所需的二十万片瓦，帅司僚属都叹服辛弃疾的临机应变能力。值得一提的是，金字牌在宋代是极为重要的一种军中邮递制度，通常决不允许收发环节有人隐匿。据《三朝北盟会编》卷三十二："斩内侍官匿金字牌者三人。初朝廷发金字牌勾兵陇西，内侍官暗留不遣。及马千等至皆云：不见金字牌，但闻京城危急来赴难，由是发觉故斩之。"则可知，辛弃疾将金字牌藏匿起来是要冒极大的政治甚至生命危险的，这种勇气不得不令人折服。

这样一来，飞虎军建成后辛弃疾才把前后建军各种费用支出，具体来源，营寨绘图等都上奏给孝宗皇帝，禀明一应具体情况。孝宗从辛弃疾的奏疏中知道了所谓的"聚敛"只是空穴来风，便也就对此释然了，并没有追究辛弃疾不遵御前金字牌指挥的罪过。朝廷将飞虎军隶属于三衙中的步军司，这支飞虎军据《宋史》本传所载，成为了雄镇一方，江上诸军之冠，可见是颇有战斗力的。不仅时人如朱熹等称赞其功在一方，湖南一路赖飞虎军得安宁；甚至几十年后，还有大臣如卫泾在奏疏中说辛弃疾所创建的飞虎军"非特弹压蛮徭，亦足备御边境，北虏颇知畏惮，号虎儿军"。虽说有关金人畏惧飞虎军的说法可能颇有些夸张，但也足见辛弃疾在创建军队上过人的能力，和他非凡的军事天才了。

然而在赞扬声之外，亦有不同的声音和意见。且持不同意见的人，身份极为贵崇显要，此人便是周必大。孝宗朝宰辅更迭极为频繁，虞允文罢相后，甚至有两年半的时间没有宰相，仅以龚茂良参知政事代行宰相之权责。自绍兴三十二年六月到淳熙十六年二月，二十六年间有十七位官员先后拜相，更迭凡二十一任次，任职参知政事者凡三十四人之多。孝宗朝参知政事权责远重于高宗时期，在淳熙七年之时，周必大正是参知政事。而不同于一般的宰辅执政走马灯式的上下舞台，你方唱罢我登场，周必大自淳熙七年以后一直稳居权力中枢，处于南宋最高统治层，官运亨通，分别于淳熙十四年拜右相，十六年又进左丞相，可谓深得孝宗信重。

然自稼轩平定赖文政茶商军之乱时，周必大即称辛弃疾为人"轻锐"，以为其刚愎自用，冒进喜功。此番飞虎军之建设，后来周必大于淳熙十年《与林黄中少卿书》中说："长沙将兵原不少……若精加训练，自可不胜用。而辛卿又竭一路民力为此举，欲自为功，且有利心焉。……以飞虎易鄂戍，去冬尝与侍从商量，而王宣子谓'此皆乌合无赖，在帅府，成队伍，方帖帖无事，若使出戍，无异虎兕（sì）出柙（xiá）'……"

林黄中者，太常少卿林栗也。周必大在写给他的信中说，荆湖南路本来将官兵士都不少，如果好好训练，自然缓急之时就绝对够用了。但是辛弃疾却耗竭一路民力来别创一军，想要以此为自己的大功劳，这是有求利之心啊。有关将飞虎军由湖南路调拨湖北戍守一事，去冬以来曾和侍从官们商量，王佐就说，这些兵痞都是乌合无赖，在帅府成军后就地管束着，还能平安无事或许，如果让他们去其他路、州郡戍守，无异于把飞禽走兽、蛇虫毒物都放出笼子，为害一方啊！

可见时任参知政事的周必大对辛弃疾的为人、飞虎军创设的必要性和后续作用都持反面的看法，而他又将长期处于南宋最高决策层中，这无疑对稼轩来说是一种大不幸。那么创立了飞虎军之后，辛弃疾将能够一飞冲天，克复中原吗？

江右除却古旱魃，带湖买得新风月

淳熙七年年末，刚刚在湖南安抚使任上做了一年左右的帅臣，飞虎军亦刚刚创建完，处于训练之中，朝廷的诏令又一次下达：加右文殿修撰之贴职，改知隆兴府兼江西安抚使。所谓右文殿修撰者，亦属高等贴职，原本叫集贤殿修撰，徽宗朝政和五年改为右文殿修撰之称，位次于集英殿修撰，为从六品。

时江南西路正闹着严重的旱灾，辛弃疾到任后面临着严峻的形势。老百姓们本就面临着各种朝廷的苛捐杂税和地方官吏的盘剥，遇到此凶年，更是可能饿死于沟壑之中。米价飞涨，饥饿不堪的百姓们聚集在一起是一件很可怕的事情，任何地方官员都不愿看到民变的爆发。因此辛弃疾一方面要想方设法缓解江西粮荒的难题，另一方面要防止饥民暴动。

他果断地在隆兴府等地的要道上张贴官府榜文，上面只有八个大字：闭籴（dí）（买进粮食）者配，强籴者斩！

榜文的意思是说，想要囤积居奇，捂着不许人家来买米的商人，对不起了，官府要对你进行专政，抓起来充军刺配；另一方面，如果有人胆敢强买抢粮，则处以极刑，大辟之，杀无赦！

简单明了的榜文省却了一切繁琐虚化的辞藻，直截了当地直指问题核心，粮商不可闭籴，饥民不可劫米，先把形势稳定下来。朱熹在《朱子语类》卷一百十一《论民财》中就极称赞此举措，说："这便见得他有才。此八字若做两榜，便乱道。"

但仅靠城内粮商的米显然不能解决江西一路之旱情，因此辛弃疾下令，将官府所存钱货全数拿出作为买粮经费，召集江西各地有才干名望的官吏、儒生和商贾豪门，让他们以零利息的方式向官府借钱，然后去各地买进粮食，限一个月内运送至隆兴府城下。这样，既最大可能的调动了社会资源，又让饥民们看到了地方政府的举措，也彻底打消了还在观望，想要玩弄屯米伎俩而哄抬粮价的奸商的小算盘。

在这样的措施下，不久之后，装载着一袋袋大米的运粮船接二连三地抵达，江南西路的粮价也就因此下跌，老百姓们都吃得上饭了。当时信州知州谢源明也苦于旱灾民饥，向辛弃疾来函请求帮助，幕僚们的意思这种没好处的事情你还是别做吧，这花出去的可都是我们自家府衙的公款，哪能送人呢！辛弃疾回答："天南地北的老百姓，都是我皇宋赤子，均为陛下之子民，怎么可以见死不救呢？"他毫不迟疑地将十分之三的粮船赠送给了信州。

以上据《宋史》辛弃疾本传：

时江右大饥，诏任责荒政。始至，榜通衢曰："闭籴者配，强籴者斩。"次令尽出公家官钱、银器，召官吏、儒生、商贾、市民各举有干实者，量借钱物，逮其责领运籴，不取子钱，期终月至城下发籴，于是连樯而至，其直自减，民赖以济。时信守谢源明乞米救助，幕属不从，弃疾曰："均为赤子，皆王民也。"即以米舟十之三予信。帝嘉之，进一秩。

淳熙八年江南西路的春夏在辛弃疾的救荒施政下得以安然度过，

饥民得食，市肆得安，没有出现任何饿殍遍地、流民暴乱的景象。因此孝宗为表嘉勉，加辛弃疾本官一级，由宣教郎升为奉议郎（按：宣教郎即宣德郎。徽宗政和四年因与宣德门相犯，改为宣教郎。北宋初为正七品下，后定为从八品。奉议郎由太常、秘书、殿中丞、著作郎阶改而来，正八品。宋代本官升迁不易，京朝官品级的七八品本官，已不为低微）。

然而贴职和本官的升迁并没有让稼轩感到多少欣喜，朝廷将他频繁地随意调动，久任于一方而得练强军、谋事功的愿望都一一落空，既看不到入中枢为宰执的丝毫希望，也没有地方上不为遥制，任其展布的可能。这一时期辛弃疾的词作中，集中体现了这种对仕宦的失落失望，对功业的悲观。

如《满庭芳·和洪丞相景伯韵》：

倾国无媒，入宫见妒，古来颦损蛾眉。看公如月，光彩众星稀。袖手高山流水，听群蛙、鼓吹荒池。文章手，直须补衮（补救规谏帝王的过失），藻火（谓衣饰图形）粲宗彝。（天子祭服上所绣虎与蜼的图像。）

痴儿公事了，吴蚕缠绕，自吐余丝。幸一枝粗稳，三径新治。且约湖边风月，功名事、欲使谁知。都休问，英雄千古，荒草没残碑。

洪丞相指的是乾道元年十二月拜尚书右仆射同中书门下平章事兼枢密使的洪适，此人在恢复事业之态度上虽然主守，但亦是反对近习干政的，且文名满天下，在第二年三月被罢相。闲居家中的洪适写下一首《满庭芳》，其弟洪迈经过豫章，稼轩便在款待之余作词酬和。

上阕谓洪适昔年由翰林学士、中书舍人两制之位骤登宰执，引人侧目嫉妒，古来皆是奸佞东施效颦，却偏能掩袂工谗，惑乱君上，致使贤臣左迁去职。稼轩赞美洪适才高如月，众人不及，有若群星之衬月华。丞相虽隐逸林泉，但高山流水之下，亦是有群蛙荒池、复归自然的乐趣。千古文章，丞相手笔，自可以补谏朝廷之失，为帝王功业增添华彩。

下阕承上意，谓洪适虽赋闲在家，仍如吴地春蚕，吐丝不已，挂念朝野军民事。然稼轩笔锋一转，又说譬如《逍遥游》中所谓"鹪鹩巢于深林，不过一枝"，如今洪丞相你也幸得悠游林下，可以修葺草木花石之属，不如且赏心于湖边风月，至于功名事，成败又欲谁人知呢？不如一切莫问，千古英雄，尽没荒草残碑里！

从中不难体会，这些劝慰酬和洪适淡忘功名、享受隐逸闲居的话语，其实也是稼轩对自己的满腹牢骚和失望惆怅！他难道不明白朝廷对待自己，根本毫无重用的诚意，只是让他哪里有难去哪里，当一个救火队长吗？他是心知肚明的。

又如《沁园春·带湖新居将成》：

三径初成，鹤怨猿惊，稼轩未来。甚云山自许，平生意气，衣冠人笑，抵死尘埃。意倦须还，身闲贵早，岂为莼羹鲈鲙哉。秋江上，看惊弦雁避，骇浪船回。

东冈更葺（qì）茅斋。好都把轩窗临水开。要小舟行钓，先应种柳，疏篱护竹，莫碍观梅。秋菊堪餐，春兰可佩，留待先生手自栽。沈吟久，怕君恩未许，此意徘徊。

此词约作于淳熙八年秋，此时辛弃疾已经开始营建带湖居所，且即将建成。他将面对着自己所辟田亩的其中一间屋舍命名为"稼轩"，并以此作为自己的别号，于是辛稼轩这个名号在历史中终于诞生了。

三径者，典出东汉赵岐所著《三辅决录》。其中谓西汉末年王莽当国，有蒋诩者辞官隐居乡里，舍中三径，这三条小路只开放给另外两位隐士前来拜访他。陶渊明《归去来兮辞》有"三径就荒，松菊犹存"，故"三径"之谓，便成了隐居处所之代称。而鹤怨猿惊，是用孔稚圭《北山移文》"至于还飙入幕，写雾出楹，蕙帐空兮夜鹤怨，山人去兮晓猿惊"之典。这是说，回风之入帷幕，雾气之过屋楹，人去帐空而夜鹤怨鸣，隐士下山而晓猿惊心。此则稼轩反用其义，谓带湖新居初成，而自己尚未能得空赋闲隐居，想那里也会有鹤朋猿友在搔首延伫、满心期盼他的到来吧！

辛弃疾本是以身许国，一片热忱的，然而长久以来频繁的调动和京师传来对他多有不满的风言风语，令稼轩建功立业、克复中原的雄心也渐渐冷了下来。将百万王师，渡淮泗，举山东，收东京，定河北……所有的这些英雄意气，功业之自许，到最后终究是沉沦尘埃之中，为人所笑！既然宦海之心陷入倦怠失望，不如趁早还家求闲，岂非妙哉？这种话语背后巨大的苦痛，报国壮志和无能为力的现实之间的反差，我们是不难体会到的。

他接着写道，求归隐之念，并不是如西晋张翰思乡里莼羹鲈鲙，那么原因何在呢？原来他已明白，这朝中明枪暗箭，己身仕宦艰危，譬如秋风起，江涛悍猛凶烈，如惊弓之鸟，若浪遏飞舟。

下阕里辛弃疾更是写尽言不由衷的隐逸情怀。他想着可在东冈修葺屋舍，将那轩窗临水而开。待种得春风杨柳，筑得疏篱修竹，便可泛舟垂钓，逍遥自在，冬日观梅，赏心悦目。至于若屈子"夕餐秋菊之落英"，以春兰之为佩饰，就等着他归隐后亲自种上啦！然而此意沉吟良久，只恐天意难测，君恩难料，不知宦海如何徘徊浮沉！

从用屈原《离骚》之典及所谓"君恩未许"来看，辛弃疾是有愤愤不平之心的，说其"怨怼君父"，词涉讥讽亦似无不可。他求隐逸非是绝对之真心，而苦于大才之不能展布、雄心所不能实现，才是真。惟其仕宦之艰危，以身许国而无可大有作为，才陷入欲求隐逸，而以山水泉林陶写性情，纾解苦闷的想法中。

稼轩虽则南归之后亦有一些诗书往来、互相酬唱的同僚，甚至颇有一些对他极为称许的友人，但恐怕因其志向甚大，自许之高，而境遇之不能，更多时候，他感到的仍然是寂寞惆怅，乏获知己。因而他会感慨"天远难穷休久望，楼高欲下还重倚。拼一襟寂寞泪弹秋，无人会"。壮志难酬譬如苍天之高远，凡人如何穷尽？登高望远自是因此令人心忧，但克复中原的雄心岂易抛舍？是以楼高欲下还又重倚阑槛，直把栏杆拍遍，不顾一襟寂寞英雄泪，秋风萧瑟，谁人明白了解！

所谓"今古恨、沈荒垒。悲欢事，随流水。想登楼青鬓，未堪憔悴。极目烟横山数点，孤舟月淡人千里。对婵娟、从此话离愁，金尊里"。古来英雄圣贤，多有贫贱难伸、才高天妒、赍志以殁者，今古多少遗恨，尽沉荒垒野丘。悲欢离合事，如春水之长东，惟付空流。当年意气昂扬，青丝白马，横槊凭陵，渡江南来，谁料得如今双鬓憔悴，却一事无成。极目远眺，山峦掩映在烟云下若隐若现，月照孤舟，对此天上玉轮，友人远去千里，从此多少离愁，只在杯酒金樽之中才能聊作慰藉了。若更诗意地去理解稼轩，其实人生何止是离愁，只怕远离的不止是友人，还有难可兑现的梦想。

辛弃疾的预感是准确的。

就在这一年，淳熙八年冬十一月，朝廷又一次调任诏令下达，改除两浙西路提点刑狱公事，然而这远不算什么坏消息，更坏的消息很快就送达了辛弃疾身边。

原来，此年十二月监察御史王蔺上奏弹劾辛弃疾。

据南宋时人崔敦诗之《西垣类稿》卷二所收录的《辛弃疾落职罢新任制》，则可知当时的诏令大致如下：

淫风殉货，义存商训之明；酷吏知名，事匪汉朝之美。岂意公平之世，乃闻残黩之称。罪既发舒，理难容贷。尔乘时自奋，慕义来归，固尝推以诚心，亦既委以方面。曾微报效，遽暴过愆。肆厥贪求，指公财为囊橐；敢于诛艾，视赤子犹草菅。凭陵上司，缔结同类，愤形中外之士，怨积江湖之民。方广略遗，庶消讥议。负予及此，为尔怅然。尚念间关向旧之初心，迄用平恕隆宽之中典（《周礼·秋官·大司寇》："一曰刑新国，用轻典；二曰刑平国，用中典；三曰刑乱国，用重典。"郑玄注："用中典者，常行之法。"）。悉镌秘职，并解新官。宜讼前非，益图后效。可。

诏令自然是以孝宗皇帝的口吻来表达的，意思是说：

辛弃疾为官地方时多是贪求财货的歪风邪气，施政和法度上自以为有陶朱公范蠡的理财之明（实际完全是违背儒家精神的与民争利）；又久以酷吏而闻名朝野，所做所办之事都不能如汉时轻徭薄赋，子爱黎民那般。朕如何会料到在现在这个太平公正的盛世，居然会听闻这等残暴贪黩的事情！尔罪行已经如此恣意妄为，朝廷自有法度，实难宽贷！尔贪得无厌，大肆贪求，把公家财货当成自己私囊口袋里的东西；胆大包天，酷虐好杀，无分老幼，视百姓生命犹如茅草仿佛无足轻重。尔又目无上下尊卑，不听上级指挥，勾结同党，致使中外之士义愤填膺，江湖百姓怨愤满腹。尔大肆贿赂，妄图消除正义的批评之声。辜负朕之恩遇到了此等地步，朕深为尔怅然。尚且念及尔昔年自北南归，崎岖辗转，颇有归正向旧之初心，故终究用宽容仁慈、可以常行的法典处置。今罢落尔贴职，并解除新任差遣官职。尔宜自责前非，更图以后报效君父朝廷！可。

这封诏令的口吻是极其严厉苛刻和耸人听闻的。如果诏令里斥责辛弃疾的内容完全属实，则辛弃疾还是否能以一个爱国诗人和志向高洁的官员来看待，恐怕就要打上一个问号。根据诏令，辛弃疾右文殿修撰的贴职没了，两浙西路提点刑狱公事的差遣也没了，让他哪凉快哪待着去。

王蔺者，乾道五年进士及第，进入仕途尚在稼轩之后，但其官运亨通，远为辛幼安所不及。他任职武学谕（南宋高宗绍兴十六年重建武学，置一员，以武举出身人充任，正九品。后又差文臣有出身者充任。掌以兵书、弓马、武艺教授学生）。这种芝麻绿豆小官的时候，居然走狗屎运让驾幸武学的最高领导孝宗皇帝给记住了。《宋史》其本传中说"上目而异之"，则看来是对话都没对话，瞄了一眼就觉得此子非凡了。估计可能是长得俊美有仪容之类的，当时就问了随侍的小黄门宦官，此人姓甚名谁，这之后就被简在帝心。稼轩创建飞虎军的时候，

男儿到死心如铁——辛弃疾

王蔺就在枢密院任编修，可能当时也打了黑枪，说过一些坏话。王蔺淳熙十六年即任参知政事，后来更是作到枢密使。

值得说明的是，《宋史》辛弃疾本传中记载绍熙五年"台臣王蔺劾其用钱如泥沙，杀人如草芥"事显然又是一误。据邓广铭先生考证，王蔺任监察御史事当在淳熙八年八月；崔敦诗又卒于淳熙九年，则可确知王蔺之劾稼轩，必在淳熙八年，非是绍熙五年。

那么王蔺此人究竟如何呢？是所谓投降派攻击主战派的那一层原因么？据关锡耀《辛弃疾与南宋君臣关系考论》所引南宋时人楼钥所撰《忠文耆德之碑》中记载：

上谓王蔺论事颇偏，公奏蔺虽稍过，然汲黯在朝，淮南寝谋。尽言而不顾身，帝之左右岂可无此等人？况以献纳为职，若上下相蒙，非国之福也。

这是说孝宗皇帝曾经和周必大在召对时谈论到王蔺。皇帝觉得王蔺这个人有时候风闻奏事，持论也挺偏颇过激的。周必大就替王蔺说好话，意思说虽然王蔺稍有些言辞过激，但是譬如过去汉武帝时一身正气的汲黯在朝廷里，阴有反谋的淮南王刘安就不敢付诸实践了。像这样不顾己身安危，对陛下知无不言，言无不尽的大臣，陛下身边难道能少得了吗？况且台臣谏官本来就是以进献逆耳忠言为职务的，如果朝廷里上下相蒙蔽，就不是国家之福了啊！

楼钥又有为王淮所作的《少师观文殿大学士鲁国公致仕赠太师王公行状》：

会章颖轮对（宋制，官员轮值上殿策对时政利弊，谓之"轮当面对"），上以为言涉沽激（谓矫情求誉），全无根蒂。自王蔺以言进用，一传而为刘尧夫，此后如周泊（jì）、郑建德辈，妄肆臆说，相师成风，不少示以好恶，则此风遂扇。

这是说，轮到章颖策对，孝宗皇帝听了他的话之后就有点反感了，觉得此人所说语涉矫情偏激，求誉希宠之嫌，所说的内容又全无根蒂，毫无依据。孝宗认为自从王蔺凭借进言得大用以来，后面刘尧夫、周泊、郑建德等人，都有样学样，仗着风闻奏事，妄肆主观臆测之说，互相效仿，成一歪风。他认为自己作为最高领导，如果不稍微表示出一定的不满，那么这股歪风邪气就会越来越厉害。

则我们据以上材料来看，王蔺虽然颇有所谓"嫉恶敢言""尽言无隐"的称许，但孝宗也发现其持论偏激甚至引起其他投机之辈争相效仿的歪风。但是周必大之类宰执却每每为其维护，以所谓台谏官风闻无罪，不可令中外壅蔽等为名，则我们姑且不论王蔺其人究竟如何，亦大约可知此等即所谓"清流"也。凡清流者，则动辄君父圣贤，人有权变则以不轨目之，在他们的口中，世间只有君子与小人，同他们一伙的便是治世贤臣，他们要攻讦的就是乱世奸佞。此辈偏能坏事，且不乏大奸似忠，沽名钓誉之徒。

若说推论王蔺为后世所谓清流，似属武断，则我们可设想一番，稼轩是否果如其所说，贪黩无厌，酷虐数路。如果辛弃疾借恢复志士之名，行贪墨肥私之实，那么他人生的真正追求当在求田问舍了。而此类人之为官，自是多与上级和同僚和和睦睦，为政因循苟且，循规蹈矩，决不冒木秀于林风必摧之的危险。然而稼轩从不肯迎合孝宗和虞允文这一角度来看，抑或从屡次弹劾治下官吏贪黩不法等，乃至藏匿金字牌定要创建飞虎军等举动来考察，这决非一位以贪求财货为重的士大夫。如果稼轩为欺世盗名之辈，无北伐中原的雄心，而只是想要荒淫享乐，则终其一生，俱于诗词中表演爱国之情，无乃亦入戏太深，太累了吗？

且南宋地方大员之俸禄是颇为优厚的，不能以他后来带湖闲居似屋舍百楹就断定他有上百间屋舍，住在一个豪华大庄园里，因而必然过去贪墨无度。南宋官员收入大约由正俸、加俸、职田等构成。稼轩任帅宪漕臣之类方面大员时，每月正俸大约就有俸料50贯，春冬尚有绢各17匹，小绫5匹，春罗1匹，冬棉50两，这些收入一年便已不菲。何况此外还有加俸和贴职钱的收入，职田收入更是每年至少一千五百贯以上。则辛弃疾营建带湖居所，即便真是所谓别墅庄园，也是其收入所能负担的。

而所谓"杀人如草芥"，更是不值一晒。无论是在江西提刑任上诱杀赖文政还是在湖北安抚使任上严刑峻法治理走私、盗寇的乱象，都是收效甚佳，理所应当之事，而腐儒辈每以所谓凶暴酷虐诟之。且辛弃疾愿意为了平民百姓而与统制率逢原结怨，进而得罪近习；又于任湖南漕长时不满帅臣王佐杀戮起义民众过甚，则可确知辛弃疾决非荼毒百姓，草菅人命的酷吏！相反，其无私援助信州百姓粮米的行为正说明了稼轩之人格和胸怀究竟为如何。

既然所谓的贪黩和酷虐都是不实之辞，为何孝宗皇帝如此偏听偏信王蔺之弹劾，甚至不给辛弃疾辩解的机会，就飞快地下达诏令使他解职赋闲了呢？

原因一定是多方面的。诸如归正人的身份、持论劲直，不为迎合、宰辅执政多有不喜等等。但杨万里的一句话可能从一定程度上解释了这个问题，他曾说，"辛弃疾有功，而人多言其难驾御"。也许孝宗颇有雅量，甚至能容忍当时已经流传在士大夫和市井间的辛词中有一些怨怼之语，但他作为帝国的最高统治者，绝不可能给予一个难以驾御的人以深厚的信任和真正的重用。远的不说，单说高宗建炎三年的苗刘兵变，相信就让高宗没少给自己的继承者教导御下之道。辛弃疾在平定茶商军时不待旨意就处死了赖文政，创设飞虎军时敢于把御前金字招牌藏起来，他的诸多权变手段，在孝宗和宰辅大臣们看来，很可能是颇为忌讳的。宋朝讲究将从中御，这实际上并不仅仅针对武臣而言，挂帅的文臣如果不能遵循指挥，也是不可容忍的。

此外，很难相信稼轩在湖北安抚使任上因与"江陵府驻扎御前诸军"统制率逢原交恶而没有得罪到其背后的靠山，如近习宠臣曾觌、王抃；貂珰巨阉甘昪等人。这些人恃宠弄权，纳贿成风，贿赂多的人自然被他们视为"自己人"，视为党羽鹰犬，稼轩要弹劾他们的走狗，自然使他们觉得受到了冒犯。如曾觌，自孝宗登极后，以带御器械、干办皇城司的职务做着特务头子的工作，后又兼任知閤门事，可常出入宫府，接近皇帝，最后甚至武官品级到了不可思议的正一品"开府仪同三司"，加少保、醴泉观使，使得他生前权势滔天，文武官员无耻者都争先恐后地拜其门下。而稼轩是决不肯阿附贿赂于这些人物的，因此被认为不识相，且胆敢冒犯不敬，从而要在孝宗面前多方诋毁他也就极有可能了。

或许还在于淳熙年间孝宗内心对恢复事业的态度大约已经发生了很大程度的变化。早在隆兴、乾道年间时，他多用主张恢复的宰辅执政，甚至可以因为持主守之论而将宰执出之于外。但到了淳熙年间，情况则大为不同。淳熙年间出任宰相者共八人：曾怀、叶衡、史浩、赵雄、王淮、梁克家、周必大、留正。其中明确持主守之论，反对恢复的计有：曾怀、史浩、王淮、梁克家、周必大五人。类似梁克家、王淮、周必大均是久在中枢，这无疑说明，孝宗经历了隆兴北伐的失败和多为虚言恢复的宰执哄骗，乃至于遣泛使自取其辱和太上皇赵构之影响，在统治的中后期，已经明显放弃了恢复中原的雄心，倾向于偏安了。因此对于辛弃疾这种锐意主战的非常之人才，在孝宗朝实际已经失去了大展才具的土壤，只能作为绥靖地方危难局面的临时工具。这也就无怪乎王蔺的弹章一上，孝宗就全无保护稼轩的意思了。

至于稼轩在罢官前后的心理，不妨试看这首《菩萨蛮》：

稼轩日向儿童说。带湖买得新风月。头白早归来。种花花已开。

功名浑是错。更莫思量着。见说小楼东。好山千万重。

词句语义极其通俗，完全是父辈对儿童的嬉笑逗乐的口吻，然而于其中我们或可体会他内心的感触。带湖新居已经基本建成，稼轩还在隆兴府，也就是现在的南昌。年过不惑的他已经有了白发，他不无无奈和自嘲地对孩子们说，带湖风光听说很好啊，趁着华发初生，花草初盛，不如且去吧！功名仕途到头来都是错啊，别再愁上心头了。闻说带湖营建的集山楼之东，有崇山峻岭四时风光，或可乐欤？

欢快的表象外，内中之无可奈何与失望之情是十分明显的。

既然被罢官，辛弃疾便带着家人离开隆兴府，来到了江南东路最南面的信州，今江西上饶之处，也就是他所营建的带湖新居之所。自绍兴三十二年初南渡被授予江阴签判起到淳熙八年末被落职罢官，凡二十年。这二十年间，他仕宦于地方路州监司，短暂任职于临安，从未获得入枢密院或政事堂的机会。恢复大业，更是无从谈起。而辛弃疾也不复弱冠少年，已四十二岁矣。

却将万字平戎策，换得东家种树书

在带湖定居下来后，辛弃疾的生活自然发生了极大的变化。他不再是随侍众多的地方大员，也没有政务军务在身，看着身边的孩子们日渐成长，赏玩着信州的山水田园之景，他竟被迫过起了"慢生活"。

初来乍到，他便写下一首《水调歌头·盟鸥》：

带湖吾甚爱，千丈翠奁（lián）（女性梳妆所用之镜匣）开。先生杖屦（jù）（用麻、葛所做之鞋）无事，一日走千回。凡我同盟鸥鹭，今日既盟之后，来往莫相猜。白鹤在何处，尝试与偕来。

破青萍，排翠藻，立苍苔。窥鱼笑汝痴计，不解举吾杯。废沼荒丘畴昔，明月清风此夜，人世几欢哀。东岸绿阴少，杨柳更须栽。

词稼轩自题为"盟鸥"。所谓盟鸥者，大约最早可追溯至《列子·黄帝》（海上之人有好沤鸟者，每旦之海上，从沤鸟游，沤鸟之至者百住而不止。其父曰："吾闻沤鸟皆从汝游，汝取来，吾玩之。"明日之海上，沤鸟舞而不下也）。李白《赠王判官时余归隐居庐山屏风叠》有所谓"明朝拂衣去，永与海鸥群"；黄庭坚《登快阁》有："朱弦已为佳人绝，青眼聊因美酒横。万里归船弄长笛，此心吾与白鸥盟。"故盟鸥之谓，乃是归隐泉林，戏水沧洲的意思。

在上阕中，辛弃疾挥毫写就一个被罢归家居却颇似逍遥自在的文人之形象。他直言带湖甚美，碧波万顷，澄澈如镜，令人流连忘返。然而他拄着手杖，踩着麻鞋"一日走千回"的背后，不正是被投闲置散，英雄空老的寂寥么？古来英雄，岂惧斧钺加身，岂惧金戈铁马？英雄最怕的，正是无所可为的寂寞。走在带湖边的稼轩便笑看鸥鹭翔止，甚至与此类飞禽订下相亲莫疑的盟约。他幻想更寻觅得一二白鹤，似乎是要作那求仙问道的隐士了。惟其于朝堂和人间之世，乏有知音相支持，才在山野湖泊之旁，盟鸥鹭而自乐！这种乐的背后，是极度的孤单。

稼轩继续看着带湖鸥鹭或拨动青萍，或排开绿藻，或立于苍苔之上意欲捕鱼而食的几多身影，他不禁捋须而笑，这些鸥鹭，终是不能解山水风情，不能解他举杯的原因啊。想来自己营建带湖居所之前，这里曾是一片废沼荒丘，如今却是明月皎洁，清风飒至，人世间的悲欢又如何参透呢？东岸绿荫尚少，更须多植杨柳啊！

他用豁达乐观的气度和诗词山水的生活宽慰着自己，一面努力淡忘在建立事功上受到的重大打击，一面在带湖的田园风物中寻觅陶渊明"久在樊笼里，复得返自然"的隐逸之乐。然而大凡慰藉人心的事物并不能真正解决人生中之大烦恼，何况是自许功勋万里，要克复中原这样的雄心之不能实现？因此自淳熙九年之后，在稼轩与友人唱和的诗词之中，这类牢骚满腹的话屡见不鲜。

如《水调歌头》中："短灯檠（qíng）（灯架），长剑铗，欲生苔。雕弓挂壁无用，照影落清杯。多病关心药裹（药包；药囊），小摘亲锄菜甲（菜初生之叶芽），老子政须哀。夜雨北窗竹，更倩野人栽。"

于中不难见一位落寞英雄之形象，他斩破幽暗的长剑几生苔藓，射落星宿的雕弓落为蛇影，身心俱病而过着除菜问药的乡野生活。

又一首《水调歌头》之上阕云：

文字觑天巧，亭榭定风流。平生丘壑，岁晚也作稻粱谋。五亩园中秀野，一水田将绿绕，穤稏（bà yà）（稻子）不胜秋。饭饱对花竹，可是便忘忧？

词是辛弃疾写给友人李泳的，当时李泳正由坑冶铸钱司干官任上归家。稼轩称赞他诗文超群，巧夺天工，如今归于故里，也必是一觞一咏，亭榭风流。然而稼轩又劝诫他，明明一身才学，何必做求田问舍的稻粱之谋呢？他颇有些尖锐又不失戏谑友好地问他，吃饱喝足对着风花雪月，可是就万事大吉，啥也不想了？实际上我们不难发现，"饭饱对花竹，可是便忘忧"既是对友人的劝解，也完全是他自己内心真实的流露。他劝人不可负才气而自误，又何尝不是感慨自己置身庙堂之外，对恢复事业无力为之么？

又《贺新郎·赋琵琶》借咏史而伤今，词如下：

凤尾龙香拨。自开元《霓裳曲》罢，几番风月？最苦浔阳江头客，画舸亭亭待发。记出塞、黄云堆雪。马上离愁三万里，望昭阳宫殿孤鸿没。弦解语，恨难说。

辽阳驿使音尘绝。琐窗寒、轻拢慢捻，泪珠盈睫。推手含情还却手，一抹《梁州》哀彻。千古事，云飞烟灭。贺老定场无消息，想沉香亭北繁华歇，弹到此，为呜咽。

此词尤为高妙。龙香者，唐人郑嵎（yú）有诗云"玉奴琵琶龙香拨，倚歌促酒声娇悲"，玉奴即是杨玉环之小字，而龙香即是杨贵妃弹奏凤尾琴时所用之拨。稼轩或许于某处赏玩一凤尾琴时有所感慨，而写下此词。

遥想盛唐风华，开元年间，万邦来朝，霓裳羽衣，歌舞升平。转瞬之间，天宝十四载，渔阳烽烟，变生肘腋，明皇出狩，贵妃殒命，自此大唐帝国由盛转衰，尔来四百余年矣！当年白乐天左迁江州司马，于浔阳江畔，画舫珠帘之中，听得那幽怨琵琶。这琵琶之怨，古来有之！汉时元帝朝明妃王昭君出塞远嫁匈奴，黄云白雪，也正是琵琶声声，催人断肠。此去万里之遥，回首大汉未央宫昭阳之殿，寂寥孤鸿啼断云天，明灭于残阳霞光里。琵琶之弦纵能传抒心曲，永别故土的离恨又如何尽说？

词之下阕，稼轩摹写了一位思妇悲恸深哀的形象。她之丈夫北戍辽阳，而音信全无，伊人独守空闺，看琐窗结霜，想征人苦寒。她轻拢慢捻，弹着琵琶寄托相思，泪珠盈睫，潸然凄凉，推手却手之间，一曲《梁州》苦含深情，哀婉之至。这辽阳音尘之绝，岂不令人想到南北分裂，江左之人与中原百姓难通音信？因而这凄婉思妇，正是爱国志士对克复中原梦寐以求的一个剪影。细数来，千古多少人物事业，欢情愁绪，都已云飞烟灭。譬如开元天宝年间，琵琶大师贺怀智压场而出，人争观之，此情此景，再无能有之。想那太真娘子、贵妃玉环，空有沉鱼落雁之容，令得谪仙人也赋诗云"解释春风无限恨，沉香亭北倚阑干"，琵琶至于此，也就为之一咽了。

可以想见的是，对盛唐的追忆，实则是借咏史而思及大宋繁盛、东京之华。靖康年间，徽、钦二帝北狩，中原风物，顿为丘墟。过往大宋二百年无数人杰地灵之创造，汴梁、洛阳、大名府、应天——大宋四京都沦陷敌手，辱于膻腥之中。中原衣冠，礼乐弦歌，圣贤之教，河山万里……俱都丧失于一朝！自古盛衰兴亡，想来怎能不令人悲咽感慨？

此一时期稼轩于平湖弄月、诗酒山水之外，也多了些怡儿逗女的天伦之乐。

如《清平乐·为儿铁柱作》：

灵皇醮（jiào）罢。福禄都来也。试引鹓雏花树下。断了惊惊怕怕。

从今日日聪明。更宜潭妹嵩兄。看取辛家铁柱，无灾无难公卿。

辛弃疾给儿子取的乳名在现代人看来颇为有趣，"铁柱"或即为稼轩早夭的第三子辛矗（gòng）。从乳名来看，辛弃疾想要他做擎天一柱，危难之时，能挽天倾。

玩词意可知，铁柱是个多病的可怜娃娃。辛弃疾以宋时为儿童祈福的习俗为子斋醮，祈求铁柱不再多惊多怕，将来可以福禄双全，聪明伶俐，一路贵至公卿。然而这一系列美好的愿望终于没能实现，铁柱仍然是殇亡了。稼轩后来在一些诗词中多有表露这一丧子之痛。

万幸稼轩在信州也有了不少新知旧友。曾在建康时便结识的韩元吉（字无咎）此时期与辛弃疾诗信往来颇多。昔年辛弃疾任建康府通判，而韩元吉则是江南东路转运判官，二人在当时已经结下情谊，如今两人都居于江西上饶，更是常以诗词相酬唱。

如淳熙九年《太常引·寿韩南涧尚书》中称赞说："功业后来看，似江左风流谢安。"

淳熙十年韩元吉六十六岁寿诞，辛弃疾又曾写下一首《水调歌头》，中有"上界足官府，公是地行仙。青毡剑履旧物，玉立近天颜"的词句称赏他。

到了淳熙十一年韩元吉又过生日的时候，辛弃疾乃又写下一首千古名篇的寿词，即《水龙吟·甲辰岁寿韩南涧尚书》：

渡江天马南来，几人真是经纶手。长安父老，新亭风景，可怜依旧。夷甫诸人，神州沉陆，几曾回首。算平戎万里，功名本是，真儒事、公知否。

况有文章山斗。对桐阴、满庭清昼。当年堕地，而今试看，风云奔走。绿野风烟，平泉草木，东山歌酒。待他年整顿，乾坤事了，为先生寿。

寿词得以别开局面，囊咏史、刺今、抒志、祝寿于一词中，可谓功力甚深，才具非凡。上阕中"渡江天马"是用琅琊王司马睿南渡登基为帝建立东晋之典。当西晋末年，八王相斗，五胡乱华，司马睿在王导等门阀巨室领袖的帮助下于江左建立政权，此情此景比于康王赵构之南渡，又何尝不神似呢？稼轩振聋发聩地提出质问，“几人真是经纶手”？八百年前，晋室衣冠南渡，有几人是志在恢复中原而才堪平章四海的真英雄？王敦作乱于城下，王导缝补于宫府，晋室衰颓，一至于斯。以古况今，朝中有多少能做大事之辈呢？

稼轩从对晋室的拷问中令人不禁联想到他对时局的愤懑抑郁。果不其然，他接着说，过去桓温北伐，以图恢复关中，长安父老们牵牛持酒，夹道欢迎晋军，耆老们悲慨痛哭：“不图今日复见官军！”东晋甫立时，大臣们新亭对泣，有若楚囚，志意颓丧。然而如今中原父老们，忍死偷生，苦盼王师恢复故土，等来的却是“约为叔侄”，“和议修好”！以史为鉴，后来之人尤可叹息，以史视今，一样的悲剧就在眼前，岂不让人扼腕悲愤！

西晋覆亡，神州鼎隳，王衍（字夷甫）等人难辞其咎，似而今，高谈阔论的一些衮衮诸公，又何曾以晋室为耻，何曾真的把国家民族之事放在心头，忧愁于夤夜灯前？算来平戎破虏，重定中原，不世功名，正是我等真儒之士当仁不让，所须为者，公其知否？

下阕里辛弃疾转而回到祝寿之主题，说何况韩元吉文章诗赋有如泰山北斗，超卓于世。门庭家室又十分高贵，乃属于宋朝与相州韩室齐名的颍川“桐木韩家”（颍川韩室于京师门第之外多植桐树，故称。且韩元吉曾著《桐阴旧话》十卷记家族之事，故有是说），门风清贵中正，阖家忠贞。说他自出生之日，便是麒麟才俊，若得风云际会，便能建立非凡之功业。

稼轩接着连用三个典故美誉韩无咎如今之致仕归隐。“绿野风烟”用唐朝裴度以“王纲板荡”而隐居绿野堂之典；“平泉草木”用唐韦楚老归于平泉庄之典；“东山歌酒”则用东晋谢安事。谢安是东山再起的，因而由绿野、平泉到东山的意象，其词意是殊为明确的。韩元吉已致仕，稼轩自身被废黜闲居，但是他心中克复中原，统一神州的壮志并没有消磨于湖光山色里，而是仍然自信有重整山河的能力，期待着与同道之人共同肩负起再造乾坤的大事业！因此他在寿词的结尾声冲霄汉，道一声：待他年整顿，乾坤事了，为先生寿！

他要等将来北伐成功之日，再为韩无咎贺寿，要扶大厦之将倾，定中原之社稷，这是何等的豪迈！

然而期许之外，长久的无望等待令稼轩不得不借酒消愁。此时期他又颇有一些描摹自己愁情痛饮的词作。

如《丑奴儿·醉中有歌此诗以劝酒者，聊隐栝（yǐn guā）之》：

晚来云淡秋光薄，落日晴天。落日晴天，堂上风斜画烛烟。

从渠去买人间恨，字字都圆。字字都圆，肠断西风十四弦。

隐栝是就原有的文章诗赋等剪裁改写之意。此词大约是稼轩在与他人觥筹交错，醉意上头的时候听人劝酒歌吟，有所感悟而作成一词。他人所歌之诗，或即"晚来云淡秋光薄，堂上风斜画烛烟。从渠去买人间恨，肠断西风十四弦"之绝句。稼轩所加者，或即是落日晴天与字字都圆。所谓落日晴天者，颇有一种斜阳烟柳的衰颓意味，更妙的是下阕"从渠去买人间恨，字字都圆，字字都圆"。渠是渠侬之省，乃宋时口语方言，即第三人称之"他"是也。说买人间之恨，此意已是颇妙，又曰字字都圆，则谓人间遗恨事数之不尽，十常八九，凡道得一字都无错处。

又如《江神子·和人韵》：

梨花著雨晚来晴。月胧明。泪纵横。绣阁香浓，深锁凤箫声。未必人知春意思，还独自，绕花行。

酒兵昨夜压愁城。太狂生（生，语助）。转关情（谓牵动情怀）。写（同"泻"）尽胸中，魂（kuǐ）磊（尤块垒，喻心中郁积的不平之气）未全平。却与平章珠玉价，看醉里，锦囊倾。

梨花带雨，晚来天晴。月光皓洁，星斗棋布。只是这泪水究竟因何纵横？凤箫幽怨，稼轩嘲笑自己或许不解春意风情，落得个独自绕花而行的下场。"未必人知春意思"可作两处体会。人不解春意，是谓举世浊而我独清，众人醉而吾独醒。反过来想，春亦不知我心意，以故我只能绕花而行，若草木之无人问津。

昨夜酒压愁城，奈何心中狂傲难抑，被牵动着反平添了几多抑郁不平之气。胸中块垒，酒难浇，恨难裁，锦囊本应藏书卷，中书万言平戎策，如今却只能醉中数珠玉，做个求田问舍，算计家用的闲人！此恨又何如！

又《一剪梅·中秋无月》：

忆对中秋月桂丛。花在杯中。月在杯中。今宵楼上一尊同。云湿纱窗。雨湿纱窗。

浑欲乘风问化工。路也难通。信也难通。满堂惟有烛花红。杯且从容。歌且从容。

中秋无月，本是憾事，少了赏玩玉兔银盘的乐趣。然而稼轩却说自有花容月色在于酒樽之中。云气弥漫，雨湿纱窗，想得人间行路难，音书绝，稼轩想象着自己御风而行，至于九霄之外，问一问这大自然的创造，人间之世，花月有之，风雨有之，贫富寿夭，贵贱慧痴，何以如此？但终究是在此夜得不到答案，稼轩对着烛光，只能道"杯且从容，歌且从容"了。

又《最高楼·醉中有索四时歌者，为赋》：

长安道，投老倦游归。七十古来稀。藕花雨湿前湖夜，桂枝风澹（dàn）小山时。怎消除？须殢（tì）酒，更吟诗。

也莫向竹边辜负雪。也莫向柳边辜负月。闲过了，总成痴。种花事业无人问，惜花情绪只天知。笑山中，云出早，鸟归迟。

长安道，即是喻宦海仕途也。稼轩谓己身人到中老，早厌倦其中险恶争斗。想人说七十之龄已谓是古稀，如今不惑之年方得归于山林，岂不要珍惜眼前？平湖夏雨打金荷，小山秋风熏桂枝。端的是山明水秀，若说还有愁情，如何消除？不如沉醉酒乡，吟诗作赋！莫辜负了竹边冬雪，莫辜负了柳边春月。总要为这四时胜景吟咏立言才好。然而可惜的是，种花力田毕竟无人问津，每一株花草的悲喜恐怕只有上天才知晓。知音少，世风薄，不如笑看白云出岫，倦鸟归林。

辛弃疾又多往永丰县西的博山寺中读书，深入佛藏、道藏之中，参悟人生。在往来博山的路上，他颇多感触，写下过多首诗词。

如《丑奴儿·书博山道中壁》：

少年不识愁滋味，爱上层楼。爱上层楼。为赋新词强说愁。

而今识尽愁滋味，欲说还休。欲说还休。却道天凉好个秋。

词用字极通俗易懂，然其中无奈与愁情又非少年人所容易理解。上层楼者，登高也。宋玉之《高唐赋》谓"登高远望，使人心瘁"；刘向的《说苑》"指武"一章中孔子曰"登高望下，使人心悲"……盖登高一事，乃是我国古来文人雅士所好为者也。登高可思忆亲友，可咏怀古今，可畅叙心志，可沟通天地。稼轩把自己年轻时"栏杆拍遍"的经历自嘲为强说愁，实则是当年他还未曾深刻认识到南宋朝廷的复杂情况，对于英雄豪杰要克复中原究竟是何等艰难也缺乏足够体会。不惑之年罢官落职，闲居带湖，有了更多时间去回头细想种种是非，品味二十年来如许多的辛酸苦辣，他便对帝王心术的幽暗、宰执大臣的好恶，乃至朝廷轻率乖张的战和策略，地方将士的勇怯等等都有了全面而较本质的认知。因此他才说："欲说还休。欲说还休。却道天凉好个秋。"犹在壮年的稼轩却被迫离开了仕宦之途，对于恢复事业无可作为，只能吟咏风月，这不正是时代的悲哀吗？

他住宿于博山寺庙中时，亦有诗词记述所思所想。

如《清平乐·独宿博山王氏庵》：

绕床饥鼠。蝙蝠翻灯舞。屋上松风吹急雨。破纸窗间自语。

平生塞北江南。归来华发苍颜。布被秋宵梦觉，眼前万里江山。

山寺之夜正是寂静时分，偏生不能安宁。听着老鼠绕床嗫喒的声音，看着蝙蝠自窗纸窟窿而入翻灯飞舞，外面是凄风冷雨侵袭山林，辛弃疾自梦中惊醒。他一生走遍塞北江南，少年时曾至于金人腹心，南归后帅宪江左两湖等地，始终渴望着提虎贲精锐之士，渡河北伐，复东京，定河北，收关中，举幽燕，然而如今却觉一事无成，空生白发而现衰老。眼前是万里江山，但身在庙堂之外，风雨之中，无人问，无人晓，悲哉。

又如《鹧鸪天·博山寺作》：

不向长安路上行。却教山寺厌逢迎。味无味处求吾乐，材不材间过此生。

宁作我，岂其卿。人间走遍却归耕。一松一竹真朋友，山鸟山花好弟兄。

此首又特别可见稼轩之性情与际遇之可叹。他自嘲说如今不在宦海中努力，被靠边站了，只好常常往来于山寺之间，以至于大约山寺都厌烦我了。他游心于老庄玄学所谓"为无为，事无事，味无味"和"周将处夫材与不材之间"的生活态度。这实际上是要标榜自己特立独行、卓尔不群的个性，绝不委屈自己随从庸俗。《世说新语·品藻》记桓温与殷浩之事，云："桓公少与殷侯齐名，常有竞心。桓问殷："卿何如我？"殷云："我与我周旋久，宁作我。"又扬雄之《法言·问神》曰"谷口郑子真不屈其志，而耕乎岩石之下，名震于京师。岂其卿，岂其卿"。殷浩者，盖桓温势大之时而不阿谀相附也，反与其分庭抗礼，颇有志节，后因北伐失败被桓温弹劾而废为庶人。郑子真则是西汉末年隐居世外的高士，始终不肯出山为官，深得后人赞誉。因此辛弃疾用这两则典故所化的词句，实则是倔强执拗而绝不认输的一声呐喊。宁可永远坚守自我，做率真傲岸的自己，决不放弃原则，迎合上意，不为貂蝉贵卿，又如何？又何妨！苏轼曾在谪居黄州时写下《江神子》，云"走遍人间，依旧却躬耕"，稼轩在这里化用东坡之词句，说自己大江南北走遍，最后却做了个田舍翁。然而他不以此而整日低沉，反说松竹花鸟，俱是他的弟兄友朋。这种达观的背后，令我们不由地要问一声，是谁迫害了这样一位才冠当世的英雄豪杰，是什么令得他只能归耕田亩，寻山访寺？毕竟要重整河山，如此文章事业，岂能但在诗书词赋？

大约在淳熙十四年或淳熙十五年左右，久废带湖的辛弃疾被新授宫观闲职，任命其主管冲佑观。在有宋一代，宫观之职常用以优养老臣，或是安置贬官闲人。辛弃疾担任的这个"主管冲佑观"，实际上并不需要真的跑去冲佑观里天天点卯上下班，而是相当于一个挂名的"冲佑观宗教旅游局局长"，只表示朝廷给他这个职位对应的薪水，算是对他开恩了。

值得一提的是，当时的宰相王淮曾一度想重新起用辛弃疾，然而又有人作了拦路虎，拆了稼轩的台。

据张端义《贵耳集》下：

王丞相欲进拟辛幼安除一帅，周益公坚不肯。王问益公云："幼安帅材，何不用之？"益公答云："不然，凡幼安所杀人命，在吾辈执笔者当之。"王遂不复言。

这是说王淮曾想起用辛弃疾为一路安抚使，但是周必大坚决不肯赞同附议（他后来封益国公，故有是称）。王淮就问周必大："幼安是个堪为帅臣的人才，为什么不可以重新起复任用他呢？"周必大回答说："非也非也，若是起复了他，那么日后凡是辛幼安于地方上酷虐武断而杀之人命，都会算在我等当事宰辅头上啊！"这话里的意思就是告诫王淮，辛弃疾或许固然是个人才，但他路子野，不好管，若是在地方上弄出了大动静，杀了些豪绅细民，朝廷就会把责任算在我们这了。王淮一听，还是自己乌纱帽要紧，也便闷声不语了。

因此可说，叶衡自淳熙二年之罢相，和周必大自淳熙五年之久居中枢，对辛弃疾一生的仕途，其影响是较大的。

淳熙十五年，辛弃疾的学生范开编刊《稼轩词甲集》完毕，稼轩之词名于此后更是传之四海。

这一年冬，此前相约会面而未果的挚友陈亮终于来到信州稼轩居所，二人相会甚欢，诗酒酬唱，极论朝野天下之事。陈亮当时是绍兴一布衣，曾于淳熙五年伏阙上书，虽未得孝宗接见，但皇帝本考虑赐官于他。没想到陈亮非常有个性，慨然曰："岂有欲开社稷数百年之基，乃用以博一官乎？"他的这种言行绝非沽名钓誉，反说明陈同甫是个真正的以天下为己任，不以个人荣辱为意的读书人。

须说明的是，陈亮此人极为狂傲，可谓眼高于顶。他于乾道年间上孝宗皇帝书中曾言："盖尝数至行都，而人物如林，其论皆不足以起人意。臣以是知陛下大有为之志孤矣。"这就是说，他把乾道年间临安朝廷中的朱紫大员们都贬称为无能成事之徒，而这样一个人偏能以辛弃疾为足以克复中原的英雄，可见稼轩确实是有过人之处，方能折服心雄万夫的陈亮。

不过关于二人何时初见，是颇难考知的。陈亮曾在信中明确说过与稼轩在临安曾得聚会，但不能据此就断定必是临安乃初见。关于二人初识，甚至有一个文人笔记留下的生动故事。据南宋人赵溍之《养疴漫笔》云：

陈同甫，名亮，号龙川。始闻辛稼轩名，访之。将至门，遇小桥，三跃而马三却。同甫怒拔剑挥马首，推马仆地，徒步而进。稼轩适倚楼，望见之，大惊异。遣人询之，则已及门，遂定交。稼轩帅淮时，同甫与时落落，家甚贫。访稼轩于治所，相与谈天下事。酒酣，稼轩言南北之利害，南之可以并北者，如此。北之可以并南者，如此。且言钱塘非帝王居，断牛头之山，天下无援兵；决西湖之水，满城皆鱼鳖。饮罢，宿同甫于斋中。同甫夜思稼轩沉重寡言，醒必思其误，将杀我以灭口，遂盗其骏马而逃。月余，同甫致书稼轩，假十万缗以济贫，稼轩如数与之。

这是说，陈亮起初听闻辛弃疾之大名，便想拜会他，好结识这样的豪杰。快到辛弃疾居所门前时遇上一座小桥，哪知道胯下的马匹几次三番不肯过桥，陈亮气得拿剑在马头边吓唬它，把马推在地上，自己徒步而行。辛弃疾正好在楼上看到，也大为惊奇。他派人询问，而陈亮已到门前，于是两人便成了好友。到这里我们还是不知道二人初识于何处。后文又说，"稼轩帅淮时"，按帅淮当是"淮南东路安抚使、马步军都总管、知扬州"之谓，但实际上辛弃疾从来没担任过淮南东路之帅臣，他为官淮南时仅仅只是此路治下滁州的地方长官——滁州知州而已。则大约是说在滁州二人又有相会。据《养疴漫笔》，说陈亮当时怀才不遇，孤独家贫，到滁州府衙与辛弃疾相会后共论天下之事。二人都是好酒，这酒喝高了上头了之后，稼轩就开始管不住嘴巴高谈阔论起来。说南北形势的优势劣势之处，南方如何能够吞并北方；北方如何能够吞并南方。更进一步说临安不是古来帝王定都的好地方，因为倘若扼守住了牛头山入临安的通道，天下勤王之援军也就进不来了；决开西湖之水倒灌入城，临安就满城尽为鱼儿鳖儿。醉后陈亮被安排在辛弃疾的书斋住宿。陈亮大概是酒量好，还能思量刚才二人海侃的细节。他想辛弃疾平时沉着稳重，寡言少语，今日却说了这么多犯忌讳的话，等他醒过来肯定想到其中关节，恐怕要杀了我灭口吧？于是陈亮就偷了辛弃疾的骏马连夜而逃。过了个把月，陈亮又厚脸皮地写信给稼轩，问他借十万贯救济贫困百姓，辛弃疾不计前嫌，如数借了给他。

不论这则文人笔记所载之事是否属实，但我们也可作为一件轶事奇闻来体会稼轩性格的刚猛霸道，大约是给当时人留下深刻印象的。但所谓十万贯如何能轻易拿出？故我以为此借钱之数目，设有此事，亦必是后人讹误。

言归正传，此番辛幼安和陈同甫同游鹅湖，瓢泉共酌，共度十日，其中言谈之欢，长歌之乐，更是难以尽说。陈亮离开后，辛弃疾又心生不舍，打算把他留下再多盘桓几日，畅饮美酒，好共论古今兴废、贤愚进退。然而追至鹭鸶林，恰大雪封路，无法向前。怀着这种不能如愿的心情，辛弃疾写下著名的《贺新郎》。其自序曰：陈同父自东阳来过余，留十日。与之同游鹅湖，且会朱晦庵于紫溪，不至，飘然东归。既别之明日，余意中殊恋恋，复欲追路。至鹭鸶林，则雪深泥滑，不得前矣。独饮方村，怅然久之，颇恨挽留之不遂也。夜半投宿吴氏泉湖四望楼，闻邻笛悲甚，为赋《乳燕飞》以见意。又五日，同父书来索词，心所同然者如此，可发千里一笑。（《乳燕飞》乃《贺新郎》之别名）

词如下：

把酒长亭说。看渊明风流酷似，卧龙诸葛。何处飞来林间鹊，蹙踏松梢微雪。要破帽多添华发。剩水残山无态度，被疏梅料理成风月。两三雁，也萧瑟。

佳人重约还轻别。怅清江天寒不渡，水深冰合。路断车轮生四角，此地行人销骨。问谁使君来愁绝？铸就而今相思错，料当初费尽人间铁。长夜笛，莫吹裂。

稼轩回忆长亭送别之景，他称赞好友如同隐逸乡野的陶渊明，又如躬耕南阳的诸葛孔明。当时飞来林间鹊鸟，踩踏松树树梢之雪，落在你我破帽之上，好似要我俩更添银丝白发。想来确实是岁月催人老，这一年辛弃疾已经四十九岁，快到了知天命的岁数，陈亮也四十有六。看着眼前银装素裹、冰雪覆盖，只余下残山剩水的江河风景，不正如朝廷之偏安，中原半壁之沦陷吗？几株梅花，两三鸿雁，俱是难掩你我离别之萧瑟，难掩神州分裂之不堪啊！

下阕里辛弃疾谓与陈亮此别之后，他欲追而不得。江水冻结不渡，道路雪封，凄寒彻骨。人间总是这般行路难，譬如舟舸难渡，车轮生四角。你我相知甚深，共南北分裂之痛，日夜不能忘怀，如今你东归而去，我留而未遂，铸就下如此相思之错，好似费尽人间之铁。想来靖康、绍兴、隆兴之事，岂非亦是耗尽人间之铁方铸成的大错？

稼轩最后写道，不知何处的笛声正悲凉之甚，愿他悲则悲已，且莫如《太平广记》中的独孤丈一声吹裂吧！或许，他不愿破裂的，还非止是笛声，更是他与陈亮共同的恢复中原的最终理想。壮心虽悲，人死虽可，愿死杀虏阵中，愿见王师克捷而仆！

当陈亮收到辛弃疾的词后，又回信并附词一首酬和与他。稼轩读后乃又作一千古雄词，仍以《贺新郎》答之。

词如下：

老大那堪说。似而今、元龙臭（xiù）味，孟公瓜葛。我病君来高歌饮，惊散楼头飞雪。笑富贵千钧如发。硬语盘空谁来听？记当时、只有西窗月。重进酒，换鸣瑟。

事无两样人心别。问渠侬：神州毕竟，几番离合？汗血盐车无人顾，千里空收骏骨。正目断关河路绝。我最怜君中宵舞，道"男儿到死心如铁"。看试手，补天裂！

这首词尤令人动容。开篇辛弃疾连用两位姓陈的古人之典故，表自己与陈亮性格之契合，友谊之深厚。元龙指东汉末年为刘备称赞的陈登，孟公是西汉末年人物陈遵之字。陈登豪杰之士，知兵而可抚民，曾助曹操剿灭吕布；陈遵则好结友人，嗜酒如命，家中每有宴会，则将宾客车马投于井中，务尽兴而后可。陈亮到访的时候，稼轩恰抱微恙，二人诗酒酬唱，共论天下，高谈阔论甚至惊散了屋檐瓦片上的积雪。这世间庸俗人物，追名逐利，把身家富贵、权位利禄看得重若千钧，你我二人却是浑不在意，把个人得失看得轻如鸿毛发丝。然而稼轩又说，此刻二人刚劲锋锐、针砭时弊的言论盘空绕梁，却有谁来聆听？毕竟酒过三巡，杯盘狼藉，换了鸣瑟乐曲，当时能伴我二人的，只有西窗孤月，清冷照影啊！

下阕里稼轩议论之言大开大阖。南渡以来，已过一甲子，然而朝野之事，积弊甚多，难可为之，堂堂大宋仍然是不得不与北虏屈辱地划淮而治。分裂之局面未改，恢复之人心却已丧。且问庙堂诸公，神州大地，还要经历多少虏人膻腥之蹂躏，还要忍耐多少衣冠沦丧的惨剧？现而今，人才如汗血宝马屈拉盐车一般埋没尘埃，无人问津；朝

男儿到死心如铁——辛弃疾

廷所谓的举拔人才之策不过是在徒买马骨，又有何用！想到乾道以来，多少虚言恢复，愚弄君父的人骤登两府，辛弃疾乃有如此愤慨悲叹。远眺着北方，关塞河道尽是金人扼守之处，通中原之路已绝六十年！可怜如你我英雄志士，只能满怀激愤，效东晋南北朝之祖逖、刘琨，闻鸡起舞，夙夜忧国，无补于事！然而稼轩与同父仍要发出声撼五岳的呐喊："男儿到死心如铁！看试手，补天裂！"

声声震耳，实令人几潸然泪下。辛弃疾英武非凡的形象随这声呼喊而耸立在眼前，其至死不渝的抗金信念、北伐雄心都跃然纸上，文字之间仿佛甚至有了强劲刚毅的生命！他要补天之裂的自许更是让人血脉偾张，亢奋激昂。天崩地坼，不知多少中原遗民南望翠葆霓旌；圣言贤教，正赖此等不屈豪士薪传今人来者。正是有着像辛弃疾这样不忘民族大义的人之存在，我们的文化才能相传至今，民族才在一次次危难中涅槃再起，未罹甚多古国文化灭亡之惨剧。

若要补得天裂，须是内得天子信任，掌朝野枢机之权，革弊政，措粮饷，练强军，进退贤愚文武之大臣，明赏罚黜陟之恩威；外则须雄兵十万，不为遥制，定先后之策，不以胜败而骄馁，伺北虏之衅，痛击其弊，定山东而檄河北，出川陕而下关中……

则辛弃疾补天之裂的愿望，还能否有转机呢？

倚天万里须长剑，帅闽二度惹风月

　　淳熙十六年（1189），南宋朝廷之中又发生一大事。孝宗赵昚于二月禅位于太子赵惇，赵惇登极称帝，即是光宗。时周必大为左丞相，留正为右丞相，王蔺参知政事。周必大与王蔺乃是对辛弃疾观感极差的人，当此新帝即位之时，辛弃疾似乎仍看不到任何希望。

　　在送别友人的一首词中，他再次表达了对于朝廷因循苟且的强烈不满。词为《贺新郎·用前韵赠金华杜叔高》，一说为送别杜叔高而作，亦有说为送别杜仲高而作。

　　细把君诗说。恍余音钧天浩荡，洞庭胶葛（深远广大貌）。千丈阴崖尘不到，惟有层冰积雪。乍一见寒生毛发。自昔佳人多薄命，对古来一片伤心月。金屋冷，夜调瑟。

　　去天尺五君家别。看乘空鱼龙惨淡，风云开合。起望衣冠神州路，白日消残战骨。叹夷甫诸人清绝。夜半狂歌悲风起，听铮铮阵马檐间铁。南共北，正分裂！

　　上阕赞友人诗词才高，譬如仙乐浩荡自昊天而下，又如黄帝张

《咸池》于洞庭；读来使人感觉如背阳的北山之崖千丈尽净，冰清玉洁，初见耸人俗心。至此，稼轩又谓古来才士佳人命运多舛，以是悲月伤怀，纵有金舍雅居，也只能徒生寒意，中夜鼓瑟，慨叹长息。

下阕说友人家在浙江金华，离行在临安甚近。于是顺势开起议论：想朝野臣工，偏安江左，有如鱼龙之游于浅滩，惨淡难堪，而风起云涌，光阴迁移，何曾等候？北望昔年靖康烽烟时，中原之公卿巨室衣冠南渡，大宋之禁兵厢军狼豸奔突，金人铁蹄践踏蹂躏于后，一路不知留下多少尸骸曝露于外，无人收埋。可悲可叹，建炎以来六十载，衮衮诸公还和亡了西晋的王衍沉溺清谈玄学一样侈谈务为清静无事云云！此刻深夜狂歌，长风悲号，我辈志士不能于中原金戈铁马，却只能听着屋檐下挂着的铁风铃铮铮作响，淮河南北，神州正分裂啊！

到了这一年五月，周必大被弹劾而罢相，王蔺在七月间进枢密使，十二月被罢，留正成为执掌朝政的左丞相。

改元绍熙之后，转机在绍熙二年出现了。据《宋史·卷三十六光宗本纪》云，绍熙二年，"甲申，福建安抚使赵汝愚等以盗发所部，与守臣、监司各降秩一等，县令追停。"这是说，当时的福建路安抚使赵汝愚和地方守臣及其他监司官员都受到降级处分，涉事县令被罢官。则波及面如此之广，一定不是细小之事。按《宋会要辑稿·职官》七三之五："二月十二日，诏福建提刑丰谊、知建宁府陈倚并差主管建宁府武夷山冲佑观，知建宁府浦城县赵师违追一官勒停，巡检耿怀忠降一官放罢，县尉方赞特降一资放罢。并坐浦城县盗发，不即收捕故也。"则据以上史料可推测，恐怕福建路浦城县之盗寇决非小股流寇偶然作祟，而是已经形成了一定规模的黑恶势力，屡屡劫杀作恶等等，造成恶劣的社会影响。否则何以自一路安抚使到地方上县尉都要受到不同程度的严厉处分呢？这简直相当于说从省委书记到县公安局局长都给一锅端了。

大约在这种情况下，光宗便在九月"诏侍从于尝任卿、监、郎官内，选堪断刑长贰一二人以闻。"(《宋史·光宗本纪》) 这是说，在绍熙二年九月，光宗赵惇诏令两制以上高官"廷推"，从曾经担任过列卿、监司、六部诸司郎中等职的官员中简选一二精通刑狱，能够担任方面宪臣佐贰的人来（所谓"侍从"者，宋代有如翰林学士、给事中、六尚书等之侍从；有如中书舍人、起居舍人等之小侍从；又有观文殿学士以下诸阁学士、直学士、待制等之外侍从。通常侍从即指四品以上之重臣，即翰林学士之内制和中书舍人之外制合称的"两制"以上，包含两制，是谓侍从。所谓"卿""监"者，宋有所谓九寺五监和九寺三监，九寺之长官曰卿。然南宋绍兴后则只有太常寺、宗正寺、大理寺、太府寺、司农寺五寺。三监为秘书省监、军器监、将作监。又疑此"监"或谓"监司"也。即路之监司官，如转运使、提刑、安抚使等。所谓"郎官"，应即指尚书省六部诸司郎中、员外郎）。

于是大约在这一年冬，辛弃疾被起复为福建路提点刑狱公事，这一年稼轩已五十有二。南宋朝廷每在遇到地方上难以解决的问题的时候，往往又想到了稼轩的才干。

至次年春，辛弃疾从瓢泉居所启程，赶赴福建，并赋词《浣溪沙·壬子春，赴闽宪，别瓢泉》：

细听春山杜宇啼。一声声是送行诗。朝来白鸟背人飞。

对郑子真岩石卧，趁陶元亮菊花期。而今堪诵北山移。

稼轩在这首小令中颇有眷恋泉林的意思，说是启程时杜鹃啼鸣于春色里，声声叫唤都像是送行的诗句。披着朝霞而来的白鸟也背对着人飞，似乎是不忍睹见别离。他又自嘲，本来已作了效仿郑子真躬耕岩下、陶渊明东篱采菊的想法，如今又要出山赴任，当是得吟诵几句孔稚圭讥讽周颙假意隐居、真心求官的《北山移文》了啊！

然而想必辛弃疾并没有放弃心中至高的理想，克复中原的雄心他从未或忘，此时流露些许不舍带湖瓢泉的心思，不过是生活了十年所必然的情感罢了。

福建路大约在当时是盗贼频发，顽恶势力猖獗的，否则也不至于如上文所说将路一级乃至以下地方官吏都不同程度地降职罢官加以严重处罚。鉴于此，辛弃疾在到达治所之后首先务求取信于民。

要做到取信于民，按实情断案裁决，息讼平刑无疑是很重要的一个环节。稼轩不暇修整，翻查福建路上报提刑司的案卷。他发现汀州有一疑难案件，久不能裁断。早在进入福建路之后，他就注意打听地方官吏在百姓心中的口碑高下，他听闻上杭县令鲍粹然断案如神，遇事颇有巧妙处理之能，便将此案迅速交由其处理，最终蒙冤的百姓也得以被无罪开释，免于横死。

以上据《真西山集》卷四十六《朝散大夫知常德府鲍公墓志铭》："州有疑狱，久不决，臬使辛公弃疾语其属曰：'自入境唯闻上杭令解事，盍以委诸？'公一阅，具得其情，囚以不冤横死。"

大约在此基础上辛弃疾又做了许多争取百姓信任支持的工作，建立了铲除贼寇、邪恶势力的群众基础，可惜现在都已经没有史料可具体告之。当时任福建安抚使的林枅（jī）忽然病逝于任上后，朝廷令稼轩兼任安抚使，治理好地方民政。

当考察了福建路的各方面情况后，辛弃疾又不惧得罪巨室豪右之家，上奏提出两点建议，一为"经界"；一为"钞盐"。所谓经界者，是清查土地田亩，确定税赋划分之轻重多寡的意思。在古代土地兼并的问题往往导致不断有自耕农失去田亩，被迫成为富绅豪右的佃户，反过来向兼并他们田亩的大地主们租地耕种；又或是不得不背井离乡，成为流民，辗转乞食，苦不堪言。曾任职福建安抚使的赵汝愚就曾上奏说："有税者未必有田，而有田者未必有税。……其间却有豪猾之家，不纳租赋。一强者为之倡首，则群弱者从而附之。至有一乡一村公然不肯纳常赋者。"由于豪门大户往往是官僚士绅之家，因而功名在身，可以免于税赋、徭役等，享有小民仰望不及的特权。于是依附于他们的百姓成为了佃户，只需要向他们缴纳租钱，却不再向朝廷交税和承担徭役；而另一方面兼并了百姓田地的士绅之家又不需承担税赋义务，既严重损害到朝廷的财政收入，又伤害到自耕农户的积极性。大约此情况在福建路尤为严重，辛弃疾在考察之后上奏请求展开"经界"的行动，打击豪强兼并，缓解百姓税赋之重，增加福建路税收。

所谓"钞盐"指的是盐钞法。南宋除在福建路外，于其他诸路基本都实行盐钞法。这是一种与茶引制度相似的政策。也就是由盐商先支付若干钱款，然后就可以领取到若干运销食盐的凭证，即所谓盐钞。

而福建路尤其是上四州（建宁府、南剑州、汀州、邵武军）却仍然实行官办官卖的专营榷卖制度，老百姓苦不堪言。何以如此呢？原来福建路财政状况不佳，上四州下辖诸县缺少购盐的本钱，官吏们也务于因循苟且，导致上四州所运盐纲的数额不及最初规定的额度。这样老百姓自然首先是出现食盐短缺了，而运盐的船户又多做手脚，用灰土等掺杂进食盐里，导致官盐恶薄不堪。另一方面又有奸猾豪右人家就近私贩广盐入界，由于广盐本身就不像官盐那样掺了乱七八糟的东西，品质上就胜出一筹，价格也较官盐而更便宜，于是老百姓都争相买入私贩的广盐，导致官盐难以销售。然而地方官吏却只会头痛医头脚痛医脚，就采取按人口强制派销的"配抑"政策，逼迫老百姓认购恶薄价高的官盐。而豪门大户多能拒而不受，贫弱百姓却只能沦为三天两头配抑的最大受害者。

因此辛弃疾为了缓解百姓的困苦，上奏提出要在福建路上四州内从汀州开始实行盐钞法。然而不论是"经界"还是"钞盐"，在福建路此二者都早已有大臣提议过，却始终没有得到贯彻落实。究其原因，恐怕就在于地方上官府和豪门大户勾结成了既得利益团体，官府配抑恶薄的官盐获得财政收入，豪右之家私贩广盐牟取暴利，受苦的始终是平民百姓。而这些人往往又在朝廷里有靠山，因此辛弃疾的建议并没有得到实施。实际上这天下之事，何止是经界、盐钞二者？既得利益团体对任何触动到他们蛋糕的政策都是百般阻挠、诋毁的，而朝廷中代表着这些地方利益团体的大官僚又多不顾积弊日深的危害，只管着眼前的富贵利益，于是南宋乃至历史上许多大事便做之不得，难以成功了。

绍熙三年（1192）十二月岁末，朝廷诏令下达，辛弃疾由福建安抚使和提刑任上调离，召赴行在临安。在友人为其送行的酒宴上辛弃疾又赋词一首《水调歌头·壬子三山被召陈端仁给事饮饯席上作》：

长恨复长恨，裁作短歌行。何人为我楚舞，听我楚狂声？余既滋兰九畹（古三十亩为一畹），又树蕙之百亩，秋菊更餐英。门外沧浪水，可以濯吾缨。

一杯酒，问何似，身后名？人间万事，毫发常重泰山轻。悲莫悲生离别，乐莫乐新相识，儿女古今情。富贵非吾事，归与白鸥盟。

陈端仁是罢居闽地的官员陈岘（xiàn），辛弃疾在《论经界钞盐札子》里提及，陈岘曾担任福建提举市舶，提议在福建路施行盐钞法。此人任给事中时曾缴还张说复官之诏，颇有气节。大约因稼轩任闽宪而结识为友。陈岘于淳熙九年被罢四川安抚制置使，至绍熙三年也已废居在家十年左右。

因此二人大约是颇有一些共同语言，能够感同身受的。稼轩在词中说，大抵人间遗恨之事，多是一言难尽，只能剪裁愁心，试作一曲短歌行了。想那魏武挥鞭，虽是汉室衰颓，却仍然能破乌桓，服匈奴，而如今却与北虏划淮而治！因此辛弃疾说短歌行，必然决不只是想到了"对酒当歌，人生几何"的感慨，更是想到了"明明如月，何时可掇？忧从中来，不可断绝"的这一层，即统一天下，再造乾坤的大事业。然而稼轩毕竟已到知天命的岁数，他如何看不清朝廷里的种种暗流涌动呢？故而他又要说，强梁如汉高祖，也要对戚夫人承认，立赵王如意是办不了了，奈何盈儿（汉惠帝刘盈）有商山四皓辅佐啊！刘邦请戚夫人跳楚舞，而自为楚歌，此又如何？辛弃疾是认识到自己的狂傲的，他以凤歌笑孔丘的楚狂接舆自比，然而意欲恢复中原，拯救斯民的伟大理想说出来却要被人讥笑为自不量力，这究竟是谁的悲哀呢？

甚至辛弃疾又把自己和友人都比作屈原，用《离骚》里的话说自己养了九畹兰花，种了百亩蕙草，要以秋菊落英为餐食，以代人间餬飦！想来十年的罢职闲居，稼轩心里如何能全无怨言？他对古来隐逸之士，特别是如陶渊明的崇拜，自然可以从这一层理解了。因此他又说，沧浪水清，可以濯洗吾之帽缨。

下阕又承上意，用莼羹鲈鲙归乡里的张翰之事（《世说新语·任诞》云：张季鹰纵任不拘，时人号为江东步兵。或谓之曰："卿乃可纵适一时，独不为身后名邪？"答曰："使我有身后名，不如即时一杯酒！"）。他也自嘲杯酒平生，胜过身后虚名！这里并非是说稼轩放弃了克复中原的终极梦想，而是他把那些衮衮诸公、庸俗官僚看中的所谓"死后哀荣""青史美名"都弃如敝屣了。他想到自己和友人陈岘罢居十年，不禁感慨，这人间万事，如今竟然都是不分轻重大小，专以或虚或妄的小节黜废才子贤士！当此离别，怎能不让人想起《楚辞·九歌·少司命》之"悲莫悲兮生别离，乐莫乐兮新相知"的诗句呢？这或许是古今难免之悲喜，富贵功名，不如畅游泉林，与鸥为盟。

在赴临安的途中，经过南剑州，辛弃疾又写下一首名篇。

《水龙吟·过南剑双溪楼》：

举头西北浮云，倚天万里须长剑。人言此地，夜深长见，斗牛光焰。我觉山高，潭空水冷，月明星淡。待燃犀下看，凭栏却怕，风雷怒，鱼龙惨。

峡束苍江对起，过危楼欲飞还敛。元龙老矣，不妨高卧，冰壶凉簟。千古兴亡，百年悲笑，一时登览。问何人又卸，片帆沙岸，系斜阳缆？

即将要被新皇召见，然而稼轩已不再是乾道六年三十一岁的那个年轻人。他仍然心怀着北伐中原的梦想，但他知道，要在一次短短的召对中取得皇帝的信重是几无可能的，他不再有那种以一言而登卿相的幻想了。

他遥望西北浮云，中原关河不通已逾一甲子。神州陆沉，遗民哭嚎，他知道要改变这一切就必须有震彻霄壤、雷霆万钧的力量。稼轩多么渴望自己能够长剑耿耿倚天外，鞭笞四夷，恢复万里河山。想起昔年西晋之张华得豫章雷焕所寻两柄宝剑，一为龙泉，一为太阿，此二剑当年于此地常光焰万丈，直冲斗牛。而如今他却觉得，此地山势高耸，潭深水冷，月华虽明而星宿黯淡。好友陈亮曾赋词曰："尧之都，舜之壤，禹之封。于中应有，一个半个耻臣戎。万里腥膻如许，千古英灵安在，磅礴几时通。胡运何须问，赫日自当中。"然而虽如此，恢复事业却还远不能实现，朝廷到地方上积弊日深，因循苟安之风盛行，想到这些辛弃疾才觉得月明星稀，山风寒彻啊！他说若自己如东晋温峤点燃犀牛之角下照潭水，恐怕凭栏俯瞰，便能看到幽冥丑怪、赤衣水族覆火作祟。这不正是恢复事业，阻力甚大的象征么？

江水奔腾在嶒（cāng）峡两岸峭壁之间，这双溪高楼可攀星辰，但我稼轩却是欲高飞而恐低徊。年过天命，如陈登一般老矣，不如高卧北窗之下，凉簟之上，守一身之冰清玉洁。自双溪楼远眺，想千古兴废，人生百年，多少悲喜，此时都涌上心头？稼轩是愿以身许国，马革裹尸的，然而不禁要问，是谁人卸下了船帆，系于斜阳昏晦之时？

这正是辛弃疾内心的写照。他想克复中原，却自知恐怕还要终老泉林；他想做难可为之事，却知道朝廷压根不给他机会。对于时局的认识，辛弃疾确乎可以说知天命了。

绍熙四年正月，辛弃疾抵达临安后被光宗皇帝于便殿（别殿，古时皇帝休息宴饮的宫殿）召见。

拜后起身，光宗皇帝便说："辛卿久任藩阃，文章盖世，今朕纂承祖宗之业，荷万民生死，卿可有所教朕？"

稼轩早听闻这位光宗皇帝龙体多病，今观其颜，已知此非是能中兴之雄主，比寿皇赵昚尚差之远矣。以如今宋金形势和敌我力量之对比，辛弃疾也不认为适合仓促北伐，因此已有腹稿的他徐徐从容而言："蒙陛下谬赞，臣以为方今南北之间，我皇宋宜修守备，蓄粮帑，内革积弊，外窥虏衅，待天下有变，则可北定中原。虽然，当先务我之江淮为金汤，使敌不敢生觊觎之心。兵法有云，先为不可胜，以待敌之可胜。臣昏聩不明，思惟国朝淮河、长江之防线，或有所未臻无虞之处，愿渎冒万死，呈刍荛之见，烦扰圣听。"

光宗道："辛卿何必过谦，朕愿闻其详。"

稼轩说："自来人皆言：未有无淮而能守江者，故国朝之备北虏，首重两淮，以为淮河固则江左安，淮兵众则虏人怯。实则大有不然。臣窃观自古南北之分，北兵南下，由两淮而绝江，不败则死。此譬如汉末三分之时，曹魏屡越淮窥吴而阻于江；晋时苻坚投鞭断流，竟败淝水；元嘉拓跋南下，终不能克；绍兴逆亮之寇，有采石之跌而殒命瓜洲，皆此之类也。由上流而下江，其事必成。此譬如司马氏咸宁五年，自益州顺流而下，其明年即灭东吴；隋开皇八年，大军出川蜀而水陆下荆襄，三月间陈氏覆亡；我艺祖（赵匡胤）龙兴，开宝七年王师出征，亦循荆南而东下南唐，遂望风披靡，后主束手。此俱上流下江而大事之成者也。"

光宗轻咳了一声，道"若如卿所言，则江重而淮轻，此论似乎保守，处置之恐伤前线士气。或卿尚未尽言？"

稼轩一听，又已知光宗资质如何了，心中不禁叹息，但他脸色上自然不能表露对皇帝的失望，而是凛然道："陛下睿明，容臣分说一二。荆襄上流为东南重地，荆襄合而为一，则上流重；分而为二，则上流轻。上流轻重，此南北之所以为成败也。假设北虏以万骑由襄阳南下，冲突上流，吾军仓促不支，陛下将责之谁耶？襄阳步兵不过七千，驻鄂大军日趋百里，行于半路而不能及，荆南守臣未得宣抚之权，以地方之军，赴远郡之难，其敢为乎？故臣思惟，陛下可自江以北，取襄阳诸郡，合荆南为一路，置一大帅以居之。使壤地相接，形势不分，首尾相应，专任荆襄之责。自江以南，取辰、沅、靖、澧、常德（皆宋时州名，俱属荆湖北路。辰即今湖北沅陵、沅即今湖北南沅江，靖即今湖南靖县，澧即今湖南澧县），合鄂州为一路，置一大帅以居之，使上属江陵，下连江州，楼舰相望，东西连亘，可前可后，专任鄂渚之责。如此则长江上流之重成矣。臣敢以私忧过计之切，愿陛下居安虑危，任贤使能，修车马、备器械，使国家屹然有金汤万里之固，天下幸甚，社稷幸甚！"

光宗多病，这会听得辛弃疾如此黄钟大吕的长篇大论，已是有些疲倦，竟颇有些不能得要领，便抚慰了几句场面话，见此，辛弃疾便呈上了具体说明自己意见的《论荆襄上流为东南重地疏》便告退了。

稼轩内心在思考长江上流之守备问题时，未尝没有寄希望于万一，即或许皇帝能听取他的意见，甚至将荆襄或鄂渚的方面大权交付予他，使他为帅藩阃，许以便宜行事，得久任而练出一支强军来，他日有变，则即军中拜宣抚使，就可以提兵北上，杀虏建功。然而辛弃疾知道，这种万事顺遂的可能性极低。

或许是考虑到辛弃疾过去在解决会子问题上表现的干才，不久之后，朝廷下达诏令，任命其为"太府卿"。

所谓太府卿即是"太府寺卿"，南宋建炎三年曾罢此官职，绍兴四年后又恢复。太府卿掌管国家财货之政令，总领库藏出纳、贸易、平准、店宅等事。元丰改制后为从四品。位列七寺卿之末。但是绍熙年间，往往太府卿可兼任户部侍郎或淮南、湖广等总领，多可跻身侍从之列，然而辛弃疾却没有带侍郎衔。

值得注意的是，从制词中我们可以推测辛弃疾在福建的施政效果。南宋时人楼钥之《攻媿集》记载了这份《福建提刑辛弃疾除太府卿制》：

敕具官某：尔早以才智，受知慈扆（yǐ），盘根错节，不劳余刃。中更闲退，以老其才。养迈往之气，日趋于平；晦精察之明，务归于恕；朕则得今日之用焉。召从闽部，长我外府。夫气愈养则全，明愈晦则光，于以见之事功，孰能御之哉。

制词大意是说，辛弃疾早年就聪慧过人，得家室之传，南归后各种困难的地方事务游刃有余。中间闲退之时，又更成熟了才具。在福建路为官时，收敛卓尔不群的锐气，日趋平和宽雅；稍藏精辨细察的严明，多能恩恕下民，朕用得放心高兴啊。又说辛弃疾养敛锐气则反而更具完备之美，严明稍抑则反而光洁不耀，说以此态度为朝廷做事，恐怕很难有人能超过他，比他做得好。

从中我们可以推测，辛弃疾帅宪福建时，应该是恩威并用，大约采取了许多诛除首恶而安抚地方的工作，这表明他多少是听从了朱熹等友人的劝告，找到了治理地方和不得罪所谓清议风评的那个平衡点。

然而辛弃疾虽任太府卿，却终究不能兼任户部侍郎或地方总领，此后不久他又被授予集英殿修撰知福州、福建安抚使。集英殿修撰于南宋时多用于宠六部权侍郎外补地方官者，属于贴职之最高等，为正六品，位于待制之下。也就是说，两次机会，稼轩仍是没有成为待制、侍从这一级别，殊为可叹！

辛弃疾再次出为福建帅臣后，立刻熟门熟路地展开了多方的兴建工作。

绍熙五年，他通盘分析了福建路的诸多复杂情况，如毗邻大海，贼寇迭出；上四郡民，顽犷易乱；宗室盘踞，耗扰甚繁等，做出了创设"备安库"以应缓急之需和宗室、军人请给（薪给；俸禄）之用的决定。

同时，辛弃疾又按察刑名，开释地方郡县冤狱之人，进一步获取百姓信任支持；修建福州郡学，推广文教，严明学院纪律，务使福建路学子可以学有所得。

为了筹措备安库所需的资金，辛弃疾决定安排官吏，出售"犒赏库回易盐"。当时确实是允许地方政府以一定的专项物资进行商业贸易的，因此稼轩的举措不能说违制。不到一年时间里，辛弃疾多方筹措，备安库便积蓄了五十万贯钱，面对前来请给的宗室等便都能妥善应付了。他甚至想造万件铠甲，招募强丁，补充军队缺额，严加训练，以备缓急之时可应对贼寇侵犯。

然而鬻售回易盐的事情又引起了朝廷中官员的非议。《宋会要·食货》二八之三九记载：（光宗绍熙五年）三月一日，臣僚言："访闻福建安抚司措置出卖犒赏回易盐，约束甚严，榷贩甚广，多差官吏至坊场（官设专卖的市场）。事体骤新，民旅非便。乞命福建帅司日下住罢所置官吏坊场，今后置铺，不得出门。"从之。

这是说，有官员论说福建路安抚司出售犒赏回易盐，定了许多扰民的严厉规定，专买专卖的范围弄得很大，派了许多官吏至坊场。此种创设骤然而又较新，对百姓商旅都很不方便。于是命福建安抚司接到指令后就停止一应鬻售回易盐的坊场，且今后设铺榷卖，不得派吏员出外兜售等。福建安抚司只得从命。

因此大约辛弃疾想要强军整武的念头没有办法继续实施下去了，每次在地方上稍有灵活的处置，想要有所惠及地方军民之政，便常引来恶意聒噪，稼轩的心情自然是无奈的。

大约在此时期，他写下一首《行香子·三山作》：

好雨当春。要趁归耕。况而今、已是清明。小窗坐地，侧听檐声。恨夜来风，夜来月，夜来云。

花絮飘零。莺燕丁宁。怕妨侬、湖上闲行。天心肯后，费甚心情。放霎时阴，霎时雨，霎时晴。

词意可谓甚明。稼轩稍于地方上有所兴建谋划，就遭到种种掣肘白眼，他的为政牧民的心自然是冷了。因而他看着眼前春雨，不禁又生归耕林下的念头。当此清明节气，小窗之前，坐听屋檐声声。这夜来疾风，暗月当空，乌云遮蔽，不正是恰如讥谗毁谤之不绝于耳么？

看落英狼藉，莺燕亦要嘱咐叮咛，怕我误了湖上闲行的佳期。若是天恩一许，我又何必如此愁情？然而君威难测，天意难寻，恐怕时阴时雨时晴啊！

诚如梁任公《稼轩年谱》所说："先生虽功名之士，然其所倦倦者，在雪大耻，复大仇，既不得所藉手，则区区专阃虚荣，殊非所愿。"

稼轩所梦寐以求的是鞭笞北虏，收复河山这样的大事业，而倘若退一步连牧守地方都不能令其尽心为百姓多方营造，那与其尸位素餐，懒政不作为，不如回归乡里，悠游林泉！

这一年，又一噩耗传来。挚友陈亮在去年刚刚被光宗亲擢为状元，授建康通判，居然因病而卒！辛弃疾悲恸已甚，作《祭陈同父文》，其中有云："而今之后，欲与同父憩鹅湖之清阴，酌瓢泉而共饮，长歌相答，极论世事，可复得耶？"

这一年，陈亮五十二岁，辛弃疾五十五岁。

绍熙内禅赵韩斗法，稼轩殃及山水纵酒

绍熙五年（1194）七月，南宋朝廷发生了一件惊天大事。

这事仍要从光宗即位之初说起。光宗赵惇登极之时已经过了不惑之年，为四十三岁，漫长的等待让他对父亲孝宗赵昚已是暗生不满。而光宗的皇后李凤娘又是武臣之女，好妒凶悍，心狠手辣。

《宋史·卷二百四十三后妃下》载：

帝尝宫中浣手，睹宫人手白，悦之。他日，后遣人送食合于帝，启之，则宫人两手也。又黄妃有宠，因帝亲郊，宿斋宫，后杀之，以暴卒闻。是夕风雨大作，黄坛烛尽灭，不能成礼。帝疾由是益增剧，不视朝，政事多决于后矣。

这是说光宗有一次在宫中洗手时发现一位宫女柔黄莹月华、皓腕凝霜雪，白得十分漂亮，心里很喜欢。没过几天，皇后李氏派人送食盒给光宗，光宗打开一看，居然是这位宫女的两只剁下的手！光宗自然是大惊失色了。当时有位妃子黄氏得宠，李皇后就又趁着皇帝赵惇去太庙郊祀天地做准备而不回来的机会，把黄妃杀害了，让人以猝死告之赵惇。当夜狂风骤雨，黄坛上蜡烛尽皆吹灭，不能完成礼仪。赵惇听闻这噩耗后，心里就病得更重了，从此多不视朝，政事多由李皇后决定。

从以上史料不难想见，这是一位如何凶残变态的悍妇，且光宗之懦弱颟顸又可见一斑。并且，李凤娘不独敢对其丈夫光宗如此专横，甚至对高宗和孝宗也敢出言不逊，讲话夹枪带棒，讥讽非常。

《宋史》同卷又载：

性妒悍，尝诉太子左右于高、孝二宫，高宗不怿（yì）（欢喜、高兴），谓吴后曰："是妇将种，吾为皇甫坦所误。"孝宗亦屡训后："宜以皇太后为法，不然，行当废汝。"后疑其说出于太后。

这是说，在光宗还未即位，李凤娘仍然是太子妃的时候，她就十分好妒凶悍。一次，她曾跑到高宗、孝宗那里，小题大做地将太子左右可能较宠爱的妃嫔之所谓过错，添油加醋、一股脑地控诉给二帝听。高宗赵构自然不高兴了，对他的吴皇后说，"这女人是将门之后（**庆远军节度使李道之中女**），粗鲁无礼，我被皇甫坦这道士所误啊！"皇甫坦是当时一个著名的道士，曾为高宗皇帝的母亲韦太后看过病，颇得高宗信重。当初便是他告诉高宗，这李凤娘将来要母仪天下，于是高宗才把她聘为恭王妃，让她成了当时还是恭王的赵惇之妻。孝宗也屡次训斥李凤娘，说："你最好老老实实以皇太后的言行举止、仪容风度为榜样，做不到的话，很快就可以废了你！"李凤娘又疑心这是高宗的吴皇后之意思。

则据以上史料又可知，光宗之李皇后完全是有理由仇恨高宗和孝宗的。高宗早已于淳熙十四年驾崩，而此时孝宗却仍然是活着的太上皇"寿皇"。赵惇和李凤娘所生的乃是嘉王赵扩，李凤娘一心想要孝宗同意让丈夫光宗立儿子赵扩为太子，然而孝宗始终不松口。

于是在种种原因之下，李皇后更加想方设法、变本加厉地离间孝宗、光宗父子的感情。

据《宋史》同卷载：

内宴，后请立嘉王为太子，孝宗不许。后曰："妾六礼（纳采、问名、纳吉、纳征、请期、亲迎）所聘，嘉王，妾亲生也，何为不可？"孝宗大怒。后退，持嘉王泣诉于帝，谓寿皇有废立意。帝惑之，遂不朝太上。

这是说在皇室宴会上，李皇后请求册立嘉王为太子，孝宗不肯。李皇后就正色质问孝宗说："妾身是六礼明媒正娶所聘，嘉王是妾身亲生之子，为什么不能立为太子？"孝宗顿时勃然大怒。因为太皇太后吴氏和他自己的寿成皇后谢氏都是庶贱出身，而孝宗又并非赵构亲生之子，乃太祖一脉，故而这李皇后的话听起来就完全是在讽刺赵昚和他的妻子以及太皇太后了。李凤娘回去后，带着嘉王赵扩在光宗面前哭哭啼啼，说寿皇有废立的意思。光宗此后更加被皇后李氏迷惑，竟不去重华宫朝见太上皇孝宗。

在孝宗禅位给光宗之初，光宗通常每月四次去重华宫朝见父亲，经由李氏这么三番五次地折腾，便渐渐不怎么去了，父子俩的情感也就愈加淡薄猜忌起来。绍熙五年，寿皇大病不起，按制按礼光宗都应该去重华宫问疾，亲侍药石于左右，结果他根本不肯去。光宗和太上皇不和的传闻从宫中不胫而走，这无疑使朝野掀起了混乱的风浪。

绍熙五年六月初九，太上皇赵昚驾崩，宰相留正和知枢密院事赵汝愚于第二天奏请光宗皇帝往重华宫主持丧礼，没想到光宗又一次拒绝了！重臣们面面相觑，又请立嘉王赵扩为太子以定国本，光宗又不许。

这样耗了几天，宰执们都觉得不是办法，于是阴谋开始酝酿于临安宫府之上空。起初知枢密院事余端礼提出请吴太皇太后垂帘，并册嘉王为太子而监国执丧，但吴氏大约不愿意干政，遂不同意此议。此后群臣只得屡次再请册立太子，结果数日后居然传出了光宗的御笔答复，说是"甚好"，同意了。甚至有手诏御批传出，说"朕历事岁久，念欲退闲"。留正自然不信这是光宗的御笔，他想请求入内召对，没有得到允许，便借口伤了脚，以年老为由，上表请求致仕，实则是出逃避难了。

可见这所谓的手诏很可能是赵汝愚等人伪造。此后，他们又通过知阁门事韩侂胄终于说服了吴太皇太后。韩侂胄为北宋名臣韩琦曾孙，父亲妻吴太皇太后之姊妹，韩侂胄又妻吴太皇太后之侄女，而嘉王赵扩又妻韩之侄女，故乃是一关系亲近的外戚武臣。其知阁门事的官职正如孝宗朝之近习所任之职，方便其出入大内，沟通皇帝和群臣，有着十分重要的作用。

于是在绍熙五年七月初四，吴太皇太后垂帘，宰相执政们以光宗手诏奏进，太皇太后便下诏，令嘉王赵扩即位，尊光宗赵惇为太上皇，李氏为皇太后。赵扩登极，这也就是宁宗，史称"绍熙内禅"。

此番宫廷政变，主角实际有三人。一者留正，二者赵汝愚，三者韩侂胄。留正本是左相，位次群臣第一，本可在危难之时，定国是、安社稷，但是当他发现赵汝愚他们潜在的政变企图时，他选择了退出游戏舞台，从主角变成了旁观者。赵汝愚是宗室出身，乃太宗一脉，因崇尚道学而与朱熹、辛弃疾较友善亲近。按宋祖宗家法，宗室自然是不能担任侍从以上的最高层官职的，但光宗仍然因为在藩邸时就与太子侍讲的他相识，竟超升他为知枢密院事的执政长官。赵汝愚利用自己在朝中道学官员中的深厚威望和支持，以及自己宗室和执政的双重身份，凭借"力主建储"的政治正确，将多方势力统合在一起，不断地向光宗逼宫，甚至最后弄出了疑窦重重的所谓"朕历事岁久，念欲退闲"的手诏。他这向前的关键一步，表明自己对权力的追求。韩侂胄则是沟通宫府的关键桥梁，如果没有他博取吴太皇太后的信任，并加以说服，则无论赵汝愚等宰执拿出的所谓手诏再如何以假乱真，也无法合法、不流血地完成逼迫光宗禅位、新帝登极的这种大换牌操作。而赵汝愚和韩侂胄，又将对辛弃疾的仕途产生重大影响。

宁宗即位后，以赵汝愚为参知政事，不久又拜为枢密使，成为枢密院最高长官，真正的执政官；召秘阁修撰知潭州朱熹赴行在。赵汝愚开始培养自己的势力了。而辛弃疾作为与赵汝愚、朱熹亲近的方面帅臣，应当说在此时也是有机会回到朝廷中，甚至成为侍从高官的，然而，偏偏天不遂人愿。

绍熙五年七月，左司谏黄艾上章弹劾辛弃疾，说他"残酷贪饕，奸脏狼藉"，以及"旦夕望端坐闽王殿"。这两条所谓的罪名都完全经不起推敲。辛弃疾此前任福建提刑和兼任安抚使时期就"务为镇静"，大约既完美解决了贼寇问题，又安抚了民生，因此后来除授太府卿和集英殿修撰的制词都大加褒奖稼轩宽和爱民的施政。此后再帅福建路时，虽然为修建备安库而鬻售回易盐，积攒了五十万贯，但这并没有流入辛弃疾的私囊，且稼轩对下约束甚严，想必账目甚明，也不闻百姓不满，有何可疑？

所谓"旦夕望端坐闽王殿"更是无聊而弱智的诬蔑。闽王殿是五代王审知称闽王时所建宫殿。后来为吴越钱氏所吞并，最后钱氏又为赵宋所并，因此所谓闽王殿大多被拆除了。留下的一部分也成了福州守臣的办公场所之一部分了，则所谓"旦夕望端坐闽王殿"不知何谓？是说辛弃疾竟然有割据地方的反谋抑或是说他懒政不作为，整天在办公室喝茶看报纸么？

既然弹章中两项主要的所谓罪名都根本不能成立，南宋朝廷是如何处理辛弃疾被弹劾一事的呢？

当其时，赵汝愚大权在握，威望正隆，以故朱熹抵临安之后立刻被提拔为焕章阁待制，兼侍讲，成为侍从级别高官。而以辛弃疾和朱熹的深厚交情，且又与赵汝愚相善，再加上稼轩亦是对道学持支持友好态度的，按说赵汝愚只要坚决保护辛弃疾，则黄艾的弹章决不能对他有所不利。

而当时韩侂胄亦在暗中谋划夺取更多权力，若说黄艾因为有韩侂胄支持而要拔除辛弃疾在福建路的帅臣职位，则辛弃疾并非赵汝愚道学党派之核心，甚至不能归为赵汝愚一党，只是与朱熹交厚而私交上颇善赵汝愚罢了。且观后来之发展，韩侂胄真正对赵汝愚之党发难，要等到此年十一月，则于此之前，韩侂胄会如此打草惊蛇，只为了拿掉一个并不在中央，亦不在边境重镇的福建路帅臣，且此人甚至不是赵汝愚的党羽，亦对赵汝愚无甚损失？

那么我们仍然要从黄艾身上寻找原因。黄艾深通经学，曾任嘉王赞读，这是十分重要的一点，亦即是说，他属于宁宗皇帝的潜邸旧臣，这一身份是不容忽视的。当赵汝愚以定策功勋秉国之际，黄艾显然也是想依靠自己潜邸之臣的身份得到进用的，那么当他看到朱熹被召后超迁之速，会否想到与朱熹友善的辛弃疾也很可能因此擢升回中央呢？黄艾是福建莆田人，大约辛弃疾在福建路任帅宪大臣时提过的"经界""钞盐"等建议都极大地威胁、侵害到地方士绅豪右之家的利益，因而或许一方面黄艾担心辛弃疾会被召回行在，和朱熹一样聚拢在赵汝愚身边，从而对他自己向赵汝愚靠近获取升迁造成一定的阻碍；另一方面可能是得地方上巨室之请，通过构陷帅臣，将辛弃疾这样一位敢作敢当，始终要为百姓谋利的地方一把手弄走，好不妨碍他们兼并土地、私贩广盐而害民牟利。

黄艾的弹章上奏之后，竟然仍是不容辛弃疾分辩，稼轩被罢免福建安抚使之职务，令其主管建宁府武夷山冲佑观，这就是说，稼轩又一次靠边站了。那么何以赵汝愚不保护辛弃疾呢？恐怕这是因为当时赵汝愚也已有所感受到韩侂胄的威胁，希冀通过卖黄艾这样一位宁宗潜邸旧臣的面子，来更接近、取宠于宁宗皇帝。因此赵汝愚很可能是出于这种深结宫中以固权势的目的，把辛弃疾作为一个棋子给牺牲了。

辛弃疾只好又打点行囊，再一次回到信州。他写下一首《柳梢青·三山归途，代白鸥见嘲》，其中说："而今岂是高怀。为千里莼羹计哉。好把移文，从今日日，读取千回。"他此番回乡，不是因为如张

男儿到死心如铁——辛弃疾

翰那般为了莼羹鲈鲙啊，他岂会不知自己被罢职背后的文章，因此他只能自嘲，为什么仍然如此看不穿，看不透，从今日起要把《北山移文》读个千回，好好反省自己的"功名之心"啊！

到达信州，辛弃疾又准备举家从带湖搬迁到期思。期思亦在江西，约在淳熙十二年，辛弃疾曾在铅（yán）山县"访泉于奇狮村，得周氏泉"，淳熙十四年稼轩将周氏泉命名为瓢泉，约在绍熙三年又改奇狮为期思。

于是辛弃疾在期思再建新居，并写了一首《沁园春·再到期思卜筑》：

一水西来，千丈晴虹，十里翠屏。喜草堂经岁，重来杜老，斜川好景，不负渊明。老鹤高飞，一枝投宿，长笑蜗牛戴屋行。平章了，待十分佳处，著个茅亭。

青山意气峥嵘。似为我归来妩媚生。解频教花鸟，前歌后舞，更催云水，暮送朝迎。酒圣诗豪，可能无势，我乃而今驾驭卿。清溪上，被山灵却笑，白发归耕。

稼轩到得期思的心情似乎是很不错的。所谓卜筑，是选择吉地动土建宅的意思。他见得铅山之河自西而来，于期思成溪，这紫溪水蜿蜒曲折犹如千丈彩虹挂于晴空，此地又有山峦起伏，连绵十里，天地之间，如张翠绿屏风。想来自己此番回到信州，莫不似重回草堂的杜甫、游览斜川的陶潜？看着世间万物，各有差别，譬如老鹤高飞于云天，鹪鹩筑巢于一枝，本无高下之分，而这人间碌碌，又偏有人效仿那蜗牛要负屋而行，贪名逐利，岂不可笑？待得我期思居所建好，更寻一风景佳处，盖个茅亭怡然自得。

看青山峥嵘高峻，意气灵秀，似是为我归来而生妩媚之态啊。我此后且在朝露晚霞之陪伴下，日日教导花鸟，令得她们载歌载舞吧！我便从今做个酒圣诗豪，如今虽然无官无势，但我却偏能驾驭天地万物、高山流水，把四时胜景、百千物华尽写入词赋之中！不过此番归来，清溪潺潺，倒要被山灵笑话，我渴慕泉林，却是白发方才归耕，可不叹欤？

而与此同时，南宋朝廷最高层的权力斗争正在逐渐白热化，也甚至又波及已经罢免帅任的辛弃疾。

绍熙五年七月，宁宗即位后又召回了左丞相留正，但是很快被赵汝愚之党所弹劾而去位。赵汝愚则在八月末自枢府长官而宣麻拜相，成为右丞相。赵汝愚成为当时的独相，一时威势煊赫，朝野侧目。他大举提拔道学一派的官员，通过除授侍御史、监察御史等官职逐步掌控台谏系统；又通过除陈傅良、彭龟年等人为中书舍人而控制诏令等，并升迁了一大批人入京为官。

然而在绍熙内禅中立下大功的韩侂胄、赵彦逾二人却未得到赵汝愚"安排"，对此二人自然是咬牙切齿。韩侂胄之居中沟通宫府的作用前已叙述，赵彦逾则作为宗室和当时的工部尚书级别大员，又利用自己与殿前都指挥使郭杲（gǎo）之私交，使得他同意以禁军来保证内禅的顺利进行，防备万一出现的动乱局面。因此两人都是绍熙内禅里的定策元勋，想要分一块大蛋糕也是可以理解的。赵彦逾看着赵汝愚一步步青云直上，成为独相，他自然也是想做一做宰执高位的，然而赵汝愚却把他赶到了四川成都府；韩侂胄想拜节度使，却只捞着了一个宜州观察使（正五品）——这导致二人便对赵汝愚同仇敌忾起来，恨不能啖其肉，挫其骨。

当时实际上赵汝愚应当完全是可以掌握主动权控制住韩侂胄的，他是贵为独相的右丞相，又是宗室身份，以定策大功而居百官之首，占据了一切大义，然而赵汝愚却走错了路，低估了韩侂胄。朱熹曾提醒赵汝愚，不如给予韩侂胄虚名厚禄，暗中把他排斥在决策层外，反正官阶再高，不过是一个武臣，大宋何时轮得到武臣来指点江山？纵然给了节度使又如何？但是赵汝愚不能听从，也以为韩侂胄全无可畏惧，不过是一武官外戚，佞幸小臣而已。赵汝愚此时已经忘记了韩侂

男儿到死心如铁——辛弃疾

胄外戚的这层身份，他并非一般的外戚，而是与宫中太皇太后、宁宗皇帝等都关系亲近的得宠信之外戚，虽然官职较低，但能利用自己自由出入宫禁的优势，暗中操纵得许多事情，这一层影响力和权力，是他的官职不能体现的，赵汝愚居然不能正视，可谓迂腐低能。

感受到赵汝愚对自己的态度后，韩侂胄岂能坐以待毙，等着哪天被流放岭外？他通过宁宗皇帝的内批，也就是所谓内廷的中旨，直接任命了一批鹰犬爪牙为御史台官员，与赵汝愚抢夺起台谏的阵地。内批除官从制度上来说当然是不对的，按制应当是经由中书门下的政事堂和吏部来除授官职，但是赵汝愚竟而不能有所动作，听之任之，已属不智。

韩侂胄在政治斗争中的小聪明还是要远高于赵汝愚，他用历朝屡试不爽的伎俩指使党羽先对赵汝愚周边的势力进行打击。大约由于辛弃疾亲近朱熹、赵汝愚之故，因而竟以闲居之身，仍被波及！

绍熙五年九月末，此前八月时被韩侂胄以内批除授为御史台长官的御史中丞谢深甫弹劾辛弃疾和马大同二人。

《宋会要·职官》七三之五九：

绍熙五年九月二十七日，朝散大夫集英殿修撰辛弃疾降充秘阁修撰；朝议大夫焕章阁待制提举江州兴国宫马大同降充集英殿修撰，罢祠。以御史中丞谢深甫言："二人交结时相，敢为贪酷，虽已黜责，未快公论。"

从此段史料可知，关键在于这一句"二人交结时相"。这个"时相"即是当时的宰相之谓，邓广铭先生认为应当就是指赵汝愚，此论殊是。实际上辛弃疾和马大同当时都已经属于靠边站的闲居之官，身上都没有差遣。辛弃疾是带着本官和贴职闲居在家，马大同是带着本官和阁职提举宫观，都是失去了实际权力的边缘人物，那么谢深甫作为韩侂胄用来控制台谏的朝中大员，为何要向他们发起攻击呢？原因就在于这个交结时相。实际上这又完全是荒谬的指责，辛弃疾如果肯折节阿附赵汝愚，投其门下，而不是仅仅以交情相善，那么凭着辛弃疾的才干，黄艾论劾稼轩时，赵汝愚就多可能为其维护，而不是听任辛弃疾被罢免闽帅。因此弹劾辛弃疾与马大同的真正目的，是要对所谓的"时相"，也就是赵汝愚动手，先剪除边缘枝条，慢慢地就除及枝干，最后就是对赵汝愚动手了。因此辛弃疾的贴职被降为了秘阁修撰，这自然是权力斗争里的无妄之灾了。

十一月，韩侂胄成功利用宁宗皇帝对侍讲朱熹道学先生说教的不耐烦，罢免了其侍讲的差遣。此前朱熹曾上疏说："陛下即位未能旬月，而进退宰臣，移易台谏，皆出陛下之独断，中外咸谓左右或窃其柄。臣恐主威下移，求治反乱矣。"（《宋史纪事本末·道学崇黜》）朱熹的意思是说，陛下您即位还不到十个月，但是进退宰相执政，更换台谏官员这种大事，都不和大臣们商议，完全乾纲独断，朝廷内外都担心陛下身边有人窃夺权柄，自专威福。臣恐怕陛下权威被窃于臣子之手，求天下之大治而反招祸乱！这里面的左右，自然是影射韩侂胄了。大约朱熹看到赵汝愚既不以高官厚禄哄骗控制住韩侂胄，又不对其展开行动，便以为自己可以凭借天子侍讲的"半师"身份，指教起皇帝怎么做天子了，开始说三道四。然而这毕竟又暴露了道学一党斗争上的幼稚。所谓疏不间亲，宁宗本就对朱熹讲书时的唠叨和严肃十分不喜，又如何能喜欢他对自己的亲戚，并且有拥立定策大功的韩侂胄上眼药呢？因此朱熹被罢侍讲，也就在情理之中，可以说是韩侂胄利用了宁宗情感上的好恶，把他掌控于股掌之中。

十二月，谢深甫又弹劾赵汝愚一党的重要成员，中书舍人陈傅良。陈傅良是个颇有气节、正义感的文人。据南宋叶绍翁《四朝闻见录》甲集"光皇命驾北内"条：

上为动，降旨翌日过宫……止斋陈氏傅良，时为中书舍人……上已出御屏，慈懿挽上入，曰："天色冷，官家且进一杯酒。"却上辇，百僚暨侍卫俱失色。傅良引上裾，请毋入，已至御屏后，慈懿叱之曰："这里甚去处？你秀才们要斫了驴头！"傅良遂大恸于殿下。慈懿遣人

男儿到死心如铁——辛弃疾

问之曰："此何理也？"傅良对以"子谏父不听，则号泣而随之"。

　　这说的是在绍熙三年九月时，本来光宗已经被说动要去重华宫朝拜太上皇孝宗，且下旨次日就去，结果到了第二天，光宗本来已经出了御屏，李皇后却拉住光宗衣袖，说什么"天色冷，官家不如再多喝一杯酒"。看到这种阻止天子去朝见寿皇的行为，大臣和侍卫们都震惊失色。陈傅良拉住光宗的龙袍，请求皇帝不要回去，而是应该去重华宫朝见寿皇。他一路追至御屏后面，李皇后声色俱厉地呵斥："这里是什么地方！你们这些秀才要砍了驴头吗！"陈傅良只得在殿下恸哭。李皇后差人问他缘由，陈傅良说，臣子谏君父，而君父不听，则臣子只能号哭随之。

　　据此可知陈傅良之忠贞胆识，亦可叹李凤娘之泼辣凶悍。当黄艾弹劾辛弃疾时，陈傅良也为辛弃疾说过好话，大约认为以这些不实之辞罢免稼轩实在太过荒谬冤枉。而辛弃疾也在此次弹劾中被波及。《宋会要·职官》七三之五九又云：

　　绍熙五年十二月九日，中书舍人陈傅良与宫观，以御史中丞谢深甫言其芘护辛弃疾，依托朱熹。

　　亦即是说，十二月九日有诏令下达，陈傅良被罢免了中书舍人的官职，给了个宫观让他一边凉快去，理由是他袒护辛弃疾，依附朱熹。实际潜台词就是这以上三人都是赵汝愚之党，谢深甫就是如此意思。

　　随着赵汝愚党羽被陆续贬谪罢免，韩侂胄终于要对赵汝愚图穷匕见。当时的签书枢密院事京镗曾为此出谋，说："彼宗姓，诬以谋危社稷可也。"（《宋史》卷四七四韩侂胄本传）这就是说，京镗出了一条毒计，告诉韩侂胄，可以从赵汝愚宗室的身份上做文章，毕竟大宋制度，宗室不可官居侍从以上，如今贵为独相，自然可以诬陷其广结党羽，倾谋江山社稷了。

　　第二年，宁宗改元"庆元"。庆元元年二月，经过详细布置，韩侂胄之党右正言李沐便上疏弹劾赵汝愚，发动了致命攻击。

据南宋周密所撰《齐东野语》卷三"绍熙内禅"条：

先是，汝愚尝云："梦孝宗授以汤鼎，背负白龙升天。"……于是右正言李沐首疏其事，劾汝愚以"同姓居相位，非祖宗典故。方太上圣体不康之时，欲行周公故事。倚虚声，植私党，以定策自居，专功自恣"等事。遂罢汝愚相位，出知福州。

这是说孝宗不豫的时候，赵汝愚曾对人言，说梦到孝宗皇帝把成汤所铸的象征君权的大鼎授予自己，自己背在身上后御白龙而飞天。首先这大约完全是不实之辞，设若赵汝愚果然有这种天大的王莽之心，但这种灭门反谋的话语，他会对绝对亲信之外的人说吗？以至于传得满朝皆知吗？所以这必然是韩侂胄一党的诬蔑。当时右正言李沐就首先弹劾赵汝愚，说他以同姓宗室却高居宰相之位，这违背祖宗成法和典故。当太上皇光宗抱恙的时候，赵汝愚妄图行周公之事，要摄政专权。他仰仗道学虚名，广布私党，以定策大功自居，专功自傲，放肆恣意等等。于是赵汝愚被罢相，出判福州。

这标志着赵汝愚一党已经溃败，韩侂胄在夺取最高权力的路上取得了胜利。他如愿以偿，得擢升保宁军节度使，其党羽都陆续官拜宰执，此后不久，韩侂胄甚至加开府仪同三司，地位犹尊于宰相。韩党专权的局面在庆元年间终于形成，这对理解稼轩晚年仕途的浮沉是必须说明和尤为重要的一大事。

韩侂胄在掌权之后，对自己的党羽之官职进行了一番升迁调整，咬人的谢深甫由御史中丞擢升签书枢密院事，成为执政佐贰；献策的京镗由签书枢密院事擢升知枢密院事的执政长官；又将何澹擢为御史中丞，继续控制台谏。赵汝愚则继续贬谪，左迁宁远军节度副使，永州安置。

这一年十月，御史中丞何澹又弹劾辛弃疾。

《宋会要·职官》七三之六三：

庆元元年十月二十六日……降授秘阁修撰知福州辛弃疾与落

职……弃疾酷虐衰（póu）敛（聚敛财物），掩帑藏（指公家之财产）为私家之物，席卷福州，为之一空。

这是说，辛弃疾在何澹的弹劾下，秘阁修撰的贴职被褫夺了，其罪名是老生常谈，说稼轩酷虐贪婪，把公家财富都当成自己的私人财产，在福州为帅臣时席卷一方，致使地方上苦不堪言，民众为之穷困潦倒。这自然完全是胡说了。何澹此人，性格睚眦必报。

《宋史》卷三百九十四其本传载：

澹本周必大所厚，始为学官，二年不迁，留正奏迁之。澹憾必大，及长谏垣，即劾必大，必大遂策免。澹尝与所善刘光祖言之，光祖曰："周丞相岂无可论，第其门多佳士，不可并及其所荐者。"澹不听。

宁宗即位，朱熹、彭龟年以论韩侂胄俱绌，澹还为中丞，怨赵汝愚不援引。汝愚时已免相，复诋其废坏寿皇良法美意，汝愚落职罢祠。又言："专门之学，流而为伪。愿风厉（鼓励；劝勉）学者，专师孔、孟，不得自相标榜。"除同知枢密院事、参知政事，迁知枢密院。

吴曦贿通时宰，规图帅蜀，未及贿澹，韩侂胄已许之，澹持不可。侂胄怒曰："始以君肯相就，黜伪学，汲引（引水，比喻举荐提拔）至此，今顾立异耶？"以资政殿大学士提举洞霄宫。起知福州。澹居外，常怏怏失意，以书祈侂胄，有曰："迹虽东冶，心在南园。"南园，侂胄家圃也。侂胄怜之。进观文殿学士，寻移知隆兴府。

这是说，何澹本来被周必大所厚待，但是自其为学官时，两年未获老领导提前安排升迁，倒是留正奏报使他升官了。何澹因此就憎恨起周必大来，等到他入台谏之后，就上疏弹劾过去的老领导周必大，导致周必大被罢免。何澹曾经和自己交好的刘光祖谈起此事，刘光祖就劝他："周丞相难道无可指摘？只是他门下有很多人才，不可以牵连他举荐的有用之人啊。"然而这种颇为中肯的劝诫，何澹并不听从。

宁宗即位后，朱熹、彭龟年因为论劾韩侂胄被罢黜，何澹拜御史中丞，又怨恨此前赵汝愚不提拔自己，当时赵汝愚已经政争失败被罢相，他又诋毁赵汝愚，说他废坏寿皇孝宗过去的良法美意，导致赵汝愚被罢去馆阁职名和宫观之任。他又迎合韩侂胄禁止道学的政策，说："道学专研之说，流传而为伪学。愿朝廷劝勉天下学子文人，要专学孔孟，不可以自相标榜为宗师，妄论圣贤经典！"此后官运亨通，在韩侂胄提拔下，一路同知枢密院事、参知政事，又升知枢密院事。

后来四川将门定江军节度使吴挺之子吴曦贿赂当时的宰辅，想要谋得一个四川帅臣的肥差，但是偏偏漏了何澹，没给他好处。当时韩侂胄已经授意宰辅可以答应吴曦，只有何澹持反对意见。韩侂胄大怒说："起初以为你肯与我一条心，罢黜伪学，这才提拔你到了如今的显赫官位！现在反而敢和我标新立异，提不同意见？"于是何澹被以资政殿大学士提举洞霄宫，给靠边站了。之后不久起复知福州，然而在中央决策层做惯了宰执大官，何澹在外面就常常怏怏不乐，失意惆怅，他便恬不知耻地写信求韩侂胄，说："小弟我现在虽然在东边为官，但是我的心还是始终在南园这儿的。"南园是韩侂胄府邸里的豪华花园，这就是卑躬屈膝表忠心了。韩侂胄还真吃这一套奉承阿谀之词，居然又可怜起何澹，将他进为观文殿学士，改知隆兴府。

据以上材料不难判断，何澹之人品可谓极其低劣不堪，惟以阿附权贵，牟取升迁作为为官的目的，对于不能及时帮助自己的老领导，他打起黑枪来毫不留情，而且要祸及门生；对于势力滔天的权臣，他不惜文人傲骨，自降身份，几乎以家奴自处，摇尾乞怜。这样的人以毫无新意的借口弹劾辛弃疾，其弹劾之真假，也就不足为论了。

但我们仍要弄明白，为什么何澹要弹劾已经罢官闲居的辛弃疾？实际上原因亦是十分简单的，因为当时赵汝愚之被罢，朝中许多支持和同情道学的官员纷纷上疏为其说情，甚至认为朝廷应该追回前命，不应罢黜赵汝愚之相位。这就必然引起韩侂胄的警惕，认为必须将赵汝愚的各种潜在党羽一网打尽，所谓趁你病，要你命。辛弃疾作为与朱熹交情极为深厚又与赵汝愚私交相善的前藩阃大员，自然是要被牵连其中，再受殃及，好让其他观望冥顽的政敌都认清形势。因此辛弃疾的罪名可以说完全是一个借口，他也又一次成了权力斗争的牺牲品。

在这种情况下，稼轩在信州多借酒消愁，写下一系列饮酒词，且表现出一定程度的虚无主义思想，和释门道教的生活态度，值得留意。

如《卜算子·饮酒成病》：

一个去学仙，一个去学佛。仙饮千杯醉似泥，皮骨如金石。

不饮便康强，佛寿须千百。八十余年入涅盘，且进杯中物。

又《卜算子·饮酒败德》：

盗跖傥名丘，孔子还名跖。跖圣丘愚直至今，美恶无真实。

简册写虚名，蝼蚁侵枯骨。千古光阴一霎时，且进杯中物。

第一首是说学仙学佛都好像虚无缥缈，俱不可得。他反过来想，说不嗜酒如命就能健康，但是按说佛陀寿元应该有千百万亿乃至阿僧祇劫也不为过，怎么八十多岁就入涅槃了呢？干脆我老辛还是喝酒吧！

实际上以辛弃疾之博学，他自然不会未读过《涅槃经》，他必定知晓释迦牟尼世尊入涅槃，乃是因为娑婆世界众生福报浅薄，阿难屡次错过乞请佛陀住世一劫，其后天魔之主波旬请佛入涅槃之事。然而稼轩在词中如此之说，只是为了表达愁情难纾，世事难为的怅惘啊！北复中原的壮志遥遥无期，朝廷里诸公忙于尔虞我诈，你争我夺；地方上官吏贪渎颟顸，欺下瞒上；军队里久不操练，将不知兵，兵不知勇，而辛弃疾却处于无可作为的闲居状态，如何不愁？

第二首则是说盗跖和孔子。盗跖据传为鲁国柳下惠之弟，乃一放荡不羁、叛逆自我的江洋大盗，他甚至标榜自己"盗亦有道"。稼轩说假如盗跖叫丘，孔子名跖，那盗跖成圣和孔丘凶愚就一直到今天了，美丑善恶的真正标准存在吗？古来青史留名又如何？英雄不过冢中枯骨，蝼蚁侵蚀。千古光阴也是弹指一挥间，不如喝酒！

才堪平章，气吞万里的辛弃疾，只能逃于酒泉之中，作个刘伶醉酒的狂态，此不独为他一人之悲哀，亦是时代之悲哀，大宋之惘怅耳！

秋水观中山月夜，期思十年风雨声

约在庆元二年，辛弃疾带湖的雪楼遭大火焚毁，同时铅山县期思的新居也已建筑完毕，便举家搬迁到了期思。其续弦的夫人范氏大约在不久前已经辞世。

在此一时期，他又写下一首千古名篇，即《沁园春·灵山齐庵赋，时筑偃湖未成》：

叠嶂西驰，万马回旋，众山欲东。正惊湍直下，跳珠倒溅；小桥横截，缺月初弓。老合投闲，天教多事，检校长身十万松。吾庐小，在龙蛇影外，风雨声中。

争先见面重重，看爽气朝来三数峰。似谢家子弟，衣冠磊落；相如庭户，车骑雍容。我觉其间，雄深雅健，如对文章太史公。新堤路，问偃湖何日，烟水蒙蒙？

稼轩大约原打算在灵山齐庵的茅舍附近建造一条湖堤，但是不知出于何因，未能达成，大约是因为罢官闲居，没有了藩阃大员和贴职的诸多入项，经济上不再如往昔那般宽裕。

男儿到死心如铁——辛弃疾

词中说，灵山俊秀，重峦叠嶂如万马奔腾回旋，向东西而驰。惊湍巨瀑九天直落，溅起水珠无数；小桥横截其上，缺月如弓挂夜空。我稼轩老来本该闲居安宁，苍天偏是多事，要我检校十万长松！读到此，实令人于其豪迈之外潸然泪下。稼轩本负翻云覆雨手，要整顿乾坤，挽银河仙浪洗尽胡沙，成克复中原之伟大事业，他或当宣抚两淮、川蜀，指挥十万虎贲，或当高坐密院、东府，运筹帷幄之中……然而如今，这些俱都成了空幻，他年近花甲耳顺，只能空对山林，把这十万长松当成了起起武夫，当成了自己统领的北伐雄师，如果给予辛弃疾便宜行事的斧钺之权，给他长久的信重，专以恢复事业任之，那么或许会否有所不同？稼轩感叹，吾茅庐虽小，在长松龙蛇影外，风雨声中！此一句，尤为杀气毕露，狂傲自信，说吾庐小，反衬出稼轩如天地间一擎托日月的巨人，他驾驭龙蛇风雨，化木成兵，宛若天神重定九州山河，此等豪迈伟丽，于他人词中，何能见之？此真词中之龙耳！

下阕谓灵山诸峰争见我英雄之容，他们映带朝霞，神清气爽，似东晋匡扶汉室的谢家子弟，衣冠楚楚，坦荡磊落；又似司马相如之庭院门户之外，车骑相拥，华贵非凡。而我稼轩觉得这灵山万松之间，雄深雅健，乃似有太史公司马迁之如椽巨笔，鬼斧神工。《史记》所记，乃诸侯兴亡事，稼轩仍然是不能忘定鼎中原的大事业，他仍然想若能得成青史难传之伟业，该当如何？！但是新堤尚且不能建成，偃湖烟雨，何日可见？这世间之事，若如此小者，尚有不能如愿，何况九州气运，北定中原！

词是好词，人为佳士，然而流年偷换了衰鬓，宝剑已成了手杖，当年气吞万里，而今诗酒解烦，帝王换了四个，南北却还是天崩地坼！念及此，稼轩如何不悲从中来，愤慨难抑！

豪气干云天只能为一时之宣泄，诗赋泣于鬼神，终仍须问田舍之琐事，窥铜镜悲苍颜。这是稼轩有幸留给世人伟词，然于其人而论，则是莫大之哀。悲夫！

辛弃疾不得不过着这种"自叹年来，看花索句，老不如人意"的生活，他更时不时要学仙风道骨，问一声"怎得身似庄周，梦中蝴蝶，花底人间世"（《念奴娇·和赵国兴知录韵》）。庄子是要泯灭物我之别，天人合一的，他不仅要追求逍遥，亦是要齐天地万物之不同，在这种境界思想里，是非功过，荣辱得失，都不能成为一种执念和重要事了。稼轩是借此排遣无可为之苦闷，聊作自慰啊。

庆元二年九月，辛弃疾又遭到了弹劾。

《宋会要·职官》七五之六六：

庆元二年九月十九日，朝散大夫主管建宁府武夷山冲佑观辛弃疾罢官观。以臣僚言弃疾脏污恣横，唯嗜杀戮，累遭白简（**弹章**），恬不少悛（quān）（**悔改**）。今俾奉祠，使他时得刺一州，持一节，帅一路，必肆故态，为国家军民之害。

据此材料来看，弹劾的措辞是十分耸人听闻的。说辛弃疾贪赃恣狂，毫无法纪，又特好杀人，屡次遭到弹劾，却恬不知耻地不知道痛改前非。如果让这种人还能奉祠，给他宫观的荣养优待，使得他以后还能时不时任地方监司、州府的帅宪漕臣，必定丑态复萌，成为国家军民的大祸害啊！

史料中已经不能知晓这次弹劾是谁上的奏章，但是看庆元二年的政治氛围，则此次弹劾的目的、原因又是不言自明的。此年，为了进一步打击赵汝愚的道学势力，巩固自己的权威，韩侂胄实施了所谓"庆元党禁"的政治高压手段。二月，就由宁宗下诏禁止在省试中取"伪学"之士；八月就几乎正式把道学定义为"伪学"。因此辛弃疾又是被韩侂胄一党的人当成了赵汝愚的同情支持者，也就免不了要拿他来弹劾一二了。

庆元三年春，辛弃疾又写下一首酬和友人的诗词，即《蓦山溪·赵昌父赋一丘一壑，格律高古，因效其体》：

饭蔬饮水，客莫嘲吾拙。高处看浮云，一丘壑、中间甚乐。功名妙手，壮也不如人，今老矣，尚何堪，堪钓前溪月。

病来止酒，辜负虚鸱杓。岁晚念平生，待都与、邻翁细说。人间万事，先觉者贤乎？深雪里，一枝开，春事梅先觉。

赵昌父是辛弃疾之友人，昌父是其字，蕃为其名。赵蕃住于信州之玉山，也算是稼轩的邻居了。赵昌父亦是出身官宦之家，大约颇有文采，否则想来难入稼轩法眼，谓其格调高古。

稼轩开篇就以《论语·述而》中孔子之语来表达自己富贵不挂心的潇洒旨趣和生活态度。孔子曾说："饭疏食，饮水，曲肱而枕之，乐亦在其中矣。不义而富且贵，于我如浮云。"辛弃疾也正是不愿意阿附权贵，而宁愿老于泉林。他仰观高云，俯视丘壑，乐在其中。他不由自嘲，功名之事，壮年时尚且比不过那些惯于溜须钻营之辈，现在垂垂老矣，还能做什么呢？只能于前溪钓一钓镜花水月了。他因病而停止了嗜酒，说是辜负了虚鸱杓这样精美的酒器。他说要将自己平生得失，都细说与赵昌父听。若这人间万事，先觉者便是贤明吧？他又夸赵昌父淳熙末便辞官，而自己却屡屡不通北山之讽。三番五次的打击，让辛弃疾只能生出如此的念想了。

此后稼轩又写下一首《满庭芳·和章泉赵昌父》：

西崦（yān）斜阳，东江流水，物华不为人留。铮然一叶，天下已知秋。屈指人间得意，问谁是、骑鹤扬州。君知我，从来雅兴，未老已沧州。

无穷身外事，百年能几，一醉都休。恨儿曹抵死，谓我心忧。况有溪山杖屦，阮籍辈、须我来游。还堪笑，机心早觉，海上有惊鸥。

西山落日，东江流水，森罗万象美好之物，何时能为人停留？世间阴阳衰杀，一叶可知秋。若是屈指细算人间得意富贵事，不知谁可腰缠十万贯，骑鹤上扬州，把这红尘俗世里的仕途顺畅、钱财富足，甚至出世间的神仙逍遥都占齐了？稼轩谓赵昌父是自己的知己，晓得他一直是心存泉林，不肯阿附于人，未老已隐居山水之间。

身外之事，烦恼无穷，然而百年之中，何必挂怀？不如一醉方休！倒是你们终究要说我稼轩心忧桃花源外之事。然而我可竹杖芒鞋，高山流水，与大人先生阮籍那般的挚友逍遥同游，还是要笑话我稼轩不能早作归计，毕竟海上有与我辈盟约的海鸥啊。

到了庆元三年十二月，知绵州王沇（yǎn）上奏，提议编"伪学逆党籍"，于是有五十九人被打入伪学逆党之名册，宰执中就有赵汝愚、留正、周必大、王蔺；待制以上又有朱熹、彭龟年、陈傅良、楼钥等人。伪学逆党籍的确立不得不让人联想到北宋末年蔡京鼓捣出的元祐党人碑，这标志着党争已经到了最激烈的程度。伪学逆党籍一旦确立，则名单上的大臣，基本不再能担任在京重职或地方监司要职，也就是判了这些人的政治生命以死刑。然而另一方面，又有许多趋炎附势之辈，争相拜入韩侂胄门下，成为其鹰犬爪牙，以庸才无能而窃居高位，看到这些情况，辛弃疾遂写下一首《踏莎行·和赵国兴知录韵》：

吾道悠悠，忧心悄悄。最无聊处秋光到。西风林外有啼鸦，斜阳山下多衰草。

长忆商山，当年四老。尘埃也走咸阳道。为谁书到便幡然，至今此意无人晓。

杜甫曾说："大哉乾坤内，吾道长悠悠"（《发秦州》）。稼轩虽则人在庙堂之外，但却仍关心着家国天下之事。转眼又是秋风萧瑟，他忧心着朝廷里愈演愈烈的党争倾轧之势，《诗经·邶（bèi）风·柏舟》里说"忧心悄悄，愠于群小"，则稼轩怒于小人以阿附而进用的意思也就甚明了，以至于悲观之下，他要用西风啼鸦、斜阳衰草这样悲凉的意象。

所谓商山四皓，乃是秦末汉初之四位隐士，即东园公唐秉、夏黄公崔广、绮里季吴实、甪（lù）里先生周术。昔时高祖刘邦爱戚夫人及其子赵王如意，屡次想要易太子之位，令如意承继大统。吕后便迫使张良为其出谋划策，请来了刘邦想要征辟却始终不得的这四位秦末博士，以至于刘邦最后放弃了易吕后之子刘盈的念头。故而商山四皓此后成为隐居高士的一种指称，然而稼轩在这里却反用其意，将那些奴颜婢膝，拜入韩侂胄门下的幸进无能之辈比作了故作姿态的当世之"商山四皓"。这些惯于阿谀权贵之人，为了官爵利禄，奔走仕途之中，他们何曾有气节、原则，何曾真正关心恢复中原的大事业？不过是谁煊赫于上，他们便奉承于下，幡然应招，如此而已！

唯可值得庆幸的是，辛弃疾并未被录进伪学逆党籍。大约在逐渐掌握了朝中大权之后，韩侂胄对于一些并非真正赵汝愚党羽而又素有名望的人士，也不愿过分得罪，以免打击面过广。

在这种情况下，到了庆元四年，辛弃疾的集英殿修撰贴职又被恢复了，主管建宁府武夷山冲佑观的宫观之职也重新授予他了。然而对于这种韩侂胄拉拢示好的举动，辛弃疾并不为之所动。

他写下一首《鹧鸪天·戊午拜复职奉祠之命》：

老退何曾说着官。今朝放罪上恩宽。便支香火真祠俸，更缀文书旧殿班。

扶病脚，洗衰颜。快从老病借衣冠。此身忘世浑容易，使世相忘却自难。

五十九岁的稼轩此时完全以一种戏谑的口吻来记述自己被复职和奉祠的心情。他说自己老来退闲，从来不在意有无官身，已经全然不挂念于心了。实际上他自然不是因为年齿问题而正常致仕，因此他又说上恩浩荡，今朝放罪赦免了我的"罪过"，让我奉祠有着宫观荣养的待遇，也不知道能拿几个香火钱呢？又让我得以编编文书重新带上殿阁修撰的清贵之职。于是我赶紧要扶着老病不便的腿脚，洗一洗尘垢的苍颜，只是家里连像样的衣服帽子都找不到了，得去借了才好恢复官身啊！然而真正流露出厌烦此类无谓仕宦的正是最后这句，稼轩自已忘却世情仿佛在他看来并不难，然而要让俗世忘了他稼轩，却真是全无可能啊。

但恢复贴职和奉祠并不代表着朝廷重新起用了稼轩，他仍然是闲居在铅山期思，过着吟咏风月、诗词歌赋的生活。此时期他又写下一首《水调歌头》，并自序：赵昌父七月望日用东坡韵叙太白、东坡事见寄，过相褒借，且有秋水之约。八月十四日，余卧病博山寺中，因用韵为谢，兼寄吴子似。

词如下：

我志在寥阔，畴昔梦登天。摩挲素月，人世俯仰已千年。有客骖（cān）鸾并凤，云遇青山赤壁（李白墓在青山；赤壁指苏轼），相约上高寒。酌酒援北斗，我亦虱其间。

少歌曰，神甚放，形则眠。鸿鹄一再高举，天地睹方圆。欲重歌兮梦觉，推枕惘然独念，人事底亏全？有美人可语，秋水隔婵娟。

吴子似即吴绍古，时任铅山尉，乃陆九渊弟子，亦与稼轩善而成了朋友。

稼轩追思李白、苏轼的诗情词意，作下此首水调歌头。他说自己志在浩瀚无垠的夜空宇宙，往日总是在梦中飞升天际。稼轩抚摩、把玩着白色之月，竟不觉人间已经千年光阴转瞬即逝。在梦中赵昌父以凤、鸾为座驾，遇李白、苏轼于九霄云端，一同共上广寒之宫。你们以北斗为杓铛觥筹交错，而我稼轩亦忝颜列席其间。

小歌曰：心神放逸奔流于外，形体如同睡眠。昔年贾谊《惜誓》曾说："黄鹄之一举兮，知山川之纡（yū）曲。再举兮，睹天地之圜（yuán）方。"稼轩也想如鸿鹄高飞一般，至无穷高处，看一看这天地的方圆。然而再待重歌一曲，却已经梦醒而觉。推开枕衾，他不由怅惘独念：人间之世，何以如此难圆？譬如虽有佳人友朋如吴子似者，仍要被一泓秋水相隔，只能聊共婵娟！

人到老年，势必愈加生寂寞之感，惟愿有二三知己能常在身边，说以平生细事。稼轩的这一梦，大约正是这种情绪的流露。

庆元六年，曾赞许辛弃疾"卓荦奇才股肱王室"的朱熹逝世了。当时尽管韩侂胄一党已经获得了政争的全面胜利，但是他仍然要防止道学党人或者同情道学的官员士绅们集会在一起，有所图谋。

《宋史纪事本末·道学崇黜》：

六年三月，朱熹卒。将葬，右正言施康年言："四方伪徒聚于信上，欲送伪师之葬。会聚之间，非妄谈时人短长，则谬议时政得失。乞下守臣约束。"从之。

这是说，当朱熹卒于武夷山，将要下葬之时，言官施康年便进奏说，四方伪学信徒聚集在信州，想要给他们的伪学师父送葬。会聚之时，他们不是妄论朝中大臣短长，就是谬议朝廷施政得失。乞请地方帅守大臣约束。朝廷遂听从了这一建议。也就是说，在韩侂胄的授意和主导下，南宋朝廷甚至禁止朱熹的学生和信奉道学的人士前往参加他的葬礼，在这种恐怖政治之下，果然许多朱熹的门生故旧都明哲保身，不敢前往吊唁了。

辛弃疾在期思家中正读着《庄子》，听闻好友朱熹辞世的消息后，他立刻赋词一首《感皇恩·读庄子，闻朱晦庵即世》：

案上数编书，非庄即老。会说忘言始知道。万言千句，不自能忘堪笑。今朝梅雨霁，青天好。

一壑一丘，轻衫短帽。白发多时故人少。子云何在，应有玄经遗草。江河流日夜，何时了！

稼轩说自己书桌上无非是老庄之书，他亦明白老庄所说的超越言荃之束缚，懂得由忘言而忘物我，天人合一的体道之过程。然而念及南北之裂，政事之不堪，友人的猝然辞世，心中真是有千言万语郁积于胸，世情难忘，或许真是可堪一笑吧！今朝梅雨已停，青天万里放晴，或是这天也知晓晦庵你的博大吧？

如今我稼轩闲居丘壑山野之中，脱去了沉重的官袍，一身轻衫短帽做个田舍翁。白发渐多，而故人渐少，都一一离我而去。晦庵通圣人之道，譬如扬雄辞世，留有《太玄》解《易经》,《法言》说《论语》，你也必会留下伟大著述，以飨后人。只是不禁想到，昔时杜甫言"尔曹身与名俱灭，不废江河万古流"，那些诋毁你的无耻之辈，虽如今窃居高位，终是要销声匿迹在历史的长河里，而晦庵你却将永垂不朽！

《宋史》稼轩之本传云：

熹殁，伪学禁方严，门生故旧至无送葬者。弃疾为文往哭之曰："所不朽者，垂万世名。孰谓公死，凛凛犹生！"

在当时朱熹的门生故旧多不敢前往武夷山送葬吊唁的情况下，辛弃疾全然不顾此前韩侂胄恢复他贴职和宫观的"橄榄枝"，毅然写了悼文往武夷山送老友最后一程。他在悼文中说，朱熹虽卒，但垂万世之名，必将不朽而永在天地人心之间。在他看来，一生追求圣人之学的朱熹，虽死而犹生！

讽刺的是，这一年十月，韩侂胄又加官为太傅。

在庆元年间，辛弃疾过去的许多好友先后离开人世，而自己也已经过耳顺之年，他想到过往弱冠之时的壮勇无匹，对着自己而今的白发，想到功业未立，恢复之事不能成，不禁悲从中来，愤慨难当！他写下一首《鹧鸪天·有客慨然谈功名，因追念少年时事，戏作》：

壮岁旌旗拥万夫，锦襜（chān）（短便衣）突骑渡江初。燕兵夜娖（chuò）（整理）银胡䩮（lù）（装箭的袋子），汉箭朝飞金仆姑（箭）。

追往事，叹今吾，春风不染白髭须。却将万字平戎策，换得东家种树书！

说戏作，是无奈，更是哀己身之老迈。以看似戏说的话语，言大悲愤之事，这正是在人生的暮年，看破与执着之间的一种矛盾。稼轩想到自己在绍兴三十二年，自己年方 23 岁之际，曾也统率万马千军，更是以五十骑闯入金营生擒叛徒张安国，彼时之风华绝代，如何不令人追思！稼轩一路南下，与女真的追兵互射追逐，由黑夜而至于白昼，其间惊心动魄之处，如今想来都已经恍如隔世。

已过花甲的辛弃疾不禁感慨，春风十里可染尽万紫千红，却不能令他的须发由白而黑，大好的时光就这样过去了。乾道年间，自己曾先后上《美芹十论》给孝宗皇帝；上《九议》于丞相虞允文，然而这些万字的平戎之策，却竟最后换来的是带湖十年之闲居和如今的再罢官无可作为，求田问舍的结局！

约在嘉泰元年春，辛弃疾为自己在期思宅邸的停云堂赋词一首，其中情感十分值得玩味。词为《贺新郎》，并有自序云：邑中园亭，仆皆为赋此词。一日，独坐停云，水声山色，竞来相娱。意溪山欲援例者，遂作数语，庶几仿佛渊明思亲友之意云。

词如下：

甚矣吾衰矣。怅平生交游零落，只今余几！白发空垂三千丈，一笑人间万事。问何物能令公喜？我见青山多妩媚，料青山、见我应如是。情与貌，略相似。

一尊搔首东窗里。想渊明停云诗就，此时风味。江左沉酣求名者，岂识浊醪（láo）妙理。回首叫云飞风起。不恨古人吾不见，恨古人、不见吾狂耳。知我者，二三子。

自序里意思分说得十分明白。稼轩曾为信州友人的园林亭榭多次填《贺新郎》数首。而一日他自己独坐家中停云堂，只感到周遭山水亲近，便想溪山之美，或亦欲我作数语相赠？于是稼轩为自己的停云堂也写下一首《贺新郎》，并借此了表如渊明《停云》之诗思念亲友之意。

《停云》是陶渊明所作的四首组诗之名，可参其中一首而观大意。如其一：

霭霭停云，濛濛时雨。

八表同昏，平路伊阻。

静寄东轩，春醪独抚。

良朋悠邈，搔首延伫。

前四句谓云雨弥漫，天地间路途难通。后四句描摹自己闲居家中，独饮春酒而抓耳挠腮地思念友人之意。

这一年辛弃疾已经六十有二，因此他说自己真是老了。但老来的怅惘未必是自己身体的衰颓，此一方面，深谙佛藏、道藏的稼轩大约早已不挂于心。他惆怅的是平生交游的至交好友们如今大多都已先后辞世，没剩下几个了！而自己白发苍颜，对人间狗苟蝇营、丑恶不堪之事只能一笑了之。若问这天地间，何物能令自己欣喜，或许便是青山绿水吧！稼轩说，我见青山多妩媚，料想青山见到我也是觉得我一样潇洒倜傥吧！毕竟我与巍巍青山神形相仿，如何不似呢？

我一尊浊酒，搔首无事，闲饮东窗，想来往昔陶渊明挥就《停云》之诗，或许也是如此时之风味一般无二吧？江东小朝廷里那些沉醉功名利禄的衮衮诸公，哪里能懂得渊明浊酒人生的妙处呢？稼轩没有写在诗歌中的是更深更无力的沉痛和时局的悲哀，因为绍兴和议以来，南北分裂之势已经六十年！而朝中大员们却仍然在党争不休，买田置产，过着妻妾成群，金玉满堂的奢侈生活。念及此，辛弃疾不禁要呐喊，我还可以变作天地间令日升月落的巨人，我还可以叫云飞风起！说我稼轩狂妄，是的，我稼轩就是要狂！我不遗憾没有见过古往的英雄圣贤，我遗憾的是古人不能见到我的狂傲，不能见到我要逆天地气运的狂劲！

然而这种宣泄只是酒后的真言，他最后依然明白，了解自己的，或许不过屈指可数的几个人罢了。

这首《贺新郎》亦是读来令人止不住想要落泪的一首。联想到稼轩弱冠之年，仿佛常山赵子龙一样的勇武英猛，便说这是武侠小说里讲述一个有着绝世武功的大侠，亦毫无违和之感。我见青山多妩媚，料青山、见我应如是——这仿佛是说那天人合一，物我两忘的至高心法；回首叫云飞风起——似乎是说他那技惊四座的绝顶功夫；不恨古人吾不见，恨古人、不见吾狂耳——则又像是在说他败尽天下英雄，寂寞孤独，一览众山小的境界。然而稼轩之不幸，恰在于他不是处身于一个江湖的世界。江湖里可以快意恩仇，可以十步杀一人，大侠们可以以武犯禁，可以用自己心中的正义天秤颠覆世间的法则……

稼轩活在一个远比江湖更复杂和真实的可怕世界里。他本想筹划恢复大业，定百年之功，领万马千军，然而这些壮志最后都只能在诗词中陶写，只能故作狂态，纾解心中难酬雄心抱负的苦闷。稼轩虽则读佛老，但是到了耳顺之年，他实际上仍然不能忘记毕生追求的梦想。

嘉泰年间，辛弃疾送别其弟之际又赋雄词一首，词牌亦是《贺新郎》，下题：别茂嘉十二弟。鹈鴂、杜鹃实两种，见《离骚补注》。

词为：

绿树听鹈鴂（tí jué）。更那堪鹧鸪声住，杜鹃声切。啼到春归无寻处，苦恨芳菲都歇。算未抵人间离别。马上琵琶关塞黑，更长门翠辇（niǎn）辞金阙。看燕燕，送归妾。

将军百战身名裂。向河梁回头万里，故人长绝。易水萧萧西风冷，满座衣冠似雪。正壮士悲歌未彻。啼鸟还知如许恨，料不啼清泪长啼血。谁共我，醉明月。

茂嘉一般认为是辛弃疾之堂弟，有说或为辛次膺之孙辛劼（jì）。稼轩词作中提到茂嘉的，只有此首《贺新郎》与另一首《永遇乐·戏赋辛字送茂嘉十二弟赴调》。至于鹈鴂者，有所谓《尔雅》谓之鴂（jú），《左传》谓之伯赵之说。鴂为伯劳之别称，伯赵亦伯劳也。辛弃疾以为鹈鴂、杜鹃为两种鸟。总而言之，子规（杜鹃）与鹈鴂均是夏至而鸣，故古人有以为二鸟为一类之说。

此词本为送别之作，但详看字句，却并未直抒任何送别之语，而是几乎句句用典。词之开头即以鹈鴂、鹧鸪、杜鹃并举，《离骚》中有"恐鹈鴂之先鸣兮，使夫百草为之不芳"；鹧鸪、杜鹃亦是声悲催人断肠之鸟。稼轩送别茂嘉之时，大约有绿树如林，值此春夏之交，三鸟次第而鸣，直到人间芳菲凋零，寻春无觅，春恨难销！然而或许人间之离别更有愁怨。想当年，西汉元帝时明妃昭君出塞，琵琶声悲，待她魂归之日，恐怕斗转星移、关塞已黑。又如武帝皇后陈阿娇失宠，被迫坐着翠辇永别黄金宫阙，就此幽居长门冷宫。又如《诗经·邶风·燕燕》所云之事，一说为卫庄姜无子，而以陈女戴妫（guī）之子完为子，庄公之薨，完继位而又为州吁所杀，于是戴妫不得不归于陈。庄姜远送其于郊野，作《燕燕》之诗，其情深意切，动人肺腑。又说所送者乃庄姜之公子妇，及公子娶而死，以其无子而归，作诗云："燕燕于飞，差池其羽。之子于归，远送于野。瞻望弗及，泣涕如雨。"

下阕稼轩接着提到了李陵苏武之别。"将军百战身名裂"！这真是多么振聋发聩、沉痛之极的呐喊？李陵深践戎马之地，足历王庭，与匈奴转战千里至矢尽道穷仍不放弃，锋镝金戈之声遮天蔽日，勇士们滚烫而殷红的鲜血溅洒在荒漠里，以五千之众，战十数倍之敌，到最后方才被迫投降。相信稼轩亦是认为李陵只是假意降敌，必欲伺机逃归大汉，并非是贪生怕死。然而武帝终是族诛李陵全家，母弟妻子无一能幸免。苏武离开匈奴之时，二人辞别，洒泪长诀！

而荆轲之将刺秦，燕太子及众宾客皆白衣冠送于易水之畔。当其时，高渐离击筑，荆轲高歌："风萧萧兮易水寒，壮士一去兮不复还！"满座皆垂泪啼泣，发冲冠而目瞋视。荆轲之慷慨悲歌响彻易水两岸。这些人间离别的悲剧仿佛此刻林间的啼鸟尚能明白一二，或许她们所啼鸣的也不是清泪，而是在泣血长歌！

由上阕女子之典到下阕李陵、荆轲的悲壮，辛弃疾必然也想到了自己。他何尝不是在各种构陷中"身名裂"呢？他何尝不是如荆轲一般怀壮志而不能成呢？因而最后他要慨叹一声："谁共我，醉明月。"

男儿到死心如铁——辛弃疾

其十五

忽然起冠东诸侯，岂厌帅守南京口

　　嘉泰二年起，朝中的政局风向又逐渐开始发生了变化。韩侂胄在掌握了朝政大权之后，为了久固权势，他便想要建立不世之功勋，为此他便准备拉拢那些一贯对金主战的各方官吏，包括过去因为庆元党禁而被打入伪学逆党籍的官员。大约在这一年年底，历时七年的庆元党禁不再执行了，这就使得韩侂胄得到了更广泛的支持。

　　到嘉泰三年之夏，辛弃疾也被因此起复了，诏令其知绍兴府兼浙东安抚使。这一年他六十有四。据《会稽续志》卷二《安抚题名》："辛弃疾，以朝请大夫集英殿修撰知，嘉泰三年六月十一日到任。"可知，辛弃疾抵达绍兴府为六月十一日。

　　辛弃疾写下一首《汉宫春·会稽秋风亭观雨》，于中可见其此次起复后的心志，词如下：

　　亭上秋风，记去年袅袅，曾到吾庐。山河举目虽异，风景非殊。功成者去，觉团扇便与人疏。吹不断斜阳依旧，茫茫禹迹都无。

　　千古茂陵（汉武帝之陵）犹在，甚风流章句，解拟相如？只今木落江冷，眇眇愁余。故人书报：莫因循，忘却莼鲈。谁念我新凉灯火，一编太史公书。

　　稼轩说，自己于铅山期思的家中，亦曾吹拂这亭上之秋风，袅袅而至，不异而今。望江北山河，譬如晋室南渡，新亭之会，以为山河有主人之别，风景却与昔时无二，而致座中大臣尽皆泣下。稼轩反用其意，正是如王导所言"当共勠力王室，克复神州，何至作楚囚相对！"他心中想的，仍然是要恢复中原，因此他说"功成者去"。他要立重铸九鼎之功，但却并不贪恋权位爵禄的封赏，他想象的场景里，待中原得复，他就要御秋风而归故里，舍团扇而思莼鲈。然而这毕竟是美好的梦想，辛弃疾于秋风亭上看斜阳晚霞之景，便知这万古秋风，能杀草木花卉，却难吹断这日薄西山之愁。古传大禹会诸侯于江南，计功而崩，葬于此而名之曰会稽，尤会计也。或曰禹冢在山阴县会稽山之上。则想当初大禹制九鼎，划九州，定中国，如今安在哉？禹迹难寻，中原未复，可恨可叹！

　　武帝刘彻曾北击匈奴，塑民族之风骨，其陵千年来尚在人间，他有作《秋风辞》感慨"少壮几时兮奈老何"，想我稼轩亦老矣，却写甚诗词歌赋，学相如之风便又何用？只是而今草木凋零，江水冷冽，望中原而不得，如何不使人忧从中来，不可断绝！故人书信，谓我莫因循拖延，误了故里莼鲈之思，林下美意，何必再蹚世事浑水？然而谁知我，秋意新凉，夤夜灯下，我且要立百年勋业，成青史之名！

　　"谁念我新凉灯火，一编太史公书。"最能明稼轩此时之心迹。太史公书即是《史记》。《史记》者，百年兴废，诸侯成败，记河山之浮沉，评人物之功过，所谓"一编太史公书"，即是要成恢复中原之大事业，要定历史之走向，这是何等豪迈的话语！舍我其谁，真稼轩之雄豪也。然而"谁念"二字，又透露这一雄心背后的孤独，此一点尤为值得注意。因为韩侂胄所进用之人，多颠顸无能、贪腐聚敛之辈，许多元老之臣，对其并不看好，因此稼轩的朋友中必多有劝其不如置身事外的，然而稼轩毕竟想抓住自己人生中这最后的机遇，因此他不能再以渴慕林泉来阻止自己再次为国效力。

此首词一出，亦得许多好友酬和。如名将张俊之曾孙张镃（zī）于和章中说，"江南久无豪气，看规恢意概，当代谁如？乾坤尽归妙用，何处非予？骑鲸浪海，更那须、采菊思鲈？应会得，文章事业，从来不在诗书！"此可谓知辛弃疾心意的话语了。

辛弃疾到了知绍兴府兼浙东安抚使任上，立即开始雷厉风行地处理政务。他是决不肯做一个尸位素餐，与地方上"一片和谐"的所谓老成圆滑之封疆的。孟子曾说："为政不难，不得罪于巨室。"所谓巨室，就是世臣大家。若是如孟子之所言，不敢去侵犯士绅豪右之家的利益，则损害到的必然是平民百姓的利益。

《文献通考》卷五《田赋考》"支移折变"条载：

嘉泰三年，知绍兴府辛弃疾奏："州县害农之甚者六事，如输纳岁计有余，又为折变，高估趣纳，其一也。往时有大吏，为郡四年，多取斗面米六十万斛及钱百余万缗，别贮之仓库，以欺朝廷曰：'用此钱籴此米'，还盗其钱而去。愿明诏内外台察劾无赦。"从之。

这是说，嘉泰三年，知绍兴府辛弃疾上奏朝廷，说治下州县严重损害农民之事有六件之多，如缴纳之岁赋尚有余数应缴，则随意违反朝廷规定，折变成钱帛，且高估其价值，催促百姓缴纳，这是其一。往昔有郡守为官四年，居然胆敢多征收百姓六十万斛斗面米及钱百余万缗，另贮藏于仓库，而欺骗朝廷说"是用这百万贯钱买得的这六十万斛米"。最终又监守自盗，把巨款中饱私囊，贪污去了。希望朝廷明下诏令，使内外台谏纠察弹劾，决不宽赦。朝廷听从了辛弃疾这一建议。

由辛弃疾对贪腐的疾恶如仇来看，过往弹劾他如何聚敛剥克，亦不难知，大约全是不实之辞。

辛弃疾不仅仅敢于得罪同僚和地方豪右之家，对于百姓的细琐之事，他作为一名路一级别的帅守大臣，也丝毫不肯懈怠，而是做了不少亲力亲为，关心民间疾苦的事情。

《宋会要·职官》四八之八三：

嘉泰四年正月二十三日，诏绍兴府诸暨县添置县尉一员。以守臣辛弃疾奏：枫桥镇浙东一路冲要之地，乾道间尝升为义安县，至淳熙初复罢为镇，止有镇、税官各一员，无事力可以弹压，奸民无忌惮，乞增置县尉一员，以武举初任人注授。故有是诏。

《宋会要·职官》四八之一四二又载：

嘉泰四年正月二十三日诏省罢绍兴府诸暨县枫桥镇税官，令镇官兼领。从守臣辛弃疾之请也。

以上两条是说，辛弃疾按察所部郡县之后，发现枫桥镇乃是浙东路形势要冲之地，乾道年间曾升格为义安县，淳熙初年又被罢废为镇，只有镇、税官员各一名，没有能够弹压地方不法之徒的力量，致使奸猾之民肆无忌惮。因此辛弃疾乞请增设县尉一名，好让他把枫桥镇的治安给管理好，并提议可以用武举初任人来除授这一官职。辛弃疾大约看到枫桥镇税赋上的一些问题，或是认为镇小而无须叠床架屋地另设税官，又提议省罢税官，由镇官兼任。这两项建议都被朝廷批准了。

大凡地方上有奸猾之民，不只是底层赤贫之无赖地痞，亦多有豪右之家居其间，阻挠州郡政令达于闾里乡野，并借此鱼肉贫苦老实的地方百姓。辛弃疾不仅仅有恢复中原的大视野，更有关爱黎民的父母官之心，因此他甚至为这些细小之事上疏朝廷，于中可见他为官之良心。

据宋人卫泾《后乐集》卷一中记载再命稼轩为知绍兴府兼两浙东路安抚使的制词云：

夫才固有其所长，政亦贵于相济。往者盐鬻为害，赖卿销弥居多。

则我们又可知，辛弃疾自嘉泰三年帅浙东之后，还曾经解决了此路盐法害民的诸多弊端，惜乎没有更多史料记载，我们完全无法得知

男儿到死心如铁——辛弃疾

其中细节，不能知晓两浙东路盐法之弊至于何种程度，稼轩面临怎样的困境，又如何巧妙的破局利民。只能由此制词来想见，大约当时稼轩妥善地处理了这一问题。

稼轩在绍兴府时又与多位著名的诗人有所往来交谊。后世耳熟能详的，一者为刘过，一者为陆游。

刘过曾写过一首《唐多令》，其词曰：

芦叶满汀洲，寒沙带浅流。二十年重过南楼。柳下系船犹未稳，能几日，又中秋。

黄鹤断矶头，故人今在否？旧江山浑是新愁。欲买桂花同载酒，终不似，少年游。

其词情才艺已可见一斑。其中"欲买桂花同载酒，终不似，少年游"一句，真是写尽韶华易逝，良辰难在的愁情怅绪。刘过在此时期被稼轩招入自己安抚使的幕府中。他以布衣之身，喜论南北古今，很得当时一些文学名士的赞许。

陆游长辛弃疾十五岁，亦是一生志在恢复，然而仕途坎坷。早年因为在锁厅试里位秦桧孙秦埙之上，于礼部试时被秦桧使人黜落。中年曾于川陕幕府中有过军旅生涯，嘉泰年间入临安编修国史，于稼轩绍兴相见时已年老致仕。

其诗如《关山月》："和戎诏下十五年，将军不战空临边。朱门沉沉按歌舞，厩马肥死弓断弦。戍楼刁斗催落月，三十从军今白发。笛里谁知壮士心，沙头空照征人骨。中原干戈古亦闻，岂有逆胡传子孙！遗民忍死望恢复，几处今宵垂泪痕。"《金错刀行》："黄金错刀白玉装，夜穿窗扉出光芒。丈夫五十功未立，提刀独立顾八荒。京华结交尽奇士，意气相期共生死。千年史册耻无名，一片丹心报天子。尔来从军天汉滨，南山晓雪玉嶙峋。呜呼！楚虽三户能亡秦，岂有堂堂中国空无人！"如此之类，多为慷慨悲凉感愤伤时之作，亦有文字纤巧，意境甚美的诗词。

嘉泰三年（1203）末，辛弃疾被召赴行在临安（一说嘉泰四年初）。临行前，辛弃疾于山阴镜湖拜会了大诗人陆游。

稼轩曾见陆游屋舍简陋，想要为其修筑亭宇，却被放翁谢绝了。二人坐谈于镜湖陆游家中，却是畅叙此番朝廷有意恢复中原的大事。

陆游为稼轩倒上一杯茶水，精神矍铄地望着辛弃疾说："幼安，你带湖十年，期思又是十年，可已倦了入世之心？"

"吾慕渊明久矣，林泉之志，看鸟倦知还，白云出岫，人生一快事耳。虽然，若朝廷果用我，必单车就道，要为鞭笞四夷之事！复我中国旧疆，正我辈之当勠力者也！"稼轩也不说任何场面话，而是直抒胸臆。

"幼安看如今北虏之气运，我大宋可有谋取之余地？"

辛弃疾道："放翁岂是不知者？北虏衰败之态已露，吾闻女真后方，蒙古、鞑靼诸族日以强横，北虏不能制，且屡战而屡败。想昔日完颜起而耶律衰，辽亡而我大宋有靖康之难，余思忖今日事亦是如此，女真必亡，而俟其亡，吾大宋之忧方不可胜计。"

陆游捋须，"幼安筹谋甚深，老夫自愧不如。天下事，强梁者不得其死。所谓反者道之动，弱者道之用。观北虏兴衰，确是如此。则幼安以为，我大宋要该如何定数百年之基业，安中原百姓之炊烟？"

辛弃疾虎目霎时放光，说："当招募敢战之士，结中原聚义之民，先取山东中原，收关中，复大宋江山；后当效武帝之威，秣马厉兵，出于北虏之后，痛击蒙古、鞑靼诸部，复汉唐旧疆！夷狄者，皆畏威而不怀德，非斧钺膺惩焉能服之？"

"好！好！好！"陆游拍案而起，激动之下竟然咳嗽起来，"稼轩，若果能有人成如此事业，吾纵是泉下有知，如何不感怀喜泣！"

辛弃疾起身搀扶着陆游，说："奈何仆亦是老迈，愿此番事业，后继有人，自当奠定此大事业之根基！"

二人高谈南北之势，情谊甚款。此后陆游写下一首《送辛幼安殿

撰造朝》以记当时之事:

稼轩落笔凌鲍谢,退避声名称学稼。十年高卧不出门,参透南宗牧牛话。

功名固是券内事,且葺园庐了婚嫁。千篇昌谷(指李贺)诗满囊,万卷邺侯(中唐名相李泌)书插架。

忽然起冠东诸侯,黄旗皂纛(dào)从天下。圣朝仄席(不正坐。**谓侧坐以待贤良。古时形容帝王礼贤下士**)意未快,尺一东来烦促驾。

大材小用古所叹,管仲萧何实流亚。天山挂帅或少须,先挽银河洗嵩华。

中原麟凤争自奋,残虏犬羊何足吓。但令小试出绪余,青史英豪可雄跨。

古来立事戒轻发,往往谗夫出乘罅(xià)(利用机会;钻空子)。深仇积愤在逆胡,不用追思灞亭夜。

陆游盛赞辛弃疾文章诗词超迈鲍照、谢灵运,说他十年谪居隐学稼穑,实际已参透禅宗牧牛法门。说他功名之事,本不在话下,诗词多产如李贺,藏书万卷若邺侯。"忽然起冠东诸侯"四句是说此次朝廷起复他为两浙东路安抚使,过去大宋没能早点重用他。随后陆游认为稼轩之大才足以与管仲萧何相媲美,要先洗中原膻腥,后于天山挂帅。后四句谓稼轩他日指挥王师北伐,团结中原起义之民,则鞭笞驱逐北虏不在话下,超越古来英雄的功业也可建立。最后则是劝勉稼轩,不要再怨愤过去的构陷攻讦,毕竟家国君父之深仇大恨在逆虏蹂躏中土,不必再想起己身长期不被重用,如汉之李广所谓"灞亭不重李将军,汉爵犹轻苏属国"。

嘉泰四年正月,到达临安之后,辛弃疾受到了宁宗皇帝的召见。

辛弃疾首言盐法:

"臣尝于福建、浙东时,多见盐鬻之为害。请为陛下言之。福建路盐产常年不过三四十万石,两浙路常在两百万石上下。观我皇宋如今所行盐法，率皆徽庙时蔡京为相所制者。淳熙年间，臣忝为仓部郎官，知乾道年间，淮浙盐息即达两千万贯。故人言：国家利源，鹾（cuó）（盐）茗居半。臣看详祖宗往年盐钞，则徽庙政和年间，东南盐钞盐一囊（三百斤）在十贯、十一贯间，至于乾道年间，淮浙盐钞已二十一贯。"

宁宗听得如此多的数字，已是有些心不在焉，半天不见辛弃疾说出句结论，更是有些走神起来。

辛弃疾察其颜色，只得尽量长话短说："今钞贵而朝廷所以酬买于亭户（盐户）者，其价甚薄，盐商尚可以加饶（**免费增添，如盐商买盐时朝廷给予每十袋加饶一袋的优惠政策**），又贵售其于百姓，加之抑配，民实不堪命矣！故亭户之总辖、甲头、统催（**均负盐户中监管之职**）等，勾结地方官军、巡检、弓手，同贩私盐。百姓乐私盐价廉物美，则谁尚欲贵买官盐耶？此风若长，听之则国家社稷有财用之忧；处之弗当则生民黔首财货耗竭。故臣愿陛下与宰辅大臣、户部官员讲求方法，少贵收买而贱盐钞之价；明发诏令，严敕地方监司、守臣，不可贪墨奸猾而害民；且严私盐之查禁，则庶几可减弭盐鹾之害。"

宁宗听了半天完全不得要领，竟是未能回复此番盐法的问题，便终于开口问及南北形势。皇帝说："辛卿，方今南北之间，可有以大有为之机？"

辛弃疾道："回陛下，北虏之势，殆不可久也。昔时粘罕、兀术（zhú）之横，已一去不返。绍熙五年，逆胡大通节度使、爱王完颜大辨反于五国城，前后十年，北虏师旅大丧。此其自乱于内耳。蒙古、鞑靼崛起于其后，臣闻蒙古乞颜部铁木真胡酋已渐次统合诸部，屡南侵逆胡而北虏莫之奈何。此其腹背受患于外也。自乱于内者，无暇于外，故北虏气运，已由盛而衰。"

宁宗亦是多病不慧之辈，与其父光宗才堪仿佛。这会便说："如卿所言，我王师北伐，当势如破竹耶？"

辛弃疾知道韩侂胄必然画了一个大大的愿景给眼前的这位才或不如中人的年轻皇帝，他只能斟酌用词，说："陛下，御前诸军承平日久，操习怠惰，隆兴年间即有符离不战而溃之事。臣恐仓促之间，未乘逆胡之隙，而徒使圣朝威名有所损益。臣请陛下简选知兵善战之将，于两淮之地广募悍勇边民，彼久受北虏骚扰之苦，无畏惧之心，常与逆胡周旋，知边境形势虚实，若加以调练，必可成北伐之雄师，克复中原！"

宁宗心想，这与太师韩侂胄所说的北虏已不堪一击，王师之北伐，当是中原父老箪食壶浆，起义之民望风景从的情形大有不同，他性格软弱，便又耐心问道："则卿之见，规恢之事，究竟可以行乎？"

稼轩是何等人，到得如此岁数，只言片语他都能明白背后的曲折密辛。他便知晓皇帝已经给韩侂胄说动，只知道恢复中原的功业唾手可得，全然不知道大宋自己的弊病在哪里。

辛弃疾说："陛下，隆兴之时，军械粮草所备甚精，臣不知今日之事，两淮、川蜀所备军需几何？出师之日，转运辎重，用民夫多少，兵卒护卫又多少？凡克复州郡，犒赏之银，朝廷所备几何？故北伐不出师则已，若必出师，则须准备充分，选练强军，谍知敌情，伺机而出。臣以为，夷狄必乱必亡，愿付之元老大臣，务为仓猝可以应变之计！"

宁宗竟只听得稼轩最后这句话，心想，南北形势果然如太师所言，韩太师真是神机妙算。皇帝便微笑说："卿其留行在耳，大事当须卿从中擘画赞襄。"

（因此次召对具体情况史籍无存，故以上召对内容据南宋李心传《建炎以来朝野杂记》乙集卷十八《丙寅淮汉蜀口用兵事目》："会辛殿撰弃疾除绍兴府，过阙入见，言金国必乱必亡，愿付之元老大臣，务为仓猝可以应变之计。侂胄大喜，时四年正月也。"和《宋史·韩侂胄传》："会辛弃疾入见，言敌国必乱必亡，愿属元老大臣，预为应变计。郑挺、邓友龙等又附和其言。"《宋史》稼轩本传:"四年,宁宗召见,言盐法。"

辛弃疾对这次召对的失望是可想而知的,宁宗皇帝毫无才具,竟然如父亲光宗一般甚至不能抓住与大臣召对时的谈话要领,他只能听天由命,希望朝廷可以让他参与到即将开始的北伐之中。

不久,朝廷诏令下达,加辛弃疾为宝谟(mó)阁待制,提举佑神观,奉朝请。

所谓阁待制,乃是侍从官之标志,本为侍从、献纳之臣,但在宋代实际上并无职守,只是作为文臣的差遣贴职。诸阁待制为从四品,位次于知制诰,高于诸直阁。辛弃疾所任的宝谟阁待制,位次于龙图、天章、宝文、显谟、徽猷、敷文、焕章、华文,设立于嘉泰二年八月,是光宗皇帝的御书阁。辛弃疾成为侍从级别高官之后,就标志着他可以参与国家的大政之讨论,且提举在京宫观,亦属荣宠了。而所谓"奉朝请",乃是赴朝立班的意思,这里指的是辛弃疾以提举在京宫观带奉朝请,赴六参,即每月逢一、五日赴朝会立班,共六次,同时可以方便他参与军国机密的筹划讨论。

但是大约可以想见,当权的韩侂胄并没有想要真正信任和重用辛弃疾,而是以为不世功名可立取,北伐必将无比顺利。因此这一时期辛弃疾留下一首诗作,可见其愤恨不平和深沉之失望。诗名为《感怀示儿辈》:

穷处幽人乐,徂年(流年)烈士悲。

归田曾有志,责子且无诗。

旧恨王夷甫,新交蔡克儿。

渊明去我久,此意有谁知?

其中再度归隐的念头竟然又跃然纸上,更关键的是第三句"旧恨王夷甫,新交蔡克儿"。

蔡克儿用的是《晋书·列传三十五王导传》中之典故:

是岁，妻曹氏卒，赠金章紫绶。初，曹氏性妒，导甚惮之，乃密营别馆，以处众妾。曹氏知，将往焉。导恐妾被辱，遽令命驾，犹恐迟之，以所执麈尾柄驱牛而进。司徒蔡谟闻之，戏导曰："朝廷欲加公九锡。"导弗之觉，但谦退而已。谟曰："不闻余物，惟有短辕犊车，长柄麈尾。"导大怒，谓人曰："吾往与群贤共游洛中，何曾闻有蔡克儿也。"

这则材料是说了王导与蔡谟交恶的一个片段。王导妻子曹氏善妒，他颇有些妻管严，就暗中安排了外宅，用来安置众多侍妾。曹氏知道后，就准备去大闹一番。王导担心自己的小妾们被羞辱，立刻命令仆人驾车赶去通风报信，他尚且担心去得迟了，用自己手上清谈时的麈尾之柄驱着牛前进。后来这事传到了司徒蔡谟耳朵里，就戏弄王导说："朝廷想要加相公九锡啊！"九锡是九种类似天子所用之礼仪，历来都是权臣所受，甚至是篡位的前奏，如王莽、曹操都受过九锡。因此王导自然是表示不能接受的，根本没察觉这是蔡谟在戏弄自己。蔡谟就说："相公除了怕老婆，大概什么都听闻不到了，只有眼前的短辕牛车，长柄麈尾。"王导大怒，对他人说起这事情时道："我过去曾和群贤共游洛阳，哪里曾听说有蔡克儿子！"

因此"旧恨王夷甫"是谓过去奸佞误国、靖康之变；"新交蔡克儿"是辛弃疾对现在朝廷中韩侂胄所擢用的那些无能贪腐之辈的讽刺，此意是十分明了的。他对于这些人窃居高位，纸上谈兵，内心十分焦虑而无奈。

韩侂胄所进用之人，如陈自强、苏师旦等皆是邀宠幸进之徒。如陈自强，庆元二年时仍然不过是选人之官阶，低微之极，居然因为曾为韩侂胄之老师，四年后就签书枢密院事！由选人而从二品西府执政佐贰，其速度之快，令人无不侧目。嘉泰三年，陈自强又在韩侂胄帮助下拜右相。而此人一旦为国家之宰执，即公然贪污受贿，毫无士大夫之风骨。又如苏师旦，本仅为平江府一书佐，靠着早年跟过韩侂胄，居然就被授予枢密都承旨乃至安远军节度使这样的要职显爵！苏师旦是韩侂胄在军事战略上的主要谋臣，其权柄令人争附门下。

辛弃疾在提举佑神观，奉朝请的两个多月里，尽管也参与了一些韩侂胄主持的军事会议，但是他的诸多深谋远虑、切中要害的建言和意见，并没有得到韩侂胄真正的重视。稼轩在与宁宗召对时所说的那种"愿付之元老大臣，务为仓猝可以应变之计"的情况并没有实现，宋廷并没有重用他这样一位历经高宗、孝宗、光宗、今上宁宗四朝的老臣。辛弃疾在年龄上长韩侂胄十二岁，且声名久著于南归后的四十余年，已为当时朝野许多官员名士所交口称赞。大约韩侂胄是不愿意把"轻易"可建的盖世功勋，分润给这样一位可能抢他风头的元老之臣吧！

不久，嘉泰四年三月，朝廷改任辛弃疾为知镇江府，赐金带。这就说明，韩侂胄只是想利用辛弃疾抗金主战的老臣威望，从而为他自己拟定的北伐计划壮扩声威，对于辛弃疾他只想加以虚荣示好，并不曾想过让他留在枢密院里运筹帷幄，或者宣抚宋金边境，统兵征战。

辛弃疾到得京口重镇镇江府之后，却终不能按捺下心中之愤，仍然决心要为克复中原的事业做一番力所能及之事。

据南宋时人程珌所撰《洺水集》卷二《丙子轮对札子》其二：

甲子之夏，辛弃疾尝为臣言："中国之兵，不战自溃者，盖自李显忠符离之役始……至若渡淮迎敌，左右应援，则非沿边土丁断不可用。目今镇江所造红衲万领，且欲先招万人，正为是也。盖沿边之人，幼则走马臂弓，长则骑河为盗，其视虏人，素所狎易……招之得其地矣，又当各分其屯，无杂官军。盖一与之杂，则日渐月染，尽成弃甲之人，不幸有警，则彼此相持，莫肯先进；一有微功，则彼此交夺，反戈自戕，岂暇向敌哉？……淮之东西分为二屯，每屯必得二万人乃能成军。"……又与臣言："谍者，师之耳目，兵之胜负与夫国之安危悉系焉。而比年来有司以银数两、布数匹给之，而欲使之捐躯深入，刺取虏之动息，岂理也哉！"于是出方尺之锦以示臣，其上皆虏人兵骑之数，屯戍之地，与夫将帅之姓名。且指其锦而言曰："此已废四千缗矣。"又言："弃疾之遣谍也，必钩之以旁证，使不得而欺……"又指其锦而言曰："虏之士马尚若是，其可易乎？"

这是说，辛弃疾曾经对程珌谈过南北用兵之事。辛弃疾认为，大宋之兵，不战自溃就是从隆兴年间李显忠符离之溃开始的。如果要渡过淮河北伐迎敌，左右相互支援，就一定非要用两淮沿边的土生土长之悍民不可。稼轩到镇江后，造万件红色军袍，并且准备招募万名土丁，正是为此。为什么呢？因为沿边之人，年幼时就熟悉弓马，年长则涉水为盗，他们看待北虏，是向来轻视不惧的。但辛弃疾认为一旦招募完毕，必须让这些新军单独屯驻，不能和官军杂处一处。因为一旦屯戍在一起，就会渐渐沾染官军的种种恶习，最后全变成丢盔卸甲的逃兵。如果不幸到了紧要关头，他们就会彼此观望等候，没有人肯先冲锋于阵前；一旦有了尺寸功劳，就要彼此争夺，甚至反戈相向，自相殴斗残杀起来，哪里还有工夫去对敌呢？辛弃疾进一步认为至少应在淮之东西各屯两万人，方能成军。

稼轩还曾向程珌透露，自己十分重视间谍、细作的作用，认为是军队的耳目，是战争胜负和国家安危的牵系所在。反观朝廷主管谍报的部门，不过用数两银钱、数匹布帛来犒劳从事情报工作的人员，以区区酬赏就想让他们冒着为国捐躯的风险深入敌人腹心要害，刺探北虏动静，岂有这样的道理？稼轩拿出方尺的锦布给程珌看，上面密密麻麻所写皆是北虏步军、骑兵之数量，屯戍所在，以及统军将领姓名。辛弃疾又指着这块锦布说，这就花了四千贯啊！并且，他遣派间谍入金人境内，一定要多方旁证，使做事之人不能欺恩他。他甚至指出，北虏的军旅尚且还有像这样的实力，北伐真的能像朝廷诸公想得那么容易吗？

则从以上材料我们可知两件主要事情。一是辛弃疾已经完全认识到地方上御前驻扎诸军不堪大用的残酷现实，因此认为必须要用两淮边民来编练新军，应对以后的北伐大业。故而他虽然在镇江府上没有宣抚制置的便宜权力，却仍然要尽可能选练土丁成军，以备国家之所需。二是他必然长期有遣派间谍入女真境内的举措，为的就是查探金人虚实，做到知彼知己。然而纵观历史，要编练具备真正战斗力的新军，没有三五年之期，百战之绩，如何可成？

当时的人，对辛弃疾毕竟是有很大的期待的。辛弃疾此前要知镇江府，刘宰即书信一封《贺辛待制弃疾知镇江启》，其中说：

奉上密旨，守国要冲。三辅不见汉官仪，今百年矣；诸公第效楚囚泣，谁一洗之？敢因画载之来，遂贺舆图（地图，谓疆域）之复。岂比儿童之拍手，谩夸师帅之得人。

某官卷怀盖世之气，如圮（pǐ）下子房；剂量济时之策，若隆中诸葛。

说辛弃疾握有密旨，可便宜行事自然是夸张恭维之话。但说到大宋河南京畿之地，百年不见汉官威仪；而朝中衮衮诸公只知效楚囚相泣时，"谁一洗之"确乎是对辛弃疾的赞许。后面说他帅守镇江，民众即贺中原之将复，儿童拍手，人皆夸赞，虽是恭维之词，也可略见当时稼轩的声望。故而刘宰把稼轩又比作张良、诸葛亮，认为可以把恢复中原的事业交付给他。

因此辛弃疾仍然是带着要做一番实事的心情在镇江府为官的。他写下一首《生查子·题京口郡治尘表亭》：

悠悠万世功，矻矻（kū）当年苦。鱼自入深渊，人自居平土。

红日又西沉，白浪长东去。不是望金山，我自思量禹。

又有《南乡子·登京口北固亭有怀》：

何处望神州？满眼风光北固楼。千古兴亡多少事？悠悠。不尽长江滚滚流。

年少万兜鍪（móu），坐断东南战未休。天下英雄谁敌手？曹刘。

生子当如孙仲谋。

第一首上阕是追思大禹治水的丰功伟绩，令鱼入于渊海，人安居平土。下阕红日西沉与白浪长东俱是明光阴易老之意，而让辛弃疾放不下的，是大禹划分九州，制九鼎的赫赫功业。他也想效仿禹，再令九州混一！

第二首字词甚明，借三国之事，思古今形势，抒北定中原之雄心。

然而辛弃疾想要编练新军的举动，必然是不会得到朝廷之好感的。当年辛弃疾在知潭州兼湖南安抚使任上时，创建飞虎军，就被枢密院中的一些官员多方阻挠，甚至降下御前金字牌，要勒令稼轩停止创建新军的举措。如今他在镇江任上，无便宜之权，却要编练新军，这必然会被韩侂胄党羽所忌惮，认为是要抢夺他们唾手可及的泼天大功，故而我们不难想到，稼轩的这番想法又受到了许多的阻碍而未能顺遂。

这种每要做一番事业，却受到多方掣肘的失望之情，于此一时期的几首词中多有体现。

如《瑞鹧鸪·京口有怀山中故人》：

暮年不赋短长词，和得渊明数首诗。君自不归归甚易，今犹未足足何时。

偷闲定向山中老，此意须教鹤辈知。闻道只今秋水上，故人曾榜北山移。

又一首《瑞鹧鸪》：

胶胶扰扰几时休，一出山来不自由。秋水观中山月夜，停云堂下菊花秋。

随缘道理应须会，过分功名莫强求。先（去声，本自）自一身愁不了，那堪愁上更添愁？

第一首是表明了自己又厌倦仕宦，心生归隐的念头。归于泉林或许很容易吧？只是为何自己不及早脱下官服，戏水沧洲呢？人生须是知足，否则还要等到何时呢？稼轩满腔报国的热忱，以身许国的气节，最后只能把心思安放在山水鹤猿之上了。

第二首有两句值得注意。"胶胶扰扰几时休，一出山来不自由"将世事纷乱，朝廷乖张，自己每有营建就要受到干预、阻挠的无奈尽抒纸上。"随缘道理应须会，过分功名莫强求"则是劝慰自己，要领会得万事随缘，顺其自然的道理，功名事业，且莫强求。然而稼轩这样一位确有大才的人物，到得六十有五，却仍只能如此这般自我排遣，而不能致力于毕生追求的恢复事业，如何不可叹可恨？

大约稼轩已经预料到，自己在镇江府的任期，不会太久了。

仙人矶下多风雨，好卸征帆留不住

时间很快到了开禧元年（1205）。韩侂胄不顾南宋御前诸军的战斗力是否堪用，将帅是否得人，即已经密令荆襄地方军队要主动越过边境，对金人统治地区进行试探性的挑衅。开禧元年的正月，宁宗皇帝也拿出封桩库金一万两作为他日功赏之用。然而这些举动势必反而引起女真人的警觉，使得宋军北伐就失去了出其不意、攻其不备的可能了。

辛弃疾在这一年二月，春社日（春季祭祀土地神的日子。春社祈谷，祈求社神赐福、五谷丰登）于镇江写下了一首具有预言性质的伟词，即《永遇乐·京口北固亭怀古》：

千古江山，英雄无觅，孙仲谋处。舞榭歌台，风流总被，雨打风吹去。斜阳草树，寻常巷陌，人道寄奴（刘裕小名）曾住。想当年金戈铁马，气吞万里如虎。

元嘉草草，封狼居胥，赢得仓皇北顾。四十三年，望中犹记，烽火扬州路。可堪回首，佛（bì）狸（北魏太武帝拓跋焘小名）祠下，一片神鸦社鼓。凭谁问廉颇老矣，尚能饭否？

稼轩登临北固亭，想到过去与曹操争锋的孙权如今安在哉？吴宫亭台楼榭，歌舞风流，英雄事业，都消泯在历史的风吹雨打之中。又譬如昔时东晋末年，谁能想到寻常闾里巷尾，斜阳草树之下，居然曾住着贫贱之时的宋武帝刘裕！遥想义熙五年（409），刘裕以车骑将军、扬州刺史北伐南燕，攻入山东，灭燕而生擒鲜卑皇帝慕容超；十二年，以中外大都督、北雍州刺史北伐后秦，克复洛阳、长安，执其皇帝姚泓，攻灭后秦。如此功业，端的是气吞万里如虎！

而武帝之子宋文帝刘义隆元嘉年间，其事则大有不同！文帝想要效仿霍去病击败匈奴左贤王而封狼居胥山之事，立盖世武功。然而元嘉七年（430），征南将军檀（tán）道济北伐不克；元嘉二十七年，宁朔将军王玄谟北伐北魏，又不克而归。两次北伐都仓皇败北。稼轩不由地想到，四十三年前，金主完颜亮大举南侵，江淮震动，扬州烽火。不堪回首的是，元嘉二十八年，魏太武帝拓跋焘渡黄河而南下伐宋，淮南一时望风而降，于是陈兵长江瓜步之山，甚至建设行宫，要饮马渡江，文帝刘义隆狼狈求和。此座行宫，即是如今所谓佛狸祠。而南宋之百姓们，全不知这是异族皇帝昔年南侵停留之处，以为是祭祀神祇的庙宇，如今只听得到鸦鸣鼓喧。历史居然就这样被遗忘了。从下阕来看，辛弃疾对韩侂胄即将要展开的北伐是持极度不乐观的估计的，但是他仍想为恢复事业尽自己最后之力，故而他要说，是否尚有人来询问自己，是不是廉颇老矣，还能不能为国效力？且此典故，还蕴含着稼轩讥刺小人用事，阻碍自己得用的意思。廉颇晚年为将于魏，魏不能信用。赵国因为屡困于秦，赵王就想重新聘用廉颇。考虑到廉颇毕竟年龄很大了，赵王便派使者去看看廉颇还能不能带兵打仗。廉颇有个仇人唤作郭开的，便重金贿赂了使者，让他多方诋毁。赵国使者见到廉颇后，廉颇一顿饭吃一斗米，十斤肉，披甲上马，显得老当益壮。结果使者回去后却骗赵王，说："廉将军虽然老了，还能吃很多。但和臣坐在一起，一会工夫就要屙三次屎。"赵王以为廉颇老了，就改了主意。稼轩用此典，不也正是说明他深知朝廷里用事之臣对自己的好恶吗？

若以元嘉七年之事比于隆兴北伐，以二十七年之事比于韩侂胄将进行之北伐，则稼轩对于朝廷仓促进行的恢复事业，已经作了极度忧虑的预测，他担心规恢中原之事，又要虎头蛇尾，仓皇北顾！北伐之难，稼轩是心知肚明的。以刘裕如此雄才伟略，灭南燕，平后秦，却因为执掌朝政、统筹后方的刘穆之猝然而薨，被迫南归，导致最终关中得而复失。稼轩无刘裕称帝之心，但必然也想如刘裕一般无所掣肘地行克复中原之事，然而六十有六，却仍然未能入得两府，根本看不到战时宣抚一方的可能。

据《宋会要·职官》七四之一八：

开禧元年三月二日，宝谟阁待制知镇江府辛弃疾降两官，以通直郎张瑛不法，弃疾坐缪举之责也。

《宋史》辛弃疾本传：

坐缪举，降朝散大夫。

则我们可知，在此年三月，辛弃疾此前所举荐之官员张瑛有所不法，辛弃疾以举荐不当的罪责，本官被降两级。

这一年五月，金人派遣其平章政事仆散揆为河南宣抚使，驻扎于开封，并且开始布置防御事宜，这说明，韩侂胄一党想要北伐的意图早已令金人窥得，并且着手做了许多准备。军事上突然打击的可能性已经荡然无存了。

《建炎以来朝野杂录》乙集卷十八丙寅淮汉蜀口用兵事目：

（五月）是月二十七日甲申，镇江都统戚拱遣忠义人朱裕结涟水县弓手李全，焚涟水县。六月五日辛卯，诏内外诸军密为行军之计。

则可知，五月末宋军已经开始挑衅金人。六月，南宋朝廷诏令各路军队秘密做好出师准备，此前的嘉泰四年已追封岳飞为鄂王，北伐箭在弦上了。在这种情况下，辛弃疾却又一次被靠边站了。

辛弃疾本于此月间被改知隆兴府，然而未及赴任，寻即受到了弹劾。

《宋会要·职官》七五之三七：

开禧元年七月二日，新知隆兴府辛弃疾、太府卿陈景思并与宫观，理作自陈。以臣僚言弃疾好色贪财，淫刑聚敛。景思荐进赃（zǎng）（尤驵侩也，谓贪婪之官吏）吏，锻炼（罗织罪名，陷人于罪）平民。

这是说，有言官弹劾辛弃疾好色贪财，为官地方时滥用刑罚、横征暴敛——完全都是老掉牙的不值反驳之辞。但辛弃疾仍然被改授宫观，解除了知隆兴府的差遣。从另一名官员太府卿陈景思被授予宫观的内幕来看，辛弃疾之受弹劾，大约也完全是因为对韩侂胄的北伐有所保留意见。辛更儒先生援引南宋时人叶适的《水心集》卷十八《朝请大夫主管冲佑观焕章阁待制陈公墓志铭》：

思诚名景思，姓陈氏……又进直焕章阁迁太府卿兼夏官侍郎（即兵部侍郎），时开禧元年二月也。初，用事者专国久，规钓奇功，威服内外，术不素讲，而先事挑敌。一日集侍从官议房移文，变色叱咤曰："国耻未报也，彼乃以近事责我，盍遂正名乎？"众相顾皇恐，对不坚决，思诚曰："……今财窘兵穷，贪将腏（juān）（剥削）剥，外约难信，内心弗齐。……征伐重事也，后不可悔。悔而复和，耻益甚焉，何报之有！"用事者与思诚亲，冀其助己，至是大怒，亟（jí）命提举玉局观。

以上材料可知，陈景思于开禧元年二月为太府卿。用事者毫无疑问，指掌握了朝廷大权的韩侂胄。然而韩侂胄虽然规划着要钓猎千古大功，以威服海内，但是平时不讲求强军富国之法，却先挑衅金人。一日他召集侍从及以上高官议论北房的外交文书，韩侂胄变色呵斥说："国耻还没能得报，夷狄却以近来之事责备我皇宋，我们何不正名出师，大张挞伐，克复中原？"高官们都面面相觑，相顾惶恐，没有能坚决表达意见的。思诚说："……现在财力困窘，兵卒不堪，将领贪污盘剥，对外与北虏之约不可信，朝野内部则人心不齐……征伐敌国，收复中原是极重大之事，发动了之后就没法后悔了。后悔了再去求和，耻辱就更大了，还谈什么报仇雪恨！"韩侂胄本与思诚颇亲近，希望他支持自己的战略政策，到了这地步便勃然大怒起来，很快便在其操纵下，命思诚提举玉局观。

这就是说，陈景思被授予宫观，其根本原因在于反对韩侂胄贸然仓促北伐，而不是所谓的举荐非人，滥刑百姓。则我们可以想见，与陈景思同时被授予宫观的辛弃疾，真正的原因恐怕也是对韩侂胄的北伐策略颇有微词，他必然是要主张须得做万全准备，不可贸然行事，这就势必要得罪以为功业唾手可得的韩侂胄。

于是辛弃疾只能奉祠归铅山，途中至于建康府西南之仙人矶，乃赋词一首。即《玉楼春·乙丑京口奉祠西归，将至仙人矶》：

江头一带斜阳树。总是六朝人住处。悠悠兴废不关心，惟有沙洲双白鹭。

仙人矶下多风雨。好卸征帆留不住。直须抖擞尽尘埃，却趁新凉秋水去。

稼轩此番奉祠而归的心情是可想而知的。韩侂胄的北伐态势已经日趋明朗，但在他看来，宋军无论在将帅兵卒之选任训练还是后勤辎重的准备安排，以及战略方针等方面，都存在着或大或小各种各样的问题。他真正忧愁的并不是自己仕宦之途中的进退黜陟，而是北伐女真、克复中原的成败和家国民族的气运兴衰。

仙人矶在建康附近，故有长江之水东流而过。忧国之愁下，辛弃疾眼中自然是斜阳衰草的景象，这建康乃是六朝古都，过往不知多少贤愚人物。看那沙洲上一对白鹭游戏其上，这千古兴废，可有人知？

仙人矶下多风雨，稼轩这一生何尝不是坎坷无数，这南北之间又何尝不是风雨晦暝，中原望断！人间行路之难，至于此，或只能停航远帆。且便振作精神，令宦海愁情随尘埃而去，趁着秋意新凉，归去吧。

一路行至饶州余干江，辛弃疾又赋词一首，即《瑞鹧鸪·乙丑奉祠归，舟次余干赋》：

江头日日打头风，憔悴归来邴曼容。郑贾正应求死鼠，叶公岂是好真龙？

孰居无事陪犀首，未办求封遇万松。却笑千年曹孟德，梦中相对也龙钟。

稼轩舟行于余干，虽则奉祠而归之初说要"直须抖擞尽尘埃，却趁新凉秋水去"，但此刻不由又想起了朝野诸公和北伐之事。

所谓"打头风"者，是风之逆舟也。稼轩说"江头日日打头风"，这恐怕就不只是说归乡的舟舸逆风而行之事了，而有谓自己南归以来四十余年，人生际遇之失意坎壈，大志之难成。邴曼容为西汉末年哀帝、王莽时之人，《汉书》卷七二《两龚传》："汉兄子曼容，亦养志自修，为官不肯过六百石，辄自免去。其名过出于汉。"稼轩在这里自比为官六百石、不慕富贵的邴曼容，也是自嘲己身四十余年仕宦，始终不能出入两府，成军国大事，复万里河山。"郑贾死鼠"用《战国策·秦策》之典："郑人谓玉未理者璞，周人谓鼠未腊者朴。周人怀璞过郑贾曰：'欲买朴乎？'郑贾曰：'欲之。'出其朴视之，乃鼠也。因谢不取。"这是说周人与郑人语言习惯之不同，造成了一个笑话。郑国商人想要玉，于郑曰璞；周人卖死鼠，于周曰朴。于是二者同音不同物，就出现了歧义和矛盾。在这里，我们既可以认为稼轩是自比为郑贾，感叹自己居然还一度寄希望于韩侂胄能做一番北伐的事业，但到头来却是发现自己所信非人；也可以理解为郑贾与叶公一样，指朝廷用事大臣韩侂胄等，既难成他们所幻想的唾手可得之功名，又并非真是以克复中原为本心，而是要立功勋以固爵禄官位，所以说"叶公岂是好真龙"。

下阕犀首、万松又是用典。犀首为战国时魏人，即公孙衍。他曾于商鞅之后为秦所重用，担任大良造为秦国从魏国手中夺取河西之地。后因张仪入秦而受到排挤，回到魏国为将，便开始主张合纵抗秦，以应对张仪之连横。后张仪用事于魏，魏王相之，犀首不乐，终日饮酒，他人问以原因，答曰："无事也。"故稼轩是以犀首自比，谓自己此生多是无所事事，不能有贡献于恢复事业。"万松"者，松应当是指王莽时之张竦，其字伯松，此殊无疑问；唯"万"指何人，邓广铭先生亦未做疏解，以为不知何故作"万松"。辛更儒先生在《辛弃疾集编年笺注》中认为，"万"当是指宋闵公之臣长万。他援引刘向之《新序》卷八《义勇》：

宋闵公臣长万以勇力闻，万与鲁战，师败，为鲁所获，囚之宫中，数月归之宋。与闵公博，妇人皆在侧，公谓万曰："鲁君孰与寡人美？"万曰："鲁君美。天下诸侯，唯鲁君耳。宜其为君也。"闵公矜，妇人妒，因言曰："尔鲁之囚虏尔，何知？"万怒，遂搏闵公颊，齿落于口，绝吭（háng）而死。仇牧闻君死，趋而至，遇万于门，携剑而叱之，万臂击仇牧而杀之，齿着于门阖。仇牧可谓不畏强御矣，趋君之难，顾不旋踵。

此长万即所谓南宫长万，以勇武无匹闻名诸侯。过去他曾因率军与鲁国打仗，战败被俘，囚于宫中几个月后才被放回宋国。一次与宋闵公下棋，宫妃左右侍候在一旁。宋君忽然问长万，"鲁国国君和寡人，依你看谁更英俊？"长万说："鲁君帅得不得了，天下诸侯，谈得上英俊的只有鲁君。他贵为一国之君，真是理所应当，天经地义啊。"听着南宫长万这样的话，宋闵公本来就性子傲慢，加上左右的宫妃已生妒忌愤恨之色，便挖苦说："你长万不过是被鲁国关起来的俘虏罢了，你知道什么！"南宫长万可不肯吃亏的，顿时勃然大怒，铁拳往宋闵公脸颊上招呼过去，打得国君牙齿掉进嘴巴里，堵住喉咙就这么死了。大臣仇牧听说国君被弑杀，疾跑着赶到了，正和长万在宫门相遇。仇牧提着剑怒叱长万，长万大概想，反正国君都杀了，还怕你一个卿大夫吗？手臂给仇牧来了一下，仇牧就被杀了，牙齿还磕到了门上。刘向认为，仇牧是值得赞赏的，因为他不假思索，赴君之难，不顾己身安危，不畏强暴。

张伯松之事见《汉书》卷九九《王莽传》。居摄元年正月，王莽祭祀上帝于南郊等一系列行为之后，此年四月，安众侯刘崇与其相张绍谋划推翻王莽，不料攻宛而不得入，顷刻即败。张绍之从弟张竦便与刘崇族父刘嘉诣阙自归，请求处罚，王莽为示大度，就赦免了他们。张竦立刻代表刘嘉和自己上奏，与刘崇、张绍划清界限，说："安众侯崇乃独怀悖惑之心，操畔逆之虑，兴兵动众，欲危宗庙，恶不忍闻，罪不容诛，诚臣子之仇，宗室之雠（chóu），国家之贼，天下之害也。是故亲属震落而告其罪，民人溃畔而弃其兵，进不跬步，退伏其殃。"王莽一高兴，就对刘嘉和他子嗣以及张竦赏官赐爵。于是长安为之语曰："欲求封，过张伯松；力战斗，不如巧为奏。"

若稼轩果是用南宫长万之典，即是说自己于光宗绍熙内禅时未能赴君父之难，坐看韩侂胄、赵汝愚等人欺弄皇帝。而用张伯松之典，其意甚明，即谓如今又不能谄媚阿附权臣而求己加官晋爵。至于曹孟德云云，或当时稼轩思及昔时魏武帝北服匈奴、乌桓，如今南宋，居然要与虏人划淮而治，自己再欲如魏武帝般鞭笞四夷，却已老态龙钟了。

值得注意的是，此首词中将韩侂胄比作叶公，甚至比作王莽，那么辛弃疾对他北伐的真实用心已经做了很露骨地批判了，而又对韩侂胄把持朝政，广布党羽，提携阿谀无能之辈的行为鄙夷不平。

开禧二年三四月间，韩侂胄开始了北伐前的最后军事部署。他任命四川制置使程松为四川宣抚使，吴曦为宣抚副使；邓友龙为御史中丞、两淮宣抚使；吏部侍郎薛叔似为兵部尚书、湖北京西宣抚使；殿前副都指挥使郭倪兼山东、京东路招抚使；鄂州都统赵淳兼京西北路招抚使……安排部署了三路北伐的军事计划，并褫夺秦桧之王爵，改谥"谬丑"。开禧北伐遂正式发动。

在先期取得一定胜利之后，五月初，宋廷正式下诏讨伐金人，开禧北伐全面开始了。当时韩侂胄令直学士院李壁草诏，宣布对金开战。其中说："天道好还，盖中国有必伸之理；人心助顺，虽匹夫无不报之仇。"

然而批判的武器虽然如此犀利，宋军的实际攻势却不能大张武器的挞伐，反而甚至上演了一出出丑剧和闹剧。东路主帅郭倪令其弟池州副都统郭倬（zhuō）、主管军马行司公事李汝翼、军马司统制田俊迈分别统兵渡过淮河，会师攻宿州。

据南宋时人岳珂之《桯（tīng）史》卷十四二将失律条：

王师始度淮，李汝翼以骑帅，郭倬以池，田俊迈以濠，分三军并趋符离，环而围之。虏守实欲迎降。忠义敢死已肉薄而登矣，我军反嫉其功，自下射之，颠。睥（pí）（女墙）者曰："是一家人犹尔，我辈何以脱于戮？"始复为备。符离一尉游徼（jiào）（巡视）于外，不得归，城外十里间有丛木，尉兵依焉。我之饷军者，辇过其下，招司不夙（sù）（早）计，征丁于市，人皆无卫，部运官吏多道匿，无与俱者。尉鸣鼓，饷者尽弃而奔，则出于木间，聚而焚之。已辄归，三将无觉者，但怪粮不时至。居数日，而士不爨（cuàn）（烧火煮饭）矣。……宿闻有我师，以其帅府命，先芟（shān）积清野待，炮械无所取办，敢死又已前却，乃坐而仰高，搏手莫知所施。汝翼之至也，舍于城南。有方井之地，夷坦不宿草，军吏喜其免于薙蕹（tì）（除草）也，而营之。会夜暑雨大作，营乃故积水卑洼处，草以浸死，元非可顿兵也。平明，帐中水已数尺，军饥，遂先溃。二军不能支，皆扫营去，改涂自蕲（qí）县归。入城少憩（qì），而虏人坐其南门，覆诸山下矣，兵出方半，县门发屋者，皆桀（通"揭"，举）石以投人，我军几歼焉。大酋仆撒孛堇者，使谓汝翼曰："田俊迈守濠，实诱我人而启衅端，执以归我，我全汝师。"……召俊迈计事，至则殴下马……虏既得俊迈，折箭为誓，启门以出二将，犹剿其后骑，免者不能半焉。

则据以上材料可知，宋军包围宿州后，北虏本有投降之意。谁能想到忠义民兵作为敢死先登的勇士已经在城墙上和金军短兵相接，宋军的正规部队居然反而嫉妒其先登破城的大功，从下往上射击忠义民兵，致使民兵们纷纷跌落下来。女墙上的金人便相顾而言，"他们这样自己人尚且如此，我们就算投降了，凭什么能免于被杀啊？"于是金军才开始又拼死守备抵抗。恰巧宿州金军有一尉所领的侦查队伍在外不得归于城中，便藏匿于城外十里的灌木丛中。宋军粮草辎重的转运队伍，车马相连，从其下经过。宋军的招讨司对粮草军饷之转运不早做打算，临战从市集里强征人丁，此时又疏于防备，督办转运的官吏又在路边休息，没有和民夫一起的。金人尉官鸣鼓虚张声势，结果民夫尽皆丢下辎重狂奔而溃，于是金人从树林间而出，将宋军粮草全部烧毁。结果这样重大的事情，郭倬、李汝翼、田俊迈居然都毫无察觉，只是怪军粮没有按时送达。几天后，宋军粮尽了。另一方面，宿州金军早就谍知宋军将至，按照其帅府的命令，把城外粮草树木等全都割走了，实行坚壁清野的策略，这就导致宋军攻城的各种器具没有办法取得原材料来制作。加上此前忠义民兵为敢死队的战术又因为自己人内讧而指望不上了，宋军将士只能仰望城墙，毫无办法。李汝翼军队抵达后，驻扎在城南。有一片地方平坦而无杂草，军中吏卒都以不用除草而高兴，于是就在此安营扎寨。结果恰逢夜来夏雨滂沱，军营便因在地势低洼处而严重积水，连地上仅有的一些野草都被浸泡而死，这里原本就不应是安营顿兵的处所。到了天亮的时候，营帐中积水已达数尺之深，军士们又饥饿不堪，于是李汝翼部率先溃散。另外两支军队也不能支撑下去了，都拔营而走，改道向蕲县撤退。宋军刚入县城准备稍事休息，金军就堵住南门，占住山脚，宋军溃逃才一半，县城内城门处金军拆木发屋，都举起木石用来砸向溃逃的宋兵，宋军几乎被歼灭大半。金人大将仆撒孛堇就派人对李汝翼说："田俊迈守濠时，实则引诱我军在先，轻启战端，把他绑了送到我们这里，我就放你们宋军一条生路！"于是郭倬、李汝翼等在商量后竟然诱骗田俊迈来商议军机，到了后就把他打下马，绑缚至金人所在。金人得到田俊迈后，折箭为誓，打开城门而放出郭倬、李汝翼，却仍派兵追杀溃逃的后方宋军，活下来的连一半都不到。

《宋会要辑稿·兵》九之二〇亦载：

二十三日虏兵围蕲县，我师势不敌，虏乘胜登城，焚城北门县治、仓库等，倬等战不利，兵多死。是晚，倬、汝翼受虏伪书，使人执俊迈送虏军。……是役也，兵初渡淮，三帅所统合部骑民兵几三万人，倬、汝翼屡懦无谋，兵无斗志，又值连雨……军还，溃乱不整，士卒多奔散，至灵璧，两军所存才五千余人而已。

则我们可知，这种将自己将帅绑缚送至敌营而苟且偷生的丑剧并非杜撰，乃是确有其事。韩侂胄所用诸将的不堪和宋军主力部队御前诸军的战斗力也就可见一斑了。

此外，建康都统李爽攻寿州，不克。京西北路招抚副使皇甫斌败绩于唐州。江州都统王大节攻蔡州，亦战败而溃。

川蜀方面，挂帅的四川宣抚使程松和宣抚副使吴曦以及兴元都统秦世辅分三路进攻金人领地，尽皆败北。

在这种情况下，韩侂胄任用丘崈（chóng）为两淮宣抚使，罢免了邓友龙；又令叶适知建康府兼沿江制置使，调集军队守御江、淮防线。丘崈与辛弃疾早在乾道年间即因为同在建康为官而结下了友谊，当时辛弃疾任建康通判，丘崈为建康府观察推官。

如今丘崈获得了在两淮处置军机，收编溃卒的大权，跟随在他身边的程珌在目睹前线惨状之后说："臣从丘崈至于淮甸，目击横溃，为之推寻其由，无一而非弃疾预言于二年之先者。"丘崈主张严惩苏师旦、李汝翼、郭倬等人，并且主张先固守两淮。不久，苏师旦被罢官，家产充公作犒赏军费用，本人被韶州安置；八月，郭倬被斩于京口，李汝翼、王大节、李爽流放岭南。

韩侂胄此时又颇有些想到辛弃疾，便再起稼轩为知绍兴府兼浙东安抚使。制词中说"其才任重有余，盖一旦缓急之可赖"，似乎暗示韩侂胄颇有一些要用辛弃疾于北伐事业的意思，但是这种模棱两可的话并不能打动已经对北伐形势早有先机之见的稼轩，因此他辞免浙东帅职，不愿赴任。国事到了如此地步，恢复事业草率一至于斯，稼轩纵然出山，又有何用呢？

稼轩以为北伐之事要付诸元老重臣，而韩侂胄专用幸进小人；稼轩以为御前诸军早已不可用，当选练两淮悍勇边民，而韩侂胄用无能之将统骄惰之卒；稼轩以为北伐要于战略层面明先后主次，而韩侂胄令大军出川蜀、两淮、京西，好似北虏不堪一击，可摧枯拉朽。如此不一而足，犯尽兵家忌讳，稼轩纵然得出为一方宣抚大使或是入西府执政，又如何力挽狂澜呢？何况，韩侂胄或许也并没有这样重用稼轩的意思。

十月，金人开始反击。金平章政事仆散揆分兵九路南下。他自统兵三万，出颍、寿；完颜匡兵二万五千，出唐、邓；纥石烈子仁兵三万，出涡口；纥石烈胡沙兵二万，出清河口；完颜充兵一万，出陈仓；蒲察贞兵一万，出成纪；完颜纲兵一万，出临潭；石抹温兵五千，出盐川；完颜璘兵五千，出来远。

辛弃疾在听闻败军之将被下狱的消息后，写下一首七律《丙寅岁山间竟传诸将有下棘寺者》：

去年骑鹤上扬州，意气平吞万户侯。
谁使匈奴来塞上，却从廷尉望山头。
荣华大抵有时竭，祸福无非自己求。
记取山西千古恨，李陵门下至今羞。

词意甚明。稼轩谓北伐诸将去年尚且以为功业易如反掌，各个都要请缨封万户。结果现在落得个溃不成军的下场，就如汉代武帝时之王恢，被廷尉认定"逗桡"（dòu ráo）（因怯阵而避敌）而当斩。稼轩以为这些败军之将的荣华福报本就是有到头之时，祸福无非他们自己因果罢了。而郭倬作为将门之后，无能颠顸，此譬如李陵门下至今羞愧啊。

不久，开禧二年九月，宋廷于明堂祭祀天地，辛弃疾进从四品宝文阁待制。

辛弃疾此时也已经对收复中原颇多绝望，对世间事任其自然了。他又写下一首七律《丙寅九月二十八日作明年将告老》：

渐识空虚不二门，扫除诸幻绝根尘。

此心自拟终成佛，许事从今只任真。

有我故应还起灭，无求何自别冤亲。

西山病叟支离甚，欲向君王乞此身。

不二门谓《维摩诘所说经·入不二法门品》：

如是诸菩萨各各说已，问文殊师利："何等是菩萨入不二法门？"

文殊师利曰："如我意者，于一切法，无言无说，无示无识，离诸问答，是为入不二法门。"

于是文殊师利问维摩诘："我等各自说已，仁者当说，何等是菩萨入不二法门？"时维摩诘默然无言。

文殊师利叹曰："善哉！善哉！乃至无有文字语言，是真入不二法门。"

这便是说，辛弃疾已经渐觉世间诸事，实在是多说无益，他几十年来雄心报国，意在收复，又何曾能改变南北分裂、神州陆沉的现实？佛法里以眼耳鼻舌身意为根，以色声香味触法为尘，而万法皆空，诸相皆幻，稼轩便在这种壮志难酬的痛苦中要放下一切。他一面说自心终有还本来面目，得成佛果之时，又说要学老庄任真我婴儿之心。凡夫执取假我，故有生灭，但若无欲无求，一切分别则不生。西山病叟是稼轩自称，谓要向宁宗皇帝乞求告老致仕之意。对于北伐的情形，他已经是了然于胸，完全不抱幻想了。

十一月，丘崈签书枢密院事，继续在江、淮整顿军马，但是他也已经知道北伐不可为，获胜已经不可能。金人的进攻则势如破竹，安丰军（安徽寿县西南）、濠州（安徽凤阳）、滁州、和州（安徽和县）、真州（江苏仪征）、光化（湖北光化北）、枣阳（今属湖北）、江陵、信阳军（河南信阳）、随州（湖北随县）、西和州（甘肃西和西）、阶州（甘肃武都东）、大散关都先后失守沦陷。金军攻势下，几乎仅有毕再遇部屡屡挫败女真人的嚣张气焰，在这种情况下，金人便想主动诱迫宋廷议和，接受苛刻的和约。

在川蜀一线，吴氏将门之后的吴曦轻易架空朝廷派去压制他的上司宣抚使程松。程松本仅为一区区知县，仰仗着投靠韩侂胄而四年即为执政，对吴曦想要有所企图的心思全无察觉。吴曦在经过了几个月和金人秘密的互相试探后，终于在十二月派人奉表及川蜀地图等投降金人，僭称蜀王，史称丁卯之变。

在诸多不利的情况下，韩侂胄又一次想起辛弃疾，于是诏令启用辛弃疾知江陵府兼湖北安抚使，且进龙图阁待制，不许辞免，令赴行在议事。辛弃疾无奈之下只好拖着六十七岁的老迈之身，赶赴临安，然而我们如今已经不能知晓在临安时韩侂胄究竟向辛弃疾询问了哪些意见，他是否在召对中向宁宗提出任何战略方针，只能确认，他未被派往江陵府，而是又改任兵部侍郎，时开禧三年（1207）。

所谓龙图阁待制，亦是从四品之职名，为诸阁待制之最高等职名。而兵部侍郎一职在北宋前期仅为文臣迁转寄禄官阶，属前行侍郎，元丰新制后成为职事官，定为从三品。

辛弃疾便两次上章辞免，大约韩侂胄仍然想要借助辛弃疾，便授予稼轩在京之宫观，让他可以留在临安，以备缓急之用。

此年二月，吴曦为部下所杀。三月，辛弃疾被叙复朝请大夫，旋又叙复朝议大夫。

但是韩侂胄的这些示好为时已晚。辛弃疾的健康状况已经一再恶化，他多次请求免去在京宫观，最终大约在这年夏归于铅山。

至铅山之后，辛弃疾乃又写下几首七律，于中可见他内心之情绪。如《丁卯七月题鹤鸣亭三首》其二：

林下萧然一秃翁，斜阳扶杖对西风。

功名此去心如水，富贵由来色是空。

便好洗心依佛祖，不妨强笑伴儿童。

客来闲说那堪听？且喜近来耳渐聋。

于中一可见稼轩向佛之心日深，二可见其健康状况已十分不佳。

开禧三年四月起，韩侂胄命方信孺为国信所参议官，出使金军议和。

据《宋史》列传第一百五十四《方信孺传》：

信孺还，言：“敌所欲者五事：割两淮一，增岁币二，犒军三，索归正等人四，其五不敢言。”侂胄再三问，至厉声诘之，信孺徐曰：“欲得太师头耳。”侂胄大怒，夺三秩，临江军居住。

方信孺回到临安后说：“北虏想要的是五件事，第一件事要割让两淮土地，第二件事须增加岁币，第三件事犒劳军费，第四件事索还归正人，第五件事就不敢说了。”韩侂胄再三追问，一直到厉声诘问。方信孺才缓缓地说出口：“他们想要太师的项上人头啊。”韩侂胄大怒，夺方信孺三官，迁临江军居住。

并且，朝廷内部也在暗流涌动，一些人正在伺机密谋，窥探着等待韩侂胄露出破绽。在这种内外交困的局面下，韩侂胄再次想到辛弃疾，便在其操纵下，下诏启用辛弃疾为枢密都承旨——这是枢密院属官之首，掌承接、传宣机要密命，通领枢密院事务。虽为从五品之官职，但十分重要，韩侂胄实际上就是要让他负责北伐事宜，继续对金人用兵，挽回自己岌岌可危的困境。诏令中又令辛弃疾速赴行在奏事。

按宋廷重用超擢的惯例，辛弃疾将很可能极快地由枢密都承旨升迁为枢密院长官。

然而稼轩时年已六十有八，北伐之事已经败至于斯，韩侂胄击败赵汝愚道学一党之后始终不肯信重辛弃疾，将恢复事业交付于他，如今兵败如山倒，金人求其首级，反对他的人也窥探在暗处，此时才想起要把军事指挥之权交付稼轩，岂非迟之太过了！

稼轩自然也不能受命，一方面已经知道难以回天，另一方面他的身体也不允许他再次出山，于是上章乞求致仕。

开禧三年九月十日，辛弃疾病逝在铅山家中，带着他未竟的雄心壮志和"男儿到死心如铁"的坚定意志，与世长辞了。回顾稼轩的一生，他自山东南归大宋，始终以恢复中原的功业自许，然而辗转地方，从未获得拜相或执政的机会，在北伐之时也没有得到及时的信重，他所能留给后人的，并非万世功勋，而只能是诗词歌赋里的英雄之气。英雄，未成伟业，尤为可叹。历史的残酷和温情在这里书写出来，我们多么希望辛弃疾有机会去实现克复中原的壮志，但更为其在悲剧人生里的壮志难酬感怀泪流。

男儿到死心如铁——辛弃疾

古籍类

1.《宋史》，［元］脱脱，中华书局，1985 年版．

2.《吹剑录全编》，［宋］俞文豹，中华书局，1959 年版．

3.《泊宅编》，［宋］方勺，中华书局，1997 年版．

4.《芥隐笔记》，［宋］龚颐正，文渊阁《四库全书》本．

5.《石林燕语·避暑录话》，［宋］叶梦得，上海古籍出版社，2012 年版．

6.《续资治通鉴长编》，［宋］李焘，中华书局，2004 年版．

7.《瓮牖闲评》，［宋］袁文，文渊阁《四库全书》本．

8.《渑水燕谈录》，［宋］王辟之，文渊阁《四库全书》本．

9.《诚斋诗话》，［宋］杨万里，文渊阁《四库全书》本．

10.《太仓稊米集》，［宋］周紫芝，文渊阁《四库全书》本．

11.《闻见近录》，［宋］王巩，文渊阁《四库全书》本．

12.《曲洧旧闻》，［宋］朱弁，文渊阁《四库全书》本．

13.《佛说兴起行经》，巴蜀书社，2008 年版.

14.《大佛顶如来密因修证了义诸菩萨万行首楞严经》，中华书局，2012 年版.

15.《五杂组》，[明] 谢肇淛，上海书店出版社，2015 年版.

16.《铁围山丛谈》，[宋] 蔡绦，中华书局，1983 年版.

17.《四六话》，[宋] 王铚，文渊阁《四库全书》本.

18.《步里客谈》，[宋] 陈长方，文渊阁《四库全书》本.

19.《河南程氏外书》，[宋] 程颢、程颐，文渊阁《四库全书》本.

20.《吕氏杂记》，[宋] 吕希哲，文渊阁《四库全书》本.

21.《清波别志》，[宋] 周辉，文渊阁《四库全书》本.

22.《苕溪渔隐丛话》，[宋] 胡仔，人民文学出版社，1962 年版.

23.《老学庵笔记》，[宋] 陆游，中华书局，2016 年版.

24.《梁溪漫志》，[宋] 费衮，三秦出版社，2004 年版.

25.《墨庄漫录》，[宋] 张邦基，中华书局，1985 年版.

26.《三朝北盟会编》，[宋] 徐梦莘，上海古籍出版社，2008 年版.

27.《野处类稿·稼轩记》，[宋] 洪迈，文渊阁《四库全书》本.

28.《金史》，[元] 脱脱，中华书局，2016 年版.

29.《朱子语类》，[宋] 黎靖德，中华书局，1986 年版.

30.《鄮峰真隐漫录》，[宋] 史浩，文渊阁《四库全书》本.

31.《齐东野语》，[宋] 周密，上海古籍出版社，2012 年版.

32.《建炎以来朝野杂记》，[宋] 李心传，中华书局，2016 年版.

33.《宫教集》，[宋] 崔敦礼，文渊阁《四库全书》本.

34.《晋书》，[唐] 房玄龄，中华书局，2015 年版.

35.《三国志》，[晋] 陈寿，中华书局，2012 年版.

36.《世说新语》，[南朝宋] 刘义庆，上海古籍出版社，2013 年版.

37.《文献通考》，[宋] 马端临，中华书局，2011 年版.

38.《容斋三笔》，[宋] 洪迈，文渊阁《四库全书》本.

男儿到死心如铁——辛弃疾

39.《昌谷集》，[宋]曹彦约，文渊阁《四库全书》本.

40.《鹤林玉露》，[宋]罗大经，上海古籍出版社，2012年版.

41.《宋会要辑稿》，[清]徐松，上海古籍出版社，2014年版.

42.《续宋编年资治通鉴》，[宋]刘时举，中华书局，2014年版.

43.《中兴两朝圣政》，[宋]佚名，北京图书馆出版社，2007年版.

44.《贵耳集》，[宋]张端义，文渊阁《四库全书》本.

45.《嘉泰会稽志》，[宋]施宿，文渊阁《四库全书》本.

46.《默记》，[宋]王铚，文渊阁《四库全书》本.

47.《止斋集》，[宋]陈傅良，文渊阁《四库全书》本.

48.《三辅决录》，[汉]赵岐，三秦出版社，2006年版.

49.《西垣类稿》，[宋]崔敦诗，中华书局，1985年版.

50.《养疴漫笔》，[宋]赵溍，文渊阁《四库全书》本.

51.《真西山集》，[宋]真德秀，文渊阁《四库全书》本.

52.《攻媿集》，[宋]楼钥，文渊阁《四库全书》本.

53.《宋史纪事本末》，[明]陈邦瞻，中华书局，2015年版.

54.《四朝闻见录》，[宋]叶绍翁，中华书局，2011年版.

55.《洺水集》，[宋]程珌，文渊阁《四库全书》本.

56.《汉书》，[汉]班固，中华书局，2016年版.

57.《战国策》，[汉]刘向，上海古籍出版社，2015年版.

58.《桯史》，[宋]岳珂，中华书局，1981年版.

59.《大般涅槃经》，[晋]法显，《乾隆大藏经·大乘涅槃部》第0114部，中国书店，2009年版.

60.《维摩诘所说经》，[后秦]鸠摩罗什，中华书局，2010年版.

论著类

1.《苏轼词编年校注》，邹同庆、王宗堂，中华书局，2007年版.

2.《苏轼文集》，孔凡礼，中华书局，1986年版.

3.《苏轼诗集》，孔凡礼，中华书局，1982 年版．

4.《苏轼年谱》，孔凡礼，中华书局，1998 年版．

5.《苏轼资料汇编》，四川大学中文系唐宋文学研究室，中华书局，2004 年版．

6.《栾城集》，曾枣庄、马德富，上海古籍出版社，2009 年版．

7.《苏轼评传》，曾枣庄，四川人民出版社，1981 年版．

8.《三苏评传》，曾枣庄，上海书店出版社，2016 年版．

9.《苏轼传》，王水照、崔铭，天津人民出版社，2013 年版．

10.《宋人所撰三苏年谱汇刊》，王水照，中华书局，2015 年版．

11.《苏东坡传》，林语堂，湖南文艺出版社，2016 年版．

12.《宋朝军制初探》，王曾瑜，中华书局，2011 年版．

13.《北宋政治改革家王安石》，邓广铭，北京出版社，2016 年版．

14.《临川先生文集》，王水照，复旦大学出版社，2016 年版．

15.《宋代经济史》，漆侠，中华书局，2009 年版．

16.《王安石日录辑校》，孔学，四川大学出版社，2015 年版．

17.《南宋全史》，何忠礼，上海古籍出版社，2011 年版．

18.《宋代台谏制度研究》，虞云国，上海人民出版社，2014 年版．

19.《辛弃疾资料汇编》，辛更儒，中华书局，2005 年版．

20.《稼轩词编年笺注》，邓广铭，上海古籍出版社，2007 年版．

21.《辛弃疾传·辛稼轩年谱》，邓广铭，生活·读书·新知，三联书店，2017 年版．

22.《辛弃疾研究》，辛更儒，人民出版社，2008 年版．

23.《辛弃疾集编年笺注》，辛更儒，中华书局，2015 年版．

24.《带湖与瓢泉——辛弃疾在信州日常生活研究》，程继红，齐鲁书社，2006 年版．

25.《中国俸禄制度史》，黄惠贤、陈锋，武汉大学出版社，2005 年版．

26.《宋代官制辞典》，龚延明，中华书局，2017 年版．

27.《宋史职官志补正》，龚延明，中华书局，2009 年版．

28.《苏轼与王安石政治关系研究》，刘森，吉林大学 2012 年硕士学位论文．

29.《释"麤糟陂里叔孙通"》，漆侠，河北大学学报，1999 年第 3 期．

30.《乌台诗案与苏轼"以诗托讽"》，周宝荣，史学月刊，2008 年第 10 期．

31.《乌台诗案史话之四：涉案作品的文本分析》，莫砺锋，古典文学知识，2008 年第 2 期．

32.《辛弃疾与南宋君臣关系考论》，关锡耀，华中师范大学 2017 年博士论文．

33.《南宋孝宗朝宰相群体研究》，崔英超，暨南大学 2004 年博士学位论文．

34.《试论辛弃疾的经济生活与词创作》，刘学、叶烨，上饶师范学院学报，2011 年版第 1 期．

后 记

　　若说拙作缘起之事，当要感谢家中亲戚之托。数年前，亲戚子女苦于语文之难以提高，窘迫于作文问题，问我有何对策。家长们的焦虑都是指望着立竿见影，殊不知这又是完全不符合语文本身特点的。我当时想，现在的孩子不爱阅读的多，不爱积累的也就更多，是否可以创设一种结合诗词、文言文、历史背景的读物，方便在阅读中积累和培养兴趣呢？

　　基于此，起初我写了李白的篇目，呈给了亲戚后，其子女亦颇喜之。于是又写了苏轼与辛弃疾。初写李白时尚且十分注意适合亲戚子女的认知水平，务求无障碍而通俗易懂。随着开始撰写东坡与稼轩之生平诗词故事，逐渐变成了自己十分投入和喜爱的一件事，遂渐渐不止于通俗，而有一定的"深度"。为求尽量让学子和文史爱好者能够基本无障碍阅读，遂对疑难生僻字做了注音，且舍弃注释，基本放于文中，以不同的字体呈现，庶几避免扫注释而不读，确保能够令读者知其然而又知其所以然。以身边的例子和效果来看，实际上孩子们的接受能力还是较强的，古时童子读四书五经，不比现在的高中语文难吗？

拙作虽刍荛之言充盈，亦费时将近两年方完成。这两年中，在工作和家庭琐事之余挤出了一些时间，不揣谫陋地为两位伟大的文豪发声、立传，于其过程中，颇有沟通先贤而自得其乐的趣味与价值感。窃以为拙作固非学术著作，是以也谈不上有任何独到见解之发明或者治学方法之阐扬，讹误不当之处，若为方家所见，亦请雅正指点，不胜感激。要言之，乃是做了一些微不足道的工作，冒有辱斯文之险写了些鉴赏诗词的文字方便缺乏基础的读者品鉴；整理翻译了一些史料和文人笔记确保尽量无障碍的阅读体验；将诗词与苏辛二人生平融为一体以期能在创作背景中颇得一目了然之效……若拙作能启迪学子和文史爱好者，或给予微薄之助，则吾实幸甚不已。

苏轼与辛弃疾二人正好一处北宋，一处南宋。苏轼值熙宁变法与元祐更化的激烈漩涡；辛弃疾逢南北分裂和两次北伐的时代大潮。前者传记甚多，颇有因偏爱苏轼而诋毁王安石、章惇等新党人物的，窃以为既不必为贤者讳而有所曲笔，更不应为了拔高历史人物而贬低同时代他的"敌人"，若刻意如此，或许反而是一种对东坡的不尊重了。后者传记要略少一些，稼轩在中国的历史文化里更以其诗词文豪的身份被知晓，以至于他的韬略、壮志和情感的悲喜，都掩盖在文学家、诗人等符号之下。故而我力求客观、公正甚至克制地阐述二人之生平和所处之时代，方便读者看到一个在困境中有着爱憎喜怒的苏东坡和一个雄才伟略却赍志以殁的辛稼轩。至于二人功过是非、才情高下，则大可由读者自相揣度、体会。

值得一提的是，在理解历史人物荣辱成败、哀乐情感之时，我们应当带着一种对古人的温情，尽可能地站在他们的时代去看待问题，这样才能避免浅薄的优越感带来的"我"仿佛全知全能而古人错漏百出的妄自尊大，更进一步避免了对历史的曲解。

现代人生活节奏十分快，往往务求即时的、直接的、简单的，能立刻得到反馈的"高效刺激"。因此智能手机的兴起在极大地方便了生活之余，或许也令不少人丢下了书本，尤其丢下了我们中华民族璀璨的文化。耳闻目睹身边的莘莘学子以诗词、古文为畏途，以写作为愁事；而成年人亦多有不知诗词之美，专慕舶来之文化者。是以在撰写拙作的过程中，便冒昧无知、杞人忧天地生出一种幻想，希冀能为民族文化的传承普及贡献万一之力。当然，这自是蚍蜉不量力了。

　　后学弇陋，或不能辨史料错讹不实之处，或有曲解误会诗人之笔，一望先贤谅解，二望专家指正。

2019.5.7

己亥年己巳月甲辰日

后
记